A STUDY OF CUSTOMS BANKS AND
CUSTOMS SYCEES

海关银号与海关银锭的研究

鲍广东◎著

中国海关出版社有限公司

中国·北京

图书在版编目（CIP）数据

海关银号与海关银锭的研究 / 鲍广东著 . —北京：中国海关出版社
有限公司，2021.11

ISBN 978-7-5175-0539-6

Ⅰ.①海… Ⅱ.①鲍… Ⅲ.①通商口岸—银号—研究—中国—近代
②通商口岸—银币（考古）—研究—中国—近代 Ⅳ.① F752.95

中国版本图书馆 CIP 数据核字（2021）第 236571 号

海 关 银 号 与 海 关 银 锭 的 研 究
HAIGUAN YINHAO YU HAIGUAN YINDING DE YANJIU

作　　者：鲍广东

责任编辑：左桂月　熊　芬

出版发行：中国海关出版社有限公司

社　　址：北京市朝阳区东四环南路甲 1 号　　　　邮政编码：100023

网　　址：www.hgcbs.com.cn

编 辑 部：01065194242-7528（电话）　　　　01065194231（传真）

发 行 部：01065194221/4238/4246（电话）　　01065194233（传真）

社办书店：01065195616（电话）　　　　　　01065195127（传真）

　　　　　https://weidian.com/?userid=319526934

印　　刷：北京圣艺佳彩色印刷有限责任公司　　经　　销：新华书店

开　　本：710mm × 1000mm　1/16

印　　张：24　　　　　　　　　　　　　　　　字　　数：420 千字

版　　次：2021 年 11 月第 1 版

印　　次：2021 年 11 月第 1 次印刷

书　　号：ISBN 978-7-5175-0539-6

定　　价：120.00 元

高恒茂银号，为广州著名钱庄商人高洪利在粤海洋关开设的海关银号（孙以欣藏品）

沈贞祥银号，为银炉商人沈贞祥在粤海洋关开设的海关银号（上海泓盛 2018 年秋拍 lot0108）

朱源裕银号，为上海著名沙船帮朱氏家族先合资、后独资在江海洋关开设的海关银号（《银的历程——从银两到银元》[1]）

---

① 浙江省博物馆：《银的历程——从银两到银元》，文物出版社，2015 年，第 124 页。

杨同泰银号，为苏松常镇太粮储道、中外会防局主席杨坊在江海洋关开设的海关银号（上海博物馆藏品）

通裕银号，为二品官衔、阜康票号号东胡雪岩在浙海洋关开设的海关银号（孙以欣藏品）

乾裕银号，为二品官衔、阜康票号号东胡雪岩在江汉关开设的海关银号（诚轩2014年春拍1262）

有成银号，为户部尚书、云贵总督、湖南巡抚王文韶在江汉关开设的海关银号（方伟藏品）

协成银号，为候补道、加封知府衔的源丰润票号号东严信厚在江汉关开设的海关银号（诚轩2009 年春拍 lot2441）

同泰银号，为候补知县、从事茶叶和木材生意的董云榜在九江新关经营的海关银号（台湾历史博物馆藏）

永昌银号，为湖北补用同知、江西候补知府郑思贤在九江海关开设的海关银号（诚轩 2011 年春拍 lot1678）

鲁协中，为烟台著名绅商万霞如在东海关开设的谦益丰海关银号下设的银匠

恒丰银号，为郑沛初在天津海关开设的海关银号（于海斌藏品）

裕丰银号，为广东商人、旗昌洋行
买办陈德光在天津海关开设的海关
银号（陈小柳藏品）

吴履泰银号，为曾国藩谋事的浙江人吴月樵在芜湖海关开设的海关
银号（左图摘自《中国银锭图录》[1]，右图为胡文海藏品）

正义银号，为饶姓官
员在宜昌海关开设的
海关银号

---

① 文四立：《中国银锭图录》，中国金融出版社，2013年，第424页。

谦顺银号，为东海关的谦益丰海关银号与烟台顺泰号号东梁浩池在胶州海关合资开设的海关银号（青岛档案馆）

序　言

近年来，白银货币——银锭方面的论著越来越难写，究其原因，可能是自二十世纪八十年代人们关注银锭以来的三四十年，在银锭的发现和研究方面已做了大量工作，至今新的银锭资料发现逐渐减少，一些值得关注的论题也多已被人做了研究。

日前，见到鲍广东先生《海关银号与海关银锭的研究》书稿，感到在银锭这一门类上他又有了拓展，大有新意，值得一读。

写作一本书必须要有丰富的新资料和作者的新思辨作为支撑。鲍先生选取海关银锭为题，有着丰富的可供挖掘的深度和广度。海关银锭是中国银锭中的一个大项，作为近代中外商品交流见证的海关锭，既有着近百年纵向发展的时代性，又有着横跨多省的地域特色，形制各异的大量海关银锭本身就有着可供系统整理的余地，海关银锭又涉及海关设立、财税制度、税金收取操作部门和收取流程、海关银锭制作等，这方方面面有着很大的挖掘空间，后一方面也是以往海关银锭研究的薄弱项。

作者在书中紧紧地抓住了海关—海关银号—海关银锭这一条主要线索，深挖有关资料。其中，特别重视海关银号的相关问题。因按相关中外条约规定，海关洋税是由海关设立银号，由海关银号代收的，所以海关银号是这条主线中的关键因素，只有把海关银号问题搞清，才能了解清楚海关银锭的由来以及其上记录海关银号的戳记文字等。

近代中国海关多为外国人掌控管理，因此当时中国海关包括海关银号的情况，许多被记录在外国的文献之中，而中国国内现存资料却往往缺载。鲍先生寻找、查阅、翻译了大量中外文件资料，其中特别值得提到的是查找到了1879年税务司出版的英文版《通商口岸海关银号制度和货币问题报告书》，此报告书所载资料对海关银号的了解尤为重要。鲍先生又结合其他相关史料、海关银锭实物等在全书做了系统整理，此中工作量之大可想而知，寻找到的不少资料为国内银锭界首次见到，这方面的工作保证了这本书内容的丰富性和论述的可靠性。在此资料基础上，书的前半部分系统整理并阐述了海关银号产生的背景和历史、组织机构、业务制度等；书的后半部分分述并展示了各地海关、海关银号、海关银锭情况。

书稿内容丰富，而又是围绕着海关银锭的主题，避免了银锭钱币学研究中时常见到的一发之后而离题甚远的情况。

我与鲍先生"神交"已久，却缘悭一面，记得2016年还曾受邀为他的《宝银流芳》一书作序，至今又相隔了四五年，至前几日始得与其一晤，并得见惠示的新书书稿。有感于其书对海关银号、海关银锭的深入阐发，以及对中国海关史亦具有重要参考价值，故特再次为序，以为推介。

金德平

2021 年 8 月

前　言

　　海关银号，起源于第一次鸦片战争后中英双方签订的《南京条约》，后来中法《黄埔条约》、中美《望厦条约》都予以明确，由清代海关监督选定殷实铺户，设立海关银号，发给执照，代收海关税饷，外国商人可以用纹银或洋钱缴纳海关洋税给海关银号，海关银号收税后，发给外国商人银号收据（简称"号收"）。第二次鸦片战争后，中英、中法、中美、中俄签订的《天津条约》都详细规定了海关洋税由海关官设银号即海关银号代收。

　　海关银号，作为近代海关的关税收取机构，是粤海关的"十三行"制度和部分常关中间代理制度的延续和演变。其存在的根本原因，是清代统治者"以官治商，以商治夷"的思想、关税收缴制度的进步，以及清代银两制度的复杂性。

　　海关银号经手的海关洋税银两金额巨大，1871 年突破 1000 万两，1887 年突破 2000 万两，1906 年达到了近 3500 万两[①]。海关银号利用倾镕兑换权（将国外银元、当地银两兑换成海关两，将国外银元、杂色银两倾镕成海关税银）及关税暂时保管权进行放贷、投资，从中牟利。背后存在严重的官商勾结和利益重新分配。

　　海关银号，名义上是商办组织，实际上带有半官半商的性质，由海关监督任命。一个海关一般同时开设 1～2 家海关银号，外国人或清代官方亦常以"官银号"简称之。海关银号拥有者，或是拥有实职的官员，直接或间接参与其中，如王文韶、官文、李经楚、盛宣怀等；或是红顶商人，通过捐纳取得头衔，由商及仕，披上官商的外衣，如胡雪岩、严信厚、盛恒山、郑思贤等；或是实力较强的买办、钱庄、沙船商等。他们都与海关监督或地方要员存在千丝万缕的联系。

　　海关银号，从道光二十二年（1842 年）开始设立，到清末逐渐倒闭或

[①]　汤象龙：《中国近代海关税收和分配统计（1861—1910）》，中华书局，1992 年，第 63-66 页。

被地方官银号或现代银行所取代，直至民国十五年（1926 年）仍然存在部分海关之中，存续时间长达 84 年之久。目前对海关银号的研究，与对广东"十三行"行商、两淮盐商、山西票号、上海钱庄等清代商业组织的研究相比，还缺乏系统性，很多地方都是空白，也没有专门的书籍。

本书引用大量相关史料特别是英文和日文资料，以及利用海关银锭实物图片等资料，系统研究海关银号的存在原因、平码与换算、利益相关方、收税程序、背景、组织机构和业务、盈利模式、风险和倒闭等，力图分析梳理海关银号从开业、营业到倒闭的全过程。

笔者对较为重要海关的海关银号逐一进行梳理，对这一特殊群体进行分析整理，并利用海关银号这一特殊视角，对通商口岸的洋税和常税银锭进行较为系统的研究。清代税务司制度建立后，由于同一通商口岸洋关和常关并存，"一地两关"现象客观存在，常税和洋税的管理机构实行的是"常洋分立"的"双轨制"，但财政方面实行的是海关监督主导的"常洋统一"的"单轨制"。洋税、常税银锭是这一制度的重要历史见证。海关银号是洋关税收的亲历者和见证者，本书也为银锭收藏爱好者提供海关银号和海关银锭相互印证的资料。

由于引用资料时，史料上多用帝号纪年和阴历日期，所以会牵涉到阴阳历日期的转换问题，本书以公历日期为主，分三种情况处理：一是仅有帝号纪年的，在帝号纪年后面加括号备注相对应的公历纪年；二是有帝号纪年和月份的，帝号纪年后面的括号内仍为相对应的公历纪年，如果为阴历记月，月份用汉字数字，如果为公历记月，月份用阿拉伯数字；三是有帝号纪年和阴历月、日的，阴历日期后面的括号内为相对应的阳历日期。

写作过程中，许多老师、好友提供热情帮助，金德平老师欣然作序，贾雁民到图书馆帮忙查阅资料，诚轩拍卖公司左京华和季华女士提供拍卖图片，戴学文、靳稳战、张鹏、孙以欣、胡文海、郭振、王文彬、苏雷、方伟、王璐、陈小柳、刘中勇、于海斌等人给予帮助，在此一并表示感谢。

作者

2021 年 9 月

目 录
Contents

海关银号
的研究

第一章 常税的收缴制度

一、榷关的分类

清代之初，清政府按照明代旧例设立榷关，对过境商品收取关税，榷关也称税关。随时间的发展，榷关有新增、有合并、有分拆、有取消，特别是到了第一次鸦片战争后，根据不平等条约，随着大量现代海关的设立，清政府原有的榷关制度受到了较大冲击。

清代榷关的分类方法较多，本书以海关银号和海关银锭为研究对象，与研究对象相关的分类方法有以下三种，即按照隶属关系分类、地理位置分类、对内对外贸易分类。

（一）按照隶属关系分类

清代榷关按隶属关系，可以分为户部关、工部关和府关。户部关隶属于户部，主要征收百货关税，又称钞关税，以资国用；工部关隶属于工部，主要征收竹木关税，又称工关税，用于朝廷营缮；府关隶属于各府州县。三者之中户部关在数量和税课征解上均占主要地位，如乾隆朝，户部关就有 32 处之多。

（二）按照地理位置分类

清代榷关按照地理位置，可以分为边疆边贸关、运河长江沿线关、沿海关。其中，边疆边贸关 17 处，运河长江沿线关 23 处，沿海关 9 处。9 处沿海关为天津关、天津海税、江海关、浙海关、闽海关、粤海关、江海洋关、厦门福州洋关、浙海洋关。[①]

（三）按照对内对外贸易分类

这种分类方法也是本书的主要分类法。

1. 常税和洋税

清代榷关，按照对内对外贸易分类，可以分为常关和海关。常关主要是国内贸易；海关既有国内贸易，又有国外贸易。

[①] 倪玉平：《清朝嘉道关税研究》，科学出版社，2017 年，第 13 页。

第一次鸦片战争后，海关按照收取常税和洋税的不同，又分为常海关和洋海关。

虽然第一次鸦片战争后，通商口岸越开越多，但通商口岸中，绝大部分保留了常海关和常关，征收国内贸易税。通商口岸中的常海关如江海常关、浙海常关等，通商口岸中的常关如芜湖关、九江关等。本书将这两者统称为常海关。通商口岸的常海关也叫老关、旧关、大关、钞关，外国人称之为 Native Customs；相对于通商口岸的常海关，洋海关也称新关、洋关，外国人称之为 Foreign Customs。

常海关收取常关税，本书简称为常税；洋海关收取洋关税，本书简称为洋税，洋税在咸丰十年（1860 年）之前称为夷税。常税征收的是国内物品税，洋税主要征收出入境物品税。实际上，洋海关除了征收外国商民的货税外，也征收少部分中国内部转口税。① 光绪二十七年（1901 年）后，洋海关还监管离洋海关署五十里以内的常海关。

2. 常海关和洋海关的区别

通商口岸的常海关和洋海关在征收对象、征收机构、征收税则、关税上交、关期、支出等方面有显著区别，比较如表 1-1 所示。

表 1-1　常海关和洋海关对比表

序号	区别项目	常（海）关	洋海关	备注
1	征收对象	本国商民	外国商民	—
2	征收机构	旧关 *（常关）	新关 *（洋关）	与后来洋关有别
3	征收税则	钦定税则	协定税则	—
4	关税上交	定额管理	尽收尽解	粤海关洋税实行定额管理
5	关期	按照农历纪年关期奏销	道光二十四年正月二十六日（1844 年 3 月 14 日）开始，12 个月为一期，1860 年后按照西方历年，结期奏报	—
6	支出	无共同标准	实用实销	—

* 新关和旧关是按照时间划分的，不太严谨，有时新设的常海关也称新关，如潮海新关、武昌新关等，实际上为常海关，称洋或洋海关则较为严谨。

---

① 任智勇：《晚清海关监督制度初探》，载《历史档案》，2004 年第 4 期，第 83 页。

二、榷关的几个重要节点

清代榷关有几个重要节点，按照时间划分，主要有以下几个。

（一）康熙二十三年（1684 年）

康熙二十三年（1684 年），清政府开放海禁，最早设立闽海关，康熙二十四年（1685 年）又设立江海关、浙海关和粤海关，这时海关开始出现，并从事对外贸易，形成"四埠通商"局面。实际上这四处海关除管理对外贸易外，也对出入本口岸的本国商船征税①。此时期，既征收常税，也征收洋税。

（二）乾隆二十四年（1759 年）

乾隆二十四年（1759 年），由于英国东印度公司代理人洪任辉（James Flint）事件，清政府下令只允许西洋船只在广东的粤海关进行贸易，由于对外贸易中，中西贸易占比较大，形成"一口通商"的局面。在税收方面，粤海关分为常税和洋税。粤海关的常税，是专门征收本国商民的货税；粤海关的洋税，是专门征收外国商民的货税。那时的粤海关常税和洋税没有单独奏报，即"常税、洋税不分"，但此时期粤海关的洋税远大于常税。

"一口通商"时期，江海关、浙海关、闽海关的对外贸易并未中断。江海关有少量的南洋贸易，浙海关允许东洋（日本）贸易，闽海关允许琉球的贡船往来，这三处海关主要为管理本口岸的国内商船贸易，征收常税，洋税较少，常税远大于洋税。

（三）道光二十二年（1842 年）

道光二十二年（1842 年），第一次鸦片战争之后，中英签订《南京条约》，粤海关"一口通商"的局面被终结，粤海关的"十三行"垄断贸易被禁止。按照该条约，形成"五口通商"的局面。

后来，清政府又陆续签订了许多不平等条约，通商口岸越来越多，征收对外贸易关税的洋海关越开越多。有的洋海关在原有海关区域内设立，有的洋海关在原有常关区域内设立，有的洋海关单独设立。很多通商口岸出现"一地两关""常、洋并立"，以及一个通商口岸内有两个征税机构的局面。这时虽然出现两个征税机构，但海关仍然是个统一体，海关的财政权仍由清政府的海关监督掌

---

① 戴一峰：《近代中国海关与中国财政》，厦门大学出版社，1993 年，第 90 页。

控。[①]

（四）光绪二十七年（1901 年）

光绪二十七年（1901 年），清政府签订丧权辱国的《辛丑条约》，规定距离通商口岸五十里内的常关税归洋海关管理和征收，作为抵还赔款的财源之一。五十里外的常关税仍归清政府的海关监督管理和征收。

（五）民国元年（1912 年）

1912 年，清政府覆灭，民国建立，外国税务司夺取了原为海关监督的海关税收（包括洋税和五十里内的常税）的保管权，中国海关关税的自主权基本丧失。

三、榷关常税的收缴制度

榷关常税，包括海关中的常税，本书都放在同一考察对象之中，与下一章的洋税收缴制度予以区别。

清代，常税收缴主要有三种制度，即"柜书收"制度、"代理收"制度和"家丁收"制度。到了清晚期，部分常海关也引入了洋海关的"银号收"制度。

（一）"柜书收"制度

柜书，也称平柜、柜班，是管理"银柜"的人员。明代中早期的地丁钱粮主要为税吏下乡直接征税，但税吏经常对纳户（纳税花户，即户口上的纳税人）所缴纳银两的成色和重量方面进行刁难，并勒索纳户和舞弊，经常受到指责。明代万历年间，张居正推行"一条鞭法"后，开始实行"自封投柜"制度。[②]明清两代的"自封投柜"制度，最早用在地丁钱粮的上交上；清代，"自封投柜"制度普遍推行，也应用于部分常关的关税收缴上，本书称之为"柜书收"制度。

1. 地丁钱粮的"柜书收"制度

"柜书收"的大致程序是，由州县衙门发布布告，乡间里甲催征，先由征比师爷（主管征收田赋的师爷）找工匠打造木制的"银柜"，在银柜上编上记号，并以盖有官印及私戳的封条把柜门封上，顶部开有一个小孔，用于放入银两。银柜置于衙门庭院，银柜旁放有长桌，长桌上放着天平，由柜书、库子负责收银。

纳户持银两和串票，串票又叫截票，一式二联或三联，纳户到衙门后，向书

---

① 任智勇：《晚清海关再研究：以二元体制为中心》，中国人民大学出版社，2012 年，第 97 页。

② 山本英史：《"自封投柜"考》，中国社会与文化，1989 年，第 160-161 页。

吏出示串票，书吏找到存底的同一串票联对照无误后，才可办理征纳手续。办理时，柜书接过银两，称量准确，验好纳户银子成色，用纸包好，当着纳户的面投入银柜。纳户要亲眼看到柜书把自己缴纳的银两投入银柜，相当于官、民双方共同见证，增加了透明度，避免了税吏直接下乡征收时，在银两成色和重量方面的上下其手，刁难勒索。

图1-1为康熙四十三年七月初七（1704年8月7日）江西兴国县纳户执照（串票），上面注明州县、官员、事由、里甲、粮户姓名、缴纳银两时间和金额、要求等信息，并盖上骑缝印章，特意注明为"司颁砝码，自封投柜，并无加耗措索"。

2. 常税的"柜书收"制度

（1）明清常税的收缴规定

明代的榷关征收、保管、倾销关税制度大致为，榷关把每天收取的关税，在御史派来委员的监督下和榷关负责人一同清点称量，封存并上交到附近府县的库房，到1000两时，才开始铸成关锭，并刻上重量和委员姓名。[1]

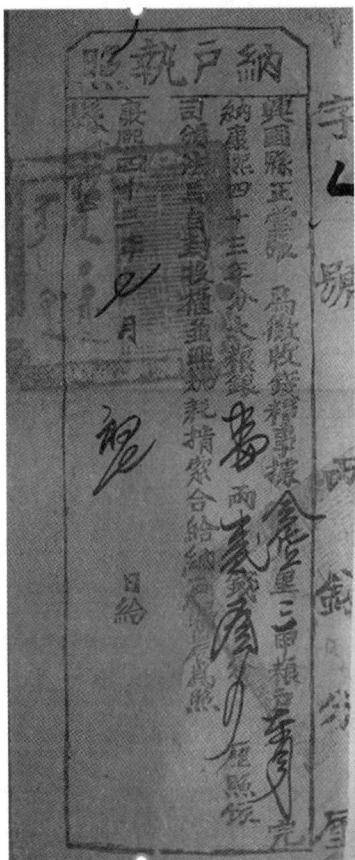

图1-1　康熙四十三年（1704年）
兴国县纳户执照

到了清代，为了减轻榷关的工作量，简化了流程，榷关不需要每天把收取的关税上交到附近府县。顺治十年（1653年），清政府明令要求榷关关差"刊示定则，设柜收税"[2]。顺治十三年（1656年），户部尚书车克对广西道监案御史伊辟的议复，"令商人当堂亲填投柜，其税银积至千两附寄府州县库内。恐有关府县相隔笃远者，不便寄送，各官另有专司，毋庸另委。"[3]即清初的做法是每日所收的关税银两，先存放在榷关内，达到1000两后才解府州县库房，省去每日送交府县的路途劳顿，与明代每日封送的旧例不同，

---

[1] 中国第一历史档案馆：《顺治年间设关榷税档案选下》，载《历史档案》，1983年第1期，第30页。

[2] 尹泰等：《大清会典（雍正朝）卷52近代中国史料丛刊第三编》，文海出版社，第3111页。

[3] 《顺治年间设关榷税档案选》，载《历史档案》，1983年第1期，第31页。

另外，清代商人把银两投入银柜后及上解程序中，不需要委官进行监督。嘉庆朝《大清会典》更为详细地规定："商民到关，即将货物舱口据实开单投报，该关立即查验，算明税课，当堂设柜，令本商亲自填簿输银投柜，验明放行。"①

无论是顺治十年（1653年）的"设柜收税"、顺治十三年（1656年）的"商人当堂亲填投柜"，还是嘉庆朝的"令本商亲自填簿输银投柜"，关税收缴都是实行的"自封投柜"制度，本书称之为"柜书收"制度。

（2）浙江北新关的实例

浙江北新关在雍正朝，对商税的收取程序是：商人通过常关之前，首先要填好"报单"，报单上详细写明商人的姓名、籍贯、商品种类、数量、出发地、经由地、目的地。常关查验人员确定商人提交的报单与实际相符后，让大关的厂书填入"税单"，再由算房计算税银并记入"税单"，由内衙审核后，在大堂自封投柜，最后支给商人税额的"印票"。②

（二）"代理收"制度

"代理收"，即通过代理收取关税。清代顺治至乾隆时期，政府经常明令禁止保家、铺户等代理收取关税，推行商人亲报亲填，关税银两直接上交常关的"柜书收"制度，试图建立常关与船户、商人直接接触的交纳体制，避免中介机构和人员参与，缩短管理程序和环节。如清代闽海关规定关税需要商人亲填单簿。"各处货船到关，即令该商将货物舱口据实开单，投管关衙门过砝，立即查验，算明税课，令商亲填单簿，将红单给商。"③

但事与愿违，很多常关依然采取所谓保家、歇家、保歇、牙歇、保商、商保、铺户、钞户、铺家、经牙、牙行、中牙、税行、保税行、店户、过塘主人、埠头等不同称谓的代理人制度。不同时期，不同常关对代理人的称谓不同，有些称谓实际上意思一样，主要为保家（歇家）、铺户（钞户）、牙行三类。④

采取"代理收"制度的原因，主要有以下几个方面：

1. 商人流动性大

粮户比较固定，对本地情况也比较熟悉，沟通交流时，基本没有语言问题。

---

① 尹泰等：《钦定大清会典（嘉庆朝）（三）近代中国史料丛刊第三编》，文海出版社，第823-824页。

② 香坂昌纪：《清代的北新关与杭州》，杭州师范学院学报，1998年1月，第78页。

③ 周学曾：《晋江县志卷之二十四 权政志 道光本》（下册），福州人民出版社，1990年，第865页。

④ 胡铁球：《明清税关中间代理制度研究》，载《社会科学》，2014年第9期，第136页。

而商人不像粮户，过关商人南来北往，有的来自很远的地方，人面生疏，对当地常关的各项制度并不十分了解，加之语言障碍，对开写报单、递报数目、丈量、稽查、估税等常关职能并不十分清楚。商人还有食宿、贸易、运输、贮存等各类需求，客观上需要中间组织的存在，为他们提供服务。

2. 税银兑换复杂

清代由于银两制度复杂，每个地域形同壁垒。粮户基本均在本地，相对于过关商人，粮户对本地的用银习惯比较了解。但每个常关对银两的成色、平码要求并不一致，并且里面还有一些"潜规则"，商人带来的银两不一定符合过关时的常关标准，加之平码各异，需要进行兑换。商人带来的制钱也需要兑换成足色白银上交。

在清代，规定在常关缴税时商民一律使用足色白银，常关不许滥收钱文。但遇有零星小户，税额在一钱白银以下，准其完制钱，不过限定常关经收人必须在三天内，将所收到的制钱，按原收之数，分发给钱铺兑换成白银。有些榷关还明确规定："关库兑收银两，均系一律足色关纹，其银非官准开设银铺不许倾化，商贩纳税必得易换关纹，始可兑交。"[①] 但足色关纹如何认定？各地没有统一的标准，也无监督标准实施的官方机构，给了代理机构可乘之机。

许多常关代理人除了帮助商人缴纳关税外，还有所谓"倾泻纹银"的上交关库的责任。民间贸易多用制钱和散碎低色银两，缴纳关税时，如果商人手中有制钱，需要钱、银兑换，即把制钱兑换成足色纹银，如果手中有散碎低色银两，也需要进行银、银兑换，代理还需要把商人的上交或兑换的银两，镕铸为常关要求的"足色官银""足色锭银""足色白银"等称谓的银两，实际都是清代户部规定的，关税成色需要达到足色，这些都远远超出了商人的能力和范围，也需要代理来实行。

如清代九江关和芜湖关，商人（船户、木客）纳税时，以钱易银，以及以色银市平来倾镕兑换足色纹银库平，都是保家代为料理。淮安关、浒墅关由铺户包揽关税，乾隆时期，浒墅关一直由铺户代客完税，后来要求听商自纳，但并未得到切实贯彻，道光十二年（1832年），浒墅关规定商人缴纳关课须由银铺代为缴纳，即铺户变成了银铺代理代为缴纳关税。[②]

---

① 胡铁球：《明清税关中间代理制度研究》，载《社会科学》，2014年第9期，第136页。

② 胡铁球：《明清税关中间代理制度研究》，载《社会科学》，2014年第9期，第61页及第76页。

3. 关吏的支持

乾隆十六年（1951 年），户部重申"行商自熔自纳"的原则，禁革一切中间代纳组织，但遭到一些官吏的反对。如凤阳关监督尤拔世，他向乾隆皇帝陈述了保留经牙的好处：一是有经牙代为熔银完课，可以提高通关效率；二是经牙收取费用的一半需要充公，可以为税关带来可观收入。他的陈述得到了乾隆的赞同，凤阳关经牙得以保留。①

4. "代理收"的例证

以下为几个榷关常税"代理收"的例子。

（1）南新关中牙

图 1-2 为乾隆三十四年六月二十九日（1769 年 7 月 31 日）浙江南新关收取木材关税的交单，可以较为清楚地观察中牙（经牙、牙人）即中间代理人，收取关税的情况。

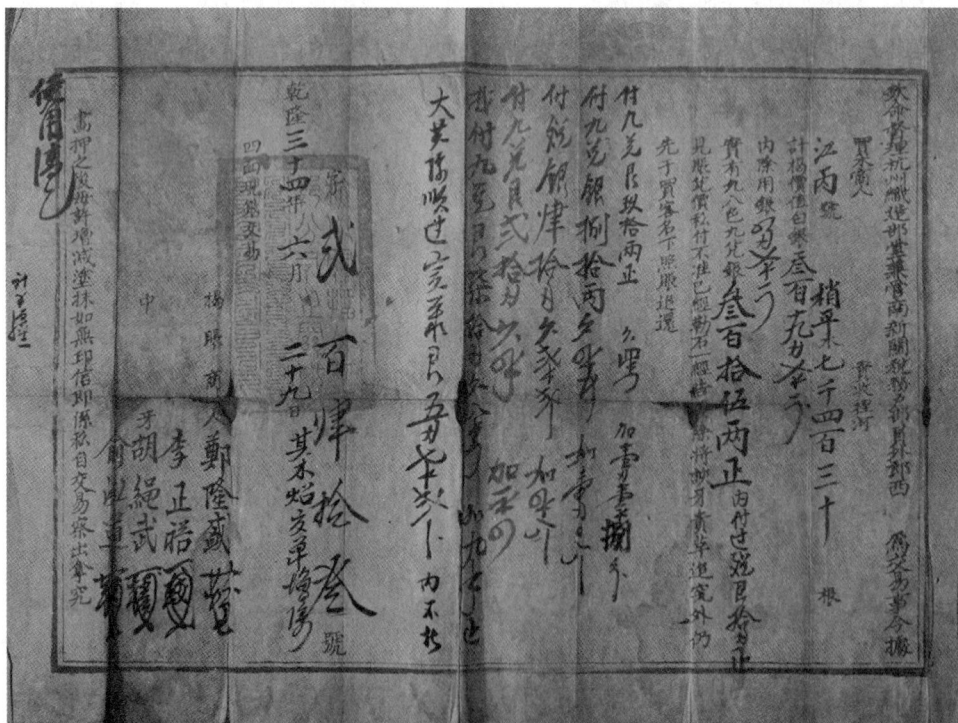

图 1-2　乾隆三十四年（1769 年）六月杭州南新关收取木材关税的交单

---

① 台北故宫博物院：《宫中档乾隆朝奏折》（第 1 辑），台北故宫博物院，1982 年，第 700 页。

整理交单上的文字如下：

钦命督理杭州织造部堂兼管南新关税务户部员外郎西，为交易事，今据买木商人江丙号，收买里河梢平木七千四百三十根，计揭价值白银三百十九两七钱二分，内除用银四两七钱二分。实有九八色九兑银三百十五两正，内付过九兑银十两整。

见账兑价，私付不准，已经勒石，一经告发，除将该牙责革追究外，仍先于买客名下照账追还。

付九兑银九十两整，欠四钱一分，加一两一钱八分。

付九兑银八十两整，欠四钱五分，加一两零八分。

付九兑银四十两整，欠二钱二分，加八分。

付九兑银二十两整，欠四钱，加二钱四。

找付九兑银七十两整，欠八钱，加九钱整。

大共除顺过完平水银五两七钱二分，内不折

字：二百二十三号

乾隆三十四年六月二十九日

其木照交单增除

四面现银交易

揭账商人：郑隆盛（画押）李正裕（画押）

中牙：胡绳武（画押）俞泓道（画押）

画押之后，毋许增减涂抹，如无印信，即系私自交易，察出拿究。

使用清乞

从以上南新关乾隆三十四年六月二十九日（1769 年 7 月 31 日）的交单上可以看出，南新关需要按木材总价的 1.5% 上交关税。以上银两的计算比较复杂，南新关规定的银两成色为九八色，平码为九兑，即为九八色九兑银，商人缴纳的往往是市面低潮银两，并且每块银两轻重不一，成色也不一致，很少有整数重量。在缴纳关税过程中，商人缴纳的每一块银子先要估色，把成色一致的银锭放在一起称重，实际重量与整数重量之间的差为"欠"；除了称重外，成色要和九八色相比，进行折算，折算的差额作为"加"，最后还需要总体的"平水"计算，计算出商人实缴银两与应交银两的总体差额。

以上的计算，可以用现代的数学公式予以表达，即：

$$Q = \sum_{i=1}^{n} w_i (f_i - f_c)$$

Q：最后的银水重量差额（两，按照当地榷关的砝码、当地榷关规定的成色）

w_i：第 i 块银锭的重量（两，按照当地榷关的砝码）

f_i：第 i 块银锭的成色（百分率）

f_c：榷关规定的银两成色（百分率）

以上的"平水"计算，不是专业人员，很难弄清楚，买卖双方也容易发生争议。中牙的存在，可以解决这些纠纷和争议，否则会影响商人的过关效率和买卖的顺利进行，也会影响政府的关税收入。南新关规定了中牙的责任，如果收到告发，首先追究中牙的责任，中牙需要优先偿还常关的损失，确保关税的安全。

浙江杭州的南新关，明代就设有保家 36 名。[①]清代保家，有时也称保头、中牙、牙行，职能类似，但有时与牙行又有区分，牙行负责撮合交易，保家负责担保。保家需要和常关签订"保税限状"，商人缴纳关税给保家，保家依据合同所定期限，交给常关，保家成了商人和常关之间的中间机构。

（2）江海关的保税行和税牙

再如，江海关的浏河口把代交关税的组织称为"保税行"或"保载行"。清初到清中期的保税行有茜泾季姓开设的季长泰行、刘河万姓开设的万复隆行、昆山徐姓开设的恒豫、杭州郑姓开设的郑复兴行，四姓连名互保，商客来此，需要到保税行报明，保税行禀报海关，验货纳税。[②]道光二十八年（1848 年），江海关的税牙有顾诚信、李裕昌、郑同兴。[③]

（3）锦州海口牙行

乾隆时期，锦州海口有王、越、孙、揆、兰、佩六家牙行，他们除了代客登记、纳税外，还兼营贸易。[④]

（4）凤阳关钞户

道光十六年（1836 年），安徽凤阳关包揽客商纳税之人，名曰钞户。有张

---

① 杨时乔：《两浙南关榷事书 续修四库全书》（第 834 册），上海古籍出版社，2002 年，第 320 页。

② 金端表：《刘河镇记略》（卷 5），江苏古籍出版社，1992 年。

③ 上海博物馆图书资料室：《上海碑刻史料选辑》，上海人民出版社，1980 年，第 71 页。

④ 胡铁球：《明清歇家研究》，上海古籍出版社，2015 年，第 173 页。

来安、李振兴、张统望、牛祥集、牛允盛、李鼎盛等名号，还有不知姓名者共十余家。①

（三）"家丁收"制度

"家丁收"为家丁、书吏、亲朋、长随等代为收取关税，这些人员都为常关监督的亲信人员，有时也称为"委员"。毕竟收取关税是较为专业化的工作，这些人员有时也需要外部中间代理机构的协助，或者自己开设中间机构来收取关税，但这种制度一直受到诟病。

如嘉庆五年、六年间，粤海关的各税口（收取的常税）由海关监督佶山派家人、长随到各口收税，受到言官奏报。②

道光十五年（1835年），山海关报税书吏曹际昌，在本城内开设商店，包纳关税。他又遣铺伙前往海口，私相挪用课银至6000余两之多。③道光年间，浒墅关缺额过多，人们在查找原因时称，监督专委家人办理税收，名曰总办，这些把持着各关口的家人、长随等经常利用手中的权力，进行钻营肥私，勒索商旅。这是清代关政极端腐败的一个重要原因。

以上常关税的"柜书收""代理收""家丁收"等制度，以"柜书收""代理收"为主流，"家丁收"经常受到弹劾和奏报。

有的常关采取混合模式，即"柜书收"和"代理收"相结合的制度。如九江关（常关）民国七年（1918年）下达的整顿令提到，"本部访闻，自前清以来，积弊实深，关用胥吏舞弊浮收，有柜书、算书、五行头、工保户等名目"④。即清代的九江关有柜书实行的"柜书收"制度和工保户（保头）实行的"代理收"制度并存。

---

① 《清实录宣宗皇帝实录》（二八零卷），中华书局，2007年。

② 倪玉平：《清朝嘉道关税研究》，北京师范大学出版社，2010年，第153页。

③ 邓亦兵：《清代前期关税制度研究》，北京燕山出版社，2008年，第407页。

④ 《关税案牍汇编》各关局分案 九江关，财政部印刷局，1934年，第2页。

第二章　洋税的收缴制度

清代，海关洋税的收缴制度分为三种，分别为"洋行收"制度、"银号收"制度、"衙门收"制度。

一、"洋行收"制度

粤海关自开关到第一次鸦片战争期间，也称为"十三行"时期，一直采用"十三行"行商代为收取对外贸易关税的制度。乾隆二十二年（1757 年）后的"一口通商"时期，粤海关的洋税收入极高，更加突显了"十三行"商人的地位。江海关、闽海关、浙海关也有类似的洋行组织，其收取对外贸易关税。本书称之为"洋行收"制度。这些洋行实际上是官方设立的牙行。

（一）粤海关的洋税收取

粤海关的"十三行"时期，"十三行"商人的权力非常大，涉及范围较广，根据相关研究，"十三行"主要有以下六项权利：估税销货权（评价和销售货物）、对外交涉权（代替政府与领事、外商打交道，翻译中外文件等）、约束担保权（承保税饷，约束、取缔运入违禁货物）、征收洋税权（代替政府征收对外关税）、兑换铸造权（兑换银元与银两、铸造海关银锭），以及其他权利（租赁夷馆与外商居住、捐输、赈恤、贮粮、备贡、犒赏、筹办民团、兴办教育等）。①

在第一次鸦片战争之前，粤海关征收的对外贸易税即海关洋税，一直由"十三行"商人代为缴纳，采取的是"洋行收"的办法。"十三行"商人从外国商人那收来的关税，大部分为银元，也有一部分为散碎银两，"十三行"通过自设的银号或委托的银号，把关税铸成符合当地特色的银锭（广东方镨）上交给粤海关，方镨上并不署名粤海关，而是署"十三行"的行名。②而此时的粤海关内河贸易

---

① 梁嘉彬：《广东十三行考》，广东人民出版社，1999 年，第 171 页。
② 戴学文：《方镨考》，个人出版，2007 年，第 80—83 页。

税，即常税，仍采用类似常关的关税收缴制度，只是这时的粤海关常税远小于粤海关洋税。

（二）其他三海关的洋税收取

第一次鸦片战争之前，除了粤海关征收洋税之外，闽海关、浙海关、江海关也一直都没有停止征收洋税，只是粤海关占到的对外贸易额比例较大。但由于时间久远，加之这三个海关的洋税数量较小，目前没有发现明确纪年的、为海关洋税的银锭。值得一提的是，这三个海关也有类似行商包揽海关洋税的状况，只是叫法不同而已。

1. 闽海关的行商

闽海关的行商，主要集中在厦门口和福州口。

（1）闽海关厦门口的行商

康熙二十三年（1684年），闽海关的厦门口刚刚开关，英船"快乐号"（Delight）抵达厦门时，发觉该地政府专门指定一名叫 Limia 的人员与英船贸易，Limia 也成了以后该地对外贸易的"商总"，并有 Anqua、Kimco、Shabang、Canqua 等洋行。雍正四年（1726年），闽海关厦门口的行户徐藏兴包揽海关税务；之后，还有更多洋行户、洋铺户、洋行参与对外贸易。在闽海关的厦门口，把此类的商人称为"铺户、行家、行铺、行保"，有时也称洋行，到道光元年（1821年）洋行全部倒闭消失。可见，Limia、徐藏兴的职能，类似于广东的"十三行"，是闽海关厦门口的行商。①

（2）闽海关福州口的行商

明代，福建市舶司设在泉州，对外以琉球商人为主要贸易对象，后来移往福州。福州河口的"三十六姓"通事，为了主持贸易的方便，后来渐渐与牙商相结合，形成了集客店、库房、贸易、翻译、牙行等于一体的经营方式。整个明清时期，琉球国贸易一直是由"三十六姓"通事垄断，到道光时期，原"三十六姓"通事后代有十姓势力强大，叫"十家排"，道光三年（1823年）还建立"球商会馆"，垄断琉球商人的一切交易。②"十家排"具体为卞、李、郑、林、杨、赵、马、丁、宋、刘十姓十家。"十家排"不仅为琉球商提供住宿餐饮、库存、翻译等服务，并代其销售琉球进口的商品，代购琉球人所需的中国商品，为此他们来自或雇用

---

① 详见下篇第十五章"闽海关银号和银锭"。

② 郑祖庚：《闽县乡土志中国方志丛书·华南地方》，成文出版社，1974年，第509页。

他商前往全国各地采购各种商品。①这"三十六姓"或"十家排"应为福州口对外贸易的中间组织。

2. 浙海关的行商

乾隆二十年（1755 年），英商洪任辉（James Flint），能通汉语，到浙江定海购买湖丝、茶叶，在洋行李元祚（又名李受官，Suqua）停歇，与行户牙人交易。此后到乾隆二十二年（1757 年），洪任辉与当地行商郭益隆（又名郭四官，Sequan）、李元祚、信公抡（原名信廷英，又名信文官，Wunquan）、Shing-y-quan、Tcuern-quan 等人贸易。②即乾隆二十四年（1759 年）"一口通商"之前，宁波亦有洋行，并且该地行商也和"十三行"一样，概以"官"称，应为浙海关特设的洋行。

3. 江海关的行商

江海关有许多口岸，但主要征税口岸只有上海大关、刘河口和孟河口，这三个口岸包揽了江海关大部分税收份额。"上海、刘河二口征收闽、广、关东、山东等处海、洋商船货税，孟河征收江、广、淮、扬等处长江商船货税。"③其中，"洋商船货税"应为对外的洋税。江海关的行商主要由沙船帮组成，如康熙年间，上海的沙船业主张元隆，拥有沙船二十八只皆以百家姓为号，头号赵元友，二号钱两仪，三号孙三益……并开张洋行，贸易往来东西二洋及关东等外。④可见，江海关的大关、刘河征收洋税，沙船商张元隆开设洋行，对外贸易。

实际上，行商身兼官、商两个功能。一方面，行商受政府委托，代表地方官员，参与海关管理，为了巩固地位和扩大权势，很多杭商通过捐纳来获得一定的官衔。另一方面，行商要身家殷实，自愿报官承充，领取政府发放的行帖，才可开业，虽有特权仍是自负盈亏的商人。这也是早期英国商人把粤海关、闽海关、浙海关的行商叫作"某某官（Qua、quan、quin）"的原因。

---

① 傅衣凌：《福州琉球通商史迹调查记》，摘自《福建对外贸易史研究》，福建省研究院社会科学研究所，1948年，第 59~66 页。

② 梁嘉彬：《广东十三行考》，广东人民出版社，1999 年，第 92 页。

③ 台北故宫博物馆：《宫中档乾隆朝奏折》（第 19 辑），台北故宫博物院，1982 年，第 808 页。

④ 沈祖炜：《上海近代经济史》（第 1 卷），上海人民出版社，1994 年，第 20 页。

二、"银号收"制度

第一次鸦片战争后，粤海关"一口通商"的局面被打破，中国出现了现代意义上的海关，即洋海关。同时，按照相关不平等条约规定，由海关银号收取洋海关关税，本书称之为"银号收"制度。这种海关银号，有时也称官银号。

（一）第一次鸦片战争后不平等条约的规定

第一次鸦片战争之后，在中英《南京条约》、中法《黄埔条约》和中美《望厦条约》中都有规定，清朝洋海关需要设立海关银号，由海关银号代收外商的税银，以足色纹银缴纳或洋钱（番银、国外银元）折算缴纳均可，洋钱折算成足色纹银，需要随时、随地进行折算兑换，海关银号收到外商缴纳的关税后，需要发给外商收款的凭据，也称银号号收（Bank Receipt），简称"号收"。表2-1为三个不平等条约中关于海关银号的规定。

表2-1　第一次鸦片战争不平等条约关于海关银号规定摘录表 [①]

条约名称	海关银号的规定	
	条款	详细规定
中英《南京条约》	五口通商章程何时何银输税一款	英商进口，必须钞税全完，方准进口。海关应择殷实铺户，设立银号数处发给执照，注明准某号代纳英商税银字样，作为凭据，以便英商按期前往。交纳均准用洋钱输征，惟此等洋钱，色有不足，即应随时随地由该口英官及海关议定，某类洋钱应加纳补水若干，公商妥办。
中法《黄埔条约》	第十八款	议定佛兰西船主或商人卸货完税则例，俱逐次按数输纳；至出口下货亦然。凡佛兰西船所有钞饷，一经全完，海关即给与实收，呈送领事官验明，即将船牌交还，准令开行。海关酌定银号若干，可以代中国收佛兰西应输饷项，该银号所给实收，一如中国官所给无异。所输之银，或纹银，或洋银，海关与领事官核其市价情形，将洋银比较纹银，应补水若干，照数补足。

---

① 王铁崖：《中外旧约章汇编》（第一册），生活·读书·新知三联书店，1957年，第40—51页。

表 2-1（续）

条约名称	海关银号的规定	
	条款	详细规定
中美《望厦条约》	第十三款	合众国商船进口后，于领牌起货时，应即将船钞交清。其进口货物，于起货时完税，出口货物，于下货时完税。统俟税钞全完，海关给发红单，由领事官验明，再行发还船牌，准该商船出口回国。其完纳税银，由中国官设银号代纳，或以纹银纳饷，或以洋银折交，均照规定章程办理。其进口货物由中国商人转贩内地者，经过各关，均照旧例纳税，不得另有加增。

由上表可以看出，无论中英条约规定的"海关应择殷实铺户，设立银号数处发给执照"、中法条约规定的"海关酌定银号若干，可以代中国收佛兰西应输饷项，该银号所给实收，一如中国官所给无异"，还是中美条约规定的"其完纳税银，由中国官设银号代纳"，都规定了必须设立海关银号代表中国海关，外商缴纳关税给海关银号。

其中，"殷实铺户，设立银号"在英文版《南京条约》中称为"Shroffs, or banking estabishments, of known stablity[①]"。由此可见，已有的殷实铺户，或由殷实铺户开设的银号都可以作为海关银号，即以后英文中所称的"customs bank"。但此后实际开设的海关银号基本由殷实铺户开设，新立名称，海关监督发给执照，登记开设，由新开的海关银号收取洋税，而不是由原有的殷实铺户直接收取洋税。

中英条约所写的"殷实铺户"，其中"殷实"即为身家富有、规模较大、有实力；据胡铁球的研究，"铺户"是开设店面营生的人户的泛称，包括牙店、商店、客店、手工作坊等一切拥有店面的人户。但在税关中，"铺户"一般为特指钱铺或牙行。其一，特指一种"收解税银"的"役"，其身份是"收卖钱钞之人"，即钱铺，其职能为收税、倾销、管解。铺户收税的职能，后来各关把"铺户"也

---

① WELLS WILLIAMS. A Chinese Commerical Guide Fourth Edition［M］. 1856, p.203: "The superintendent of customs will select certain shroffs, or banking establishments, of known stability, to whom he will give licences, authorizing them to receive duties from the English merchants on behalf of government, and the receipt of these shroffs for any money paid them shall be considered as a government voucher."

称为钞户。其二，特指各类兼营客店等具有中介性质的铺户，这类铺户多是牙行，他们除了代客登记纳税外还兼营贸易。①

第一次鸦片战争之后，粤海关、江海关、浙海关收洋税的海关银号的开设者都来源于钱庄（钱铺）商人。粤海关的高广恒（恒茂）海关银号的开设者为高洪利，其是一名广州城内货币兑换的商人；江海关由六家钱庄合资开设海关银号；浙海关由政府指定的三个钱庄，即叶金鋐开设的久安钱庄、钟光建开设的源和钱庄、郑班檀开设的久和钱庄，合伙开设海关银号。②

（二）第二次鸦片战争后不平等条约的规定

第二次鸦片战争后，中英、中法、中美、中俄、中普的《天津条约》都详细规定了海关关税（洋税）由海关官设银号代纳。五个条约相关规定摘录如表 2-2 所示。

表 2-2　《天津条约》中有关银号内容摘录表

条约名称	海关银号的规定	
	款项	详细规定
中英《天津条约》	第三十三款	税课银两由英商交官设银号，或纹银，或洋钱，按照道光二十三年（1843 年）在广东所定各样成色交纳。
中法《天津条约》	第二十一款	议定大法国船主或商人卸货完税则例，俱逐次按数输纳。至出口下货亦然。凡大法国船所有钞饷，一经全完，海关给与实收，呈送领事官验明，即将船牌交还，准令开行。海关酌定银号若干，可以代中国收大法国应输饷项，该银号所给实收，一如中国官所给无异。所输之银，或纹银，或洋银，海关与领事官核其市价情形，将洋银比较纹银，应补水若干，照数补足。
中美《天津条约》	第二十二款	大合众国船只进口后，方纳船钞。进口货物于起货时完税，出口货物于下货时完税。统俟税钞全完，由海关发给红牌，然后领事官方给还船牌等件。所有税银由中国官设银号代纳，或以纹银，或以洋银，按时价折交，均无不可。倘有未经完税，领事官先行发还船牌者，所欠税钞，当为领事官是问。

---

① 胡铁球：《明清歇家研究》，上海古籍出版社，2011 年，第 171-173 页。

② 见下篇中关于粤海关、江海关、浙海关的海关银号的论述。

表 2-2（续）

条约名称	海关银号的规定	
	款项	详细规定
中俄《天津条约》	第四条	嗣后，陆路前定通商处所商人数目及所带货物并本银多寡，不必示以限制。海路通商章程，将所带货物呈单备查，抛锚寄碇一律给价，照定例上纳税课等事，俄国商船均照外国与中华通商总例办理。
中普《天津条约》	第二十二款	监督官设定银号若干，可以代监督官收布国及德意志通商税务公会和约各国应输税项。该银号所给收单，一如监督官所给无异。所输之银或纹银，或洋银，监督官与领事官核其市价情形，将洋银比较纹银，应补水若干，照数补足。

　　从第一次鸦片战争后开始直到清末，海关洋税基本上按照这一制度执行，中英《天津条约》中也已经取消"铺户"的字眼，各项条约中都写明"官设银号"。即由清政府的海关监督选定商人，设立海关银号。虽然海关银号是海关监督招商设定的，为外部商人，但条约规定海关银号可以代表中国海关，也称"海关官银号"，有时也简称"关银号"或"官银号"。海关银号所给的号收上，加盖海关银号的大印，相当于海关监督所背书，代表清政府，具有法律效力。所以，时任海关税务司秘书魏尔特继承了总税务司李泰国的说法，把海关银号说成"中国政府的银行[①]"。需要注意的是，海关官银号与太平天国后各省成立的各类官银号、官钱局、官银局（铺）并不一样，在上篇第十一章中将做对比和说明。图 2-1 为光绪年间江海关的号收和存根，上面盖有"江海关源通官银号"以及骑缝章"裕国通商"。

---

① 魏尔特著，陈致才、陆琢成等译，戴一峰校：《赫德与中国海关》，厦门大学出版社，1993 年，译序第 5 页。

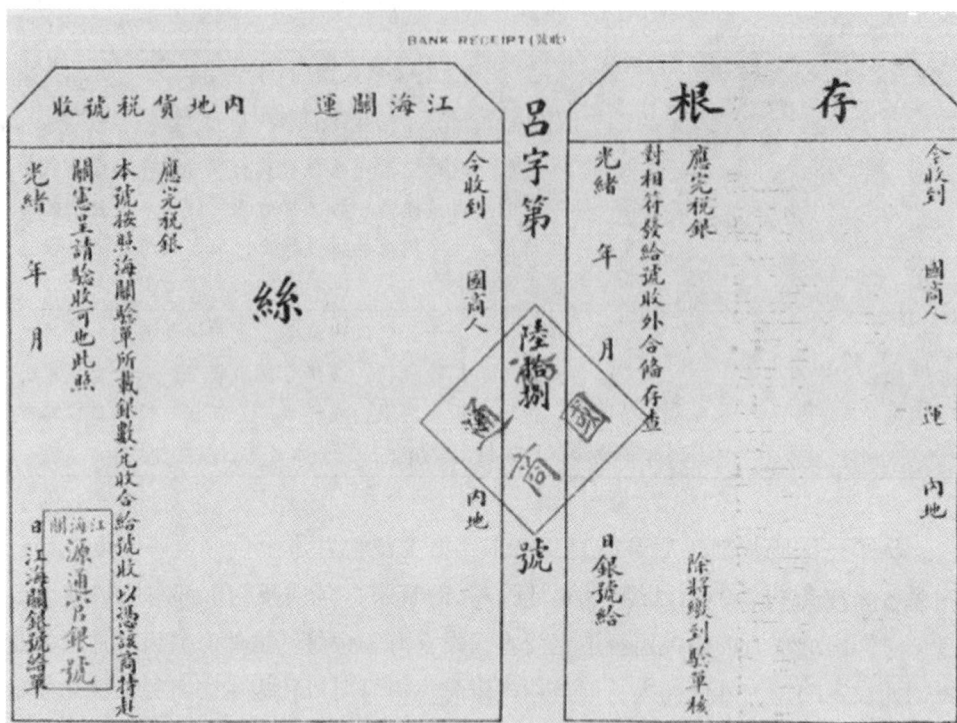

图 2-1　江海关源通海关银号的号收和存根 ①

第一次鸦片战争后，许多海关出现"一地两关"现象，既有常（海）关又有洋海关，海关银号由海关监督选定。外国的税务司出现后，中国的海关监督和外国的税务司对洋海关实施共同管理，税务司拥有洋海关的估税权，但中国的海关监督对常（海）关拥有绝对的、全部的权力，直到光绪二十七年（1901 年），离通商口岸五十里内的榷关（常关和常海关）归洋海关管理。但五十里内榷关的收银报解，仍由监督衙门派员经理。② 由于海关银号属于海关监督管理，部分海关银号除了收取海关洋税之外，也同时收取通商口岸五十里内榷关的常税。

三、"衙门收"制度

少数海关在特殊情况下，也采取临时措施，让海关监督衙门内部职能部门的

---

① 天津市档案馆：《巷证遗珍：天津市档案馆藏清代商务文书图录》，中国人民大学出版社，2007 年，第 219 页。

② 中国第一历史档案馆：《光绪朝朱批奏折》（第 75 册），中华书局，1996 年，第 193 页。

人员来收取洋税，本书称之为"衙门收"制度。这种收取海关洋税的制度，并不是主流，显然与不平等条约的规定不符，而是为了应急而用。洋海关主要在三种情况下采用这种制度：一是规模不大的洋海关，刚开关时，海关监督没有来得及遴选商人承充海关银号；二是洋海关税收较少，无人愿意充当海关银号；三是海关银号倒闭，海关临时未找到合适的商人承充。

（一）刚开关的情况

如镇江洋海关，在其开关后的一段时间，由于海关税收不多，从同治五年（1866年）1月开始，镇江海关职员章镐代表海关监督去收税，他为镇江海关银号经营者，也是镇江海关货币鉴定师。[1]

（二）海关税收较少的情况

如当时台湾的淡水海关和打狗海关，由于海关税收较少，在淡水海关开设"黄泰号"的海关银号倒闭后，无人承充，由淡水海关的文员李彤恩收取关税，而在打狗海关，由李彤恩派出的福州当地人林轸收取关税。

（三）海关银号倒闭的情况

如同治八年（1869年），厦门海关的苏源盛、金永隆海关银号倒闭，此后一段时间内，厦门海关在自己的"公馆"（衙门）内，任用以前金永隆的职员征收关税，直到同治十一年（1872年），胡雪岩在厦门海关开设（金）悦来和（严）久大海关银号，重新恢复"银号收"制度。

四、"洋行收"和"银号收"制度的比较

显然，"银号收"制度是"洋行收"制度的接替产物，它们之间既有区别，也有联系。其区别是，海关银号的权力仅限于征税、兑换和铸造，与"十三行"商人的权力相比，大大缩小了。其联系是，无论是海关银号还是行商，都是代理或中介组织，海关银号继承了行商的部分职能，只是行商的缩小版而已。第一次鸦片战争后，行商的部分功能并没有消失，而是被海关银号这一组织所继承和接替。表2-3为两种制度在出现时间、承担职能方面的对比。

---

[1] Shanghai Statical Department of The Inspectorate Ceneral. Reports On The HAIKWAN Banking System And Local Currency At The Treaty Ports. Published For the Customs Archives. V-Office Series Customs Papers No. 12, 1879, p.107. 本书关于海关银号的资料很多来源于此本英文版书籍，为节省篇幅，不一一标注。

表 2-3 "洋行收"和"银号收"制度对比表

序号	对比内容	"洋行收"制度	"银号收"制度
1	出现时间	第一次鸦片战争前	第一次鸦片战争后
2	评价、销货、承保税饷	是	无
3	对外交涉、约束、取缔运入违禁货物、租赁夷馆与外商居住	是	无
4	征收关税	是	是
5	兑换银元与银两	是	是
6	铸造海关银锭	是	是
7	捐输、赈恤、贮粮、备贡、犒赏、翻译（中外文件）、筹办民团、兴办教育	是	偶见有善举捐款

五、常、洋并立现象

清代的海关出现"一地两关"的现象较多，即海关中既有征收洋税的洋海关，也有征收常税的常关或常海关。这种"常、洋并立""一地两关"的现象是晚清海关的特色。海关银号征收所涉及的范围，在 1901 年之前，仅是海关洋税，不涉及常税的征收，但 1901 年之后，根据《辛丑条约》的规定，距离通商口岸五十里内的常关税归洋海关管理和征收，海关银号除了征收洋税之外，也征收五十里内的常税。

其中，洋海关分为两大类，分别为约开海关和自开海关，其共同点是都收取洋税。约开海关是根据不平等条约开设的海关，自开海关不是根据条约开设的而是清朝政府自行开设的。洋海关中，以约开海关为主，有 43 个；以自开海关为辅，仅有 4 个，均为较小的海关。

（一）约开海关

清政府根据 18 个条约，开设了 43 个海关，如表 2-4 所示[1]。其中，有 25 个海关有"一地两关"现象，并且都是比较大的海关。

需要注意的是，人们经常把洋海关建立的时间与洋税的收取时间混为一谈。实际上，第一次鸦片战争后开设的洋海关，洋海关的设置年与收取洋税的年份并

---

[1] 滨下武志著，高淑娟、孙彬译：《中国近代经济史研究：清末海关财政与通商口岸市场圈》，江苏人民出版社，2006 年，第 187-189 页。

不一致。例如，江海关、浙海关、福州海关、厦门海关在道光二十三年（1843 年）之后就开始征收洋税，而洋海关署设立时间，江海洋关在咸丰四年（1854 年），浙海洋关和福州海关在咸丰十一年（1861 年），厦门海关在同治元年（1862 年）。粤海关则从康熙年间设立后就一直收取洋税，粤海洋关则在咸丰九年（1859 年）才设立洋海关署。第二次鸦片战争后开设的海关，收取洋税的年份与洋海关设置年基本一致。表 2-4 为 43 个约开海关与常关地点、洋海关设置年情况。

表 2-4　43 个海关与常关地点、洋海关设置年情况表

条约名称	关名与地点	洋海关署设置年	有无常关及地点
1842 年中英《南京条约》	江海关（上海外滩租界内）	1854 年（咸丰四年）	江海常关（上海南市）
	粤海关（广东南海县沙基）	1859 年（咸丰九年）	粤海常关（广东南海县沙基）
	浙海关（浙江鄞县江北岸）	1861 年（咸丰十一年）	浙海常关（浙江鄞县江东镇）
	闽海关（福建莆田县霞徐铺）	1861 年（咸丰十一年）	闽海常关（福建霞浦县）
	厦门海关（厦门岛新路头）	1862（同治元年）	厦门常关（厦门岛养元官）
1858 年中英《天津条约》	镇江海关（江苏丹徒县）	1861 年（咸丰十一年）	镇江常关（江苏丹徒县）
	潮海关（广东澄海县汕头镇）	1860 年（咸丰十年）	潮海常关（广东澄海县汕头镇）
	九江关（江西九江县）	1861 年（咸丰十一年）	九江常关（江西九江县）
	江汉关（湖北汉口）	1862 年（同治元年）	江汉常关（湖北汉口）
	东海关（山东福山县烟台）	1863 年（同治二年）	东海常关（山东福山县烟台）
	山海关（奉天营口商埠）	1864 年（同治三年）	山海常关（奉天营口商埠）
	琼海关（广东琼山县海口）	1876 年（光绪二年）	琼海常关（广东琼山县海口）
	金陵关（江苏江宁县下关）	1899 年（光绪二十五年）	无

表 2-4（续 1）

条约名称	关名与地点	洋海关署设置年	有无常关及地点
1860 年《北京条约》	津海关（直隶天津县商埠）	1861 年（咸丰十一年）	津海常关（直隶天津县）
1876 年中英《烟台条约》	宜昌关（湖北宜昌县南门）	1877 年（光绪三年）	无
	北海关（广东合浦县北海港）	1877 年（光绪三年）	北海常关（广东合浦县北海港）
	瓯海关（浙江永嘉县北门外）	1877 年（光绪三年）	瓯海常关（浙江永嘉县东门外）
	芜湖关（安徽芜湖县西门外江岸）	1877 年（光绪三年）	芜湖常关（安徽芜湖县西门外江岸）
1886 年《中英香港鸦片贸易协定》	九龙关（广东新安县九龙半岛）	1888 年（光绪十四年）	无
1887 年《中法续议商务专约》	龙州关（广西龙州县城对河）	1889 年（光绪十五年）	无
	蒙自关（云南蒙自县）	1889 年（光绪十五年）	蒙自常关（云南省蒙自县）
1887 年《中葡北京条约》	拱北关（广东香山县三角江口）	1888 年（光绪十四年）	无
1890 年《中英续增烟台条约》	重庆关（四川巴县）	1890 年（光绪十六年）	无
1893 年《中英藏印条约》《藏印续约》	亚东关（西藏亚东）	1894 年（光绪二十年）	亚东常关（西藏亚东）
1895 年《中日马关条约》	杭州关（浙江杭县武林门外拱宸桥）	1896 年（光绪二十二年）	无
	沙市关（湖北江陵县沙市）	1896 年（光绪二十二年）	荆州常关（荆州府道署）
	苏州关（江苏吴县葑门外）	1896 年（光绪二十二年）	无
1895 年《中法续议商务专约附章》	思茅关（云南思茅县南门外）	1896 年（光绪二十二年）	无

表2-4（续2）

条约名称	关名与地点	洋海关署设置年	有无常关及地点
1897年《中英续议缅甸条约附款》（《中缅条约附款》）	梧州关（广西苍梧县）	1897年（光绪二十三年）	梧州常关（广西苍梧县）
	三水关（广东三水县城外）	1897年（光绪二十三年）	三水常关（广东三水县城外）
	腾越关（云南腾冲县南门外）	1900年（光绪二十六年）	无
	江门关（广东新会县江门埠）	1904年（光绪三十年）	江门常关，甘竹常关（广东新会县江门埠，顺德县甘竹）
1899年《中德青岛设关征税办法》	胶海关（山东胶县青岛）	1899年（光绪二十五年）	胶海常关（山东胶县青岛）
1902年《中英续议通商行船条约》	长沙关（湖南长沙县西门外）	1904年（光绪三十年）	无
1903年《中美通商行船续订条约》	安东关（奉天安东县本埠）	1907年（光绪三十三年）	沙河税捐总局相当于常关
1903年《中日通商行船条约》	大东沟关（奉天大东沟）	1907年（光绪三十三年）	东沟税捐局相当于常关
1905年《中日会议东三省事宜正约》	大黑河关（黑龙江大黑河）	1905年（光绪三十一年）	无
	满洲里关（满洲里）	1907年（光绪三十三年）	无
	滨江关（吉林滨江县松花江南岸）	1897年（光绪二十三年）	无
	奉天关（奉天省城）	1897年（光绪二十三年）	无
	珲春关（吉林珲春县城内）	1910年（宣统二年）	无
	龙井村关（吉林龙井村）	1910年（宣统二年）	无
1907年《中日会订大连设关办法》	大连关（奉天金县海湾）	1907年（光绪三十三年）	无

（二）自开海关

表 2-5 为 4 个自开海关，这 4 个海关并不是根据条约开设，而是清政府自行开设的。

表 2-5 4 个自开口岸列表

开港年	开港地	海关开设年
1898 年	岳州关（湖南岳阳县城陵矶）	1898 年（光绪二十四年）
1898 年	秦皇岛关（直隶秦皇岛）	1902 年（光绪二十八年）
1898 年	福海关（福建宁德县三都澳）	1899 年（光绪二十五年）
1907 年	南宁关（成西邕宁南门商埠）	1907 年（光绪三十三年）

第三章　海关银号存在的原因

　　海关银号起源于第一次鸦片战争后签订的不平等条约，海关银号收取关税的制度，本书称之为"银号收"制度。从道光晚期到清末，是海关银号的发展和成熟阶段，它垄断了海关洋税的收缴权；清朝覆灭前后，它逐步被中外银行和各省官银号所取代。有些海关的海关银号，一直延续到民国早期。

　　存在就有其合理性。海关银号之所以能够长期存在，其中的缘由，主要有以下三点：统治者的治理思想、关税收缴制度的进步，以及清代银两制度的复杂性。

一、统治者的治理思想

　　清代统治者，一直存在"以官治商，以商治夷"的思想，这种治理思想，也突出表现在"十三行"时期。当时，粤海关无论进口还是出口，税款（洋税）均由行商收缴，西方商人并不需要知道，更无须亲自与税吏打交道。这种制度设计维持天朝制度的同时，也使清政府避免与外商发生直接接触。[1]

　　所谓天朝制度，就是以清朝为世界的中心，把与各国的正常贸易通商看成了对清朝的"朝贡"[2]，把与西方各国的条约中的让步称为"怀柔"[3]。官员不与外国商人打交道，也不屑于与外国商人打交道，认为西方国家为清朝远方的属国和蛮夷，称外国商人为"夷人"，这种妄自尊大、故步自封的心理，一直存在清朝统治者的心中。

　　"一口通商"时期，广州"十三行"商人成为清政府与外国商人之间的中间人，并代办政府事务。"十三行"商人权力极大，经常受到外国商人的抱怨和指

---

① 戴一峰：《近代中国海关与中国财政》，厦门大学出版社，1993年，第62页。

② 龚自珍著，王佩静校：《龚自珍全集》（上册），中华书局，1959年，第118-119页。

③ 太平天国历史博物馆：《吴煦档案选编》（第四辑），江苏人民出版社，1983年，第440页："第九款：向例英国完纳税饷，每百两另交银一两二钱，作为倾镕之费。嗣后裁撤，英商毋庸另交倾镕两。按：夷商完税，间来每百两另交倾镕银一两二钱。现据呼请裁免，因为数无几，准予删除，以示怀柔之义。其应给银号倾镕之项，另行拨给。"

责。第一次鸦片战争后，"海关银号"根据条约应运而生。海关银号作为海关之外的、独立的外部组织，对外向外国商人收取关税，对内需要把收取的关税上交海关库房，接受海关监督的管理。可以说，海关银号制度是"十三行"职能的延续。清朝统治者也想通过海关银号对外国商人、领事、税务司形成掣肘。

二、关税收缴制度的进步

海关洋税的收缴，采用"银号收"制度，这种"商收商缴官督"的模式，显然比常关中采取的"柜书收"的模式，即"官收官缴官督"的"一条龙"模式要进步许多。

"银号收"制度中，官、商双方可以产生部分制衡，都有收税的单据和账簿，增加了透明度，减少了腐败。相比"十三行"时期的"洋行收"制度，也有了一定的进步，"十三行"制度垄断性较强，业务链也长，清政府和外国官方没有建立起正常的沟通机制，过程信息大都来源于行商，出现问题时，已经积重难返。"银号收"的职能仅为"洋行收"中的一部分职能，"十三行"模式中的六项权力，有三项权力被海关银号所继承，即收税权、兑换权和铸造权。清政府的信息不仅来自海关银号，还有很多信息来自外国商人、领事以及后来的税务司，信息较为完整和全面，更利于清政府作出决策和采取措施。

随着时间的推移，部分海关银号也衍生出了放贷、发行票据、投资等业务和职能，可以说，"银号收"制度也是商品经济发展的阶段性产物。

三、清代银两的复杂性

清代实行银两、制钱并行的"双本位"币制，银两采用白银，白银的基本单位为两，制钱的单位为文。实际上政府方面以"银两为主，制钱为辅"，大额的买卖、政府征税，以及政府向官吏、士兵发放俸禄，一般都使用银两。[①]民间则多以"银两、制钱结合"。晚清时，银元、银票也登上了舞台，币制更加混乱，并有越演变越混乱的趋势。银两和制钱在一定时期内有一个稳定的兑换比例，原则上是一两纹银兑换 1000 个制钱。但由于金融市场的不稳定性，经常发生"银贵钱贱"和"银贱钱贵"的情况。

---

① 陈勇：《晚清海关税政研究：以征存奏拨制度为中心》，暨南大学博士论文，2007 年，第 137 页。

另外，清代银两制度非常复杂，清政府缺少一整套标准和制度，而采取放任自由的办法。各地、各行业俨然形成壁垒，不利于商品的流通，降低了交易的效率。

银两制度越复杂，越需要精通银两知识的人员。《南京条约》后，粤海关、江海关、浙海关都是由几家钱庄合资来办理海关银号，厦门海关和福州海关情况不详。那时，清政府还没有现在银行业，精通银两知识的人员大都集中在钱庄。这些都为"银号收"制度提供了基础。

银两有三个要素，即平、色、兑。平为平码，为衡定银两重量的标准；色为成色，指含银量，或银两的纯度；兑为兑换，为确定不同银两之间的折算关系。

（一）平码

清代使用的银两平码，根据统计有 1000 多种 [1]，康熙五十二年（1713 年）颁布了御制《律昌正义》，乾隆七年（1742 年）也颁布了御制《律昌正义后编》，规定白银一立方分寸为库平九两，大概 1 两折合 37.30 克。[2] 但终清一代，始终没有统一度量衡，并且各地之间、同地各行业之间平码并不统一，阻碍了商品的流通和经济的发展。平码又分为官平和市平，即官用平码和民间平码。

1. 官用平码

官用平码为官方使用的平码，分为库平、漕平、关平等，清末，各地按照税收项下分类，又增加有盐课平、茶厘平、厘金平等各项平码。

各省的库平也不一致，如最大的是广东库平，最小的是宁波库平。而且，各省的库平中，又演化出了布政使用的藩库平，盐运衙门使用的盐库平，盐法道使用的道库平等。[3]

漕平为清政府征收南方漕粮，改征银两折色使用的平码，比库平小，在江苏、浙江、安徽、湖南、湖北、江西，这些漕粮上交省份使用较多，后推广到民间也使用漕平。各地漕平也不一致，如上海的申漕平比汉口的汉漕平大，100 两申漕平等于 100.5 两汉漕平。

关平又分为常关平和海关平。常关平为各地榷关收取常税的平码，海关平为海关收取洋税的平码，各地常关平和海关平也有差异。

后来，官用平码也演变出一些加数字的平码，是以某种官用平码为基准，前

---

① 张惠信：《中国银锭》，台湾齐格飞出版社，1988 年，第 176 页。

② 汤国彦、洪天福：《中国历史银锭》，云南人民出版社，1993 年，第 110 页。

③ 宫下忠雄：《中国币制的特殊研究》，日本学术振兴会，1952 年，第 102 页。

面数字为折扣，如九八漕平、九七盐课平等。

2. 民间平码

民间平码主要为市场交易或某些行业使用的平码，情况更为复杂。大概分为七大类，即议平、估平、钱平、市平、数字平、地名平、洋行平。[①] 每一大类在不同的地域也不同，又加入地方特色。整理为表格如表3-1所示。

表3-1　民间平码分类表

序号	平码名称	又名	制定或使用对象	举例
1	议平	公码平、公议平	同业者或商埠共同商定、共同制定的平码	北京的京公码平、天津的津公码平、上海的申公码平、山西票号的平码、西安的陕议平、三原的省议平、福州的城新议平。
2	估平	公估平	公估局使用的平码	上海的申公估平（申漕平）、汉口的汉估平、九江的九江估平、芜湖的估平等。
3	钱平	—	钱业流通的平码	山东周村的村钱平、长沙的沙钱平、重庆的渝钱平、张家口的口钱平。
4	市平	—	主要为一般市场交易所用	沙市的沙市平、厦门的厦市平。
5	数字平	—	以某种平码为基准进行的兑换，表示大小关系的平码	广东、广西使用的九九八平、九九七平、九九六平，都是以广东司马平为基准。 湖北、湖南使用的九八六平、九八五平，都是以汉漕平为基准。 北京的六厘京平、七厘京平、六厘市平、七厘市平，都是以京公码平为基准。
6	地名平	—	这些平是从其他平码发展演变而来的，后来加上地名固化下来	营口的营平、宽城的宽平、吉林的厂平、安徽宣城的宁平。
7	洋行平	—	主要为外国洋行使用，分为洋例平和行平	洋例平：如汉口的洋例平和福州的洋例平。 行平：如天津行平、九江的行平（九八漕平）。

---

① 戴建兵：《中国近代银两史》，中国社会科学出版社，2007年，第69-71页。

由此可见，清代的平码极其繁杂混乱，并逐渐演化成地域和行业特性，不是专业人士很难弄懂和掌握。

（二）成色

银两成色越高，就代表其纯度越纯，杂质越少，同一重量价值越大。按照参考基准的不同，清代银两成色分为两大系统。[①] 一是以纹银为基准的系统，二是以足色纹银为基准的系统。

1. 以纹银为基准

此系统主要在长江流域一带流行，从上海到汉口使用，纹银实际的成色为93.5374%，使用中都是按照94%进行计算，清代的元宝银一般都为每枚50两重，纹银重量50两，申水3两成为足色纹银，足色纹银50两，去水3两成为纹银。

如果50两银锭申水2两4钱成为足色纹银的，称之为二四宝，申水2两5钱成为足色纹银的，称之为二五宝，以此类推。

2. 以足色纹银为基准

此系统主要用于除了长江流域各省之外的所有其他地区。足色纹银，也称足纹、足纹银、十足银、足银、足色等，是清代法定的标准银之一。此标准大概起源于康熙年间，上解户部的地丁钱粮必须是足色纹银，足色纹银有时也简称为"纹银"，但与含银量为93.5374%的纹银含义不同，足色纹银理论上是100%纯银，实际上是按照传统成色鉴定法给出的最高银两的成色。同治元年（1862年），印度造币局对所谓的"足色纹银"进行了分析，"足色纹银"的成色为99.15%，银炉承认的足色纹银的成色为99.2%。后来，清代户部用的足色银锭成色为99.4%，地方官府用的银锭的成色为98.8%，北京的十足银的成色实际上为99.2%。

足色纹银系统采用百分率、千分率、折扣等三种方法表示，都是相对于足色纹银的而言，千分率更为精确。百分率主要在广东、四川等地实行，如九七银、九八银、九九银等，即成色分别为97%、98%、99%的银两；千分率主要在东北、天津等地实行，如营口的锦宝银、光绪中期之前的天津化宝成色都为九九二，即成色为992‰的银两；折扣则在北京一带流行，如扣二银，即成色为98%的银两。

（三）兑换

兑换为银两之间的兑换关系，包括成色之间的换算和平码之间的换算。对于

---

① 宫下忠雄：《中国币制的特殊研究》，日本学术振兴会，1952年，第110-114页。

海关的洋税，国外商人多采用外国银元（也称番银、洋钱、洋银等）缴纳，兑换关系还包括银两与国外银元之间的兑换。

1. 成色兑换

相比而言，成色之间的换算较为简单。如天津的化宝，以天津白宝（也称头白锭、头白宝）为标准，白宝虽号称十足，实际上是二八宝。天津化宝成色为992，实际上相当于白宝即二八宝的99.2%，即50两的白宝，作为化宝使用，申水4钱，可以作为50两4钱化宝使用。同理，北京的松江银，为980，是对十足色而言，以十足色为基准，为十足色的98%。

2. 平码兑换

平码之间的换算则较复杂，习惯以常用为标准进行比较。如果平码之间没有直接关系，则需要各自与自己相关的平码建立联系，查看各自相关的平码之间的关系，再进行比较和加减，建立起换算关系。山西票号正式利用所谓的"本平"与不同的平码建立起兑换关系，开展业务和核算、进行计算和牟利。[1] 平码之间的差额称为"平余"或"余平"。以汉口洋例银为例，洋例银和各地通用平砝比较如表3-2所示。

表3-2 汉口洋例银平码比较表

洋例平（两）	其他平码	兑换（两）	洋例平（两）	其他平码	兑换（两）
1000.00	汉口估平	980	1028.57	南昌九三八平	1000
1087.50	海关平	1000	1037.75	芜湖芜漕平	1000
1000.00	上海九八规元	1034.45	1012.30	烟台漕估	1000
1022.45	沙市沙平	1000	1037.82	镇江二七平	1000
1016.33	西安陕议平	1000	1022.95	营口营平	1000
1039.18	常德常平	1000	1033.86	开封汴平	1000
993.88	宜昌宜平	1000	1059.05	广州九九七司马平	1000
1016.33	重庆渝平	1000	1033.16	南京宁漕平	1000
1018.37	成都九七川平	1000	1026.55	青岛胶平	1000
1043.35	三原泾布平	1000	1051.95	济宁宁平	1000
1024.50	天津行平	1000	1065.20	张家口口钱平	1000

① 黄鉴晖：《山西票号史修订本》，山西经济出版社，2002年，第115页。

表 3-2（续）

洋例平（两）	其他平码	兑换（两）	洋例平（两）	其他平码	兑换（两）
1022.45	北京京公砝平	1000	1051.95	大同同平	1000
1042.85	济南济平	1000	1020.40	云南滇平	1000
1035.33	扬州扬漕平	1000			

3. 海关监督拨用实例

以光绪十四年九月十五日（1888 年 10 月 19 日）江海关监督库房拨用元宝为例，拨用元宝 21 枚、碎银 3 封。其中，14 枚元宝经过公估评价，重 722.47 两，申水 13.9 两，折合曹平公估银 736.37 两；剩余 7 枚银锭和 3 封碎银需要现估，重 508.25 两，申水 7.6 两，折合曹平公估银 515.85 两。两者总计折合曹平公估银 1252.22 两。后面需要附上每枚银锭和碎银 3 封的码单，即重量和成色。

四、银两在实际应用中的复杂和烦琐

（一）查看成色的学问

在日常的实际运用上，查看银两成色是一门专门的学问，钱庄银号的学徒，需要多年的锻炼和实践，并通过查看银锭的波纹、气孔、回珠、颜色、茬口（银两验口、斧印）等办法，才有可能较为精准地判断出银两的成色，查看有无掺假如藏入铜、铅等贱金属的情况，一般人很难掌握和精通它，它与外国人通过化验得知成色的手段不同。

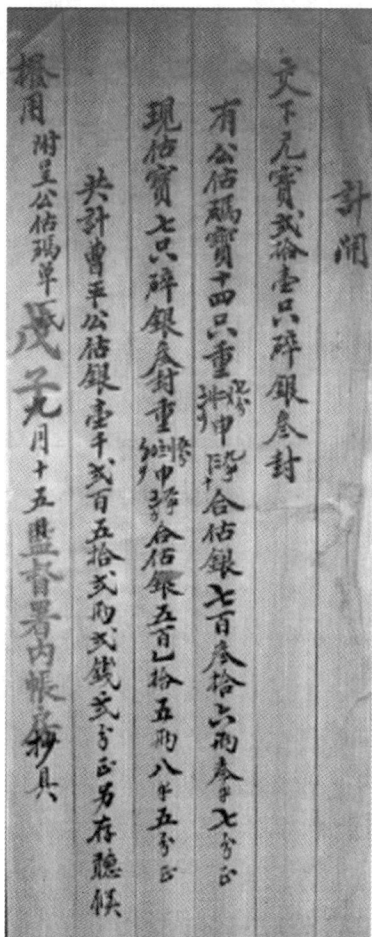

图 3-1 海关监督拨用银两[1]

---

① 摘自《盛宣怀档案》盛档：SD099281-1，上海图书馆。

清代官吏不一定熟悉银两的复杂平、色、兑问题及其换算。如清代的钱庄、银号（铺）出版的以下几本小册子（表3-3），除了重点介绍各种低色银两的辨别外，还介绍各地银两的器型、重量及成色，少则十几种，多则几十种成色，都非常复杂。

表3-3　本书介绍的成色等举例

书名	时期	省、地、关银两器型、成色		
		省、地、关（处）	器型 / 重量（种）	成色（种）
银谱①	乾隆六年（1741年）	14	12	>39
聚义宋记②	乾隆四十七年（1782年）	11	23	>13
各路元宝手抄本③	光绪十三年（1887年）	33	30	>49
商贾便览卷四④	—	18	20	>58
银色总论 序记	—	15	18	>37
佚名	—	8	9	>12

（二）汇解中的烦琐

对清代百姓来说，银两制度艰涩难懂，已经对商品流通、交易形成障碍，普通人员在交易中很容易吃亏。美国人马士的观点具有一定的代表性，他提到"银两兑换可以把人弄糊涂的一个问题，就是它会使普通人无法了解中国税制的奥妙"，并举了一个经常发生的事例，"从江苏税收里拨解甘肃省的协饷。税票原来按照库平银计算，但缴税时却按当地银两计算；将税款汇解上海时，又折漕平银；到了上海后再折成上海银（上海规元）；等到汇解甘肃时（假定要划汇），再折回漕平银；款子到了甘肃，要用当地银两收进；甘肃所收银款，还要折成库平银来和江苏结账；再折成本地银两存进钱庄；又折成库平银来和北京户部结账；然后，再折成当地银两或铜钱准备开支。经手人在这一连串九次兑换里，每次至少可从折解数额获得0.5%的好处，以及向纳税人进行的'勒索'，都没有计算

---

① 宁寿堂：《银谱》，乾隆六年，谢国桢藏。

② 《聚义宋记 银谱便览》，乾隆壬寅年菊月。

③ 《丁兆熙谨识·聚源斋各路元宝银色目录》，丁亥年，江西财经学院藏。

④ 吴中孚：《商贾便览》第四卷，有乾隆及道光刻本，本书所引系道光八年刻本。

在内。"①

（三）外国官员的抱怨

对外国商人来说，银两制度如此复杂，加之语言沟通问题，更如同天书，外国税务司也经常抱怨和抨击。如浙海关税务司杜德维（E. B. Drew）在光绪四年正月十一日（1878 年 2 月 12 日）写给赫德的信中抱怨道："众所周知，即使一个中国人需要经过多年的学徒期，才有可能成为银两成色的鉴定师，但也没有人相信他的评估，因为评估只是近似的。"江汉关税务司怀特（Francis W. White）在光绪四年正月十二日（1878 年 2 月 13 日）写给赫德的信中也抨击道："银两仅是笨拙的交换媒介，在中国，它被以最原始的形式运用。这个累赘的、令人不满的银两制度，却被那些精明的商人加以利用，实行了数个世纪，而中国大众不予质疑。由于墨西哥银元的存在，银两制度被证明效率低下，尤其是缺乏国家银币及大量供应的情况下。尽管墨西哥银元纯度不高，却被普遍认可，并接纳这种外国货币。"

（四）兑换时的复杂和烦琐

关于银两兑换的复杂性，我们以同治四年（1865 年）江汉关助理税务司霍尔基特与总税务司，以及商人 Robt. Watmore 之间的通信为例进行说明，从海关两、汉口洋例银（全称为汉口平公估纹银）、汉口实银（二四色汉口估平银）、上海规银之间的计算兑换过程，也可以看到其中的复杂和烦琐。

在汉口的外国商人上交关税给海关银号的过程中，由于牵涉到海关两和汉口洋例银的兑换问题，汉口的海关银号要求 100 海关两兑换 108.885 两汉口洋例银。麦华陀领导的外国商人坚持 100 海关两兑换 108.5 两汉口洋例银，依据是 100 海关两 =111.5 两上海豆规银，商人 Robt. Watmore 的计算过程如下：②

1. 把二四色汉口估平银的重量转换成上海豆规银的重量。

第一步：称重。把 25 个汉口马蹄锭（实银，50 两左右）放到汉口估平秤上进行称重，共计实际重量为汉口估平银 1295.49 两。

第二步：平码换算，即换算成上海漕平重量。把 1295.49 两汉口估平重量换算成上海漕平的重量，要减去 2%（汉口估平 1 两约为 35.98 克，上海漕平 1 两

---

① 马士著，汇文、姚曾算、杨志信、马伯煌、伍丹戈译：《中华帝国对外关系史》（第一卷），上海世纪（上海书店）出版社，2005 年，第 29-30 页。

② 资料来源同本书第 23 页脚注①。

约为 36.65 克），变成 1269.58 两上海漕平。

第三步：成色换算，即换算成纹银成色。实际 25 个二四色汉口马蹄锭，又比纹银（二四色比纹银每 50 两高出 2.4%）高出 60 两（25×2.4），变成 1329.58 两上海漕平纹银。

第四步：换算成豆规银平码和成色。上海豆规银是上海漕平纹银的九八折，1329.58÷0.98=1356.71 两上海豆规银。

2. 把汉口二四色估平重量转换成洋例银重量。

洋例银为二四色汉口估平的九八折，即二四色汉口估平银除以 0.98 得到洋例银的重量，1295.49÷0.98=1321.93 两洋例银。

3. 建立起海关两与洋例银之间的兑换关系。

（1）100 海关两 =111.50 两上海豆规银（汉口固定兑换关系）。

（2）上述 1、2 对应，即 1356.71 两上海豆规银 =1321.93 洋例银，换算成 102.63 两上海豆规银 =100 两洋例银。

4. 所以，100 海关两 =111.5×100÷102.63 两洋例银，即 100 海关两 =108.64 两洋例银。

以上的计算过程，看似没有问题，但仅为理论上的平码、成色换算，实际上，二四色汉口的汉口估平银锭，名义上是二四色，实际上并非都为二四色，很多达不到二四色，还需要把每个银锭认定成色后，再进行换算，这又增加了交易的复杂性。

综上，中国的银两制度非常复杂，对远来中国贸易的外商而言，加之语言障碍，客观上也需要海关银号这样的中间机构的出现，来解决外商缴纳关税的问题。而且，海关也需要建立一种符合对外贸易特点的平码和银两成色，便于中外之间的货币交易。

第四章　海关银号的平码和换算

海关银号采用的银两基准是海关两，海关两又称关平银、关平纹银，有时也简称为关银，外国人把海关两称为 Haikwan Tael 或 Customs Tael，海关两是以通商口岸为中心而使用的官定银两，是虚银两，它有自己的平码和成色标准。第一次鸦片战争后，清政府开放了众多的通商口岸，不同的通商口岸根据当地用银习惯，使用不同的当地银两，外商缴纳关税大多采用外国银元，有时也采用当地银两。海关银号收取关税时，存在海关银两、当地银两、外国银元三者之间的换算问题。

一、司马两、库平两和海关两

在论述海关两之前，先介绍一下司马两和库平两。因为海关两的平码是从司马两发展演变而来，而海关两的成色则与库平两的成色一致，三者之间有一定的内在联系。

（一）司马两

在第一次鸦片战争之前，广州"十三行"的行商垄断了粤海关的对外贸易，外国船只入港到达粤海关的黄浦后，外商就会指定一个"十三行"的行商做保商，由行商担保向粤海关缴纳关税，类似于一些榷关中的保头、保税行等外部代理组织。

广州贸易采用一种称为"司马平"（Szema tael，也称广平、司平，有时也写成思平）的平码，1 司马斤 =16 司马两，1 司马两 =10 司马钱。那时英国的重量单位为磅（pound）、盎司（ounce）和格令（grain），格令旧译为英厘或喱，1 常衡磅 =16 常衡盎司，1 常衡盎司 =437.5 格令，1 格令 =0.06479891 克，1 常衡盎司约为 28.3495 克。中英之间贸易牵涉到度量衡转换问题。司马平 1 两与英国格令之间的换算并不固定，因时间和交易行商的对象不同而不同。

1. 时间不同

如康熙三十八年（1699 年），1 司马两约为 580.8 格令（约 37.64 克）；雍正二年（1724年），1司马两约为581.95格令（约37.71克）；雍正八年（1730年），1司马两约为579.85格令（约37.57克）；道光二十六年（1846年），1司马两约为578.0格令（约37.45克）；民国时，1司马两约为578.3格令（约37.47克）。[①]即，时间不同，司马两和格令之间的兑换也不相同，存在部分差异，并且随着时间发展，有减重的趋势。

2. 交易行商不同

雍正十年（1732年），英国东印度公司与六家广州"十三行"的行商交易时，采用的司马平与格令的换算也不一样。具体见表4-1，1司马两最高兑换580.3格令，最低兑换579.74格令。[②]

表4-1　与六家行商交易时司马两和格令的换算

序号	英文称呼	中文行商姓名（称呼）	中文商号名	司马两1两相当于格令	司马两1两相当于克
1	Young Hunqua's	蔡□	—	580.3	37.603
2	Mandareen Quinqua's	陈魁官、陈快官	德和行、正丰行	579.84	37.573
3	Leonqua's	叶廷梓	端和行	580.1	37.590
4	Bean Khiqua's	黎开观父子	丰顺、天顺、资源行	580	37.583
5	Tinqua's	陈瞪官或陈应节	□或隆顺行	579.74	37.567
6	Pinkys's	张族官	遂成行	579.85	37.574

（二）库平两

库平两是清代户部规定的银两标准，是以库平为平码，以足色纹银为成色的银两。

库平是康熙五十二年（1713年）所颁布的国家平码，但由于时间不同、使用地域不同也出现重量差异现象。《马关条约》规定1库平两相当于575.82格令，

[①] 宫下忠雄：《中国币制的特殊研究》，日本学术振兴会，1952年，第340-342页。

[②] 宫下忠雄：《中国币制的特殊研究》，日本学术振兴会，1952年，第341页。中文行商名和商号名由以下图书中对照得出 Paul A. Van Dyke. Merchants of Canton and Macao. Politics and Strategies in Eighteenth-Century Chinese Trade［M］. Hong Kong University Press, 2011.

或为 37.26542108 克。[①] 光绪三十四年（1908 年），清朝农工商部和度支部拟订了统一的度量衡制度，规定 1 库平两为 37.301 克[②]，大致为 575.64 格令。

各省、各关上交到中央户部的白银，规定为库平两，即以库平为平码，以足色纹银为成色。足色纹银名义上是 100% 纯银，不含其他杂质，实际上，由于当时冶炼、提纯技术的问题，根本达不到这个纯度，交易实践中，都以当时达到的最高纯度作为足色纹银。

（三）海关两

1. 海关两的重量

海关两是一种虚银两，是以洋海关为中心被广泛使用的银两，为外国税务司所推崇，清政府也予以接纳。但中国海关监督所管理的常关，包括常海关，也往往有自己的平码标准。在"十三行"时代，外国商人是按照国外银元的重量和含银量来缴纳清政府的关税的。乾隆中期，大约 1770 年，广州"十三行"的行商和英国东印度公司的大班们议定了一种用来缴纳关税的银两。

平码按照商业上的惯例，以英国商业习惯计算：1 常衡磅 =16 常衡盎司，1 常衡盎司 =28.3495 克。以中国商业习惯计算：1 中国斤 =16 中国两。双方议定：1 中国斤 =11/3 常衡磅，实际上大致参照了司马两重量。

换算得出，1 中国两 =11/3 常衡盎司，而 1 常衡盎司为 28.3495 克，所以 1 中国两 =37.7992 克 =583.33 格令。这个中国两就是海关两。于是，出现了双方共同规定的，一种叫海关两的新的平码，英国人又称它为中国盎司。1 海关两比 1 司马两（37.5 克左右）稍重，比 1 库平两（37.3 克左右）更重。

2. 海关两的成色

规定了海关两的平码，按照那时中国人的用银惯例，还需要规定海关两的成色。海关两的成色采用足色纹银标准，即 100% 纯银，与库平两的成色一样。这样，就创造了一种新的银两标准，实际上并不存在这种实银。海关两采用的平码在清代为最重的平码，成色是最高的成色，平码与司马两相近，成色与库平两一致，即一边连接粤海关，一边与清代户部相通。

3. 海关两的重量差异

第一次鸦片战争后，中英签订的《中英五口通商章程》规定："秤码丈尺一

---

① 张家骧：《中国之币制与汇兑》，商务印书馆，1931 年，第 16 页。

② 刘鸿儒：《经济大辞典：金融卷》，上海辞书出版社，1987 年，第 570 页。

款：嗣后各口秤货之大秤、兑银之砝码、量物之丈尺均须按粤海关向用之式制造数副、镌刻图印为凭，每口每件发交二副，以一副交海关，以一副交英国管事官查收，以便按查轻重、长短、计货计银，遵例输税。倘验货人役与英商理论长短、较量轻重，悉凭此秤码、丈尺为准，以杜争端。"[①]

按照此条款，各个通商口岸都必须依据粤海关制式、分发的砝码为准，来衡量缴纳海关洋税，并且在各地外国领事处备用一副，出现偏差或争议时，用于核对之用。图 4-1 为粤海关制式的 100 两标砖砝码，上面铭文为"粤海关铸造 收税壹佰两砝码 承造官代办库大使事 叶滋钧造"，原件现存广东省博物馆。

海关两名义上重量为 1 海关两 = 583.33 格令 =37.7992 克。但每个通商口岸的海关两实际上存在差异，海关两从 581.47 格令到 587 格令，即从 37.6786 克到 38.0370 克不等。各地海关银号不同，海关银两的重量单位也不同。光绪五年（1879 年）前后，粤海关银号的 1 海关两 =37.67926 克，天津海关银号的 1 海关两 =37.7993，江海关银号的 1 海关两 = 37.6838 克。

图 4-1　粤海关 100 两砝码

4. 海关两的作用

海关两有以下四个方面的作用：一是洋海关用来表示税则或者进出口货物的估价；二是用来表示所征收的关税额；三是用来表示海关收支及账簿金额；四是用来表示海关贸易统计金额。

海关两具有与户部库平两同等的官方性质，它的实行，意味着中国海关洋税的价值和记账标准由外国人制定，明显带有半殖民地的性质，也代表中国海关关税中一部分自主权的丧失。

5. 海关两使用的时间

（1）海关两的启用时间

第一次鸦片战争前，每个商业中心或通商口岸都有一种或数种本地公认的银两标准，在平码和成色上并没有统一。没有一个统一的标准，给对外的交易兑换

[①]　徐同莘、汪毅、张承棨：《道光条约 通商章程十五款》，外交部图书处铅印本，第 7 页。

造成了较大的困难。第一次鸦片战争后，需要在开放的广州、福州、厦门、上海、宁波五个通商口岸建立一种收取关税的记账单位，海关两逐步登上了历史舞台。

第一次鸦片战争后，外商可以直接用国外银元缴纳关税，按照在道光二十三年六月十六日（1843年7月13日）由中英双方共同认可的成色，将其转换成足色纹银。平码是"河伯秤"（Hoppo Weight），"河伯秤"是粤海关关库的秤，也称粤海关秤，《天津条约》正文中予以再度确认。这时海关两开始登上舞台，但各地海关的收入并没有立即按照这个银两单位来处理。如天津海关，在光绪三年（1877年）之前一直采用库平砝码收取洋税，其为库平库色，即库平两。

光绪二年（1876年），海关两才作为正式记账的本位，中国海关收支用统一的银两来表示，海关统计以海关两来统一表示。

道光二十三年(1843年)的税则以及咸丰八年(1858年)的改正税则的中英文，还看不到关平银、Haikwan Tael、Customs Tael的字样，只能看得到"两"或者"Tael"的货币单位，或者Sycee Silver、纹银等。咸丰六年（1856年），Wells Williams在他的《中国通商指南》一书中记载了市场流通的四种银两和粤海关的海关验单的样单，其中仅有"税银、钞银"，也看不到"海关两"的字样。[①]但外国银元换算成足色纹银，是中外双方的共识。

（2）海关两的盛行时期

第二次鸦片战争后，海关两的影响力逐步扩大，特别是税务司制度实施后，海关两的地位逐步提高。光绪二年（1876年）后，通商口岸的货币单位统一为海关两，其影响力与日俱增。辛亥革命后，税务司不仅拥有海关行政上的权力，还代替海关监督，获得了关税保管、分配的权力，海关两的半殖民色彩越来越浓厚，海关两的影响力达到了顶峰。

（3）海关两的消亡

海关两制度自第一次鸦片战争后逐步形成，中国进出口关税税率是在不平等条约的基础上，一律执行按照货物价值征收5%的制度，对国家关税造成了巨大伤害。中国民族资本主义的发展以及关税自主权的回归，为海关两的废除，形成了根本的前提条件。海关两制度被废止是在1933年3月，国民政府在全国范围内实行废两改元运动。如果从第一次鸦片战争后开始计算，海关两制度大致运行

---

① Wells Williams. A Chinese Commercial Guide［M］. Printed by The Office and The Chinese Repository. 1856, pp.234–235.

了 90 年左右。

二、海关两与国外银元的兑换

外国商人大多采用外国银元，即洋钱、番银缴纳关税，而光绪二年（1876 年）后，海关银号则采用海关两为标准收取洋税。外国银元，成色大都在九成左右，以"元"为基本计算价值，按照币面单位乘以数量就可以计算出价值。而清政府以"两"为基本计算价值，各地银两在成色和平码方面都有不同程度的差异。国家没有统一度量衡，也没有强制统一银两的成色。

虽然海关发明了一种叫"海关两"的虚银两，但与不同的外国银元之间的兑换关系还是比较复杂。银元与海关两的兑换问题，一直都是海关银号与外国商人之间最常发生争议的问题。

（一）第一次鸦片战争前，粤海关关税平色情况

第一次鸦片战争前，粤海关各关口收取的银两已经极其混乱。道光十五年（1835 年）《粤海关志》中记载，粤海关七个总口，每个总口下设小口，银两标准众多。成色方面，有九成、九二成、九三色、九八色、纹银、补水七分、补水八分（相对于足色纹银）；平码方面，有司（马）平、九八（司马）平、九八六澳平、库平；货币方面，有番银、十字番银、国内不同名目的银两等。^①

粤海关所收的洋税，主要来自广州的"大关"，所以大关的关税收入占比非常大，大关中"所收征税、钞耗，纹银司平；担规杂项，或九成、九二色、九八平、司平不等"。即广州大关关税、船钞的平码为司马平，成色为足色纹银；担规杂项成色为九成、九二色，平码则为九八平、司马平。没有统一标准的主要原因为，关税、船钞大部分需要上交户部，需要按照户部的银两成色标准，以足色纹银缴纳，担规等杂费不需要上交，所定平色不太严格。司马平比库平稍重，上交户部的关税需要转换成库平，如果彼此混淆，则会发生正的平余，对粤海关有利。

（二）新旧制度下的倾镕费用

第一次鸦片战争前，外商缴纳的粤海关洋税，大多是通过西班牙银元缴纳的，"十三行"行商把它改铸成关饷锭，上交户部或部分留存粤海关。由于官方并没有明确规定西班牙银元与粤海关的关饷锭之间的兑换比例，外国商人经常受

---

① 梁廷枏撰，袁钟仁点校：《粤海关志》，广东人民出版社，2002 年，第 209~212 页。

到"十三行"商人的盘剥,外商除了缴纳银元改铸(足色)纹银的高额费用外,还要被征收种种名目的附加税,外商多有怨言。第一次鸦片战争后,新制度下,关税纳入以(足色)纹银为原则这一点没有变,但规定了西班牙银元和若干外国银元也同时被受理[1],还特别规定关税"或纹银,或洋钱"缴纳。新制度下,如用洋钱(国外银元、洋元、番银)纳税,除了收取固定的改铸费(每百两为一两二钱)以外,不得征收其他费用,但首先需要解决国外银元的成色认定问题。

(三)银元成色认定

五个通商口岸新开时,海关两还没有立即作为记账基准,但换算成足色纹银是中外双方的共识,这就存在不同的国外银元的成色认定问题。否则,中外双方会纠纷不断,影响双方贸易的顺利进行。

1. 第一次鸦片战争前粤海关的认定

银元的成色试验,在嘉庆十九年(1814年)和道光九年(1829年)都进行过,但试验结果都不太精细,由于当时清政府与国外各国之间还没有建立官方往来,见证人中没有双方官员的共同参与,所以缺乏双方认可的依据。

嘉庆十九年(1814年)正月,军机处奉谕,并发函给两广总督蒋攸铦、粤海关监督祥绍,大致意思为:由于外商使用银元,国内官方使用足色纹银,民间使用银元觉得方便,江苏、浙江商人到广东做生意,经常带回银元,广东省殷实人家,也喜欢存贮银元,较少收贮纹银,造成内地足色银两短缺,银元市价昂贵。两广总督蒋攸铦抽取各种银元,倾镕后和足色银两进行比对,银元的银水都在九成上下,和洋商伍敦元、卢棣的供述相同。[2]道光九年(1829年)又进行了一次煎镕试验,银元和足色纹银相比,其成色也在九成或九成以上,对部分大臣声称的国外银元(番银)的成色只有七八成进行了反驳。[3]

2. 第一次鸦片战争后粤海关的认定

第一次鸦片战争后,外国银元的成色认定问题是中外双方需要解决的重要事项。道光二十三年六月十六日(1843年7月13日),中外双方在粤海关附近做了一个影响深远的试验。试验在西室牙商馆的特纳洋行进行。清朝方面的见证人员有五品顶戴曾燕贻(钦差大臣耆英的随员)、粤海关监督文丰的司库席文华,

① 宫下忠雄:《中国币制的特殊研究》,日本学术振兴会,1952年,第402页。
② 梁嘉彬:《广东十三行考》,广东人民出版社,1999年,第169-170页。
③ 梁廷枏撰,袁钟仁点校:《粤海关志》,广东人民出版社,2002年,第179页。

英国方面的见证人员有海军大佐乔治·巴富尔（此人随后到了上海任领事）、英国驻华总司令的翻译兼秘书罗伯聃。具体试验由粤海关的海关银号——广恒银号（Kwang Heng Bank，即高广恒银号）的人员执行。当时先分别将全新的卢比、秘鲁银元、墨西哥银元、玻利维亚银元、智利银元，以及盖戳银元（烂板银元）等各种银币，一一加以称量，然后分别镕化，除去杂质，再炼成纯银，最后铸成足色纹银的银锭。这样每个银锭代表该种银币所含的纯银量，最后再称量每种足色纹银银锭的重量。以上的重量单位都是钱商的砝码，粤海关的平码比钱商的砝码每100两高出0.45两。[①]

凭着这次分析试验的结果，各洋海关的海关银号收取以外国银元上交的关税时，知道外国银元的成色标准，并换算成足色纹银。这次试验的结果如表4-2所示。

表4-2 不同银元的成色标准

重量为钱商的砝码：两

序号	验定程序	20块新卢比	5块新秘鲁银元	5块新墨西哥银元	5块新玻利维亚银元	5块智利银元	5块盖戳银元
1	镕解前秤定	6.203	3.600	3.575	3.600	3.595	3.600
2	镕解再镕解并铸成马蹄银后秤定	5.650	3.23	3.195	3.210	3.195	3.180
3	重量上的折损(1)-(2)	0.553	0.37	0.380	0.390	0.400	0.420
4	每种银元一百两中的价值（2）×100÷（1）	91.085	89.7225*	89.371	89.167	88.870	88.334
5	一百两重的铸币和纹银的差额100-（4）	8.915	10.2775	10.629	10.833	11.130	11.666
6	等于纯纹银一百两重所对应的银元重量10000÷（4）	109.799	111.455	111.900	112.150	112.520	113.207

* 发现引文错误，已经更正。

[①] 莱特著，姚曾廙译：《中国关税沿革史》，生活·读书·新知三联书店，1958年，第70-71页。

从上述序号 4 的这一行，可以看成这些银元的成色，从烂板银元的 88.334% 到最高的卢比 91.085% 不等。这次试验有双方官员的参与，有较强的权威性。第二次鸦片战争后的条约都明确规定执行道光二十三年（1843 年）的这次试验结果，即本书上篇第二章表 2-2 中所提及的"税课银两由英商交官设银号，或纹银，或洋钱，按照道光二十三年（1843 年）在广东所定各样成色交纳"，用于解决海关银号与外国商人之间由于元、两（外国银元和银两）兑换发生的纠纷。

3. 第一次鸦片战争后其他四海关的认定

粤海关鉴定的国外银元含银量标准确定后，其他四个新开洋海关中，浙海关、江海关、福州海关基本采纳了此标准。而厦门海关在卢比的成色认定上稍有区别，为 109.79 两新卢比相当于 100 两足色纹银，倾镕费也由 1.2% 增加到 1.5%。江海关在咸丰五年（1855 年）、同治十一年（1872 年）又做了一些类似的试验。《天津条约》废除了每 100 两收取 1.2 两倾镕费的规定。咸丰五年（1855 年），江海关的试验增加了卡罗拉银元、法国五佛朗币，又重新认定了其他银元的成色。具体认定和试验结果如表 4-3[①]。

表 4-3　其他海关的成色认定

时间、银元、倾镕费	粤海关鉴定（两）	福州海关认定（两）	厦门海关认定（两）	浙海关认定（两）	江海关认定（两）	江海关鉴定（两）	江海关鉴定（元）
认定时间	1843 年 7 月 13 日	1843 年 12 月 3 日	1843 年 12 月 3 日	1844 年 1 月 13 日	1844 年 12 月 26 日	1855 年	1872 年
卢比（新）	109.799	同广州鉴定	109.79	同广州鉴定	同广州鉴定	110.72	—
秘鲁银元（新）	111.455	同广州鉴定	同广州鉴定	同广州鉴定	同广州鉴定	111.957	—
墨西哥银元（新）	111.9	同广州鉴定	同广州鉴定	同广州鉴定	同广州鉴定	112.11	153.6366*
玻利维亚银元（新）	112.15	同广州鉴定	同广州鉴定	同广州鉴定	同广州鉴定	111.255	
智利银元（新）	112.52	同广州鉴定	同广州鉴定	同广州鉴定	同广州鉴定	—	—

---

① 莱特著，姚曾廙译：《中国关税沿革史》，生活·读书·新知三联书店，1958 年，第 69-72 页。

表 4-3（续）

时间、银元、倾镕费	粤海关鉴定（两）	福州海关认定（两）	厦门海关认定（两）	浙海关认定（两）	江海关认定（两）	江海关鉴定（两）	江海关鉴定（元）
盖印戳银元（烂板）	113.207	同广州鉴定	同广州鉴定	同广州鉴定	同广州鉴定	—	—
卡罗拉银元	—	—	—	—	—	110.622	—
法国五佛朗币	—	—	—	—	—	113.15	—
每百两倾镕费用	1.2	1.2	1.5	1.2	1.2	—	—

* 1872 年江海关鉴定的墨西哥银元（新）数字为枚，153.6366 枚墨西哥银元 =100 海关两。其他的数字都为重量。

4. 西班牙本洋的特例

表 4-2 以及表 4-3 除江海关以外的成色认定，均没有提到西班牙卡罗拉（Carolus）银元的成色。咸丰五年（1855 年），西班牙银元成色认定为 110.622 两兑换 100 两足色纹银，在所有的国外银元中，成色最高。

西班牙卡罗拉银元，也称本洋，在中国也有"双柱、花边、花钱、佛头、佛番、老头、轻大衣"等不同俗称。在清代流通的国外银元中，西班牙银元享有一种特权地位，这种地位基于当时中国人的成见，也是当时人们对西班牙银元的一种偏爱，认为它的成色高于其他银元。《广州番鬼录》中写道：道光五年（1825年）前后，中国商人对西班牙卡罗拉四世币特别重视，"不加销毁"改铸，而认其他银币"皆系荒洋，拒绝接受，只能分量计算。……智利、秘鲁、墨西哥、花旗洋银都不受欢迎，因之常被改铸"[1]。

虽然在不同时期，西班牙银元被认定的成色不同，但大致每枚都相当于 7 钱左右的足色纹银。如图 4-2 的乾隆二十六年十二月十一日（1762 年 1 月 5 日），粤海关的广顺、义丰、泰和三个行商与荷兰的茶叶交易，每枚花钱（西班牙银元）按照 7 钱 4 分（足色纹银）计算。

---

[1] 齐思和、林树惠、寿纪瑜：《中国近代史资料丛刊：第一次鸦片战争》（第一册），神州国光社，1954 年，第 263—264 页。

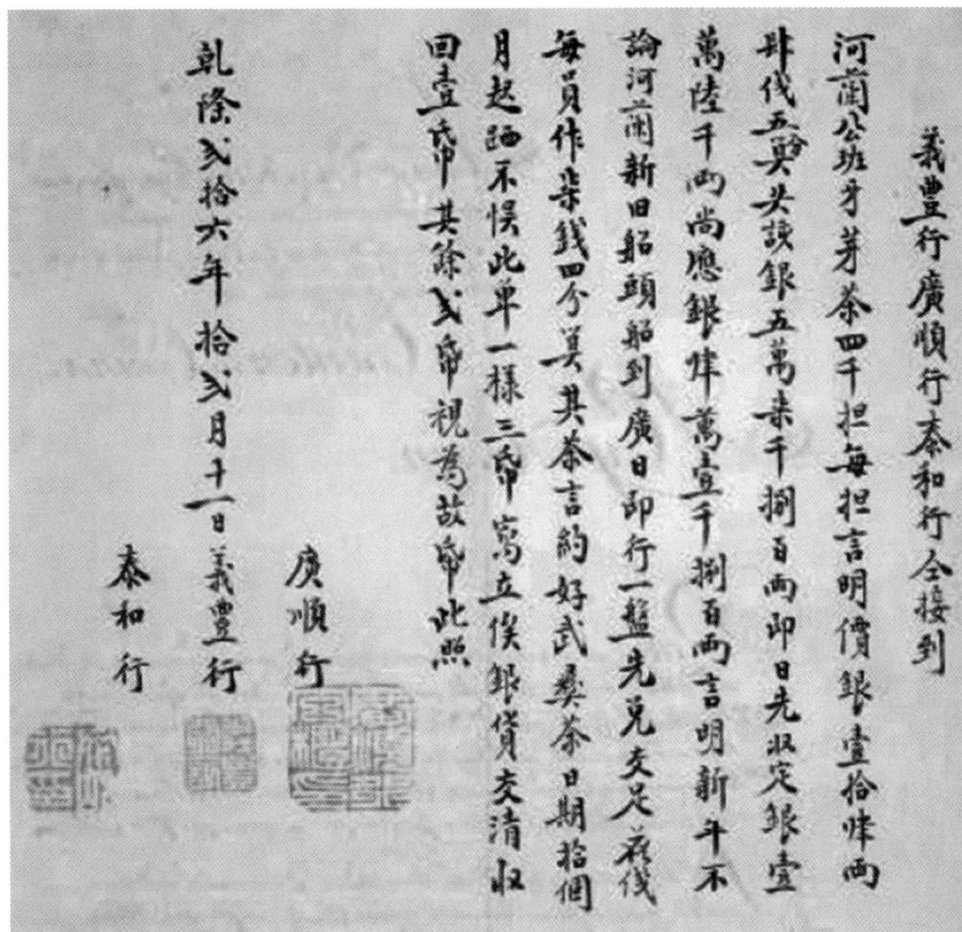

注：摘自 Merchants of Canton and Macao. Politics and Strategies in Eighteenth-Century Chinese Trade[①]。

图 4-2　三名行商与荷兰的茶叶交易合同

　　中英《南京条约》规定的 2100 万元赔款，从道光二十三年（1843 年）到道光二十五年（1845 年），分年偿还，此处的"元"特指西班牙银元。但赔款的西班牙银元需要兑换成银两，第一次 600 万元，按照每元折合库平纹银 7.1 钱计算，由于西班牙银元按照重量折合库平为 7.2 钱，则西班牙银元的成色为 98.61%

① Paul A. Van Dyke. Merchants of Canton and Macao. Politics and Strategies in Eighteenth-Century Chinese Trade [M]. Hong Kong University Press. 2011, p.589.

（7.1/7.2），然而实际赔款却按照申漕平支付，相当于打了九八折，成色最后变成了 96.64%。后来英国与清政府进行交涉，按照"至余三百万元，应折广平纹银二百一十万两……以洋行志司马平，每洋银一圆合纹银七钱"[①]。此处的纹银即足色纹银的简称，1 元西班牙银元按照 7 钱司马平、足色纹银换算缴纳，根据《广东省志金融志》说明的兑换关系，100 两关平（海关两）=100.2927 广平（司马平）=100.9986 两库平[②]，则 100 司马平 =100.7 两库平。即双方达成协议，清政府将西班牙银元按照 97.90%（7 × 1.007 ÷ 7.2）的成色进行兑换。

实际上，根据之后 1878 年 4 月 15 日在厦门海关所做的试验，西班牙双柱，灰吹法测试，发现含有 90.270% 纯银，湿法测试，发现含有 90.700% 的纯银，但那时清政府仍固执地认为西班牙本洋的含银量为 92%。

三、四个重要通商口岸的银两

清代，存在实银和虚银两种银两记账单位。实银是实用的银两，指银锭实物；虚银是计算的银两，"有名无实"，是一种计算标准或单位，本身没有实物，只是一种记账单位，但虚银都是以当地实银的平码和成色为计算基础，海关两为一种虚银两。四个重要的通商口岸，还有四种重要的虚银两，牵涉到海关银号的货币换算问题。

（一）上海规元

上海规元也称上海九八豆规银、九八规银，还有规元、规平银、上海豆规等不同名称。一般华洋贸易、银两的汇兑、行市、划账、汇转都以上海规元为单位。五口通商后，上海开埠，中国经济中心从广州逐步转移到上海，1850 年后，上海成为中国最大的通商口岸。当时上海的金融市场都以西班牙本洋为记账单位。

关于规元的起源，所见资料基本为起源于道光年间。上海开埠之前，上海是东北大豆和豆油的主要输入港口。由于现银缺乏，东北商人和上海豆行商人交易时并不全是现款现货，东北商人到年底回家时，急于收回现银，对于未收回的账款，愿意让利 2%，即按照账款的九八折取出现银，也就是取出 98 两，账面上销

---

① 齐思和整理：《筹办夷务始末 道光朝》第六十五、七十二、七十四卷，中华书局，第 2574、2862、2918-2919 页。

② 广东省地方史志编纂委员会：《广东省志：金融志》，广东人民出版社，1999 年，第 47 页。

账 100 两，称为九八豆规，或豆规、规银。但实际上，豆规、规银的称谓在嘉庆时期有记载，如嘉庆十二年十二月二十一日（1808 年 1 月 18 日），海县为浙绍各店公捐中秋会告示碑中有：罗佩三捐荳银五两三钱八分；道生、天元、嘉茂、新元、顺源、隆泰，共捐规银三十三两七钱二分。[①] 可能上海规银更早就已经出现。

在上海的外商不习惯中国银两的称量、看色制度，采用西班牙本洋作为记账和拨兑本位。但由于墨西哥独立，本洋停止铸造，来源断绝，新铸的墨西哥银元（鹰洋）无法获得中国人的承认，被认为成色较低。本洋很多都集中在大的洋行手中，中国商人对本洋也非常偏爱，但并非本洋含银量高于鹰洋。一些大的中国钱庄也囤积本洋，本洋价格不断上涨。外商曾一度改为以墨西哥鹰洋代替本洋，但中国商人坚决反对，为此，上海华商采取变通措施。咸丰六年（1856 年）底，上海华商将原来豆油商人采取的打折做法加以推广，将墨西哥银元按照九八银色加贴二两补水计算。在总体上接受币制转换带来损失的情况下，根据在部分商人中已存在的习惯，适当保留了钱庄对鹰洋的打折，并加以固定化，被称为上海规元（也称规银、豆规银、规平两等）。[②]

咸丰六年（1856 年）的货币转换之际，本洋在上海接受的银色为 91.666%，上海规元的成色是纹银成色（93.5374%）的 98%，即 91.6667%。本洋一元的价格正好与上海规元一元的价格基本相等，在账目上，仅变动货币名称即可。[③] 咸丰八年（1858 年）秋季，上海外国洋行和上海商人共同议定，来往的账目一律改用上海通用规银。[④] 换言之，规元 100 两与纹银 98 两含银标准相同。自咸丰八年（1858 年）它成为上海地区往来账目的结算标准，到 1933 年废两改元，历时 75 年之久。

实际上，上海规元只是一种作价的标准，为虚银两；而上海在道光末年后，通行的夷场新元宝才是实银。上海的平码是漕平，上海漕平 1 两约为 36.65 克，成色为二七宝。规银理论上 1 两为 36.65 克的 91.6667%，即为 33.60 克。

---

① 上海博物馆图书资料室：《上海碑刻资料选辑》，上海人民出版社，1980 年，第 207-208 页。

② 林日杖：《五口通商时期的银元风潮与近代中国金融的发展》，载《福建师范大学学报》（哲学社会科学版），2007 年第 3 期，第 59-63 页。

③ Eduard Kann. The Currencies of China. Second Edition［M］. S. J. Durst. 1927, p.81.

④ 魏建道：《中国近代货币史》，黄山书社，1986 年，第 27 页。

上海规元一般与海关两的比价为 111.4 两规元 =100 海关两。各个通商口岸的比价并不完全统一，表 4-4 为光绪四年（1878 年）前后，部分通商口岸的比价情况，海关两折算成上海规元的比例不尽相同，最高的为汕头海关的 115.897 两规元兑换 100 海关两，最低的为天津海关的 109.725 两规元兑换 100 海关两。

表 4-4　不同洋海关的海关两与规元的兑换

省份	海关名称	当地平码名称	当地宝名	100 两海关两折合上海规元（两）
广东	汕头海关	商平	—	115.897
江苏	江海关	申漕平	九八规元	111.4
江苏	镇江关	镇江海关银号平	—	114.0
		国外商行平	—	
浙江	浙海关	江平银	—	111.6
浙江	瓯海关	温州漕平	—	111.4
福建	福州海关	—	—	110.322
福建	厦门海关	市平	—	111.4
湖北	江汉关	洋例平	二四宝九八兑	114.0
江西	九江关	漕平银	二四宝	111.4
		商平	九八漕平	
安徽	芜湖关	芜湖漕平	二五宝	111.4
直隶	天津海关	行平	化宝银	109.725
奉天	牛庄海关	营口平	锦州宝	113.628
山东	东海关	烟台漕平	—	111.0

（二）天津行化银

天津行化银中的"行"即行平，"化"即化宝，它是天津行平化宝银的简称。天津咸丰十年（1860 年）开埠后，市面逐渐繁荣，由于成色平码问题，中外双方交易时经常产生争议。同治年间，钱业领袖李策勋、王竹铭、郑彤勋等人商议，将天津最好的、号称十足的天津白宝（头白锭）和成色略次的二白锭两者混合改铸，化铸而成的元宝，称为化宝。台湾银锭研究者张惠信提到，天津的化宝，实际上此项实物，仅于同治间畅行之初有所铸造，每件重五十两内外。①但实际上，天津化宝在同治七年（1868 年）（也有说同治十年）之前，为 99.7% 成色，之后变为 99.2% 成色，后来减色更严重。化宝以天津白宝（头白锭）为标准，头白宝号称十足，化宝银比白宝成色差千分之八，所以化宝银的成色为 99.2%。"（化）宝银由银钱业所设炉房熔铸，各炉房熔铸宝银亦俱照章錾有九九二色戳记，相沿数十年通行无阻。"②但到了光绪二十六年（1900 年）庚子事变后，天津炉房倒闭 30 多家，各炉房熔铸化宝时点铅掺铜，天津化宝成色降低到九六五色，成色越来越低。光绪三十三年（1907 年）冬，化宝兑换 100 两白宝，需要103.6 ~ 103.7 两化宝。③

天津的平码，华商使用公码平，洋商使用行平，100 公码平 =99.5 两行平；天津的行平 100 两 = 库平 96.6 两；津公码平 1 两约为 36 克，行平 1 两约为36.18 克（36/0.995）。

105 两天津行化银 =100 海关两，到了宣统年间，由于天津行化银的成色降低，已经改为 107.1 两天津行化银 =100 海关两。④

（三）汉口洋例银

湖北汉口在道光年之前，当地使用的银两的成色极为杂乱，买卖双方均感不便。咸丰八年（1858 年），汉口根据《天津条约》开埠后，商业日渐发达。当时在汉口经商的广东商人，仿照上海公估局的做法，设立一个公估局，牌名为郑永和，并以当地通行的漕平为基础，创造了估平的平码标准，即申漕平 100 两 = 汉漕平 100.5 两，汉漕平 98.6 两 = 估平 100 两，所以，估平 100 两 =98.11 两申漕平（98.6/100.5），申漕平 1 两约为 36.65 克，汉估平 1 两约为 35.96 克。咸丰年间，外商到汉口通商时与中国行商议定，仿照上海九八规元的先例，以汉口通行的估平二四宝（也简称二四估宝、估宝）的九八折作为标准，被称为洋例银，也为虚银两。洋例银 100 两相当于估平二四宝 98 两。成色以二四宝为基准，平

---

① 张惠信：《中国银锭》，齐格飞出版社，1998 年，第 233 页。

② 天津市档案馆、天津社会科学院历史研究所、天津市工商业联合会：《天津商会档案汇编（1903—1911）》（第 1 卷），天津人民出版社，1989 年，第 361 页。

③ 天津市档案馆、天津社会科学院历史研究所、天津市工商业联合会：《天津商会档案汇编（1903—1911）》（第 1 卷），天津人民出版社，1989 年，第 459 页。

④ 戴建兵：《浅议近代京津炉房及银两制度的流变》，载《江苏钱币》，2014 年第 4 期，第 5 页。

码比估平小 2%。① 中国人称之为洋例银，外商称之为汉口两（Hankou Tael），这项规定，也逐渐被洋行所接受。二四宝成色为 98.0272%，所以洋例银成色 = 二四宝成色 ×0.98=96.0667%，108.75 两洋例银 =100 海关两。

（四）营口炉银

营口炉银，也称过炉银、炉过，根据咸丰八年（1858 年）的《天津条约》，营口被辟为商埠，开埠后，交易量巨大，经商界要人磋商酝酿，决定开设炉房，参照锦州宝成色改铸为营宝。外地流入的如上海松江锭（疑为北平之误，作者注）、锦州白宝、天津卫化、长春大翅必须经过银炉改铸成营宝后，才能在营口流通。营口开埠后，市面交易繁荣，南北客商云集，现银交易越来越多，由于银色过杂，成色相差，交易不便。同治末年，永成德银炉在牛庄开设，把外来的现宝和当地杂色银块，按照锦州宝色熔化改铸为营宝。

营口银锭，又名营清、营倾、营坑、现宝，以营平、锦宝为标准，成色为九九二，每两折合 36.04 克，营口银锭重量合营平 53 两（应为 53 两 5 钱，作者注），差一两以上的回炉改铸。②

营口现宝行使数年后，大宗买卖，携带现宝周转，过秤十分不便，有些商人就把银锭放在银炉内存放不动，使用时开支票到银炉去取，卖方收到支票送到银炉存账，这样以银炉为枢纽，不需动用现宝，交易就可完成。

于是出现立即可以取现宝的"现抗"和不能立即取现宝的"炉过"（又名过炉银，即虚银两，其实是一种信用支票）两种名称，相当于现在的现款和承兑汇票。

光绪九年（1883 年），随着交易量加大，现宝不足，采用"炉过"，但变通为农历三月初一、六月初一、九月初一、腊月初一四个卯期，即三六九腊四卯。卯期内可以采用过炉银，快到卯期，所有存欠都要用现宝找清。没有现宝的欠家，需要出利息（又名"加色"），但仅限于三、六、九卯期，到腊月年关，必须用现宝找齐，没有"加色"之说。营平与海关两的兑换关系是：108.5 两过炉银（九九二色）=100 海关两。

（五）四种重要虚银两小结

通商口岸四种重要的虚银两对应的实银、成色、与海关两的兑换如表 4-5 所示：

---

① 杨枫、岳华：《虚银两汉口之洋例银》，载《武汉金融》，2015 年第 10 期总第 70 期，第 35 页。

② 于胥梦：《营口炉银史》，转自《营口文史资料第一辑（炉银专题）》，1983 年，第 2 页。

表 4-5　四种重要虚银两与海关两的兑换

通商口岸	江海关	江汉关	天津海关	牛庄关
主要实银名称	夷场新，二七漕平	二四估宝银	头白宝，化宝银	锦宝银
虚银	规元	洋例银	行平化宝银	过炉银
虚银采用的平码与成色	漕平，二七色	估平，二四色	行平，九九二色	营平，九九二色
虚银兑换实银系数	0.98	0.98	1	1
实银成色（千分之）	986	980	头白宝为 100；化宝为 997，后992，再后化宝成色降低	992
100 海关两相当于虚银	111.4	108.75	105	109.3

四、海关两与通商口岸银两的兑换

海关洋税收取采用海关两，各个通商口岸流通当地银两，上交户部则为库平两，这就存在海关两和当地银两、库平两的兑换问题。表 4-6 为摘录《通商口岸海关银号制度与当地货币情况报告书》以及《中国币制的特殊研究》[1]的统计，从表 4-6 来看，各地海关两兑换库平两的比例也不尽相同。清政府方面没有强力干预，造成各洋洋关标准不一、兑换有差异。

表 4-6　各通商口岸本地平码与海关两、库平两的兑换关系

省份	海关名称	本地平码名称	本地宝名	1000 两本地平码折合海关两	1000 两本地海关两兑换库平两
广东	粤海关	广平银	—	932	1018
		官钱庄用	—	921	1018
	潮海洋关	市平银	—	897	1018
		库平银	—	863	1018
	琼海洋关	琼平银	—	879	1018

---

[1]　宫下忠雄：《中国币制的特殊研究》，日本学术振兴会，1952 年，第 418-422 页。

表4-6（续）

省份	海关名称	本地平码名称	本地宝名	1000两本地平码折合海关两	1000两本地海关两兑换库平两
江苏	江海关	申漕平	九八规元	897	1016
	镇江海关	估平银	二四宝	954	1016
		估平银	二七宝	960	1016
	金陵海关	漕平银	二七宝	955	1016
	苏州海关	漕平银	二八宝	963	1016
浙江	浙海关	江平银	—	945	1016
	瓯海关	—	—	971	—
福建	闽海关	新议平	—	879	1011
湖北	江汉关	洋例平	二四宝九八兑	920	1022
	宜昌海关	宜昌平	二四宝	912	1022
江西	九江海关	漕平银	二四宝九八兑	950	1013
		漕平银	二四宝	958	1013
		漕平银	二五宝	960	1013
安徽	芜湖海关	估平银	二五宝	960	1017
		估平银	二七宝	964	1017
直隶	天津海关	津公码平	二四宝	947	1016
		津行平	化宝银	952	1016
		津钱平	化宝银	945	1016
广西	梧州关	九九二平	—	885	1016
奉天	牛庄海关（营口）	营口平	锦州宝	922	1048
四川	重庆海关	渝钱平	票色银	932	1016
		九七平	票色银	943	1016
湖南	长沙海关	长钱平	二四宝	937	1024
山东	东海关	烟漕平	—	940	1016
		洋例平	—	958	1016
	胶州海关	胶州平	—	952	1016
云南	思茅关	—	—	972	1016

　　海关两、库平两、上海规元是晚清银两制度的三大支柱。第一次鸦片战争后，中国逐步沦为半殖民地半封建国家。如果按性质划分，海关两具有半殖民地的性质，代表中国关税自主权的逐步丧失；库平两具有封建主义的性质，由清代户部颁布，代表封建金融的残余力量；上海规元则带有资本主义的性质，代表民主资本主义的逐步崛起。

第五章　海关银号的利益相关方

海关银号的利益相关方，较为重要的有海关监督、其他官员、外国商人和税务司等。

一、海关银号与海关监督的关系

海关监督和海关银号是领导和被领导的关系。海关监督有选择海关银号的权力，手握海关银号的遴选权和勒令关闭权，海关银号受到海关监督的管理和制约，海关银号需要把收到的海关税饷倾镕成海关银锭后，及时或定时送交到海关监督管辖的海关库房。

为加强对海关银号的管理，从 1864 年 12 月开始，海关银号的选择、名称等信息，需要由各省巡抚上报给总税务司和总理衙门备案。

（一）海关监督

第一次鸦片战争前，每个常关和海关基本都有榷关监督，第一次鸦片战争之后，洋海关开始出现，海关才有了真正意义上的海关监督。海关监督的主要任务是收取、保管、分配关税。很多海关监督有兵部道的头衔，有权调动所属地域的军队。海关监督还负责办理中外交涉事宜，少部分海关监督还参与近代华洋军火贸易。[①] 海关监督都由中国人担任。

在监管常关的海关中，海关监督由两套人马组成：一套负责常税的征收、保管、支解；另一套与税务司相对应，负责洋税的保管、支解。不监管常关的海关中，仅有后者。[②] 实际上，清代海关监督通过控制海关银号，把海关洋税的收取权力也掌控在自己手中，这样，清代海关税收的财政大权完全被海关监督所控制。清朝覆灭，民国定鼎之时，外国税务司乘机攫取了清代海关监督行使的海关税收的保管权和分配权。

---

① 费志杰、文双发：《试析海关监督在近代华洋军火贸易中的重要角色》，载《史林》，2013 年，第 117–131 页。

② 任智勇：《晚清海关再研究：以二元体制为中心》，中国人民大学出版社，2012 年，第 136 页。

1. 海关监督的来源

海关监督的大致来源有两种：一是从榷关监督转化而来，粤海关、闽海关、浙海关、江海关、镇江海关、芜湖海关、天津海关、营口关等在开设洋海关后，之前榷关的监督变成了海关监督，同时管理常税和洋税；二是由原来并不监管榷关的地方官员转化而来，这些地方官员主要是道员，哈尔滨海关、安东海关、东海关、嘉峪关、苏州海关、金陵海关、江汉关、沙市海关、重庆海关、思茅关、腾越关、龙州（镇南）关、梧州关、南宁海关等就是这种情况。

2. 海关监督的兼任和特例

海关监督绝大部分由各地道台兼任，如芜湖海关由徽宁池太道任海关监督，江海关由苏松太道任海关监督等，但有几个海关为特例，分述如下。

（1）粤海关

第一次鸦片战争之前，粤海关的地位非常重要，其海关监督由中央政府专派，一般为内务府的包衣，外国人称粤海关的监督为 hopo，发音为户部，外国人以为是代表中央的户部。第一次鸦片战争后，粤海关下设的很多口岸开设了洋关，粤海关监督直领广州洋关、九龙海关、拱北海关，由于精力有限，在其余口岸如潮海洋关、琼海洋关、北海洋关都设置了新关委员，对内接受粤海关监督的管理，对外对接外国税务司。光绪二十八年（1902 年），粤海关监督改为两广总督监管。

（2）闽海关

清代，按照惯例，闽海关监督由福州将军兼任，其地位高于道员，外国很多文献称之为 Tartar（或 Tartar General），可能与长期由满洲人担任有关，有时也把满人的关监督称为 Tartar（Tartar General），如浙海关监督。[①]但福州将军的本职事务较繁，因此，洋海关事务常常交给他人。福州海关设立了海关委员，沪尾海关（淡水）设立了监督，打狗海关（台南）有海关监督（1888 年后设立海关委员），厦门海关则交给了其选派的驻防协领或佐领管理。同粤海关一样，他们对内接受闽海关监督的管理，对外对接外国税务司。

（3）胶州海关和大连海关

这两个海关都为受殖民统治的海关，不设海关监督。中国官员对其无管辖权，胶州海关每年向登莱青道转交两成关税供清政府使用。在税务司体制内，税务司

---

① The Chinese Repository VOL. XI. From January to December [M]. Carton. Printed for Proprietors. 1842. MARUZEN CO., LTD. TOKYO, p.234，p.342.

人员实行全国境内调动，但受殖民统治的海关必须用殖民统治国国籍的人员。胶州海关须用德国人当税务司，大连海关须用日本人做税务司。

（4）思茅关

思茅关的海关监督为同知头衔，地位比道台低。

（二）海关银号对海关监督的保证

海关监督选择海关银号后，一般需要海关银号做担保。担保，有的需要殷实商人承保，有的需要商人之间连环互保，有的需要海关银号打点，有的需要海关银号缴纳一笔保证金。

1. 殷实商人承保

殷实商人承保，即海关银号需要有身家富有的其他商人给予担保，海关银号出现问题时，可以追究担保者的责任，防止关税的流失。如天津海关的裕丰银号，裕丰开设者为陈德光（字子珍），原为旗昌洋行的买办，得到了冯景彝和黄宗衡的承保，这两人都是殷实商号的号东。其中，冯景彝，字商盘，为北京通商分行大班；黄宗衡为广东云溪人，瑞记行执事，花翎候选同知头衔，宣统元年天津商会会董。[1]

2. 连环互保

连环互保，即需要富有商人之间相互担保，一家商号出问题时，可以追究担保的其他各家商号的责任。如江海关的丰裕海关银号，光绪二十九年（1903年），义善源申请设立丰裕银号，承充江海关银号，时任江海关监督的袁树勋要求富有商人进行连环互保，丰裕银号连环互保后，袁树勋两次报户部备案。[2]丰裕的保人分别为：丁介侯，上海商会议董、义善源上海总号经理；宋恩棠，即宋恩铨，字两棠，宝善源票号经理；戴先侪；李志骞，股东李培祯之子。何其义开设的宜昌海关同丰银号，由同康、同裕银号做保结。

3. 打点

有的海关洋税收入较大，经收洋税获取的利润也较高，开设海关银号除了身家殷实外，还需要进行必要的打点。如咸丰初年，江海关设立的（杨）同泰海关银号，从打点江海关监督到打点江苏巡抚，花费洋元4000多元。[3]

---

① 天津市档案馆、天津社会科学院历史研究所、天津市工商业联合会：《天津商会档案汇编（1903—1911）》（第1卷），天津人民出版社，1989年，第110页。

② 《义善源倒闭之影响》，载《新闻报》，1911年3月31日，第三张第一页。

③ 太平天国历史档案馆：《吴煦档案选编》（第六辑），江苏人民出版社，1983年，第208页。

4. 保证金

有些海关开设海关银号时，海关监督需要海关银号的开设者缴纳一笔保证金，一旦有问题，便于追究海关银号的责任。如光绪三年（1877年）芜湖海关开关后设立的同泰海关银号，开设者为李振玉，海关衙门收取了他的一笔保证金。

（三）海关监督与海关银号的勾结

海关监督代表官方，海关银号代表商人，官方和商人之间容易发生相互勾结的关系。晚清时期，吏治腐败，监管不严，海关银号通过关税的兑换权、铸造权、暂时保管权，有时还负责上解关税，进行兑换、倾镕、生息、汇费方面的牟利，海关监督则和海关银号进行分赃，损公肥私。下面以胡雪岩开设的浙海关通裕银号为例，进行说明。

从同治二年（1863年）到光绪九年（1883年），浙海关由胡雪岩开设的通裕银号承充海关银号。上解海关的关税之前，通裕银号会将关税放贷出去以收取利息，每年的利润有5万两。作为回馈，通裕银号每年要借贷7000两给海关监督的衙门，用来发放海关员工们的工资，海关监督并不打算偿还这笔借贷。

通裕银号上解的汇费，每上解1000两收取的汇费是48两，但这些上解款采用汇票的方式，不会产生这些汇费，但还是会扣除汇费。汇费的分配如下：海关银号收取四分之一，海关监督收取三分之一，书吏收取十二分之一，剩余部分由各委员和户部共同分配。

同治九年（1870年），顾文彬任浙海关监督，刚上任时，曾要求通裕银号每隔五天将关税汇入他的海关库房，但遇到了非常强烈的抵抗，不久之后，他就撤销了这条命令。同治十年（1871年），顾文彬就向阜康银号透支银一万九千两、洋一千三百元，分四次汇出，后来转为对阜康的二万两债务。他对其子顾承说："此后汇归之款，切须秘密。惟此间专向阜康一处汇归，则终岁进款，了如指掌，倘有别处分汇，便可隐藏。"[1]顾文彬在浙海关任职四年，增加了在两家典铺的股本，购置了5000亩左右土地，买下左右邻舍房屋和宅后园地，扩建住宅，修起过云楼和怡园，成为江南第一收藏家。

按照清代规则，浙海关的款项不应由通裕海关银号进行生息，由于海关银号与海关监督的这种勾结关系，双方形成了利益共同体，顺理成章地损公肥私。胡雪岩通过通裕银号及阜康银号贷款给官方，维持之间的关系，分享彼此的利益，

---

[1] 艾俊川：《顾道台的十万雪花银》，载《文汇报》，2017年3月3日。

并施加影响力。

二、海关银号与其他官员的关系

海关银号除了结交海关监督之外，还和其他高级官员有着千丝万缕的联系，海关银号结交各省巡抚、总督等事例较多，有的随着官员的升迁而发展，有些随着官员的下台而倒闭。

如胡雪岩开始发迹时结交浙江巡抚王有龄，王有龄兵败自杀后，胡雪岩又结交闽浙总督左宗棠，左宗棠让胡雪岩成立乾泰转运局，筹集西征钱款，获得海关银号地位，胡雪岩也获得了巨大利益；江汉关盛裕泰银号有官文的股份，随着官文的倒台，盛裕泰银号失去靠山也倒闭了。

又如芜湖海关的海关银号号东李振玉，帮助李鸿章采购 2000 杆最新款式英吉利造长枪，价格合理，精致好用，得到李鸿章的赏识，后来李鸿章成立驻海上专办军械转运局，委托李振玉专管。

三、海关银号与外国商人的关系

第一次鸦片战争之前，清政府在粤海关实行"一口通商"，粤海关通过"十三行"行商来管理外国商人。海关监督把收缴税饷（洋税）的职权交给了行商，行商负责担保关税、代收关税，代行海关监督的职权管理外国商人，海关监督仅负责对外国商船查验放行，具体如图 5-1 所示。

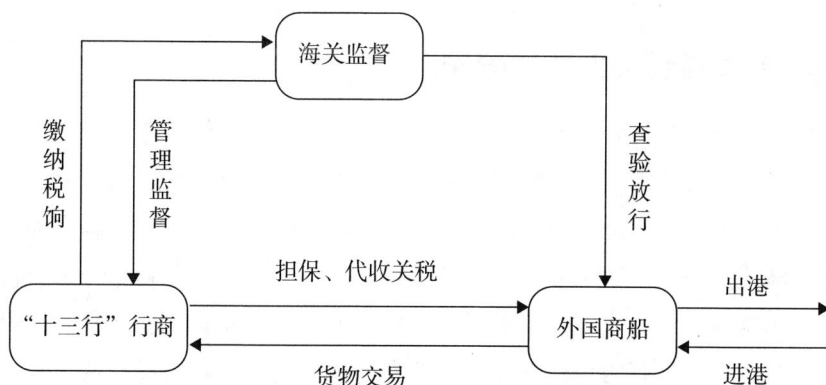

图 5-1 海关监督、"十三行"行商、外国商船关系图

第一次鸦片战争后，海关银号代替了"十三行"行商的代收、代缴关税职能，行商代行管理和约束外国商人的职能被取缔，清朝的海关监督管理和约束海关银号，外国领事（包括后来设立的税务司）管理和约束外国商人。海关银号负责收取外国商人（船、洋行）的海关洋税，并开具收据，即海关银号的号收给外国商人，外国商人凭借海关银号的号收（完税凭证）进行贸易。当然，外国商人也经常利用中国的翻译、代理人如通事、买办等人的语言、关税程序熟悉等优势，与海关银号打交道。

海关银号与外国商人之间的关系如图 5-2 所示，图中的序号为报关、纳税、结关等手续的先后顺序。

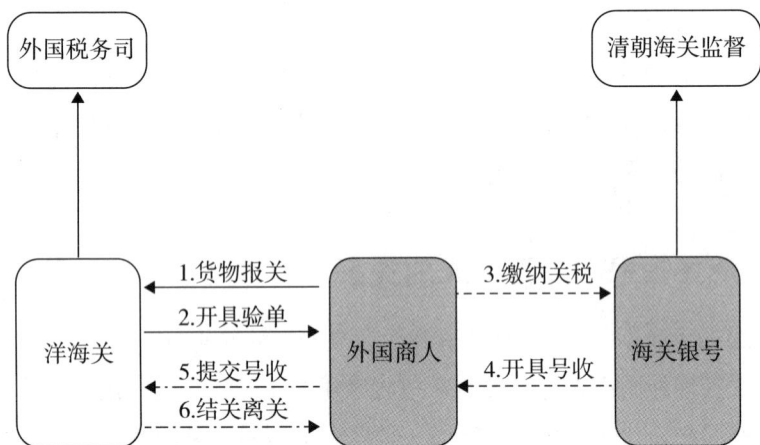

图 5-2　海关银号与外国商人关系图

四、海关监督与税务司的关系

海关银号不直接与外国税务司打交道，但海关银号与外国商人产生矛盾或纠纷时，会通过海关监督间接与外国税务司发生关系，这里需要说明海关监督与税务司的关系。陈勇在其博士论文《晚清海关税政研究：以征存奏拨制度为中心》中提到，清代晚期的海关制度是以总税务司为核心的洋关制度和以海关监督为核心的常关（常海关）制度并存，即常、洋海关并立的双重体制。[①] 海关常税和海关洋税并存，海关具有两套征管组织、两套征税税则、两套册报制度、两套经费

①　陈勇：《简论晚清海关制度的双重性》，载《理论界》，2007 年，第 170 页。

管理渠道的双重榷关制度。但常、洋海关"并立"并非"分立"，从财政角度来看，它们仍然是一个统一的财政单位。清代的海关中，中外双方的主角分别为海关监督和税务司。

（一）海关监督与税务司的地位

咸丰九年（1859年）后，江海关的税务司开始出现，以后"税务司"成了各海关的"标配"。

各海关的海关监督受到户部的管理，后来户部改为度支部，民国后又改为财政部，两者的隶属关系未变，但汇报关系也经历了多次调整。税务司一直受总税务司管理，但总税务司的隶属关系经历了多次变化。从咸丰九年（1859年）到宣统三年（1911年），其大致经历三个阶段，但税务司与海关监督之间协商处理各项海关业务的关系并没有改变。

1. 第一阶段

第一阶段为咸丰九年（1859年）至咸丰十一年（1861年），总税务司常住上海，受到两江总督、五口通商大臣的管理。

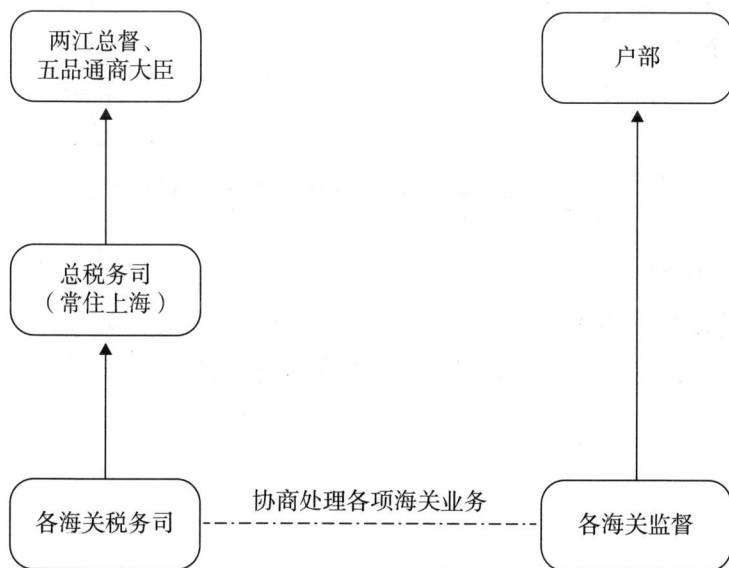

图 5-3　第一阶段中海关监督和税务司关系图

2. 第二阶段

第二阶段为咸丰十一年（1861年）至光绪三十二年（1906年），总税务司从上海移住北京，受总理各国事务衙门（总理衙门）和外交部的管理。其中，咸丰十一年（1861年）至光绪二十七年（1901年）的41年时间里，总税务司受总理衙门的管理，这也是时间最长的时期；光绪二十八年（1902年）至光绪三十二年（1906年），总理衙门改为外交部，总税务司受外交部管理。

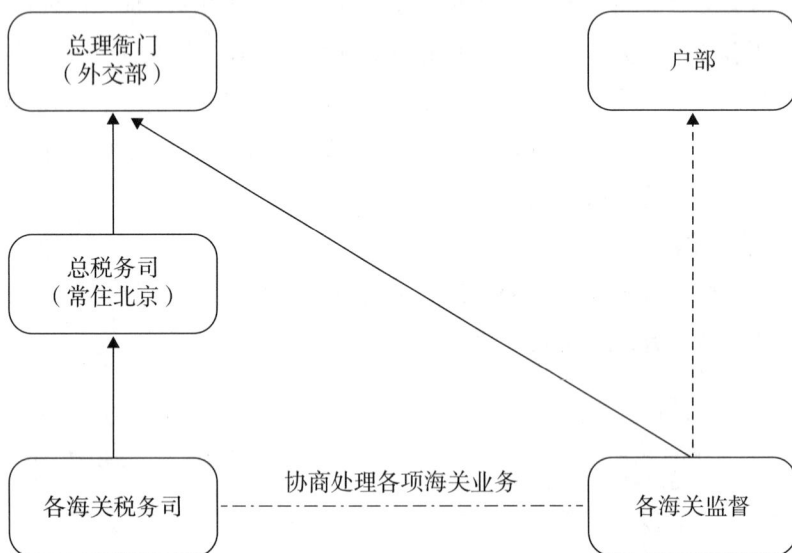

图 5-4　第二阶段中海关监督和税务司关系图

3. 第三阶段

第三阶段为光绪三十二年（1906年）至宣统三年（1911年），总税务司的地位有所降低，其归属外交部和度支部下属的税务处管理。

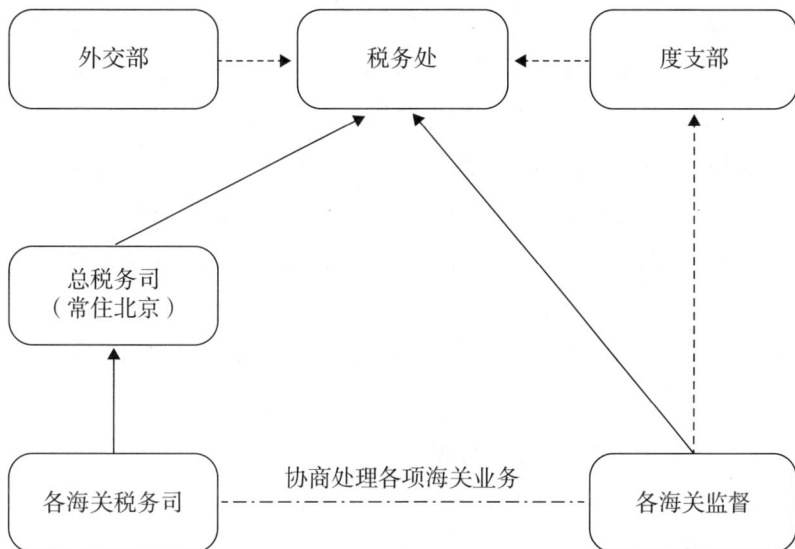

图 5-5　第三阶段中海关监督和税务司关系图

（二）海关监督和税务司的关系

1. 会同办公

终清一代，税务司制度并未能最终取代海关监督制度，而是两种制度并行。依照职务条例，海关监督与税务司是会同办公，遇有海关监督与税务司意见相左时，虽由海关监督定夺，但并非"命令"，亦不得称为"命令"税务司①，税务司和海关监督共同协商处理各项海关业务，但实际上税务司完全听命于总税务司。

海关监督主管常关（或常海关）和洋海关的关税，税务司主管洋税的估验和稽查，两者职责比较明确。在海关监督管理的海关银号与税务司管理的外国商人之间发生矛盾和争议时，海关监督和税务司会出面，协商解决海关银号和外国商人之间的矛盾。

2. 税务司对海关监督的制约

税务司对海关监督的制约，主要体现在两个方面。

一方面为查验估税权。外国商人进出口货物到洋海关，会填写好货物报单呈送给税务司管理下的海关部门，海关人员查验后，会发给商人海关验单，并注明各项关税，验单一式两份，一份给商人，一份海关留存。这样，税务司就拥有了

---

① 《旧中国海关总税务司署通令选编》（第 1 部分），中国海关出版社，2003 年，第 176 页。

估税权,也知悉了进出口商品的品名、数量、关税的数额,以及日期、商号等信息。

另一方面为核对监督权,即税务司有海关银号收税账簿作为核对。当商人持海关开具的验单到海关银号缴纳关税的时候,海关银号中海关监督特派的书办(后称录事)要将验单内容完整抄录两次,一次登录在海关银号收税簿册中,一次登录于银号的号收上,海关银号的收税账簿即成为税务司的日征细册的底本,可以和验单作为核对。税务司虽然不经管海关洋税,对海关银号无从干涉,但手中留存的海关银号的号收构成税收凭据,从而对税款拥有监督之权。[①]这样,就构成了税务司对海关监督的制约,有效牵制海关监督在海关洋税方面的贪污。

应该说以上制度设计非常完美,外国商人较难偷税漏税。

(三)海关监督和税务司的对照

表5-1为各地海关对应的海关监督名、兼任海关监督的官员本职,以及税务司所称的英文海关名。[②]

表5-1　各地海关与海关监督的对照表

海关名	监督名	兼任官员本职	税务司所称海关名	备注
江海关	江海关监督	苏松太道	Shanghai	——
粤海关	粤海关监督	内务府包衣,1904年后为两广总督	Canton	包括潮海洋关(Swatow)、琼海洋关(Kiungchow)、北海洋关(Pakhoi)、拱北海关(Lappa)、九龙海关(Kowloon)、三水洋关(sanshui)、江门洋关(kongmoon)、甘竹关
闽海关	闽海关监督	福州将军		包括福州洋关(Fuchow)、厦门洋关(Amoy)、三都澳洋关(Santuao)、沪尾海关(Tamsui)、打狗海关(Tainan或Takow)
浙海关	浙海关监督	宁绍台道	Ningpo	——
芜湖海关	芜湖关监督	徽宁池太道	Wuhu	——

---

① 陈勇:《晚清海关税政研究:以征存奏拨制度为中心》,暨南大学博士论文,2007年,第153页。

② 任智勇:《晚清海关再研究:以二元体制为中心》,中国人民大学出版社,2012年,第115-116页及第140-142页。

表 5-1（续）

海关名	监督名	兼任官员本职	税务司所称海关名	备注
九江海关	九江关监督	广饶九南道	Kiukiang	—
江汉关	江汉关监督	汉黄德道	Hankow	—
宜昌海关	宜昌关监督	荆宜施道	Ichang	1909 年改为荆宜道
沙市海关	沙市关监督	荆宜施道	Shasi	1910 年改为荆宜道
重庆海关	重庆关监督	川东道	Chungking	—
瓯海关	欧海关监督	温处道	Wenzhou	—
梧州海关	梧州关监督	桂平梧道	Wuchow	—
镇江海关	镇江关监督	常镇道	Chinkiang	—
金陵海关	金陵关监督	江南盐补道	Nanking	—
岳州海关	岳州关监督	岳常澧道	Yochow	—
长沙海关	长沙关监督	长宝道	Changsha	—
苏州海关	苏州关监督	苏州道	Soochow	—
南宁海关	南宁关监督	左江道	Nanning	—
镇南海关	镇南关监督	太平思顺道	Lungchow	—
思茅关	思茅关监督	思茅同知	Szemao	—
腾越关	腾越关监督	迤西道	Tengyueh	—
蒙自关	蒙自关监督	临安开广道	Mengtsz	—
津海关	津海关监督	津海关道	Tientsin	—
哈尔滨关	哈尔滨关监督	吉林分巡西北路道	Harbin	也称哈尔滨关道
东海关	东海关监督	登莱青道	Chefoo	—
营口海关	牛庄关监督	奉锦山海关道	Newchwang	1905 年后称奉天锦新营口道
安东海关	安东关监督	奉天兴凤道	Antung	—
嘉峪关	嘉峪关监督	安肃道	无	—

五、海关监督、税务司、海关银号的财政关系

从海关财政职能的角度来看，清代海关的财政主要有以下四个职能：依据税则估税、收缴关税、保管关税、分配关税。

第一次鸦片战争之前，虽有广州"十三行"对粤海关洋税的垄断，收缴洋税、暂时保管洋税由"十三行"负责，但总的来说，这四个职能都掌握在海关监督手中。第一次鸦片战争之后，特别是推广税务司制度后，税务司进入洋海关系统，税务司掌握了第一个职能依据税额估税，即估税权。第二个职能收税权，依据条约，完全由海关银号掌管。第三个职能关税的保管权，其中的一部分，即关税的暂时保管权，由海关银号掌管。第三个职能的另一部分和第四个职能，全部由海关监督掌管。

清政府通过海关监督这个职位，把税款牢牢掌握在自己手中。所以，魏尔特说："辛亥鼎革以前，总税务司并无直接管理关税之职责。其时通商各埠，海关及五十里内常关，应收税钞，所有征收、存放、汇解等事，俱由海关道或海关监督主之，总税务司仅委派各关税务司，将应收税钞数目，依照税则，切实估计，令商人赴官银号如数完纳；一面将估计之税额，据实列账呈报政府，一面将商人缴到之官银号所具收条，转交本关监督。各关监督对政府负责报关及支配税务司所具报经征之税款，凡事悉依政府命令办理。"[①]魏尔特提到的官银号为海关银号，官银号所具收条为海关银号的号收。

税务司在宣统三年（1911 年），乘晚清王朝覆灭之机，最终夺取中国海关的税款保管权，从而完成了对中国关税从征收权到保管权的全面控制，相应地，中国近代海关作为以海关监督为核心的统一财政实体就此瓦解。

---

① 魏尔特著，陶乐均译：《民国以来关税纪实》，总税务司公署，1926 年，第 1 页。

第六章　海关银号的收税程序

　　按照相关条约规定，各海关收取的洋税，必须由海关监督设立的海关银号经收。海关银号征收海关洋税的制度，从设立到推行，到逐步完善和规范，经历了不同阶段。

　　但海关银号按照验单收取关税，开具银号号收的规定一直未变。海关银号按照海关开给外国商人的验单上标注的关税金额收取外国商人的关税银两，外国商人可以用外国银元、海关当地或外来的中国银两等缴纳关税。如果是外国银元，海关银号则按照道光二十三年（1843 年）粤海关试验制定的标准称量后收取；如果是中国银两，则看色、称量进行兑换收取。收税后，海关银号开给外国商人已经交款的收据，即海关银号的号收。

　　1843 年 7 月之前，粤海关就开设了第一家海关银号，即高广恒银号[①]，直到清朝覆灭的前两年，绝大部分海关洋税是由海关银号征收的。[②]

一、"银号收"制度的三个阶段

　　海关银号收税制度，即前文中所说的"银号收"制度，按照时间段划分，主要经历了三个阶段，即领事报关阶段、过渡阶段、税务司阶段。前两个阶段，绝大多数的洋海关关署还没有建立，但海关洋税按照相关条约规定必须由海关银号收取；最后一个阶段，则是"银号收"制度成熟完善的阶段。

[①]　The Chinese Repository VOL. XI. From January to December［M］. Carton. Printed for Proprietors. MARUZEN CO., LTD. TOKYO. 1842 May，pp.245-246.

[②]　《中华帝国对外关系史》第二卷第 12 页及第三卷第 430 页，分别称"1852 年 10 月，苏松太道设立了海关银号，它的规模从那时以后的六十年中都在维持着""关税应缴入特定的'海关银号'，它的第一家机构在一八五二年，税务管理委员会成立之前，开设于上海"。这是错误的，首先，粤海关的高广恒海关银号在 1843 年 7 月前就已经成立；其次，江海关的第一家海关银号在 1843 年 11 月 14 日就已经设立，为六家钱庄合资，设立在通往小东门到河岸的街道。详见下篇第十三章"江海关银号与银锭"。

（一）领事报关阶段

从道光二十三年（1843年）到咸丰元年（1851年），外国商人按照相关条约规定，应赴海关银号缴纳各项税款，然后由海关银号交给商人号收，再由领事将号收转交给海关监督。

（二）过渡阶段

此阶段经历了太平天国运动，海关银号的收税制度也经历了改革和发展。

1. 号收的改革

（1）取消领事转交号收

取消领事转交号收的改革主要针对江海关。在咸丰元年（1851年）到咸丰十年（1860年）前后，由于英国政府终止领事插手中国税收，中国海关不得不做出反应。1851年8月，江海关监督公布一套海关章程，其中第五条规定："同时责令外商受托人，将进口税及船钞等项直接缴纳海关银号，并将照例的银号收据（号收），直接提交海关，不再按照以往办法由领事收转。"[①] 即把领事转交号收的程序进行了简化，由商人直接交给海关即海关监督，不再由外国领事转交。

（2）在号收上注明税种

1850年初，江海关走私严重。由于此时的海关银号号收上仅注明收取的金额，并未注明税种、货物或产品数量等详细情况，外商乘机利用银号收税手续上的不完备进行逃税漏税。英国领事阿礼国要求，海关银号在收取洋海关的关税时，需要"在收据（号收）上详细注明交款的性质，究竟是缴纳进口税、出口税，还是船钞，并且也要注明这笔款项究竟是哪一批货物或产品完纳的。海关将只接受这类的收据，凭以办理所开货物或船只的出口手续"。这一办法于1852年11月8日开始实施。[②]

2. "银号收"制度破坏时期

咸丰三年（1853年），由于上海发生"小刀会"起义，江海关的行政处于停顿，英美驻上海领事自行公布《海关行政停顿期间船舶结关暂行条例》，其中规定"进口商、航运商及货物承办人应缴的税额，应向本领事馆缴纳，或向原海关指定的

---

① 莱特著，姚曾廙译：《中国关税沿革史》，商务印书馆，生活·读书·新知三联书店，1958年，第93页。

② 莱特著，姚曾廙译：《中国关税沿革史》，商务印书馆，生活·读书·新知三联书店，1958年，第96页。

各银号缴纳的税额缴付现银，或者用见票四十天付现的期票缴纳"①。即向领事和海关银号缴纳都可以，也可以不用现银，用40天期限的期票缴纳，海关银号的收税制度受到破坏。

咸丰六年九月二十五日（1856年10月23日），粤海关由于战事被迫关闭，直到咸丰七年十二月二十七日（1858年2月10日）解除封锁，其情形与江海关十分相似。闭关期间，驻广州领事巴夏礼准许所有在黄埔的英国船只无须结关即可驶离停泊所，导致中国关税遭受重大损失，粤海关的海关银号一度失去作用。

3. 恢复"银号收"制度

咸丰九年（1859年），李泰国出任总税务司后，对海关手续的主要程序做了重新规定，其中包括"税款缴纳于道台所指定的海关银号"等手续②，恢复了海关银号收税制度。

（三）税务司阶段

此阶段为咸丰十一年（1861年）至清朝灭亡。在海关外籍税务司制度建立并推广的过程中，总税务司赫德制定了一套比较严密的纳税办法，以完善海关洋税的收缴制度。从这时起，海关银号的收税制度基本完善、成熟，并被推广到各通商口岸。

1. 收税的凭证

海关税收的一整套资料已经比较完善，中外相互制约和监督，具有了可追溯性。"银号收"制度以单据和账册为依据，单据包括报关单、验货单、银号号收、红单和放行单，账册包括海关银号收税簿册、日征细册、统计账册等。大致程序为：商人拿海关验单（验货单）到海关银号纳税；银号中海关监督特派的书办要将验单内容完整抄录两次，一次登录在银号收税簿册中，一次登录于号收上；海关银号的收税簿册即成为税务司的日征细册的底本，而号收由商人持往海关监督；海关监督见到号收后，如果出口，即据此开出红单，如果进口，则开出放行单；红单或放行单都由商人收领，而红单或放行单的底簿即为海关监督统计洋税的依据。③

---

① 上海社会科学院历史研究所：《上海小刀会起义史料汇编》，上海人民出版社，1980年，第313-315页。

② 莱特著，姚曾廙译：《中国关税沿革史》，商务印书馆，生活·读书·新知三联书店，1958年，第158页。

③ 陈勇：《晚清海关税政研究：以征存奏拨制度为中心》，暨南大学博士论文，2007年，第40页。

税务司手中有海关验单的底根，也有海关银号的收税簿册作为核对，从而完全掌握了洋税征收的具体情况。

2. 书办的重要性

在海关银号中，有一个特殊的职员，名为书办（shupan，shupam），民国后称录事。总税务司81号通令①对书办一职描写得很清楚：书办身份非常特殊，为执行部分和监督文案部门的人员。具有双重身份，既是洋关内班职员，又是常关职员。在洋海关成立之初，海关监督推荐书办，但需要经过税务司的认可，书办往往有多名。在洋海关中，书办根据外籍帮办对报单的估算，负责开出中国海关关税单，写明申报人应缴给海关银号的关税金额；在海关银号中，海关监督委派的书办手握海关监督的大印，海关银号根据商人上缴的海关验单收取关税后，通知书办开具海关银号的号收，盖上海关监督的印章，交给商人。即书办直接与海关监督、税务司和海关银号打交道。

如同治九年（1870年）山海关监督任命书办白皜如在海关厢房中收取代理人、委托人以及船主所缴纳的关税，海关监督每月给15两报酬。

3. 号收的改革

为提高效率，减少海关验单多次手工录入的工作量，1903年12月，镇江海关税务司不再使用江海关等海关银号所用的号收，而是在验单上加盖海关的印章，即用验单盖章代替号收，减少了抄录量。1904年1月18日，总税务司下发通令，"今后将于验单上加盖印章以示收讫，银号录事（书办）即不再详细写出号收，完税商号亦可节省时间……送交监督（海关监督）衙门者即为盖章后之验单而非号收"。海关录事只需抄录验单一次，即可完成登税工作，新建的银号对此项建议非常赞同，可以大大减少按原办法抄录海关验单的雇佣人员，此外也提高了效率，减少了书写错误。②后来，此项制度被推广到各个海关。

---

① 《旧中国海关总税务司署通令选编》（第一卷），中国海关出版社，2003年，第183-184页。

② 《旧中国海关总税务司署通令选编》（第一卷），中国海关出版社，2003年，第499-500页。

二、海关银号收税的详细程序

按照洋税的税种划分，海关银号的收税程序分为进口货物税、出口货物税、复进口货物不退税 / 退税、船钞、进口洋药税厘、国产土药税厘等程序。为读者容易理解，本书以单证和说明的形式，加以叙述。由于一些海关收税程序重复，为节省篇幅，本书不一一阐述，把重点放在海关银号的号收上。另外需注意的是，各种单证一般都是一式两联，个别是一式三联。

（一）进口货物的收税程序

进口货物的收税程序分为一次入关和到子口销售两种模式。一次入关为进口货物通过海上直接到所经过的第一道关口后，卸货销售，按照货物价值上交进口海关 5% 的关税（部分进口货物免税）。到子口销售为进口货物通过海上，经过第一道关口后，不卸货销售，而是到下游关口（子口）卸货销售；第一次入关时，需交进口关税（5%），子口销售还要上交给子口相当于进口一半的关税（2.5%），也称内地子口半税。

1. 一次入关

（1）进口报单

进口报单也叫请验单。由商人列出进口物品品名、产地、件数、重量及价值（海关两），由商人上报洋海关。进口报单一般两份，一份英文，一份中文。图 6-1 为光绪三十二年六月十四日（1906 年 8 月 3 日）正顺昌商号进口日本洋纱的进口报关单中文样单。[①]

---

① F. HIRTH PH. D 新关文件录［M］. Text book of documentary Chinese published by 1885, p.1. 其他样单也参照此书图片，不一一注明引用出处。

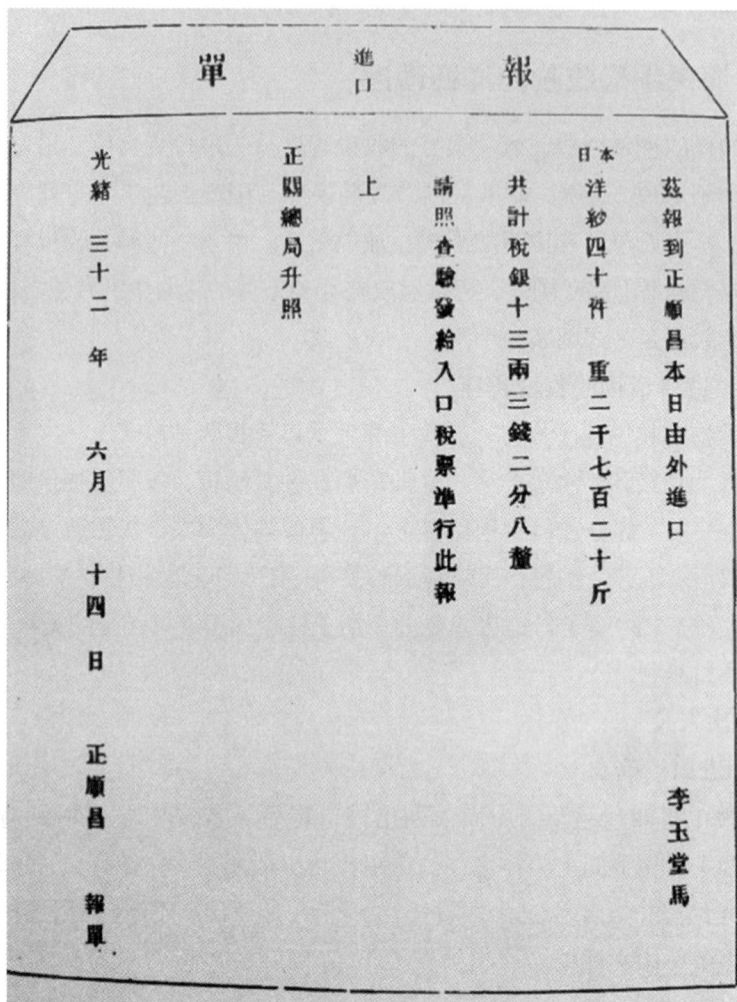

茲報到正順昌本日由外進口

日本 洋紗四十件 重二千七百二十斤

共計稅銀十三兩三錢二分八釐

請照查驗發給入口稅票準行此報

上

正賜總局升照

光緒 三十二 年 六月 十四日 正順昌 報單

李玉堂馬

進口 報單

图 6-1　进口报单中文样单

（2）海关验单

洋海关收到商人上缴的报单后，洋海关人员查验，如果无误，发给商人海关验单，"验单"上列进口物品名称、件数、重量和价值，由海关计算出应交的关税银两（海关两）。

图 6-2 为光绪八年六月十三日（1882 年 7 月 27 日）德国禅臣洋行在江海关进口的验单的样单，验单上特别注明"持赴银号交纳足色银两"。

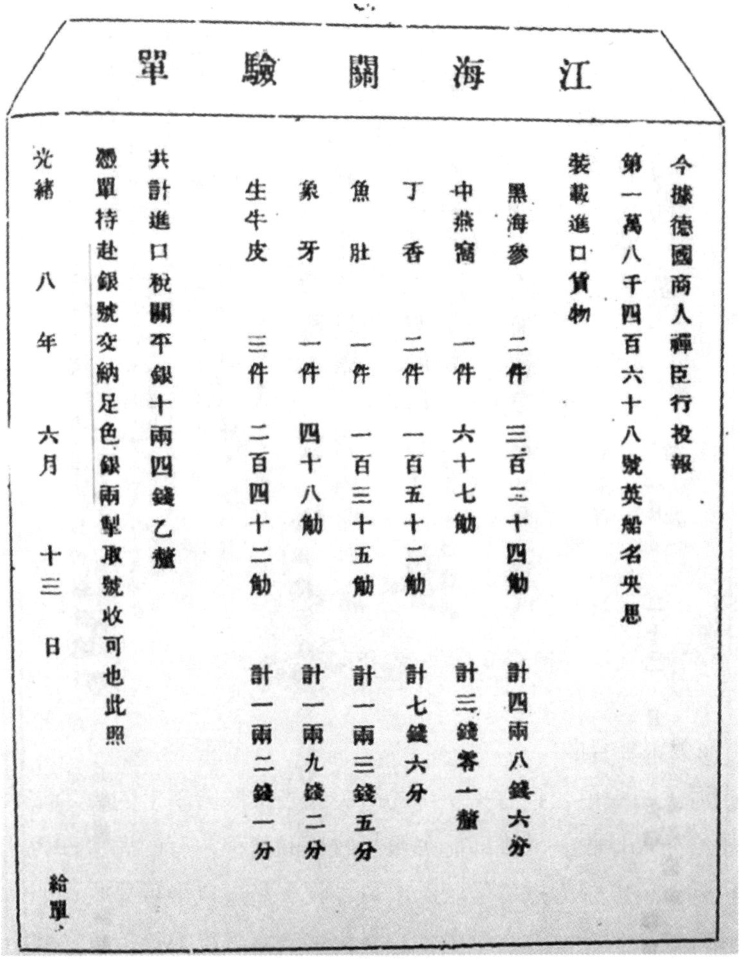

江海關驗單

今據德國商人禪臣行投報
第一萬八千四百六十八號英船名央思
裝載進口貨物

黑海參　二件　三百二十四勘　計四兩八錢六分

生牛皮　三件　二百四十二勘　計一兩二錢一分

象牙　一件　四十八勘　計一兩九錢二分

魚肚　一件　一百三十五勘　計一兩三錢五分

丁香　二件　一百五十二勘　計七錢六分

中燕窩　一件　六十七勘　計三錢零一釐

共計進口稅關平銀十兩四錢乙釐

憑單持赴銀號交納足色銀兩繄取號收可也此照

光緒　八年　六月　十三日

給單

图 6-2　验单样单

　　早期的验单没有注明税种，内容较为简单，但仍应到海关银铺（号）缴纳，如图 6-3 咸丰时期的粤海关验单样单。

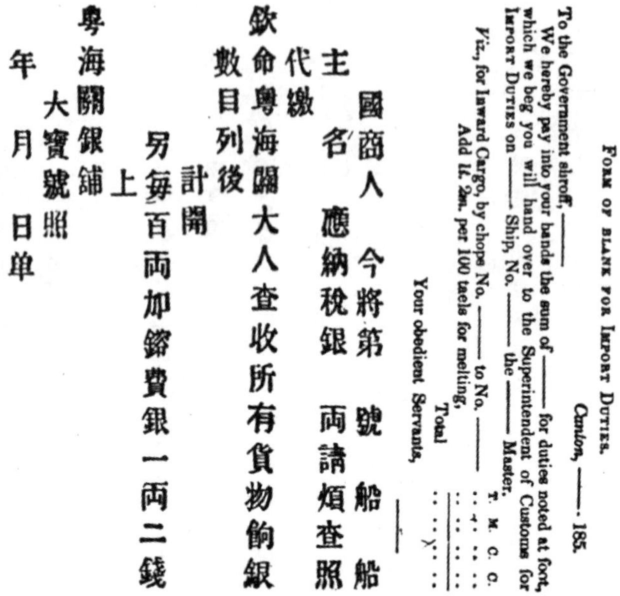

FORM OF BLANK FOR IMPORT DUTIES.

Canton, —— 185.

To the Government shroff, ——

We hereby pay into your hands the sum of —— for duties noted at foot, which we beg you will hand over to the Superintendent of Customs for Import Duties on —— Ship, No. —— the —— Master.

Viz., for Inward Cargo, by chops No. —— to No. —— T. M. C. C.

Add Tl. 2m. per 100 taels for melting,

Total

Your obedient Servants,

國商人　今將第　號　船　船

主　名　應納稅銀　兩請煩查照

代繳

欽命粵海關大人查收所有貨物餉銀

數目列後

計開

另每百兩加鎔費銀一兩二錢

上

粵海關銀鋪

大寶號照

年　月　日单

图 6-3　咸丰时期的粤海关验单样单

（3）**海关银号号收**

商人持海关的验单，到海关指定的海关银号按照验单上的数量缴纳关税后，海关银号发给商人号收。号收即海关银号收单的简称，有的海关称为“税单”。号收按照税种，可以分为进口号收、出口号收、复进口半税号收、船钞号收等。号收上列有货物品名、件数、重量、应交税银、实纳税银等信息，并由书办在号收[光绪三十年（1904年）后为验单]上加盖海关银号的戳记，证明已经完纳关税。

图 6-4 为江海关海关银号收到禅臣洋行 14.41 两的关税后，发给洋行的号收样单。

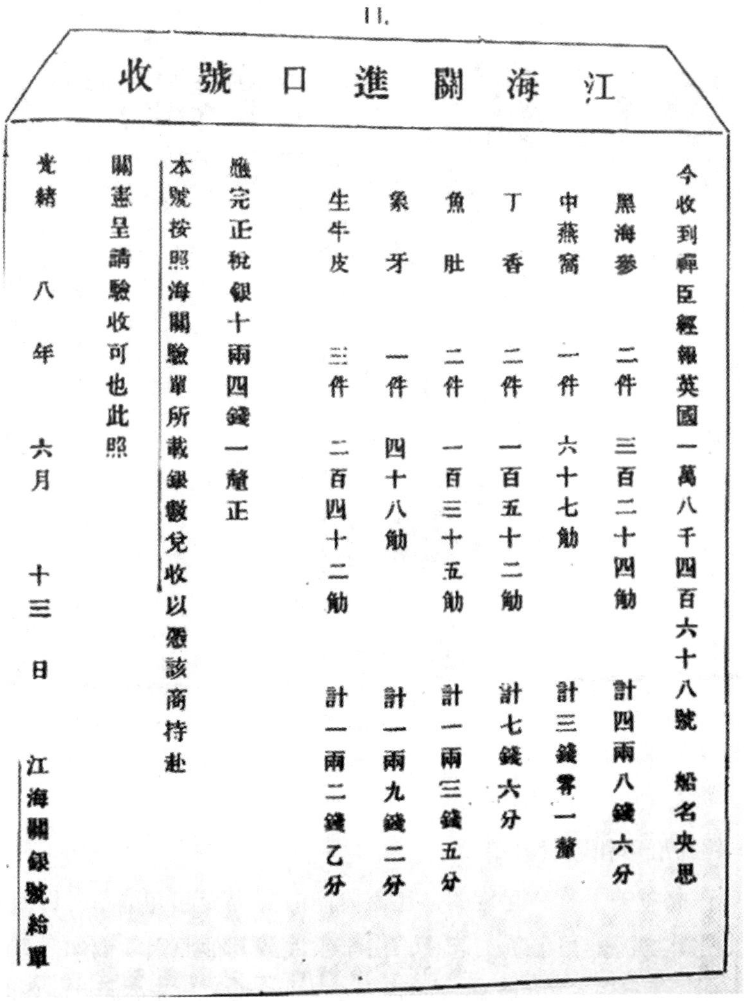

江海關進口號收

今收到甯臣經報英國一萬八千四百六十八號　船名央思

黑海參　　二件　三百二十四觔　計四兩八錢六分

中燕窩　　一件　六十七觔　　　計三錢零一釐

丁香　　　二件　一百五十二觔　計七錢六分

魚肚　　　二件　一百三十五觔　計一兩三錢五分

象牙　　　一件　四十八觔　　　計一兩九錢二分

生牛皮　　三件　二百四十二觔　計一兩二錢乙分

繼完正稅銀十兩四錢一釐正

本號按照海關驗單所載銀數兌收以憑該商持赴

關憲呈請驗收可也此照

光緒　八　年　六　月　十三　日

江海關銀號給單

图 6-4　进口号收样单

（4）放行单

商人持海关银号开具的号收，提交给海关监督衙门，说明进口关税已经交清，海关监督衙门再发给商船放行单，方准将进口货物起岸上栈。

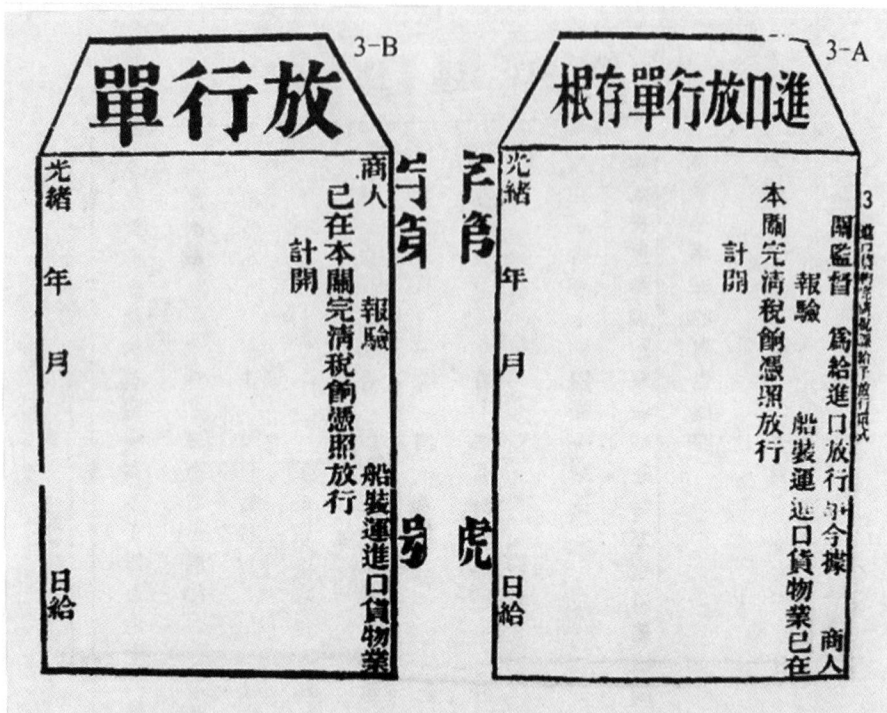

图 6-5　进口放行单样单

（5）起卸准单和驳货准单

商船要在此海关下货、起货的，还需要向海关提交起卸准单，即海关准许开舱的证明。凭此，海船可下货、起货；由于水浅或其他原因，商船需要移载货物于浮船分运时，须呈税关许可，给领驳货准单，方准起卸。此处起卸、驳货准单略。

2．到子口销售

咸丰三年（1853 年）后，中国内地征收厘金税收，商人经过各个厘卡，都需要交税。咸丰八年（1858 年）中英《天津条约》规定，商贩运洋货入内地销售和自内地运土货出口，所经内地各卡，假如愿意一次性缴纳，土货可在首经子口交税，洋货可在海口完纳，以货物价格，每百两征银二两五钱。[①]同年，中英《通商章程》又规定"出口土货的子口税改在出口海关缴纳；子口税率定为进出

[①]　中英《天津条约》第二十八款。

口税率之半，称子口半税"①。子口半税又简称为子口税、子税等。进口子口税交完后，还需要缴纳进口税。

进入子口后的交税程序如下：

（1）子口报单

子口报单上列有进口物品品名、件数、应交税银，与一次入关的报单的区别是：在子口报单上，有注明物品入内地销售，请求洋海关查验，发给子口验单。

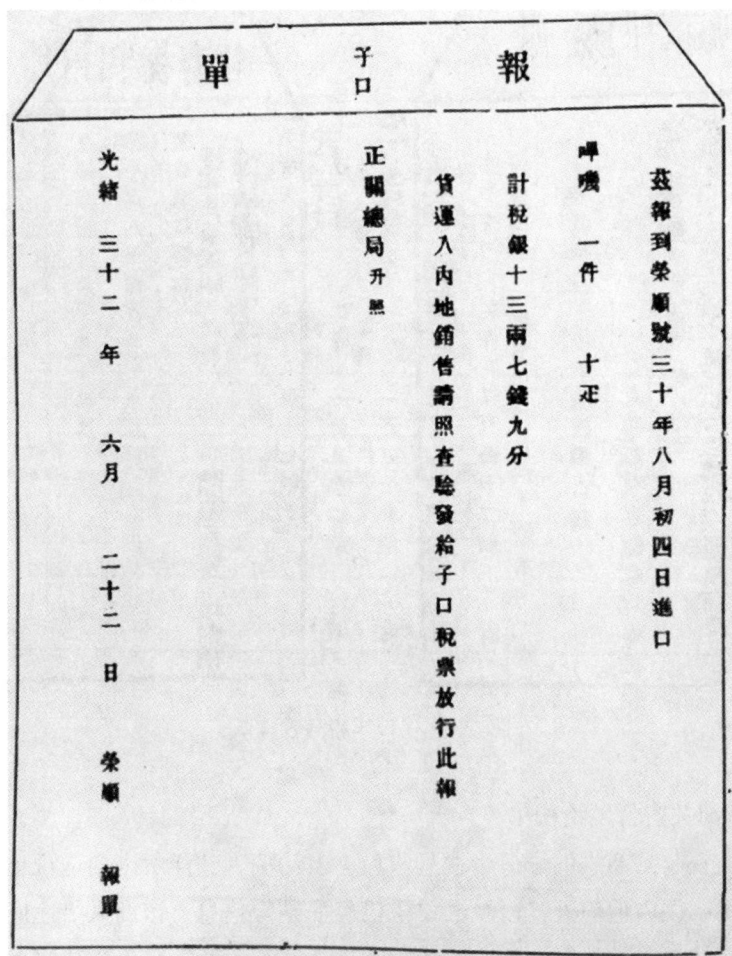

图 6-6　子口报单样单

---

① 中英《通商章程》第七款。

（2）海关验单

子口的海关验单与一次入关的海关验单相同。

（3）子口号收

商人持子口验单，按照验单上注明的应完子口半税银两，到海关银号缴纳子口半税，海关银号收税后，书办开具给商人子口半税号收。

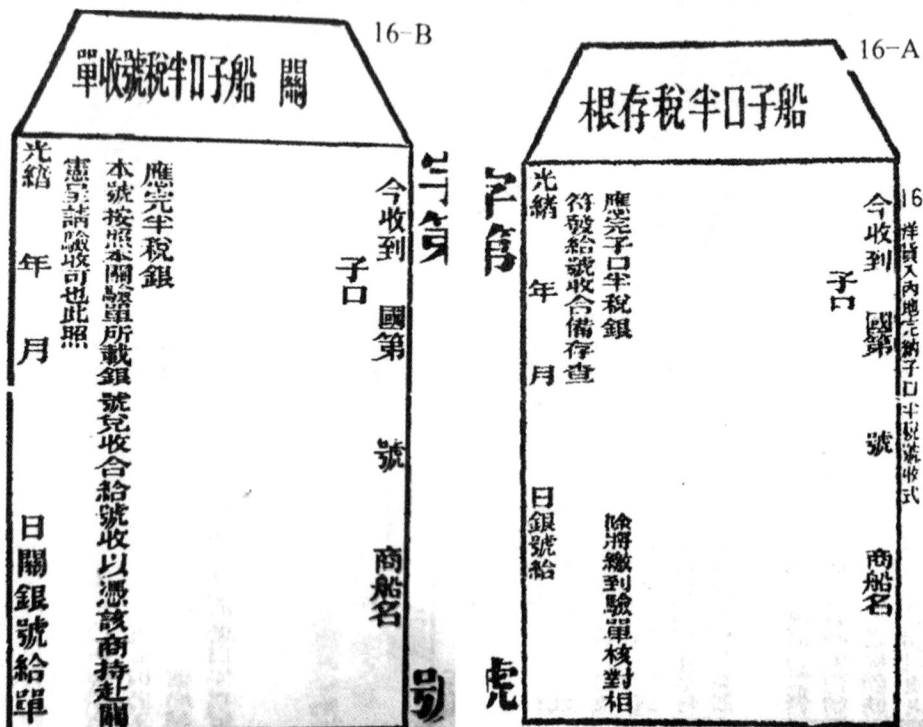

图 6-7　子口半税号收样单

（4）海关监督发给税单

海关监督收到商人的子口半税号收后，发给商人"洋货入内地税单"，并注明货物名称、往内地何处，以及子口税已经完纳等信息。该商人沿途应向各子口呈单查验，子口盖戳放行，无论远近，不重复征收关税，避免缴纳厘金。

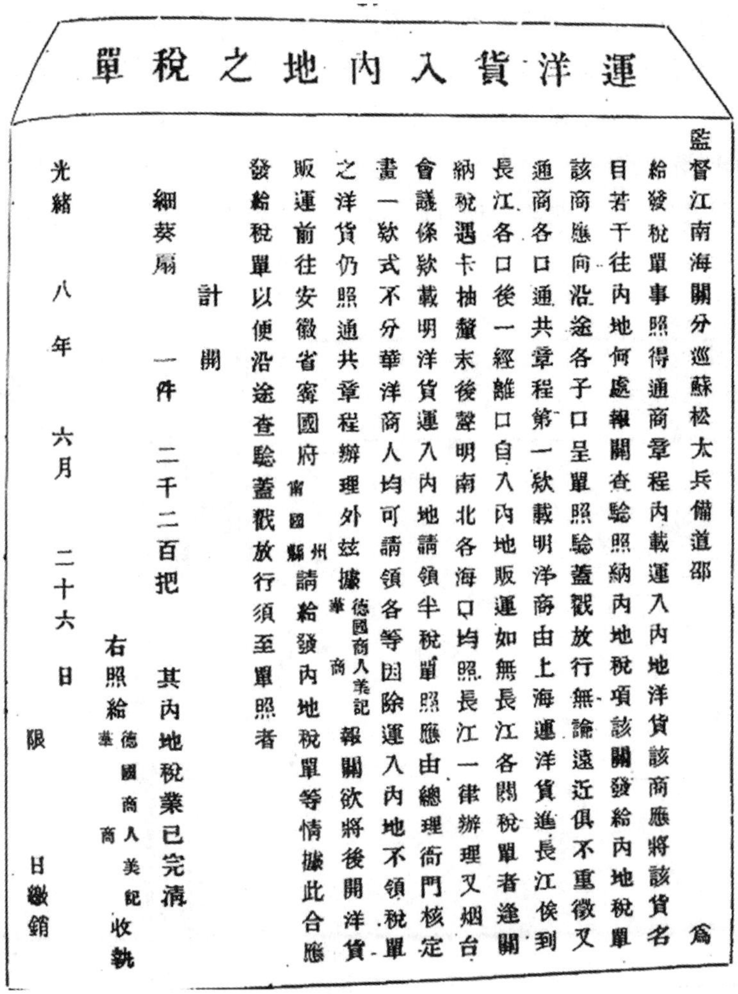

運洋貨入內地之稅單

監督江南海關分巡蘇松太兵備道邵為
給發稅單事照得通商章程內載運入內地洋貨該商應將該貨名
目若干往內地何處報關查驗照納內地稅項該關發給內地稅單
該商應向沿途各子口呈單照驗蓋戳放行無論遠近俱不重徵又
通商各口通共章程第一欵載明洋商由上海運洋貨進長江侯到
長江各口後一經離口自入內地販運如無長江各關稅單者逢關
納稅遇卡抽釐末後聲明南北各海口均照長江一律辦理又烟台
會議條欵載明洋貨運入內地請領半稅單照由總理衙門核定
畫一欵式不分華洋商人均可請領各等因除運入內地不領稅單
之洋貨仍照通共章程辦理外兹據德國商人美記 州縣請給發內地
販運前往安徽省甯國府 甯國縣請給發內地稅單等情據此合應
發給稅單以便沿途查驗蓋戳放行須至單照者

計開

細葵扇 一件 二千二百把 其內地稅業已完清

右照給德國商人美記收執

光緒 八 年 六 月 二十六 日

限 日繳銷

图 6-8　洋货入内地税单样单

（5）子口海关发给起卸货准单、驳货准单

子口海关发给起卸货准单、驳货准单（样单略）的程序与一次入关的相同。

（二）出口货物的收税程序

1. 土货报单

土货报单为一式三联。由商人事前在货物拟出口海关请领空白报单，由外国领事官让商人在单上当堂画押后，海关给商人三联土货报单，报单上注明货物名称、件数、重量等信息。外国商人领取报单后赴内地购货运出，在买货所经第一子口，将报单的三联单呈交该子口验看。第一子口收下三联单，将第一单盖印加封，迅速送往该商所报出口海关查照；将第二单盖印，按月呈送总理各国事务衙门备查；第三单存留子口。（土货报单样单略）

2. 子口半税验单

子口海关收到土货报单，核对货物无误后，发给商人验单，注明到海关银号缴纳关税。

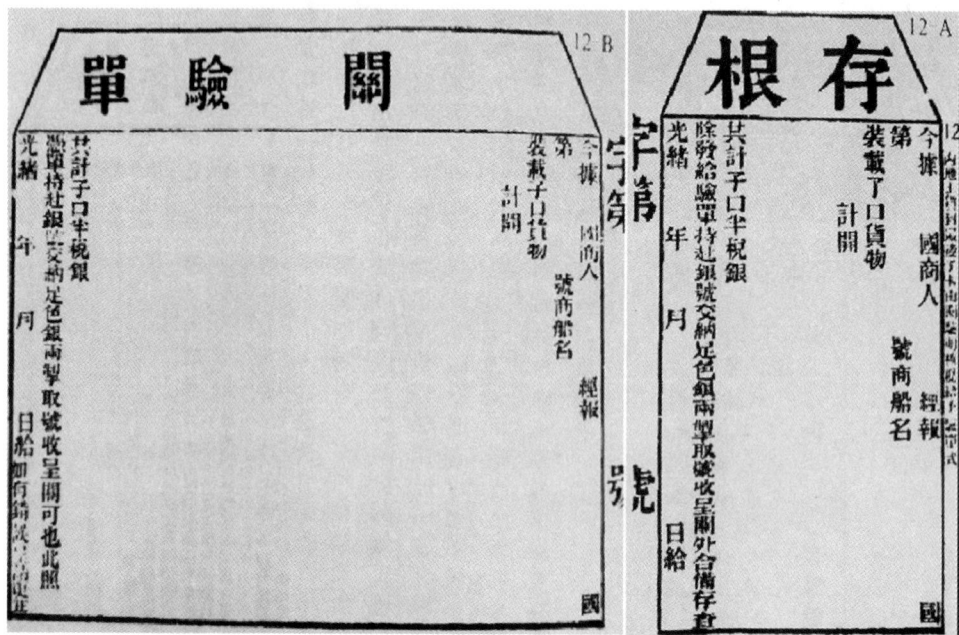

图 6-9　子口半税验单样单

3. 子口税号收

商人凭子口半税验单向子口的海关银号缴纳子口半税，海关银号收税后，书办发给商人子口税的号收。（出口子口半税的号收与进口半税的号收类似，样单略）

4. 税单和运照

商人持子口半税的号收到海关监督衙门，换发海关监督衙门开具的税单，税单代表子口半税已经完纳，海关监督衙门按照税单填发该货运照，给商人前往路上各子口呈验，各子口不需要再收缴关税，仅盖戳放行。（子口税单样单及运照

样单略）

5. 出口海关验单

出口海关根据子口海关送来的三联单中的第一联，对照检查商人货物，无误后，发给商人“内地货税验单”。“内地货税验单”上注明外国商人运出内地货物和关税清单，验单上还列有土货品名、重量、价值，以及应交税银数目等信息。商人凭验单赴出口海关的海关银号交纳税银。

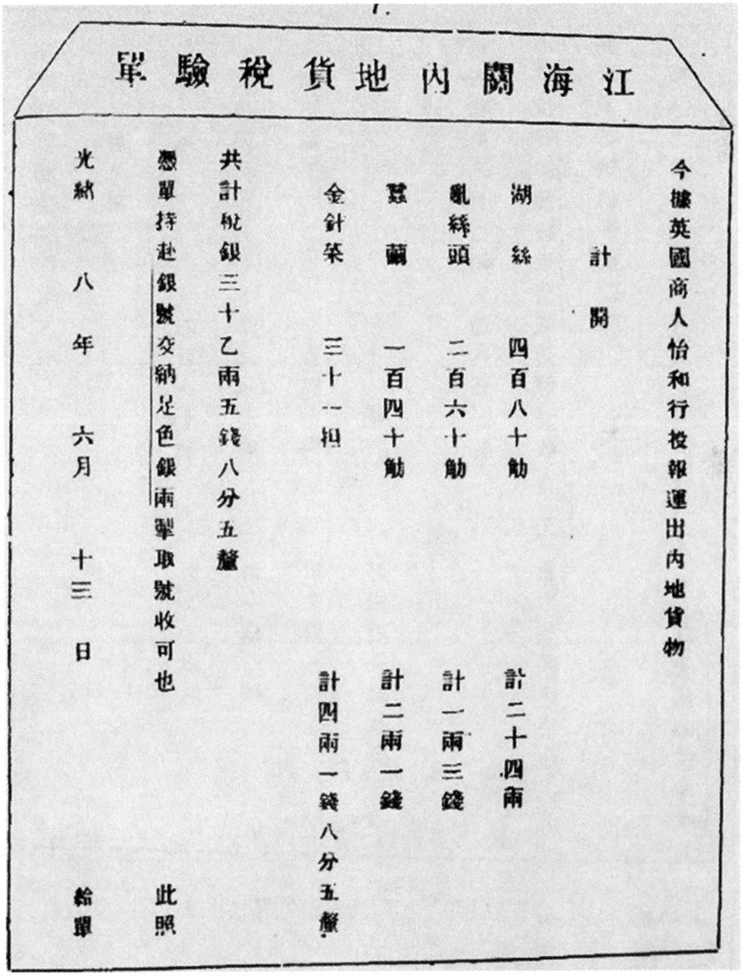
江海關內地貨稅驗單

今據英國商人怡和行投報運出內地貨物

計開

湖絲 四百八十觔 計二十四兩

亂絲頭 二百六十觔 計一兩三錢

蠶繭 一百四十觔 計二兩一錢

金針菜 三十一担 計四兩一錢八分五釐

共計稅銀三十乙兩五錢八分五釐

憑單持赴銀號交納足色銀兩掣取號收可也 此照

光緒八年六月十三日 給單

图 6-10　出口海关验单样单

6. 出口海关银号号收

商人持出口海关验单在出口海关的海关银号交过税银后，书办发给商人出口海关银号的号收。号收上列有货物品名、件数、重量、应交税银、实纳税银等信息。

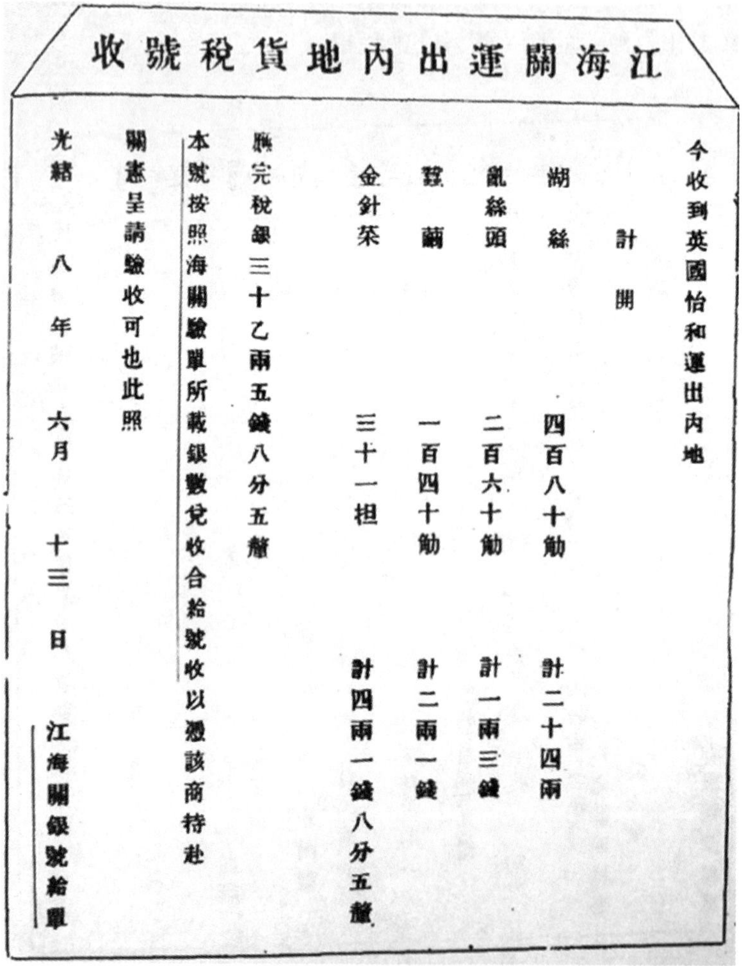
江海關運出內地貨稅號收

今收到英國怡和運出內地

計開

湖絲 四百八十觔 計二十四兩

亂絲頭 二百六十觔 計一兩三錢

蠶繭 一百四十觔 計二兩一錢

金針菜 三十一担 計四兩一錢八分五釐

應完稅銀三十乙兩五錢八分五釐

本號按照海關驗單所載銀數兌收合給號收以憑該商持赴

關憲呈請驗收可也此照

光緒 八 年 六月 十三 日

江海關銀號給單

图 6-11 出口海关银号号收样单

7. 出口放行单和红单

商人持海关银号的号收到出口海关监督衙门处提请出口，海关监督衙门核对无误后，发给商人收讫红单，红单也叫清关单，给货运船主收执。红单上列有该船按吨位收取船钞、按货物收取关税的数目，如船钞、进口税、出口税、通共完税金额等信息。商人持红单赴外国领事处请领船牌，就可申请结关离开口岸。

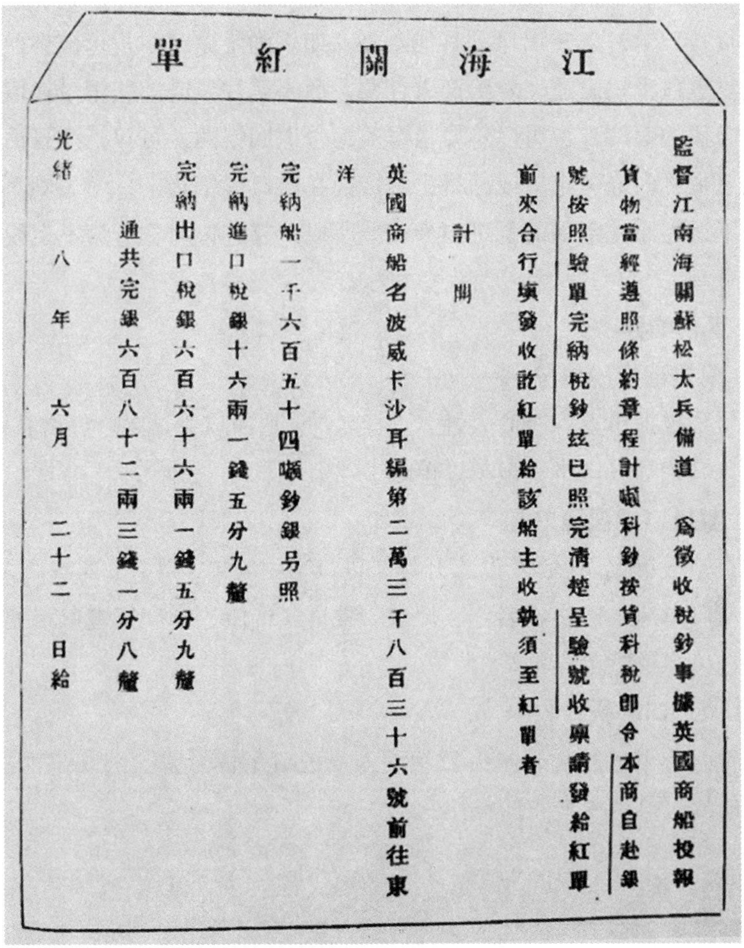
江海關紅單

監督江南海關蘇松太兵備道　為徵收稅鈔事據英國商船投報
貨物當經遵照條約章程計噸科鈔按貨科稅即令本商自赴銀
號按照驗單完納稅鈔玆已照完清楚呈驗號收稟請發給紅單
前來合行填發收訖紅單給該船主收執須至紅單者

計開

英國商船名波威卡沙耳編第二萬三千八百三十六號前往東
洋
完納船一千六百五十四噸鈔銀号照
完納進口稅銀十六兩一錢五分九釐
完納出口稅銀六百六十六兩一錢五分九釐
通共完銀六百八十二兩三錢一分八釐

光緒八年六月二十二日給

图 6-12　红单样单

如果土货不从内地子口出口，仅从沿海海关一次出口，则以上程序中的第二、三、四步骤可以省略，第一步骤可以简化。

（三）复进口货物的收税程序

复进口税也称“沿岸贸易税”“复进口半税”，是针对中国货物从此口岸运往彼口岸所征收的进口关税，税率为进口税税率的一半，即 2.5%。咸丰十一年（1861 年）清政府规定：外国商人由上海运中国土货进长江，除在出货地的海关缴纳 5% 的出口税外，同时缴纳 2.5% 的复进口税。[①]1862 年，复进口税改在土货到达口岸缴纳。

如土货在三个月内复出口到其他海关，如果确是原包原货未被拆换，海关可以将所交复进口半税发还，发给商人存票，商人凭存票向海关银号换取已经缴纳的复进口半税的银两，也可以不要求海关银号退回银两，可以抵缴日后应交的关税。但在三个月内未运出口或原货已被拆换在该口岸销售的，海关则不发给商人存票，也不返还原先缴纳的复进口半税。所以，复进口货物分为不退税和退税两种程序。

1. 不退税的程序

（1）复进口半税报单

复进口半税报单上列有商人姓名（行名）、从何口岸运来、货物名称、件数、重量等信息。（复进口半税报单样单略）

（2）复进口半税验单

海关查验报单无误后，给商人开具复进口半税验单，验单上列有商人姓名（行名）、从何口岸运来、货物名称、件数、重量、价值、应交复进口半税银数等信息。（复进口半税验单样单略）

（3）复进口半税号收

海关银号收取关税后，书办发给商人复进口半税号收。图 6-13 为书办给美国其昌行的复进口半税号收的样单。

---

① 咸丰十一年（1861 年）清政府制定的《长江通商收税章程》。

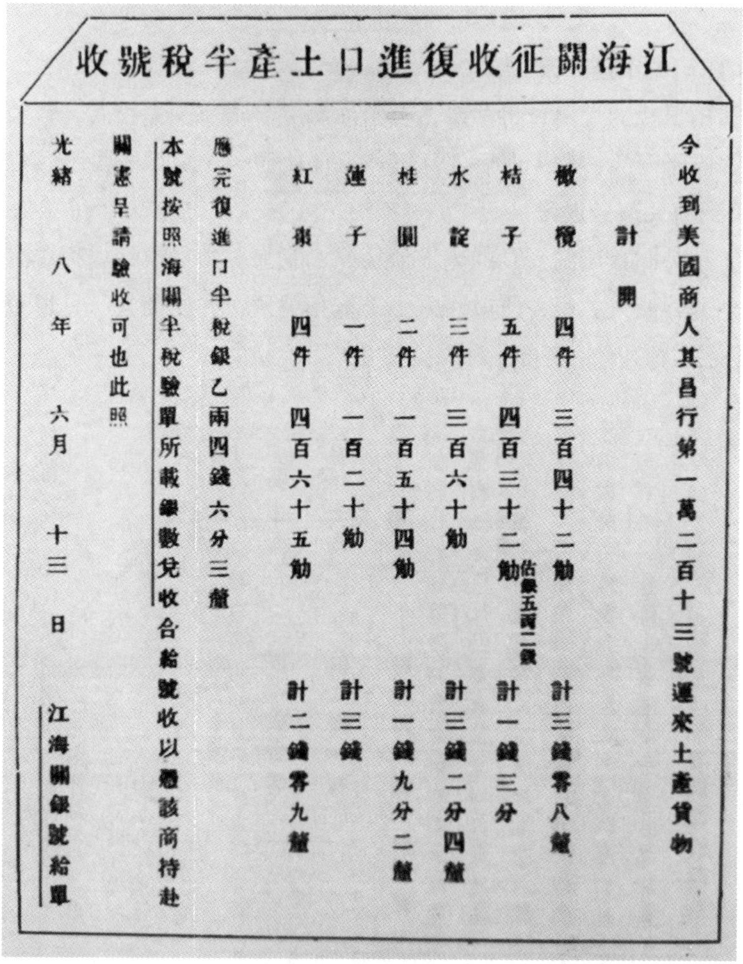

江海關徵收復進口土產半稅號收

今收到美國商人其昌行第一萬二百十三號運來土產貨物

計開

橄欖　四件　三百四十二觔　計三錢零八釐

桔子　五件　四百三十二觔　計一錢三分 佑票五兩二錢

水菱　三件　三百六十觔　計三錢二分四釐

桂圓　二件　一百五十四觔　計一錢九分二釐

蓮子　一件　一百二十觔　計三錢

紅棗　四件　四百六十五觔　計二錢零九釐

應完復進口半稅銀乙兩四錢六分三釐

本號按照海關半稅驗單所載銀數兌收合給號收以憑該商持赴

關憲早請驗收可也此照

光緒 八 年 六 月 十三 日

江海關銀號給單

图 6-13　复进口半税号收样单

（4）放行单

商人持号收到海关监督衙门，海关监督衙门发放放行单。（放行单样单略）

2. 退税的程序

存票也称"免重征执照"，是洋海关的退税凭证。中英《天津条约》规定：请领存票，只限于向国外复出口时的已税外国进口货物，且三月之内未经拆动抽换。咸丰十一年（1861 年），存票制度被推广到由外商承运的土货，三个月之内转运他口，亦可请领存票，免征出口正税，仅在运达他口时，再纳复进口半税。存票可用于退还现银，也可用于抵缴关税，但只可抵出入口货税，不得抵子口半税。

（1）申请免重征存票

商人写出退税的理由、事项等，交给洋海关；洋海关复核后，转给海关监督衙门；海关监督衙门核对无误后，开出免重征执照。（免重征执照样单略）

（2）到海关银号退税

商人凭海关监督衙门开具的免重征执照，到海关银号申请退税。海关银号复核无误后，退给商人关税，或应商人要求抵扣关税，并给商人开具退税凭证。图6-14为退税凭证样单（摘自上海泓盛拍卖[①]）。

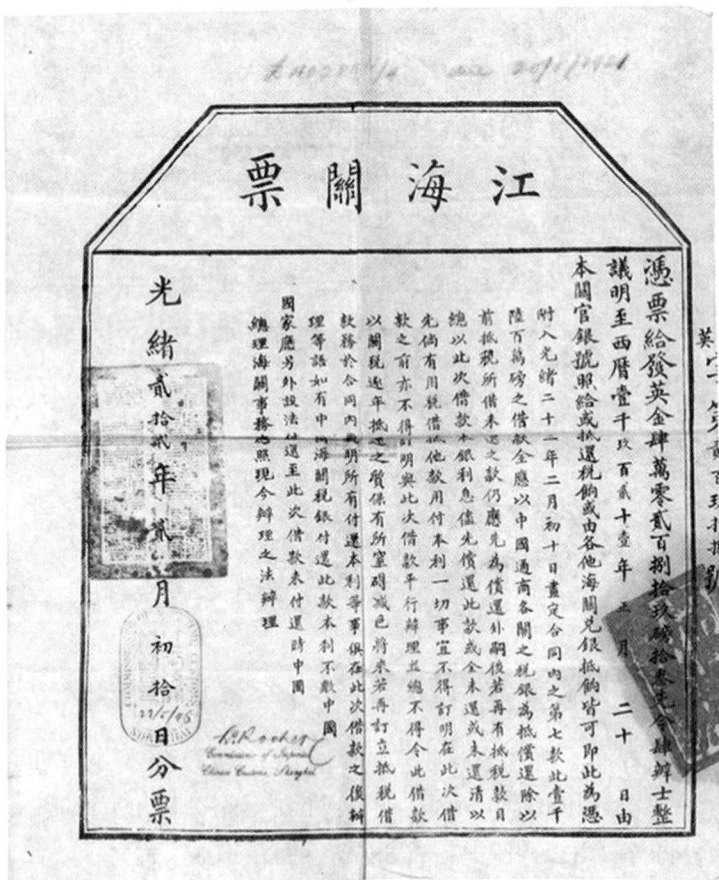

图6-14　退税凭证样单

---

① 上海泓盛2011年秋季拍卖，中国纸钞二 lot2527。

（四）船钞的收税程序

船钞，也称吨钞或吨税，按照丈量的结果计算出吨位，按照吨位缴纳船钞。咸丰八年（1858 年）开始，商船以四个月为限缴纳船钞一次。

1. 船钞验单

船主开船到洋海关，洋海关测量查验后，由海关发给商人验单，注明船名和日期。图 6-15 为船钞验单的样单。

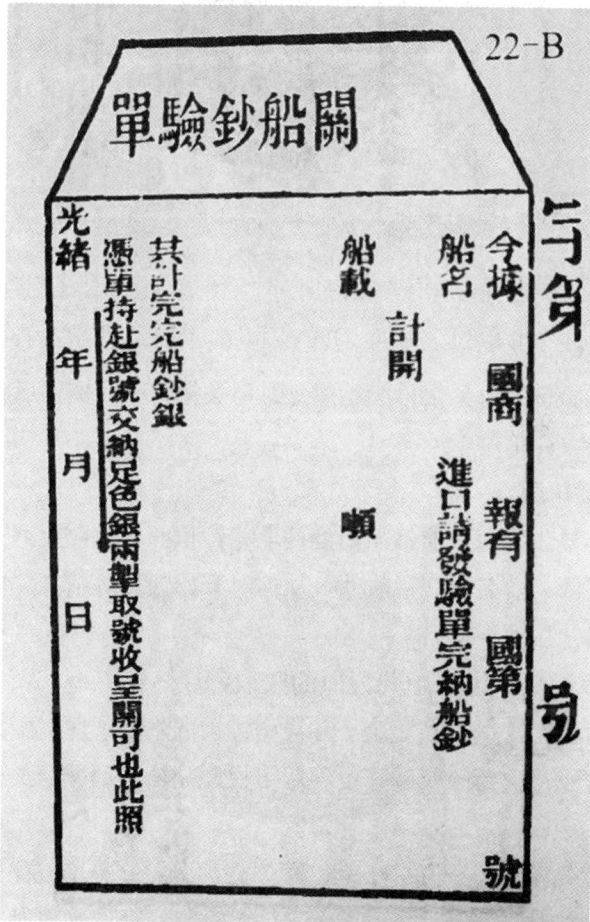

图 6-15　船钞验单样单

咸丰八年（1858 年）及以前的船钞还注明每百两需要缴纳倾镕费 1.2 两，仍要到海关银号（铺）缴纳。

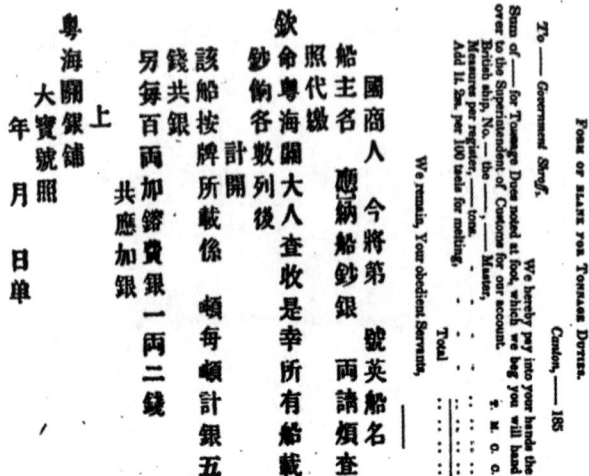

图 6-16　早期粤海关船钞验单样单

2. 船钞号收

船主持船钞验单向海关银号缴纳船钞，海关银号收到船钞后，书办发给船主号收。（船钞号收样单略）

3. 发给船钞执照

船主持船钞号收到海关监督衙门处换取船钞执照，执照上列有船的编号、吨位、完纳船钞银两、商名、交税时间、从何时开始计算等信息，凭此执照才可以运送货物。（船钞执照样单略）

（五）进口洋药、国产土药税厘的收取程序

洋药的进口税厘（关税和厘金）和洋商经运的土药税厘，经历了税厘分征、税厘并征两个阶段；土药的税厘，也经历了税厘分征、部分海关税厘并征和统税等形式。

外国商人装载洋药到洋海关报税，海关验货后发给验单，凭验单到海关监督管理下的海关银号缴纳税款，每百斤征银 30 两，由银号收纳发给号收，洋海关凭号收获准货物通关放行。①

中英《天津条约》附约规定，洋药进口每百斤纳税银 30 两。但根据该条约

---

① 陈勇：《鸦片税政演变与晚清中央、地方利益之调整》，载《中国经济史研究》，2009 年第 2 期，第 28 页。

洋药与其他洋货不同，不享有子口税待遇，洋商只允许在海关销卖；离开海关，即属中国货物；只准华商运入内地，逢关纳税，遇卡抽厘。

光绪十一年（1885 年）六月重新规定，洋药运入中国，海关验明后，封存在海关设立的栈房或封存具有保结的趸船内，每百斤向海关完纳正税 30 两，并缴纳厘金 80 两，共计 110 两后，就可以运销全国，不再缴纳任何关税和厘金。①

光绪十三年（1887 年），国产土药运经各通商口岸时，也采用税厘并征的办法。商人填报进口洋药、国产土药报单（报单样单略）。海关收到商人填报的报单，查验无误后，发给商人验单。图 6–17 为洋药税厘并征的验单样单。

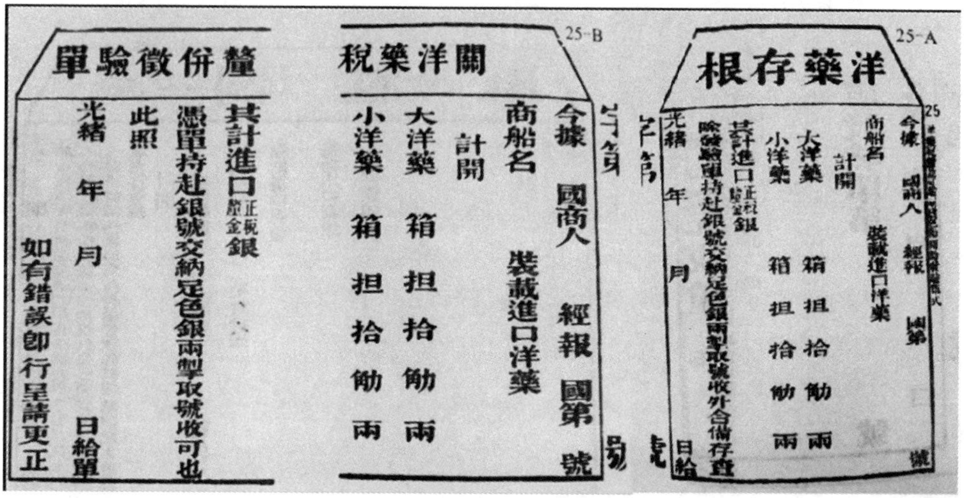
洋藥存根 25-A
今據 國商人 經報 國第 號
商船名 裝載進口洋藥
計開
大洋藥 箱 担 拾 觔 兩
小洋藥 箱 担 拾 觔 兩
共計進口正稅釐金銀
除發驗單持赴銀號交納足色銀兩掣取號收外合備存查
光緒 年 月 日給

關洋藥稅 25-B
今據 國商人 經報 國第 號
商船名 裝載進口洋藥
計開
大洋藥 箱 担 拾 觔 兩
小洋藥 箱 担 拾 觔 兩

釐併徵驗單
共計進口正稅釐金銀
憑單持赴銀號交納足色銀兩掣取號收可也
此照
光緒 年 月 日給單
如有錯誤即行呈請更正

图 6–17　洋药税厘并征的验单样单

商人持海关验单到海关银号缴纳关税后，海关银号发给商人号收。图 6–18 为土药出口号收样单。

① 光绪十一年（1885 年）六月《烟台条约》续增专条。

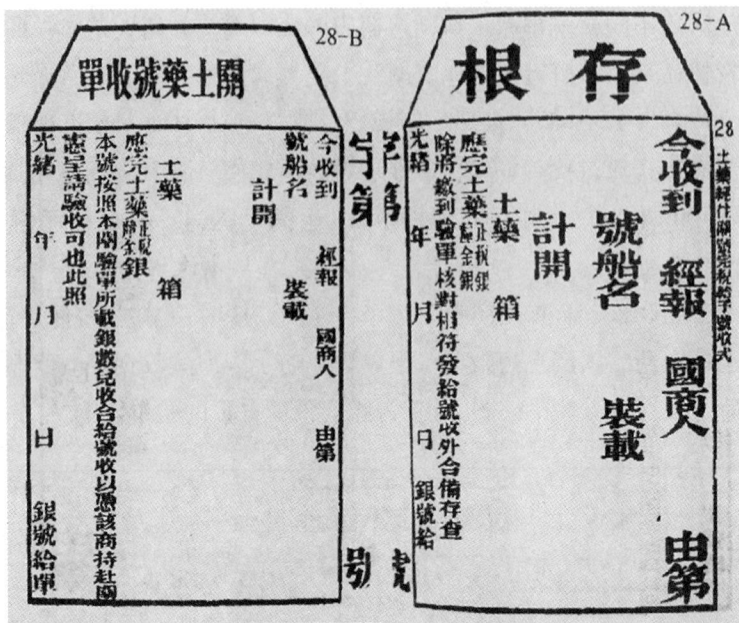

图 6-18　土药出口号收样单

　　商人将海关银号的号收交给海关监督衙门，海关监督衙门发给商人收税单或运单，商人凭此办理土药到内地销售或出口。（收税单、运单样单略）

第七章 海关银号的背景

一、海关银号背景列表

按照相关条约规定，海关银号由殷实铺户开设。实际上，海关银号开设者的背景较为复杂。

下文按照开设洋海关的先后时间，列出各个洋海关、海关银号名称、开设者、开设者官衔、背景、负责人等信息。其中，海关银号的开设者一般为海关银号的号东，海关银号的负责人（经理）并不一定是开设者（号东），有的洋海关负责人为海关银号开设者所雇佣，如浙海关的通裕银号，开设者为胡雪岩，而负责人则为胡雪岩雇佣的杨远香，其负责通裕银号业务。

（一）《南京条约》开设洋海关的海关银号

第一次鸦片战争后，根据中英《南京条约》开设的洋海关共五个，即所谓的"五口通商"，有粤海关、江海关、浙海关、厦门海关、福州海关。上述五个洋海关中，福州海关和厦门海关为特殊情况。从闽海关监督（福州将军）的角度来看，此两处洋海关都可被视为闽海关的管辖之下；从税务司的角度来看，此两处洋海关处于平行地位，由两个地位相同的税务司分别管辖。表7-1为《南京条约》开放的五个洋海关的海关银号情况一览表。

表 7-1 《南京条约》开设洋海关的海关银号统计表

海关名称	海关银号名称	开设者	开设者官衔	开设者背景	负责人	备注
粤海关	高恒茂（广恒）银号	高恒茂、高以霖父子，后高合益、谭正德、陈合盛、高德隆四店铺加入	高以霖为高恒茂之子，花翎郎中	高恒茂，钱庄商人	高恒茂、陈合盛	用恒茂和合盛名
	沈贞祥银号	—	—	银炉	—	—
	慎裕银号	—	—	—	—	—
江海关	朱源裕银号	朱源裕		沙船帮		六家钱庄合资
	杨同泰银号	杨坊	"常胜军"管带，道员、盐运使衔	洋行买办、丝茶商、钱商	冯泽夫	—
	长丰银号	郭长祚	—	沙船帮		
	阜康银号	胡光墉	候补道	阜康票号	曹颂墀	
	源通银号	严信厚、严义彬父子	严信厚：候补道、加封知府衔、河南盐务督销	源丰润票号	陈熏	—
	丰裕银号	李经楚	二品顶戴、军机处记名、邮传部左侍郎	义善源票号	丁价候	—
浙海关	不详	叶金铉、钟光建、郑班檀	—	钱庄商人	—	久安、源和、久和三钱庄合资开设
	通裕银号	胡光墉	候补道	阜康票号	杨远香	
	源丰银号	严信厚、严义彬父子	严信厚：候补道、加封知府衔、河南盐务督销	源丰润票号	—	—

表 7-1（续）

海关名称	海关银号名称	开设者	开设者官衔	开设者背景	负责人	备注
厦门海关	陈宝章	—	—	—	—	—
	苏源盛	苏源盛	—	行商	方青耀	两个银号，一个印章
	金永隆	—	—	银号、行商		
	（金）悦来银号	胡光墉	候补道	阜康票号	何松年	两个银号，实为一家
	（严）久大银号					
	永丰银号	陆沛泉，严信厚、严义彬父子	严信厚：候补道、加封知府衔、河南盐务督销	源丰润票号	—	—
福州海关	裕诚银号	胡光墉	候补道	阜康票号	季炳	—
	天益银号	陆沛泉	—	—	叶姓	—
	同豫银号	陆沛泉，严信厚、严义彬父子	严信厚：候补道、加封知府衔、河南盐务督销	源丰润票号	—	七成股份

（二）《天津条约》开设洋海关的海关银号

第二次鸦片战争后，根据《天津条约》开设的海关有牛庄海关（营口海关）、东海关、江汉关、九江海关、淡水海关、沪尾海关、潮海洋关、琼海洋关、镇江海关等。表 7-2 为这些海关的海关银号情况统计表。

表 7-2 《天津条约》开设海关的海关银号统计表

海关名称	海关银号名称/部门	开设者	开设者官衔	开设者背景	负责人	备注
营口海关	永成利、永庆发，后来为永成（利）	永成利为丰润县杨家财东	—	本地商人，银炉	—	轮流收税
东海关	谦益丰	万霞如、万涌基、万奎基，万霞如为后两者之父	万奎基，补缺后以知府（正四品）仍留原省补用	万霞如，海关道台（监督）龚易图的私人朋友	—	通商银行烟台代理
江汉关	盛裕泰银号	官文、盛恒山合资	官文：荆州将军、湖广总督。盛恒山：买办、道员、按察使衔、迤南兵备道	买办+总督	盛恒山	—
江汉关	有成银号	王文韶	湖南巡抚、户部尚书、云贵总督等职	—	吴志清、董相侨	—
江汉关	乾裕银号	胡光墉	候补道	阜康票号	郑诒伯、曹田波	—
江汉关	协成银号	严信厚	候补道、加封知府衔、河南盐务督销	源丰润票号	—	—
九江海关	同泰（乾）记银号	董云榜	候补知府、木材商	—	—	—
九江海关	永昌银号	郑思贤	江西候补知府、九江招商局总办，为郑观应之三弟	通商银行合办	郑官桂	—
九江海关	宝记银号	郑思齐	江苏候补道，为郑观应之兄	—	—	—
淡水海关	黄泰号	—	—	—	黄姓	—
淡水海关	附属海关衙门	李彤恩	淡水海关文员、后浙江候补道、沪尾海关委员	—	李彤恩	—
沪尾海关	附属海关衙门	李彤恩	同上	—	林轸	—

表 7-2（续）

海关名称	海关银号名称/部门	开设者	开设者官衔	开设者背景	负责人	备注
潮海洋关	粤海关高广恒官银号的分号：何守益海关银号	高恒茂、高以霖、何福荫	何福荫，四等头衔虚职	—	丁价维	—
琼海洋关	粤海关高广恒官银号分店	高恒茂、高以霖父子	高以霖为高恒茂之子，花翎郎中	高恒茂，货币兑换商人		
镇江海关	附属海关衙门	章镐（复秋）	试用县丞	海关货币鉴定师		
	裕通银号	尹德坤、尹允熊	尹德坤，内阁中书；尹允熊，三品衔虚职	尹允熊为尹德坤之侄，同时为通商银行镇江分行总办	尹允熊	
	义通银号	—	—	镇江商会所属		

（三）《北京条约》后开设的海关银号

《北京条约》签署后开设的海关为天津海关，表 7-3 为天津海关的海关银号情况统计表。

表 7-3　天津海关的海关银号统计表

海关名称	海关银号名称	开设者	开设者官衔	开设者背景	负责人
津海关	不详	彭子轩	—	—	—
	恒裕银号	宋缙	知府头衔	沙逊洋行买办、轮船招商局天津商董	宋缙
	恒丰银号	郑沛初	—	—	郑沛初
	裕丰银号	陈德光、陈文海父子	—	陈德光，广东商人、旗昌洋行买办	陈德光、陈文海

（四）《烟台条约》后开设的海关银号

光绪二年（1876 年），根据《烟台条约》开设的海关有芜湖海关、宜昌海关、北海海关、瓯海海关等海关，表 7-4 为《烟台条约》开设海关的海关银号情况统计表。

表 7-4 《烟台条约》开设洋海关的海关银号统计表

海关名称	海关银号名称	开设者	开设者官衔	开设者背景	负责人
芜湖海关	同泰银号	李振玉	御赐顶戴花翎、道员、恩保晋二品衔	李鸿章倚重商人，丝茶商	—
	正大银号	李振玉委托经营	—	—	—
	吴履泰银号	吴月樵	—	曾为曾国藩做事	
宜昌海关	同丰银号	盛宣怀、孙家谷、何其义等合伙	盛宣怀：湖北煤铁总局总办、山东登莱青兵备道道台兼东海关监督、太子太保、邮传部大臣等职	孙家谷：第一任宜昌海关监督	何其义，有官方头衔
	正义银号	饶姓	官员	和兴玉、饶兴玉	—
北海洋关	粤海关高广恒银号分店	高恒茂、高以霖父子	高以霖为高恒茂之子，花翎郎中	高恒茂，货币兑换商人	—
	永安银号、兆康、陈有合、海记、慎裕	—	—	—	
瓯海关	不详	胡光墉	候补道	阜康票号	—
	裕通银号	严信厚、严义彬父子	严信厚：候补道、加封知府衔、河南盐务督销	源丰润票号	—

（五）其他条约及自开口岸设立的海关银号

表 7-5 为根据其他条约或自开口岸开设海关的海关银号情况统计表。

表 7-5 其他条约或自开口岸开设海关的海关银号统计表

海关名称	海关银号名称	开设者	开设者官衔	开设者背景	负责人	备注
拱北海关	宝行成记银号	卢华绍	其子两次获授葡萄牙国王勋章，还为报捐盐运使衔、二品顶戴、广西道员	博彩业、鸦片房地产、银店等	卢华绍	—
秦皇岛海关	裕丰银号	陈德光、陈文海父子	—	旗昌洋行买办	陈德光、陈文海	—
胶州海关	谦顺银号	万霞如和梁浩池共同设立	万霞如之子万奎基，补缺后以知府（正四品）仍留原省补用	万霞如的谦益丰为东海关银号，梁浩池的顺泰号为大钱庄，银号还获得山东巡抚杨士骧的支持	梁浩池	由谦益丰、顺泰号共同出资，也是山东官银号在胶州的代理店
江门海关	谦吉堂银号	—	—	江门最富有银号	—	广州顺安银行担保
安东海关	东三省官银号	赵尔巽	盛京将军	—	总稽查盖觐光、总办马恩桂、总理魏景春	原奉天官银号
珲春海关	吉林永衡官银号	延茂	吉林将军	—	雷继霖	—
延吉海关	吉林永衡官银号	延茂	吉林将军	—	冯翔歧	—
重庆海关	不详	王炽	四品道职、恩赏荣禄大夫、二品顶戴	—	—	由天顺祥开设
蒙自、思茅、腾越海关	不详	王炽	四品道职、恩赏荣禄大夫、二品顶戴	—	—	由同庆丰开设
长沙海关	长丰银号	—	—	—	—	

二、海关银号背景分类

魏尔特在《民国以来关税纪实》一书中提到，海关银号"或系遐迩知名营业甚广之银钱票号所分设；或系纯粹之地方银号；其中且有寻常商人承办藉作稳利可图之副业者；更有少数地方之银号，实系本关监督所经营；又闻经理某埠税款之银号，为是省巡抚之私产①"。

根据以上五张表格中的统计，海关银号开设者的背景大致分为以下七类，分别为官员直接开设、票号开设、官商开设、职员开设、钱庄或买办开设、其他人员开设、银行和地方官银号开设。分述如下。

（一）官员直接开设

官员直接开设的海关银号主要有：江汉关的有成银号和盛裕泰银号、宜昌海关的同丰银号、江海关的丰裕银号。

1. 江汉关的有成银号

江汉关的有成银号由王文韶开设。同治三年（1864年）王文韶任湖北安襄荆郧道盐运司，很快又任汉黄德道道台，即江汉关监督，有成银号可能是在江汉关监督的任上开设的。同治十年（1871年）王文韶署理湖南巡抚，光绪四年（1878年）任兵部左侍郎，后又任户部左侍郎，兵部侍郎，户部尚书，云贵总督，擢直隶总督兼北洋大臣，官至政务大臣、武英殿大学士等重要官职。②有成银号应为魏尔特所指的"又闻经理某埠税款之银号，为是省巡抚之私产"。

2. 江汉关的盛裕泰银号

江汉关的盛裕泰银号名义上由盛恒山开办。盛恒山为汉口宝顺洋行买办，开设了著名的鸿遇顺茶栈，也是汉口茶叶公所负责人，后盛恒山任道员、按察使衔、迤南兵备道。时任湖北巡抚、两广总督官文也参与了盛裕泰银号的开设。盛裕泰银号在江汉关开关后，就已经开设，也是江汉关最早的海关银号。

3. 宜昌关的同丰银号

宜昌关的同丰银号，名义上由商人何其义开设，实际上由盛宣怀、孙家谷、

---

① 魏尔特著，陶乐均译：《民国以来关税纪实》，总税务司公署，1926年，第1-2页。

② 袁英光、胡文祥整理：《王文韶日记》（上册），中华书局，1989年，第1页。由于后面章节中有详细引述的来源，为节省篇幅，本书的下文中资料不重复引用。

何其义等合伙开设。盛宣怀当时任湖北煤铁总局总办，后任山东登莱青兵备道道台兼东海关监督、太子太保、邮传部大臣等职，孙家谷为安徽寿州人，为第一任宜昌海关监督。同丰银号应为魏尔特所指的"实系本关监督所经营"。

4. 江海关的丰裕银号

江海关的丰裕银号，大股东为李鸿章之侄李经楚，名义上李经楚占40%的股份，与李九皋合开，实际上李九皋仅为李经楚的代言人，李经楚拥有100%股份。李经楚任二品顶戴任江苏候补、军机处记名、邮传部左侍郎等职，并开设有义善源票号。

（二）票号开设

几个有名的南邦票号基本上参与了海关银号的开设，有胡雪岩开设的阜康票号，严信厚父子开设的源丰润票号，王炽开设的天顺祥、同庆丰票号。

1. 阜康票号

阜康票号开设的海关银号有：江海关的阜康银号，浙海关的通裕银号，江汉关的乾裕银号，福州海关的裕诚银号，厦门海关的（严）久大、（金）悦来银号，以及瓯海关的裕通银号。

2. 源丰润票号

源丰润票号开设的海关银号有：江海关的源通银号、浙海关的源丰银号、江汉关的协成银号、福州海关的同豫银号、厦门海关的永丰银号，以及瓯海关的裕通银号。

3. 天顺祥、同庆丰票号

天顺祥票号在云南称为同庆丰，主要在四川的重庆海关，云南的蒙自、思茅、腾越海关开设海关银号，由于作者手中资料有限，其开设的海关银号的具体名称不详。

由于以上三个票号的开设者都拥有虚职官衔，也可视为官商开设。

（三）官商开设

这些商人基本都有官衔，没有开设票号，但有开设海关银号。由官商开设的海关银号主要有：镇江海关的裕通银号，九江海关的同泰（乾）记、永昌、宝记银号，东海关的谦益丰银号，天津海关的恒裕银号，芜湖海关的同泰银号，以及胶州海关的谦顺银号等。

1. 镇江海关的裕通银号

镇江海关的裕通银号，由内阁中书尹德坤开设，后交给其侄子尹允熊管理。尹允熊同时任通商银行镇江分行总办，也捐有三品衔的虚职。时任镇江海关监督郭道直参与了裕通海关银号的利息分配。

2. 九江海关的同泰（乾）记、永昌、宝记银号

九江海关的同泰（乾）记银号，由候补知府、木材商人董云榜经营。九江海关的永昌银号由江西候补知府、九江招商局总办郑思贤开设。九江海关的宝记银号为江苏候补道郑思齐开设，郑思齐在宝顺洋行、旗昌轮船公司当买办。郑思齐、郑思贤分别为著名官商郑观应的大哥和三弟。

3. 东海关的谦益丰银号

东海关的谦益丰银号，由万霞如开设，他是东海关监督龚易图的私人朋友，同时也是通商银行烟台分行的总办，万霞如去世后，由其子万涌基和万奎基经营，万奎基有正四品知府头衔。

4. 天津海关的恒裕银号

天津海关的恒裕银号，其号东为宋缙。宋缙有知府头衔，为轮船招商局天津商董，他之前在沙逊洋行任买办。

5. 芜湖海关的同泰银号

芜湖海关的同泰银号，由李振玉开设。李振玉最初在上海开设茶栈，获得李鸿章的赏识，后任道员、五省滇捐总局督办、晋二品衔。

6. 胶州海关的谦顺银号

胶州海关的谦顺银号，由东海关谦益丰银号的万霞如和青岛大钱庄顺泰号的老板梁浩池合资开设。

（四）职员开设

海关职员开设的海关银号有：镇江海关的海关银号，台湾淡水、沪尾海关的海关银号。

1. 镇江海关的海关银号

镇江海关刚开关时，海关银号为海关的职员章镐开设，他也是镇江海关的货币鉴定师。

2. 淡水和沪尾海关的海关银号

淡水和沪尾两个海关的海关银号，均由淡水海关的文员李彤恩开设。后来，

李彤恩任浙江候补道、沪尾海关委员，成功晋级为官商。

（五）钱庄或买办开设

钱庄人员开设的海关银号有粤海关的高广恒银号、江海关的朱源裕银号、芜湖海关的吴履泰银号，买办开设的海关银号有天津海关裕丰银号。

1. 粤海关的高广恒银号

高广恒银号，也称高恒茂银号，由高恒茂（也叫高广恒、高洪利）和其他四个合伙人开设，在北海洋关、潮海洋关、琼海洋关都开设有海关银号分店。高恒茂为广州著名货币兑换商人；高恒茂死后，其子高以霖接任，高以霖拥有花翎郎中头衔。

2. 江海关的朱源裕银号

在江海关开埠时开设的海关银号由六家钱庄合资，以朱源裕的名字命名。朱源裕也为咸丰六年（1856年）上海银饼的监倾人。

3. 芜湖海关的吴履泰银号

芜湖海关的吴履泰银号由钱庄商人吴月樵开设，其曾在曾国藩手下做事。

4. 天津海关的裕丰银号

天津海关的裕丰银号，其号东为陈德光。陈德光为广东商人，之前在旗昌洋行任买办，从事鸦片交易。

（六）其他人员开设

其他人员开设，包括炉房、赌王、沙船商等开设。

1. 炉房开设

营口海关的海关银号为永成利和永庆发，由营口当地炉房开设。粤海关的沈贞祥海关银号由沈贞祥开设，接替倒闭的高广恒银号。沈贞祥在高广恒银号时代，就曾为粤海关铸造银锭，应为银炉商人。

2. 赌王开设

拱北海关的宝成行记银号，由澳门赌王卢华绍开设。

3. 沙船商开设

江海关的长丰银号，由上海著名沙船商郭氏家族的郭长祚，即"郭万丰"沙船号开设。

（七）银行和地方官银号开设

1. 银行开设

清末，大清银行、德国德华银行、日本正金银行、法国会理银行等银行分别在江海关、大连海关、胶州海关、营口海关、云南腾越海关、思茅海关、蒙自海关等海关经收关税。民国后，由中国银行和交通银行接任。

2. 地方官银号开设

安东海关的东三省官银号、珲春和延吉海关的吉林永衡官银号、苏州海关的江苏裕亨官银号等，都有在上述海关开设分号代行海关银号的职能。

三、小结

从以上分析可以得知，海关银号开设者大多有较深的背景，大部分都是官商，或由商则仕，由商捐官。有些本身就是官吏，但官吏不能亲自出面，由代言人来出面经营。按照相关条约规定，由殷实铺户承充海关银号。海关银号的号东表面上多为民间金融业者，实质上与官府仍有千丝万缕的联系，特别与海关监督、省巡抚、总督的关系较为紧密。

魏尔特也提到，"银号之选择，及其职员之管理，纳税所用之货币种类，多数银号对于商人之额外需索，税款存留银号之久暂，及其汇解清廷之办法，各关税务司毫无啄喙之地。只有外商与海关当局就各种货币的兑换率发生争执时，税务司才可以中间人的省份居间调处[1]"。可见，对于海关洋税，清政府的控制权并没有丧失，海关监督通过对海关银号的控制，从而知晓海关洋税的收取情况，以达到控制海关洋税的目的。

---

[1] 魏尔特著，陶乐均译：《民国以来关税纪实》，总税务司公署，1926年，第2页。

第八章 海关银号中的"五大金刚"

在所有的海关银号中，有五个实力较强者，作者称之为海关银号的"五大金刚"，可以视其为海关银号的典型代表。它们的开设者均实力很强，背景较深，代理重要海关的海关银号，其中三个开设者经营多个海关的海关银号。

"五大金刚"分别是阜康票号下面的海关银号、源丰润票号下面的海关银号、高恒茂海关银号、义善源票号下面的海关银号、谦益丰海关银号。"五大金刚"中有三个有南帮票号背景。从涉足金融业务上分类，大概有三种模式：第一种模式为"票号＋钱庄＋海关银号"模式，如阜康票号下面的海关银号、源丰润票号下面的海关银号、义善源票号下面的海关银号；第二种模式为"钱庄＋海关银号"模式，如粤海关的高恒茂海关银号；第三种模式为"公估＋钱庄＋海关银号"模式，如东海关的谦益丰海关银号。简述如下：

一、阜康票号下设的海关银号

阜康票号由胡雪岩开设。胡雪岩也叫胡光墉，幼名顺官，安徽绩溪人，道光三年（1823 年）生，光绪十一年（1885 年）卒，结交浙江巡抚王有龄，闽浙总督、陕甘总督左宗棠，胡雪岩是典型的红顶商人。阜康总号下设七个海关银号，牵涉六个海关[①]，这六个海关皆为江南较重要的海关。阜康总号下设的海关银号分别为江海关的阜康银号，浙海关的通裕银号，江汉关的乾裕银号，福州海关的裕诚银号，厦门海关的（严）久大、（金）悦来银号，温州海关的海关银号。《胡雪岩与经营文化》中提到，"其中资金最雄厚的还是当推上海的福康号和汉口的乾裕号[②]"。可能是翻译的原因，福康号应为阜康银号。

阜康票号开设海关银号，最早是从浙海关开始，同治元年（1862 年）在浙

---

① Robert Hart. James Duncan Campbell The I. G. in Peking： Letters of Robert Hart ［M］. Chinese Maritime Customs，1868-1907，p.513. 其中提到胡雪岩经营阜康票号及六个海关银号，其中厦门海关有两个海关银号，但实际上为一家。

② 余丽芬：《胡雪岩与经营文化》，上海世界图书出版公司，1998 年，第 62 页。

海关开设通裕海关银号，同治二年（1863年）在江海关开设阜康海关银号，同治十一年（1872年）在厦门开设（严）久大、（金）悦来海关银号，其他海关的海关银号也逐步开设。光绪九年（1883年），阜康票号倒闭，其开设的海关银号也随之停业，其中海关银号存续时间最长的为12年。阜康的业务涉及票号、海关银号、钱庄、胡庆余堂药店、典当等其他行业五大板块。在厦门海关开设的（严）久大和（金）悦来海关银号，名义上是竞争关系，实际上为掩人耳目，它们的号东都是胡雪岩。

胡雪岩擅长的做法是"票号＋钱庄＋海关银号"一体化的运转模式，即：海关银号负责收取关税；然后把关税通过过账方式转给其开设的钱庄，钱庄对外放贷生息；如果向北京、上海或其他地方汇款，则利用其下设的票号及票号各地的分号进行汇兑。收款、存放贷、汇兑一体化，具有类似于现代银行的职能。较为典型的是浙海关的通裕银号和通泉钱庄，两者紧挨在一起开设。厦门阜康票号分号就在厦门海关的海关银号（严）久大和（金）悦来银号的二楼办公。

这种一体化模式，被后来的源丰润和义善源所借鉴，光绪九年（1883年）阜康票号倒闭，海关洋税损失惨重。为了关税的安全，在部分海关中有所限制，不允许采用这种风险较大的"海关银号＋钱庄"的模式。

（一）阜康的业务结构

胡雪岩开设的业务分为五大板块，其业务结构及开设的海关银号如图8-1所示。

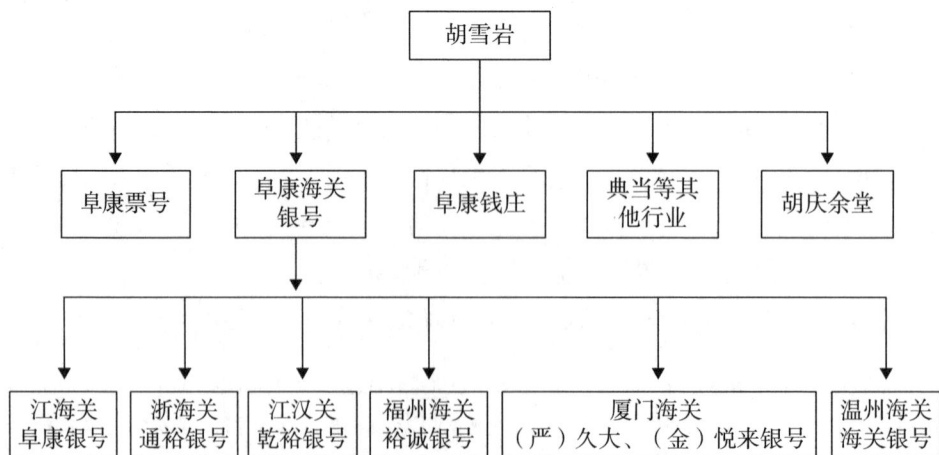

图8-1　阜康票号的业务结构和开设的海关银号

（二）阜康的具体业务

阜康业务主要涉及六个行省二十一个地域，仅典当业就有二十六家，分布在浙江省和江苏省。根据作者初步统计，阜康的业务涉及的省份、地点、名称、行业如表 8-1 所示：

表 8-1　阜康票号主要业务情况表 [①]

省份	地点	名称	行业
浙江省	杭州	阜康钱庄	钱庄
		阜康银号	票号
		广丰	典当
		公和	典当
		广顺	典当
		成大	典当
		泰安	典当
		胡庆余堂	药店
	宁波	通裕银号	浙海关海关银号
		通泉钱庄	钱庄
	海宁硖石镇	万和	典当
	德清城内	公顺	典当
	德清新市镇	恒牲	典当
		庆余	典当
		同庆	典当
	龙游城内	庆生	典当
	石门城内	裕大	典当
		大亨	典当
	桐乡石门湾	大生	典当
	归安双林镇	大成	典当
	海宁城内	义慎	典当
		裕丰	典当
	仁和塘栖镇	公义	典当
	衢州城内	余庆	典当
	金华城内	源生	典当
	温州	不详	瓯海关海关银号

---

① 光绪十年三月十三日的军机处档折件："左宗棠奏报将革员江西候补道胡光墉所欠部款及江苏公款业经封典备抵事""光绪九年十二月二十九日奏闻查明革员胡光墉（亏欠）备抵各款由"，以上两份折件档案引用自台北故宫博物院。《胡雪岩亏短、备抵各项清单》，引自《山西票号史料》，山西人民出版社，1990 年，第 196-205 页。

表 8-1（续）

省份	地点	名称	行业
江苏省	上海	阜康银号	江海关海关银号
		阜康雪记	钱庄
		乾泰	转运局
		大和	典当
		悦来	典当
		裕丰	典当
		丰裕	典当
	镇江城外	祥泰	典当
福建省	福州	裕成银号①	福州海关海关银号
	厦门	阜康	票号分号
		（金）悦来银号	厦门海关海关银号
		（严）久大银号	厦门海关海关银号
湖北省	汉口	乾裕银号	江汉关海关银号
直隶	北京	阜康福记	钱庄
湖南省	浏阳	乾利	典当

二、源丰润票号下设的海关银号

源丰润票号的号东为严信厚，字小舫，道光八年（1828 年）生，光绪三十二年（1906 年）卒，浙江慈溪人，幼时在宁波鼓楼前恒兴小钱肆学徒，后经介绍到上海小东门宝成银楼，在上海结识为李鸿章办粮台的胡雪岩。② 同治十一年（1872 年），严信厚经胡雪岩推荐给李鸿章，被李鸿章所器重，亲保为候补道，加封知府衔，后任河南盐务督销，光绪十一年（1885 年）受李鸿章委派任长芦盐务督销，署理天津盐务帮办等职。严信厚先商后仕，又由仕转商，是典型的官商。严信厚在上海创办"源丰润票号"，随着源丰润票号业务的不断发展，严信厚把主要精力集中于金融事业，活动中心从天津移至上海。光绪二十三年（1897 年）严信厚成为中国第一家新式银行即中国通商银行的首届总经理。

---

① 有些文献中也称为裕诚银号。

② 《传记》，载《商业月报》2 卷 3 号，1922 年 3 月。

严信厚去世后,其子严义彬接掌源丰润。源丰润最早的海关银号从光绪九年(1883年)开设,宣统二年(1910年)倒闭,存续时间为 27 年。

阜康票号倒闭后,源丰润逐渐接盘了阜康票号在六个海关的海关银号业务。源丰润开设或接盘的海关银号有:江海关的源通银号、浙海关的源丰银号、江汉关的协成银号、福州海关的同豫银号、厦门海关的永丰银号、瓯海关的裕通银号。

(一)源丰润的业务结构

源丰润的业务范围比阜康的更广,包括票号、海关银号、钱庄、金店、银楼、纱厂、银楼、绸缎庄、盐店等业务,还涉及现代化的银行。

源丰润的业务结构及开设的海关银号如图 8-2 所示。

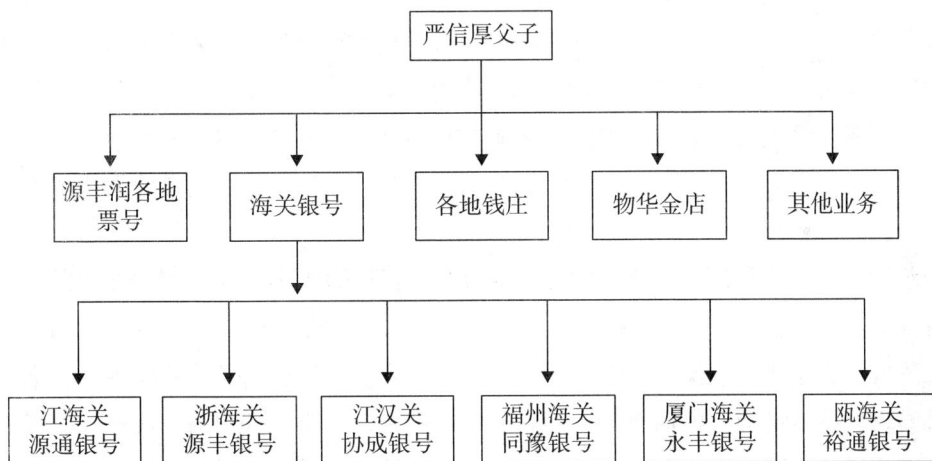

图 8-2 源丰润的业务结构及开设的海关银号

(二)源丰润的具体业务

源丰润的业务涉及江苏、福建、浙江、湖北、广东、直隶、河南七个行省,基本都在重要的城市。根据作者初步统计,其具体业务如表 8-2 所示:

表 8-2 源丰润票号主要业务情况表 [①]

省份	地点	名称	性质	备注
江苏	上海	源通	江海关海关银号	总号,经营者陈薰,候补直隶州知州,帮理源通海关官银号
	上海	源吉	钱庄	—
	上海	德源	钱庄	严义彬与刘安生(道台,湖州人)合开
	上海	物华楼	金店	估衣街
	上海	源丰润	票号分号	—
福建	福州	同豫	福州海关海关银号	—
	福州	汇源	银号	南台中亭街
	福州	巨隆、隆慎	钱庄	城内南街
	福州	源丰润	票号分号	—
	厦门	永丰	厦门海关海关银号	—
浙江	兰溪	瑞亨、宝泰	钱庄	—
	金华	裕亨慎	钱庄	—
	杭州	寅源、崇源	钱庄	—
	宁波	源丰	浙海关海关银号	—
		信源、衍源、永源、五源、泰源、鼎恒、复恒、泰生、源隆	钱庄	—
		久源	纱厂	—
		老九章	银楼	—
	温州	裕通	瓯海关海关银号	—
湖北	汉口	裕源	钱庄	—
	汉口	协成	江汉关海关银号	

[①] 中国人民银行山西省分行、山西财经学院:《山西票号史料》,山西人民出版社,1990 年,第 429-443 页及第 559 页。天津市档案馆、天津社会科学院历史研究所、天津市工商业联合会:《天津商会档案汇编(1903—1911)》(第 1 卷),天津人民出版社,1989,第 541 及 559 页。杨轶清:《"宁波帮"开路先锋严信厚》,载《浙江经济》,2013 年 4 月 25 日,第 25 页。

表 8-2（续）

省份	地点	名称	性质	备注
广东	广州	源丰润	票号分号	倒闭后加"公记"牌号续开业
	香港	源丰润	票号分号	—
直隶	京城	源丰润	票号分号	—
	京城	新泰	—	—
	宝定	新泰	—	—
	天津	源丰润	票号分号	负责人：王同恩
	天津	新泰	银炉	负责人：邵家霖
	天津	九章号	绸缎庄	光绪三十三年开，共计十二股，每股 12 万两规银，严子均六股半
	天津	物华楼	银楼	光绪十五年，共计十股零五厘，每股公码化宝银一千两，严信厚七股半
河南	沈丘 太康 扶沟 鄢城	同德、全德、日昌	运盐引岸盐店名	—

三、高恒茂海关银号

第一次鸦片战争之后，中英签署《南京条约》，高恒茂海关银号按照条约规定开设，也是开设最早的海关银号。除了粤海洋关海关银号总号外，还把海关银号开设到了琼州海关、北海海关和潮海洋关。高恒茂海关银号的第一任号东为高恒茂，原为一名货币兑换的商人。到了道光二十四年（1844 年），高恒茂海关银号又增加高德隆、陈合盛、谭正德、高合益等四位合伙人。高恒茂去世后，他的儿子高以霖继续承充海关银号，并取得了花翎郎中的头衔，也是海关银号的主管。

高恒茂海关银号一直到光绪七年（1881 年）倒闭，由沈贞祥银号接任。时间跨度 39 年，为开设时间较长的海关银号之一。

高恒茂银号还参与了道光二十三年六月十六日（1843 年 7 月 13 日）在广州

西班牙商管的特纳洋行中举行的一次著名的不同国外银元的成色倾镕试验。那次试验的兑换结果被写进了中英《天津条约》第三十三款,即洋商用国外银元缴纳关税时,其成色标准需要按照以上条款的约定,强制海关银号接受。

以下为高恒茂的业务结构图,与阜康和源丰润相比,比较单一。其业务主要为钱庄和海关银号,高恒茂还以"广恒"之名,发行银票。

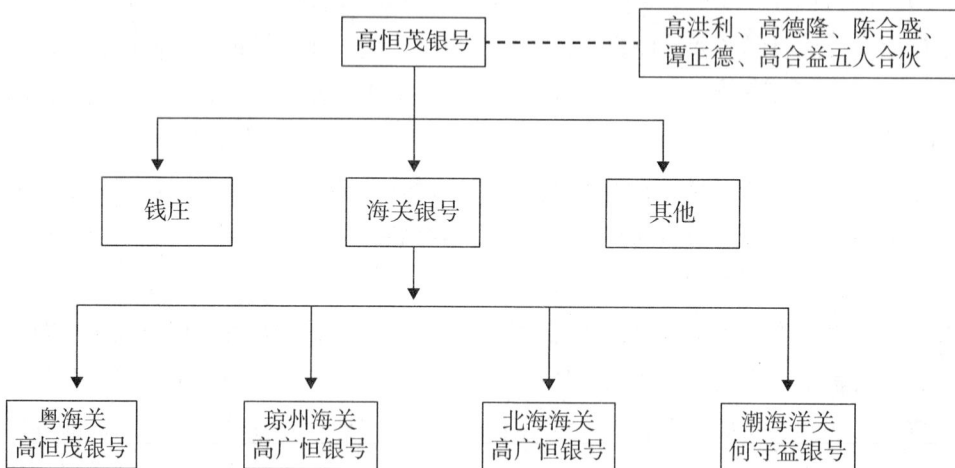

图 8-3　高恒茂的业务结构和开设的海关银号

四、义善源票号下设的海关银号

义善源票号的号东为李经楚。李经楚同治六年(1867年)生,民国二年(1913年)卒,字仲衡,号佑三,安徽合肥人,是李鸿章哥哥李瀚章的次子,以三品衔二品顶戴任江苏候补道,后为参赞官赴比利时、法国等国。李经楚回国后任京师大学堂提调并兼办大学堂工程处等,后长期任职于邮传部,官至邮传部右丞。李经楚曾多次代表清政府进行对外事务的谈判。

义善源开设海关银号的时间较短,光绪二十九年(1903年),袁树勋为江海关监督,义善源申请设立丰裕银号,根据袁树勋的查复,李九皋开设义善源及宝善源庄号,为义善源总号管辖,实际上丰裕海关银号的控制人为李经楚。[①]宣统三年三月二十日(1911年4月18日),丰裕海关银号因义善源倒闭而停业,

---

① 《义善源倒闭之影响》,载《新闻报》,1911年3月31日。《沪道勒追义善源欠款之批辞》,载《新闻报》,1911年4月12日。王静:《盛宣怀与1911年上海义善源倒闭案》,载《档案春秋》,2013年9月上旬,第35-36页。

只存在 8 年时间。晚清时，江海关的关税收入巨大，占到了全国海关关税收入的三分之一左右，并且江海关监督手中经收大量钱款，因此丰裕银号的实力也不可小觑。

（一）义善源的业务结构

义善源的业务范围包括票号、海关银号、钱庄、炉房（银炉）等，还涉及现代化的银行。义善源的主要业务为票号和钱庄，海关银号仅为江海关的丰裕银号。其业务结构和开设的海关银号如图 8-4 所示。

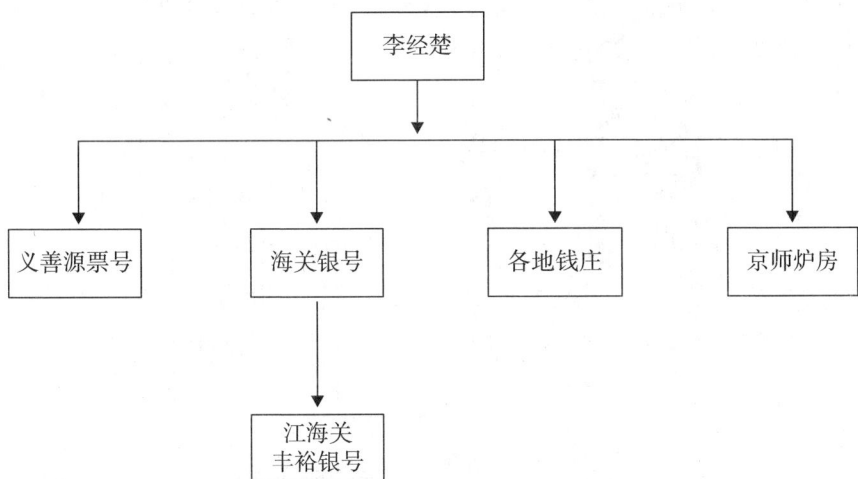

图 8-4　义善源的业务结构和开设的海关银号

（二）义善源的具体业务

义善源的业务涉及江苏、安徽、山东、湖北、湖南、广东、直隶、河南八个行省，主要有义字号、宝字号、衡字号、顺字号四大联号。作者初步统计，具体业务如表 8-3 所示：

表 8-3 义善源主要业务情况表 ①

省份	地点	名称	性质	经理人	备注	联号
江苏	上海	丰裕	江海关海关银号	丁价侯（维藩）	李九皋 60% 股，李经楚 40% 股	义字号
	上海	义善源	总号	周惠臣、焦乐山	与席志前合开	
江苏	镇江	义善长镇号	分号	陈鸿恩、周道谦	—	
直隶	天津	义善源	分号	田征耀	—	
	保定	—	—	—	天津分号下设保号	
	北京	义善源	分号	王坤（王小齐）	—	
河南	开封	—	—	—	北京分号下设汴号并周口庄	
广东	广州	义善源	分号	王展卿、杨瑞生	—	
	汕头	—	—	—	广东分号下设汕号并香港庄	
浙江	杭州	义善源	分号	王鉴堂	—	
安徽	安庆	义源皖号	分号	宋讯	—	
湖北	汉口	义源汉号	分号	宋凤翔、刘继文	—	
江苏	江宁	宝善源	分号	宋恩铨、樊殿麟	用源长、永裕、元泰户名	宝字号
安徽	芜湖	宝善长	分号	陆如，张宗藩	—	
江苏	清江浦	衡丰	银号	汪鉴澄	—	衡字号
	徐州	衡丰	分号	张同钰	与临川桂氏各 50% 合开	
山东	济南	衡丰	分号	尤亮卿	兼义善源汇兑	
	张口	—	—	—	济南分号下设张口庄	
湖南	长沙	—	—	—	汉口下设长沙湘庄	
安徽	五河	顺康	分号	胡广渊		顺字号
	正阳	顺康	分号	—		
直隶	京津	裕源长	炉房			

---

① 中国人民银行山西省分行、山西财经学院：《山西票号史料》，山西人民出版社，1990 年，第 448-463 页。
天津市档案馆、天津社会科学院历史研究所、天津市工商业联合会：《天津商会档案汇编（1903—1911）》（第
1 卷），天津人民出版社，1989 年，第 581-587 页。

五、谦益丰海关银号

烟台谦益丰海关银号由万霞如开设。万霞如,字仁燮,生年不详,卒于光绪二十六年(1900年),江苏吴县人,吴县是洞庭商帮的发源地。谦益丰海关银号,从东海关的洋关开设起,在清代一直把持东海关的海关银号,实力较强,后来资本银为100万两。谦益丰光绪二年(1876年)还发行钱票,并拥有银炉,代收关税、厘金税。

同治八年(1869年),东海关监督在谦益丰银号内设立公估局,谦益丰银号独家经营公估局,从外省输入烟台的银两,必须由公估局鉴定重量和成色,才能流通。谦益丰还兼营银炉业。谦益丰还是中国通商银行在烟台的代理。此外,万霞如等八人还协助美国北长老传教士韦丰年(Geo. Cornwell)在烟台创办英文学校①,每年八人共同支付2000两给学校作为办学经费。

1900年12月16日万霞如去世,谦益丰银号由其子万涌基(字耕畬,又名耕虞)继续经营,并接任通商银行烟台分行大班之职,直到光绪三十三年(1907年)中国通商银行关闭烟台分行业务为止。光绪三十一年(1905年),谦益丰与顺泰号共同出资10万两成立胶海关的谦顺海关银号,并经收胶海关代收的常税厘金。②

万涌基接手后,先后与烟台的一些大商人在我国的上海、天津、青岛、大连、哈尔滨,以及俄罗斯海参崴和韩国仁川、南浦等地大量买地盖房,投资房地产业。

宣统二年(1910年)秋,上海源丰润钱庄倒闭引发的金融风暴波及烟台的谦益丰银号。1911年,东海关的谦益丰银号破产,胶海关的谦顺银号受牵连而随即倒闭。

(一)谦益丰的业务结构

谦益丰下设的海关银号为东海关的谦益丰海关银号,以及占五成股份的青岛海关(胶海关)的谦顺海关银号。其他业务主要为房地产、公估局、公益事业等。其业务结构图和开设的海关银号如图8-5所示。

---

① 中国人民政治协商会议烟台市芝罘区委员会文史资料委员会:《芝罘文史资料 第9辑教育专辑》,1997年,第481页。

② 王栋:《中式银行翘楚谦顺银号》,载《青岛画报》,2017年第10期。

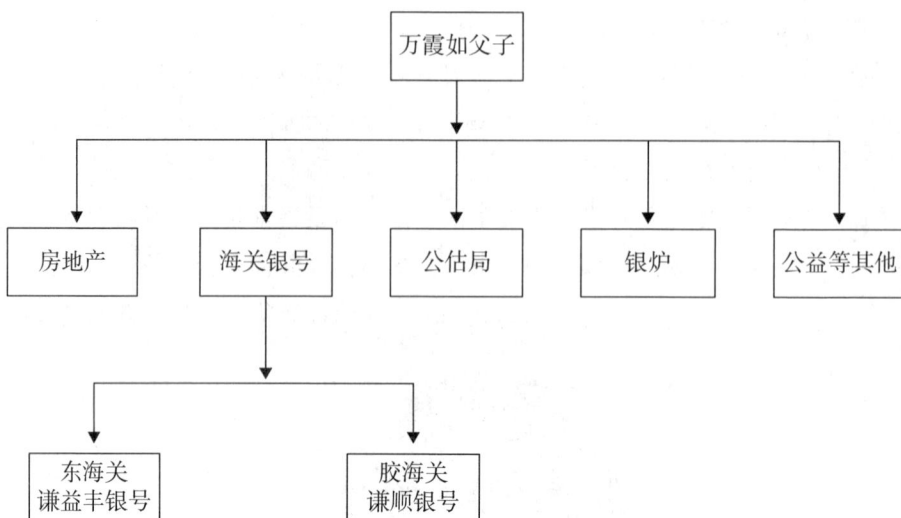

图 8-5　谦益丰的业务结构和开设的海关银号

（二）谦益丰的具体业务

谦益丰的具体业务涉及国内的山东、直隶、上海、东三省，还有韩国和俄罗斯，是目前所知海关银号中唯一在国外也开设业务、触角最远的银号。

表 8-4　谦益丰主要业务情况表 [①]

地点	名称	性质	备注
中国烟台	谦益丰	海关银号	—
	烟台公估局	公估	—
	通商银行代理	银行	中国通商银行在烟台的代理
	芝罘报	报业	—
中国青岛	谦顺	海关银号	与顺泰号共同出资10万两，并代收胶海关的常税、厘金
	青岛商务公所	公益事业	1904年
	第一女子国民学校	公益事业	—
	—	房地产	—
中国上海	—	房地产	—

---

① 魏春洋：《红顶商人万氏家族》，载《烟台晚报》，2017年4月8日，A23。

表 8–4（续）

地点	名称	性质	备注
中国天津	盛泰益	房地产	与洪泰号（老板刘兆嵩）、裕盛栈等合集股本漕平银 6 万两，在天津创办置地皮 150 亩。
中国大连	—	房地产	—
中国哈尔滨	—	房地产	—
韩国仁川、南浦	—	房地产	—
俄罗斯海参崴	—	房地产	—

第九章　海关银号的组织机构和业务

　　海关银号是独立核算、自负盈亏的社会组织，类似于现代的企业，但又有其特殊性。首先，从其角色来看，由海关监督选定，代表清政府收取关税，海关银号的号收上盖的是海关监督的大印，相当于由政府背书；其次，从其经办的税款来看，经手的是外商上交给清政府的关税，即政府的官款；最后，从资金的流动性来看，海关银号收取的绝大部分是现银，包括银两、银元或银票，应收账款非常少，流动性极强。

　　所以说，海关银号为拥有一定垄断性的官商，其组织机构和业务模式有其特殊性。

一、海关银号的组织机构

（一）海关银号的财政职能

　　清代海关银号的财政职能主要有四个：一是收税，即收取关税；二是保税，即暂时保管关税；三是铸银，即把关税铸成海关地形银两；四是解银，即定期起解关税到海关监督所属的库房，或听候海关监督的指令，拨付银两。

　　从以上四个财政职能进行分析，海关银号需要不同的人员。收税环节，海关银号根据海关验单，收取外商银元（外国银元及光绪中后期以后的中国银元）、银两等货币，再给外商开具海关银号的号收，需要精通银两成色鉴定、银元与银两、不同银两之间兑换的人员，开具号收的文书。保税环节，需要看护保卫人员、力工、库房人员。铸银环节，需要银炉人员、跑街人员。解银环节，需要护卫人员、外账房。另外，海关银号还需要内部核算，需要内账房；对外联系，需要通事、跑街人员，等等。清末，很多海关银号把铸锭业务委托给了其他银炉或钱庄，也有些从市场采购银两或银元，铸银环节在部分海关已经实行了市场化，雇佣的银炉人员并不多。

（二）海关银号的内部组织机构

咸丰六年（1856年）江海关的海关银号为杨同泰银号，光绪五年（1879年）江海关的海关银号为阜康银号，把两者的组织机构和人员做纵向对比，再把光绪五年（1879年）的江海关阜康银号和光绪四年（1878年）的浙海关通裕银号两者的组织机构和人员做横向对比，可以看出海关银号的内部组织机构和人员的变化。

1. 咸丰六年（1856年）的江海关杨同泰银号

咸丰六年（1856年），江海关杨同泰银号仅有5个机构20位从业人员，相对来说较为简单，具体如图9-1所示[①]。

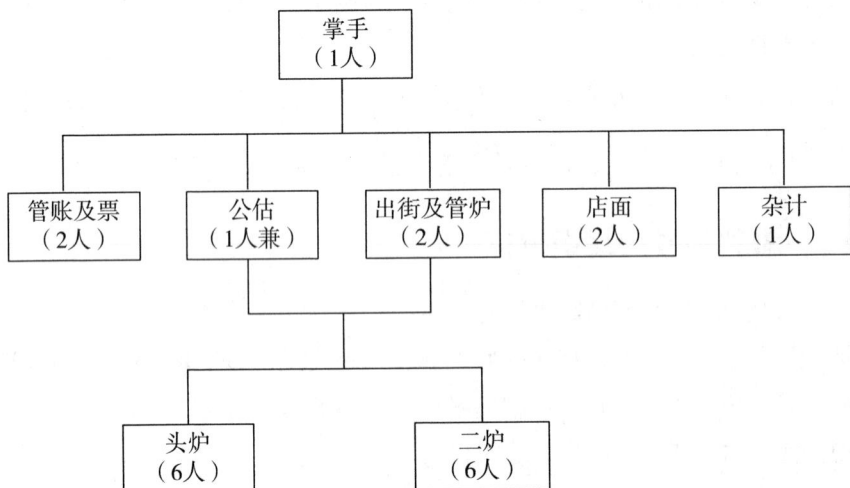

图 9-1　杨同泰银号的组织机构图

2. 光绪五年（1879年）的江海关阜康银号

光绪五年（1879年）五月，江海关阜康海关银号有10个机构（见图9-2），从业人员高达110人，已经比较复杂。咸丰六年（1856年）江海关的洋税收入为169.95万两，光绪五年（1879年）则达到402.07万两，增长了一倍多。对比杨同泰银号，阜康银号增加了号收、存票、通事、管库、收银等专门的部门，甚至派驻了稽查部门。

[①]　太平天国历史博物馆：《吴煦档案选编》（第六辑），江苏人民出版社，1983年，第207-209页。

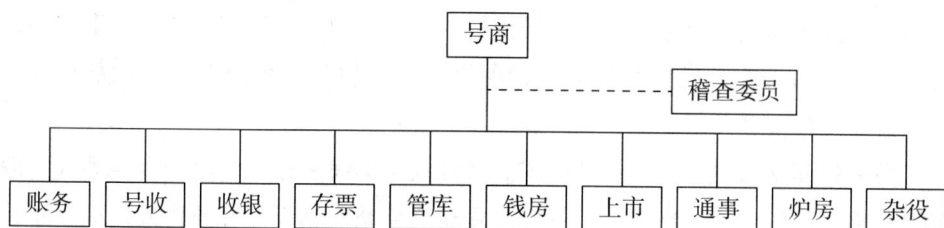

图 9-2　阜康海关银号的组织机构图

3. 光绪四年（1878 年）的浙海关通裕银号

光绪四年（1878 年），浙海关的通裕银号有 5 个机构 12 位从业人员。这时，浙海关的海关洋税收入为 65.39 万两，但大部分通过"过账"转移到了通泉钱庄。此时的江海关洋税为浙海关洋税的 6 倍左右，江海关的海关银号人员为浙海关的9 倍左右。

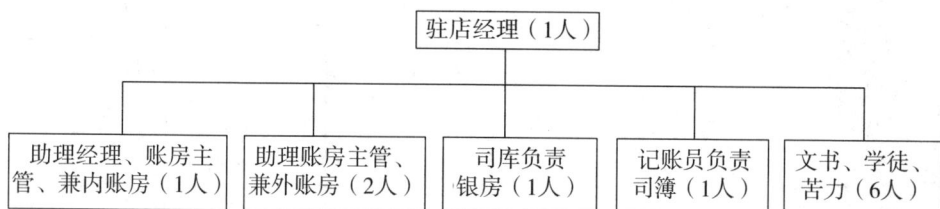

图 9-3　浙海关通裕银号的组织机构图

（三）海关银号的外部组织机构

有些海关银号的开设者涉及多元化经营，拥有多项业务，如钱庄、票号、银炉、典当等金融业务，或者金店银楼、绸缎庄、纱厂、盐店盐岸等实业，有的还从事房地产、公估、公益等业务。其外部组织机构较为庞大繁杂。

而有些海关银号，业务较为单纯，有的仅从事海关银号业务，如宜昌关的同丰银号、芜湖海关的吴履泰银号等。

二、海关银号的人员组成

每个海关银号的从业人员多寡不一，差距较大，其主要原因有两方面：

一方面是洋税收入的多少。洋税收取较多的海关，海关银号一般需要的人员较多。如光绪五年（1879 年）江海关阜康银号的人员达到 110 人，同期宜昌海关的同丰银号和芜湖海关的同泰银号都仅为 4 人。由于宜昌和芜湖海关都刚刚开设，当时宜昌海关洋税为 1.74 万两，芜湖海关洋税为 3.26 万两，金额都很少，没有必要安排太多人手。

另一方面是海关银号的业务模式。如江汉关的海关银号，由于江汉关规定海关银号不得与各商帮交易往来，不准出具买卖兑票、私立借券或代人作证，不允许开具票据①，因此江汉关海关银号需要自设银炉进行铸银，导致人员较多。表 9–1 列举了光绪五年（1879 年）前后，几个海关银号主要人员和杂役的人数，便于对比。

表 9–1　海关银号从业人员对比表

海关名称	海关银号	主要人员	杂役	人员小计
天津海关	裕丰	7	7	14
东海关	谦益丰	3	4	7
宜昌海关	同丰	4	—	4
江汉关	有成	—	—	36
	乾裕	—	—	30
九江海关	同泰乾记	—	—	8
芜湖海关	同泰	—	—	4
江海关	阜康	38	72	110
浙海洋关	通裕	13	4	17
温州海关	阜康	—	—	14
福州洋关	阜康	28	40	68
淡水海关	李彤恩	—	—	4
打狗海关	林轸	—	—	4
厦门洋关	（严）久大、（金）悦来	7	8	15
汕头海关	高广恒与何福荫合资	5	6	11
粤海洋关	高广恒	—	—	40～60
琼州海关	高广恒	3	2	5
北海海关	高广恒	4	—	4

---

① 甘胜录：《江汉关英人税务司参与夺取关税内幕》，载《武汉文史资料》，1994 年第 2 期，第 217 页。

从表 9-1 可以看出,江海洋关的海关银号从业人员最多,为 110 人;福州洋关海关银号为 68 人;江汉关的两个海关银号共为 66 人;粤海洋关海关银号为 40 ～ 60 人。这些海关的洋税收入都较多。

三、海关银号的营业地点和场所

(一)营业地点

收取关税、起解关税业务需要与外商、海关衙门打交道,所以一般海关银号都开设在离洋海关官署不远的地方。《申报》中记录海关银号"向来开设新关之侧①",如粤海关高广恒海关银号的主店铺位于广州灯笼街,离海关(洋海关)大约步行 10 分钟路程。在海关署的隔壁还有一个小的海关银号分店,一些比较杂的货物关税可以在这里缴纳。1868 年 2 月 19 日,津海(洋)关将办公用房改建于紫竹林河沿卡局地方,并将官银号(海关银号)房屋合为一处。②

也有极少海关银号离海关署较远。如 1878 年 3 月 19 日,九江海关税务司葛显礼(H. Kopsch),就曾抱怨九江海关的海关银号离海关署较远,很不方便,尤其是在收取关税繁忙的季节,商人到海关银号交纳关税路途花费时间较长。

(二)营业场所

海关银号的营业场所店面一般都不大,有的自己花钱修建,有的租赁房屋,营业资本并不需要太大,固定资产也不需要太多。正如税务司魏尔特所说:"承办之人无须资本,亦不多费手续,但须贿通一体面绅商为之保结而已。"③

如咸丰六年(1856 年)江海关的杨同泰银号,按照《吴煦档案选编》里的描述④,杨同泰海关银号的营业场所中,前面只有五间房屋,分别为会客厅、账房兼内银房、店堂兼外银房、坐起客厅、杂物库房,后面则为两间厨房和两座银炉房。杨同泰海关银号还负责帮助江海关保管关税,其营业场所规模并不算大。图 9-4 为杨同泰海关银号营业场所的平面布置示意图(摘录青岛档案馆图片)。

---

① 《盛太常开设银行条议》,载《申报》,1897 年 2 月 11 日。

② 孙修福、何玲:《中国近代海关史大事记》,中国海关出版社,2005 年,第 37 页。

③ 魏尔特著,陶乐均译:《民国以来关税纪实》,总税务司公署,1926 年。

④ 太平天国历史档案馆:《吴煦档案选编》(第六辑),江苏人民出版社,1983 年,第 208—209 页。

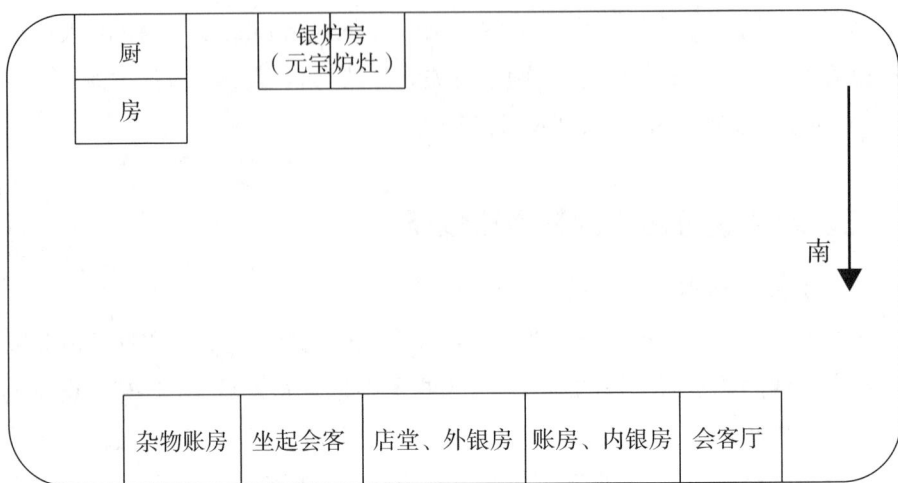

图 9-4 杨同泰海关银号营业场所示意图

胶海关的谦顺银号，则独门独院，欧式建筑，非常气派，专门雇人持枪护卫，如图 9-5 所示。

图 9-5 谦顺银号营业场所

四、海关银号的基本业务

基于银两流转和接触银两的角色为视角，将海关银号所涉及的业务绘制如图

126

9-6 所示：

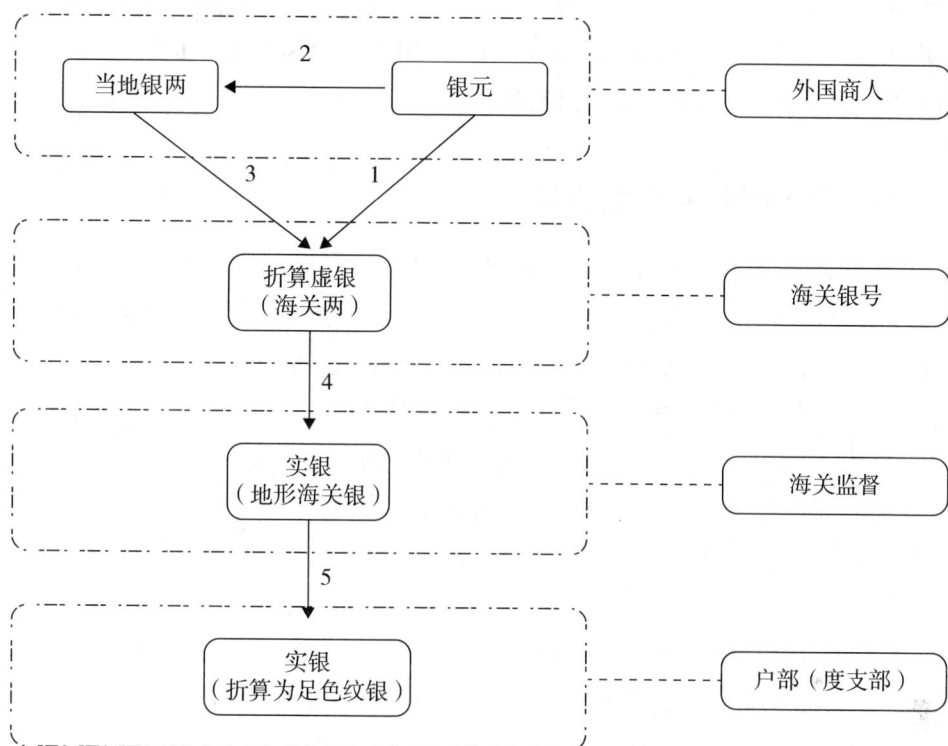

图 9-6　海关银号基本业务简图

（一）从银两流转的视角来看

银两流转指的是图 9-6 中左半虚线的四个部分。银元折算成当地银两（实银，步骤 2），再折算成海关两（虚银，步骤 3），或者银元直接折算成海关两（虚银，步骤 1）。有些情况下，海关银号会把银元或当地散碎银两铸成当地海关地形实银（实银，步骤 4）。如果上交户部（度支部，步骤 5），还会重新折算（库平银），上交京师后，由京师银炉再重新倾镕为京师特色的实银。如拨给其他地方，又会牵涉到海关两和拨付地银两的换算。

（二）从接触银两角色的视角来看

接触银两角色指的是图 9-6 中右半实线的四个部分，牵涉到四个角色，即外国商人、海关银号、海关监督和户部（度支部）。外国商人一般持有外国银元和当地银两，把外国银元或当地银两上交给海关银号，海关银号把他们折算成海关两。有时海关银号铸成海关银锭（地形海关银）后，上解海关监督时会有个规定的时限，这个时限叫卯期，各个海关规定的卯期并不一致，并经常发生改变。有的海关规定海关银号收取的关税达到一定数额再上交到海关监督的库房。海关监督听候户部（度支部）的命令，进行拨付。

五、海关银号的衍生业务

随着时间的推移，海关银号在基本业务的基础上进行了业务模式的演化和创新，又衍生出垫款、生息、投资等业务。其中，最主要的还是生息业务，利用手中的关税暂时或较长的保管权，对外进行贷款，谋取高额利润。

（一）帮助海关垫款

由于太平天国运动，清代的财政已经捉襟见肘，很多海关依靠海关银号或票号为其进行垫款，海关银号或票号利用贷款生息和汇兑，有利可图；海关监督等地方官员也和海关银号或票号勾结，从中牟利。太平天国运动结束后，此种风气成为常态。

光绪七年（1881年）粤海关高广恒海关银号倒闭，光绪九年（1883年）胡雪岩下设的七家海关银号倒闭。光绪十年（1884年）《申报》评论道："从前官款，止存库中，追军兴筹饷，始有殷商代垫，先以市肆之银充用，而后有款拨还。此端一开，官商渐成通财之势；既军务告竣，筹办一切善后，亦以此法为常。"[1]此处"殷商"就包括了部分海关银号。海关监督等地方官员与海关银号、票号相互勾结，相互获利。

（二）生息

海关银号只是关税的收取组织，由殷实商人开设，只有关税的暂时保管权，部分海关也把海关银号的关税保管期延长。海关银号所收关税银两有洋钱，有当地银两，清末又有国内银元、银票等，平码成色千差万别，上解给海关监督的库房的银两理论上应为足色银两，实际上可以用当地的实银进行折换。海关银号保管关税的时间越长，通过生息，对海关银号越有利。

太平天国运动前，江海关的海关银号需要按照一月六卯每卯五天，把海关税饷上交海关监督衙门库。但咸丰年的杨同泰海关银号开设后，情况发生了变化，

---

[1] 《解饷不宜常由号商汇兑论》，载《申报》，1884年4月25日。

收取洋商出口、进口的关税，存放到了海关银号，不上交江海关衙门库。海关税银分为两部分，有部分饷银，由海关银号代为海关道台库房存储，如兵饷、镇饷和营饷；另外上解的费用，需要上交海关道台库，由委员来取。平日存储在海关银号的洋税，由海关银号填报好联票，交给江海关监督。[①]咸丰六年（1856年），杨同泰银号可能还没有利用生息的手法，对此事还有抱怨。

各海关对海关银号收银、解银情况都有具体的规定。如江汉关是一星期一结[②]；厦门海关则积存到十万两，再从陆路送到福州的闽海关监督衙门处；潮州海关则每两周由海关银号合资者何福荫亲自押船送到广州的粤海关官署。

海关银号正是利用这些保管权，利用时间差进行生息牟利，有些海关银号和钱庄是连号关系，有些海关银号和当地钱庄、银炉、银行等合作，采取各种手法进行生息。但各海关的海关银号，业务模式不尽相同，一些海关银号带有明显的地域特征和自身属性。海关银号尽可能地利用保管权来进行牟利。

还有部分海关银号，利用与海关监督的关系，海关监督把其他款项存在海关银号生息。

（三）投资

海关银号利用手中的资金，对一些企业进行投资。如江海关源通银号、江汉关协成银号投资汉冶萍公司，其中源通银号投资规银五万，协成银号投资洋例银二十一万两。[③]

六、海关银号的捐纳和公益事业

海关银号在业务发展过程中，也开展捐纳和公益事业。

（一）捐纳

清代商人捐纳比较普遍，如其他商人一样大部分海关银号的号东均拥有虚职头衔，皆通过捐纳获得。如胡雪岩开设了六个海关的海关银号，他又称胡道台，其道台头衔就是通过捐纳得到，他还有布政使（藩台）的虚衔。胡雪岩在厦门海关开设海关银号，常驻厦门的代表，名叫何松年，浙江绍兴人，何松年拥有金顶

---

① 太平天国历史档案馆：《吴煦档案选编》（第六辑），江苏人民出版社，1983年，第207页。

② 中国人民银行山西省分行、山西财经学院：《山西票号史料》，山西人民出版社，1990年，第386页。

③ 陈旭麓、顾廷龙、汪熙：《汉冶萍公司（一）：盛宣怀档案资料选辑之四》，上海人民出版社，1984年，第131页。

虚职。上海阜康银号的经营者曹颂埙（曹紫庵），有五品衔候选县丞的头衔。

（二）公益事业

一些海关银号的开设者也参加一些公益事业，典型的如东海关的谦益丰海关银号。光绪十年（1884 年），清末状元、中国近代实业家张謇在江苏一带"散赈平粜事"，谦益丰银号的号东万霞如和烟台商人钱小石借给张謇四百金，"助平粜"。光绪二十三年（1897 年），万霞如与其他绅商捐助成立了实益学馆，为近代烟台培养了大批高级商业人才。1905 年 3 月 31 日，万霞如之子万坤山在烟台创办《芝罘报》。[1]

有的海关银号参与政府的赈捐事宜，并成立义赈公所。如光绪十九年（1893 年）到光绪二十一年（1895 年），山西旱灾，山东水灾，顺天、直隶水灾，天津水灾，奉天水灾，直隶、奉天、河南水灾，奉天疫灾，上海成立义赈公所或组织，有的就设在上海源通银号内，并由源通银号严信厚主持，有的则由源通银号参与。1895 年，盛宣怀办理奉直义赈之时，就多次致函由严信厚主持的上海源通银号义赈公所，请求严信厚在上海、广东、福州、宁波、汉口等处的金融网络，大力筹措募集款项。[2] 图 9-7 收单中的上海官银号筹赈公所，就设在源通银号内。

七、其他业务

（一）发起设立工商业协会

光绪三十年（1904 年），东海关海关银号号东万霞如的长子万涌基，作为商董，设立青岛商务公所，它是山东较早的地方商会组织。

万霞如次子万坤山（又名万奎基）也积极参与烟台的社会政治活动。光绪三十年（1904 年），烟台商界改组设立商务总会，公举万坤山为总理。

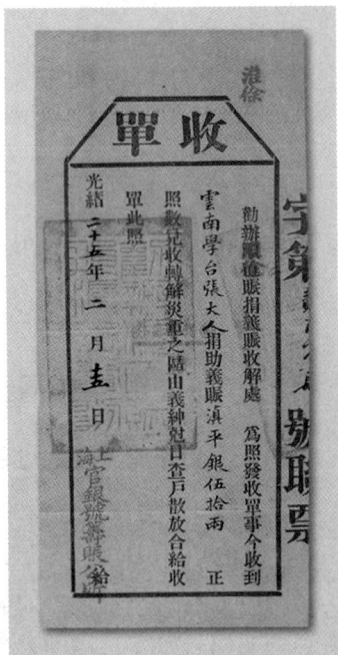

图 9-7　上海官银号筹赈公所收单（嘉德 2005 年秋拍 3724）

---

① 魏春洋：《红顶商人万氏家族》，载《烟台晚报》，2017 年 4 月 8 日，A23。

② 《创捐巨款》，载《申报》，1893 年 8 月 15 日。

烟台商会是一个半商半官的机构，参与城市治安、行政、教育、市政工程建设，还直接负责基层政府机关的行政管理。

（二）出纳息借商款

光绪二十年（1894年），上海官方曾设立"户部筹饷沪局"，设于江海关的源通银号内，办理劝借、给票事宜。银两出入由源通银号办理，不收规费。

在江汉关，息借商款上谕及户部咨文下达湖北后，江汉关监督恽祖翼督同汉阳府县官员，传集汉口票商日升昌等，汉口票商最后同意出借库平银十四万两，由江汉关银号发给相应印票，约定月息七厘，以两年半为期，分五期还款，还款项从江汉关税收项下动支。

宜昌海关所在地荆州和宜昌地区。宜昌海关监督周懋琦在接到借款札文后，在沙市设立官银号，就近向当地绅商劝借，共借银十万两。为了缓解还款压力，周懋琦将借款期限设定为三十六个月，分六期还款，从宜昌关洋税项下按期拨付。①

（三）代理银行

东海关的谦益丰银号、九江海关的永昌银号、镇江海关的裕通银号都有代理清代通商银行的业务，海关银号把收取的关税放入通商银行进行生息放贷。

（四）给政府保举外国人才

海关银号利用对外国人比较了解、与外国人保持商业关系的优势，也曾向清政府保举人才。如同治元年（1862年）《上海新报》报道，帮助中国镇压太平运动的美国人华尔，通晓中国事务，华尔在南京阵亡后，江海关海关银号向江苏省抚院、藩署保举了该营三等兵法得思尔以及在上海的二等兵巴区芬（白齐文）接任华尔的职位。②

（五）发行票据

有的海关银号代政府发行银票，或者自己也发行票据。

咸丰八年（1858年），美国公使列卫廉在上海与桂良磋商，要求赔偿六十万两作为咸丰四年（1854年）美国承保的智利商船被中国的海盗抢劫的赔偿金，由广东、上海、福州三个海关银号立行发给银票，照数分摊，广东赔偿一半，

---

① 中国第一历史档案馆：《光绪朝朱批奏折》（第82辑），第292-293、326-327、313页。

② 《上海新报》，1862年10月4日。

上海赔偿三分之一，福州赔偿六分之一。① 后来，桂良照会美国公使，减为五十万两，由海关发会单，从咸丰九年（1859年）开始，广东、福建、上海三地以五分之一关税扣还，广东分摊三十万两，福建分摊十万两，上海分摊十万两。②

东海关的谦益丰银号和胶州海关的谦顺银号，也发行过银两票。其中，谦益丰银行（号）

图 9-8　谦益丰公记庄票（摘自中国嘉德 2005 年秋季拍卖会 4163）

发行了额面为 2 ～ 500 两的漕平银钞，顺泰银行（号）发行了额面为 1 ～ 50 元的墨西哥洋钞。③ 粤海关的高广恒银号，也发行带有"广恒"标志的海关两银票。

（六）给政府提供服务

海关银号向政府提供的资助主要包括提供办公场所、运送武器与资助兵饷，皆为响应政府临时紧急之需。

1. 给政府提供场所

咸丰、同治年间爆发太平天国运动，江浙地区的富商纷纷逃往上海避难。咸丰十年（1860年）5月，江海关监督吴煦、上海知县刘郁膏和买办杨坊与英、法、美等国策划共同防守上海，由杨坊到法国领事馆允诺，驻上海法军的军费由其筹办。咸丰十一年（1861年），由于上海局势紧张，中外共同议定会防上海的问题，并定会防章程，其中第八条为"设公所以便议事，在上海洋泾浜俱设一公所，派清正官绅数人，逐日与英国办事之员商酌集饷、调兵、探报、供应诸务"。1862年1月13日，在上海租界内的洋泾浜成立会防局。④ 由于杨坊开设有杨同泰银号，

---

① 中央研究院近代史研究所：《中美关系史料（嘉庆、道光、咸丰朝）》，中央研究院近代史研究所，1968年，第312页。

② 太平天国历史档案馆：《吴煦档案选编》（第四辑），江苏人民出版社，1983年，第306-307页。

③ 彭泽益：《中国社会经济变迁》，中国财政经济出版社，1990年，第478页。

④ 何桂春：《上海中外会防局及其反革命活动》，载《福建师范大学学报》（哲学社会科学版），1978年第3期，第76-78页。

会防局就设在杨同泰银号内，并由杨同泰银号定期拨给经费。①

一些资料把同治初年设立的中外会防局说成设在源通银号内，实乃有误。②

2. 为政府运送武器

1863年1月15日，江海关监督吴煦致电上海领事的翻译官阿查理，本应由外国商船罗得诗运送的洋枪药弹二百五十三桶、来富枪药弹一百三十五箱，由于外国商船的租期已满，外国商船不肯运送，改由杨同泰银号（杨泰记）备船送往松江。③

3. 为政府发放兵饷

1863年1月，中外议请江海关海关银号为常胜军发放兵饷，"先发六个月饷银期票，注明月份，在海关银号按月支取。一年请（发）票两次"。后来在《统带常胜军协议十六款》中，仍按照以上议请，但等到常胜军人数核定后，再行议定。④

① 太平天国历史档案馆：《吴煦档案选编》（第七辑），江苏人民出版社，1983年，第255-258页。

② 熊月之：《上海通史》，上海人民出版社，1999年，第111页："1月13日，中外会防局在洋泾浜边的源通银号内正式开张，上海道吴煦委派潘曾玮、顾文彬、应宝时、吴云4人主持。"王尔敏：《弱国的外交：面对列强环伺的晚清世局》，广西师范大学出版社，2008年，第109页："上海中外会防局成立，局址设在洋泾浜边的源通银号内，分别在吴淞口、洋泾浜、关帝庙三处设卡，抽收税捐，专供支应洋兵作战之用。"熊月之：《异质文化交织下的上海都市生活》，上海辞书出版社，2008年，第239页："1862年1月13日，上海官绅在洋泾浜边的源通官银号里正式成立会防公所，一称中外会防局。"

③ 太平天国历史博物馆：《吴煦档案选编》（第三辑），江苏人民出版社，1983年，第17页。

④ 太平天国历史博物馆：《吴煦档案选编》（第三辑），江苏人民出版社，1983年，第11、18页。

第十章 海关银号的盈利模式

按照相关不平等条约规定，海关银号经收洋海关的税收，但海关银号毕竟由殷实商人开办，商人的目的是盈利，因此海关银号在经营上仍是一家独立核算、自负盈亏的民间金融组织。[①]

海关银号有多种盈利手法，税务司魏尔特也提到"（海关）银号每将税款放作短期借款，藉博重利，而其他不正当之利益，无一而足。例如各种货币和银两与关平银之比价，银号往往以高率课之商人，而另按相差颇巨之低率解交政府；又各关税款因有重重开支未解交政府，而银号计算汇水，则每以全额论；此外非法诛求，有课商人名不副实之倾镕费者；有借口弥补员司俸给及单据纸张而强征纸墨或官单费者；甚至权衡银两，擅用假砝码，或利用其他之未设公估局，将纳税银两指为成色不足[②]"，即提到了海关银号采用生息、兑换、汇费、火耗、额外索要、砝码、成色等手法盈利。

以下分别从海关银号的收入、支出、利润、盈利模式等四个方面进行分析。

一、海关银号的收入

海关银号的收入模式，按照是否需要政府的补贴，划分为三种类型，即纯补贴模式、纯经营模式、"补贴＋经营"混合模式。

（一）纯补贴模式

这种模式适用于关税收入不高的海关，或刚开关不久的海关。优点是海关银号的人员不多，管理比较简单，补贴费用少，便于监管。缺点是海关银号的积极性不大，导致有的海关银号开具号收有延迟现象，海关银号的人员也经常偷懒要滑，出工不出力，银号号收的延迟耽误了外国商船按照疾风航行的时间点，外国商人经常抱怨。纯补贴大致分为两种，一种为固定补贴，另一种为实报实销。

---

① 詹庆华：《晚清海关与金融的关系》，厦门大学出版社，2005年，第264页。

② 魏尔特著，陶乐均译：《民国以来关税纪实》，总税务司公署，1926年，第2–3页。

1. 固定补贴

固定补贴为补贴收入，比较固定。如台湾沪尾海关的海关银号，负责人为李彤恩，由福州将军直接雇佣，海关银号每个月的津贴是 45 两，由闽海关的福州将军支付。又如镇江海关的海关银号，开设者为章镐，他是镇江海关的一名本地职员，也是海关银号的经营者，还是海关货币鉴定师。同治五年（1866 年）1 月开始，章镐代表镇江海关监督去收税，他领双份工资，一份是每月从洋海关的账户中领到的 25 海关两的薪水，另一份是每月从镇江海关监督那领到的津贴。

2. 实报实销

实报实销是在特殊情况由海关临时代替海关银号的职能下适用。如海关银号倒闭，无新的接替，临时由海关内部组织代收关税。同治八年（1869 年）厦门海关的苏源盛和金永隆海关银号倒闭，同治八年（1869 年）到同治十一年（1872年）厦门海关在自己的"公馆"（衙门）任用金永隆的以前职员征收关税。在衙门征收关税，相当于内部组织人员的支出等费用海关全额报销。

（二）纯经营模式

这种模式适用于关税收入比较高的海关，其海关银号的背景一般较深。优点是海关银号积极性很高，获利也很大。缺点是官商勾结比较严重，海关监督等政府人员也从中渔利，海关银号也会通过关税的保管权进行借贷和投资，增加了关税的安全性风险，如浙海关、江海关、江汉关等的海关银号。

（三）"补贴＋经营"混合模式

这种模式下，海关银号既领取补贴，也进行经营；有稳定补贴收入来源，也有积极性利用手中关税的兑换、铸造、保管权来扩大经营，增加收入和利润。但这种"官补自营"的方式，缺乏透明性，也容易招人诟病。

如粤海关的高广恒银号，其主店铺位于广州的灯笼街，在海关署的隔壁有一个小的高广恒海关银号的分店，一些比较杂的货物关税可以在分店缴纳。官方规定，海关银号开销的经费按照收取的关税，每 100 两扣除 8 钱作为补贴，这个补贴金额仅占到整个高广恒海关银号收入的一小部分。高广恒海关银号经收粤海关关税，有大量现银过手，他们可以用过手的钱款在兑换率（银元兑换银锭）上操作获利。

二、海关银号的支出

海关银号的支出，主要有直接费和间接费。直接费包括银匠、轿夫、厨役、听差、把门、库丁、跟役、力工等人工的花费。间接费包括房租、办公用品、各项善举、给海关的津贴、管理人员的工资及膳食住宿等费用。当然海关银号的支出中也有部分是暗中送给海关监督，打点海关人员或各类官员。

支出较大的海关银号，如江海关的阜康海关银号，在光绪五年（1879 年），月均各项开支总计达 38880 两。其中，薪水公费等管理费为 13296 两，工人工食为 3504 两，房租、办公费、应酬、给海关津贴、善举等为 22080 两。明细见表10-1。

表 10-1　光绪五年（1879 年）江海关阜康银号的月均各项支出明细表

序号	人员、用项	人数	每月支银(两)	名目	合计每月支银(两)	备注
1	稽查委员	2	60	薪水	120	——
2	号商	1	160	薪水公费	160	——
3	管理各项账务	4	——	薪水公费	120	月修不等
4	管理号收司事	14	——	薪水公费	328	进出口及洋药并各项半税、船钞，月修不等
5	管理收银司事	4	——	薪水公费	88	月修不等
6	专管存票司事	3	20	薪水公费	60	——
7	管库司事	2	20	薪水公费	40	——
8	管钱房司事	2	20	薪水公费	40	——
9	上市司事	4	22	薪水公费	88	月修不等
10	通事	2	——	薪水公费	64	月修不等
11	银匠	2	——	工食	16	——
12	炉夫	4	6	工食	24	——
13	库丁	6	6	工食	36	——
14	跟役	4	3.6	工食	14.4	——
15	轿夫	6	3.6	工食	21.6	——

表10-1（续）

序号	人员、用项	人数	每月支银（两）	名目	合计每月支银（两）	备注
16	厨役	2	3.6	工食	7.2	—
17	水火夫	2	3.6	工食	7.2	—
18	茶炉	2	3.6	工食	7.2	—
19	把门	2	3.6	工食	7.2	—
20	听差	2	3.6	工食	7.2	—
21	守护壮丁	40	3.6	工食	144	—
22	房租（连巡捕捐等项）	—	—	—	200	大约
23	司事人等膳资	70	—	伙食	250	每人每日伙食大约一钱，三节酒席通年扯算
24	办公物品	—	—	—	190	油烛、纸张、油墨、印色、银箱、茶叶、柴碳、杂用等项
25	置备、应酬	—	—	—	240	制备器用什物及宾客往来酬应一切
26	津贴关署1	—	—	—	260	津贴关署办公人等辛资饭食
27	津贴关署2	—	—	—	200	津贴关署心红、纸张、照票、单薄等项
28	各项善举捐款	—	—	—	500	—
	月均小计	110			3240	月均人员数扣除70名司事人员
	年度合计				38880	

支出较小的海关银号，如潮州海关的高广恒海关银号，月均支出在300至400银元。

三、海关银号的利润

海关银号的利润取决于各个海关的关税收入大小、海关银号的营业模式、海关银号者的能力水平等因素，不同海关银号利润差异很大，当然也有些海关银号亏损、破产或倒闭。

作者整理光绪五年（1879 年）前后，天津海关、浙海关、厦门海关的三个海关银号的利润表，人均年盈利最多的是浙海关的通裕银号，达到惊人的数值 2941 两。

表 10-2　光绪五年（1879 年）前后三个海关银号利润表

单位：海关两

海关名称	海关银号	人员小计	每年支出	利润	人均支出	人均利润
天津海关	裕丰	14	3000	5000 ~ 6000	214	357 ~ 429
浙海关	通裕	17	12832	50000	755	2941
厦门海关	（金）悦来、（严）久大	15	4000	4000	267	267

四、海关银号的盈利模式

海关银号的盈利模式，主要有平色余利、生息牟利、收支文章、蒙骗手法、其他手法等方式。

（一）平色余利

如前所述，清代币制混乱，外商一般用银元或当地银两缴纳关税，海关统计收入则采用海关两这一虚银两，而清代户部统计的基准为库平两，赔款到上海则采用豆规银（规平两）。这就牵涉到银元、当地银两、海关两、库平两、豆规两之间兑换的问题。银两转换简图如图 10-1 所示。

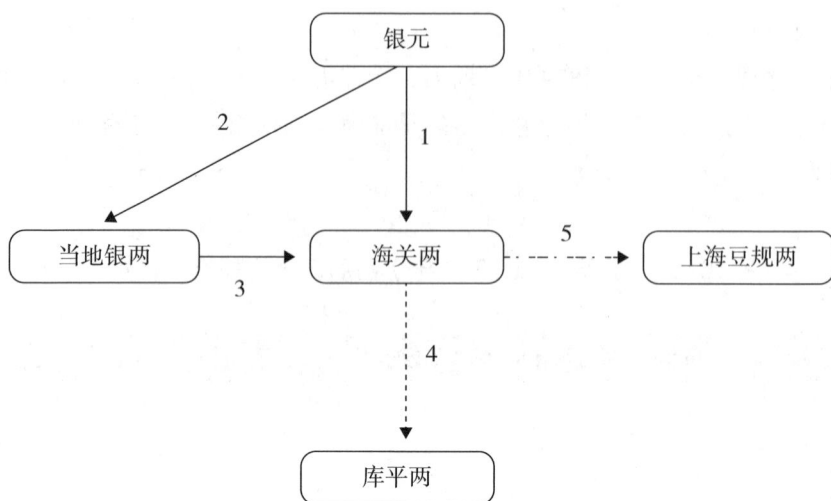

图 10-1　银两转换简图

如果外国商人用外国银元缴纳关税，需要兑换海关两，则通过图中步骤 1，如福州海关、粤海关等；如果外国商人用当地银两缴纳关税，则通过步骤 3，如江汉关采用 24 公估银缴纳关税；如果外国商人用银元与当地商人交易或钱庄兑换，再用当地银两缴纳关税，则通过步骤 2 和步骤 3，如津海关，外国商人用墨银或行平化宝银缴纳关税。海关银号还直接或间接汇款到京师和上海。如汇款到京师，需用通过步骤 4 把海关两转换为库平两；如汇款到上海，需要通过步骤 5 把海关两转换为上海豆规两。以上种种，海关银号在平码和成色上做文章，谋取利益，简称为平色余利。以下从元两的兑换、银两的兑换、大小平余、成色牟利等四个方面进行分述。

1. 元两兑换

元两兑换即银元与海关两之间的兑换，海关银号利用银元与银两不同的兑换率进行牟利。如粤海关的高广恒银号在海关两兑换银元时采用高进低出的方法进行兑换。即关税上解（海关银号支付给海关监督）时，采用 100 海关两兑换 152.21 银元；商人支付给海关银号主店铺应交关税时，采用 100 海关两兑换 154.37 银元；商人支付给海关银号分号应交关税时，采用 100 海关两兑换 156.20 枚银元。高广恒银号从不同兑换率上获利较多。

按照道光二十三年（1843 年）粤海关高广恒海关银号做的成色试验，各国外银元和银两兑换的标准不同，国外银元的成色在 88.334% ~ 91.085%，大概平均成色为 90%，理论上银元按照重量兑换足色纹银需要升水 10% 左右，但实际上并不完全按照这样执行，海关银号另外还要收取一笔费用。

《中国关税沿革史》提道："分量与成色问题与供应问题以及银号和验估人员的投机取巧问题并不相干，因此（外国）商人们不久就发觉，为购买用以完纳关税的纹银，必须付出一笔伸水（升水、申水）。例如广州，在道光二十五年（1845年）时，这笔伸水是从 3% 到 6%，道光二十六年（1846年）大年从 8% 到 9%，道光二十八年（1848年）从 7% 到 10%，而上海在同治十三年（1874年）时，平均伸水是 3.5%。"①

2. 银两兑换

银两兑换即当地银两与海关两之间的兑换，海关银号通过提高海关两兑换当地两的兑换率来增加额外利润。如宜昌海关的同丰银号收取外国商人的关税时，按照 109.65 宜昌两等于 100 海关两，同丰银号承认已进行过换算，即 109.65 宜昌两等于 108.88 汉口两，但江汉关的海关银号按照 108.75 汉口两兑换 100 海关两已经收取了很多年。外商每上交 100 海关两关税，同丰银号就多获利 0.13 汉口两，即 0.129 宜昌两。光绪四年（1878年），宜昌海关助理税务司施佩希特专门写报告给总税务司赫德进行抱怨。

3. 大小平余

海关银号也利用图 10-1 的第 4 步，即海关两和库平两之间的兑换盈利。

大平余即公开的平余。如浙海关的通裕银号，收取关税时采用海关两，上解关税时采用库平两，每海关两比每库平两要重，大平余是两者之间产生的差额。商人支付关税时，105.83 宁波两相当于 100 海关两；海关银号上解（海关道台、海关监督）关税时，104.70 宁波两相当于 100 海关两②。每上解 100 海关两关税，海关银号就获利 1.13 宁波两，通裕银号一年就获利 8136 宁波两。

小平余即海关银号自己内部的平余，也称私平余。宁波有一种称作江平（Chiangping）银的银两，它与海关两的固定比价关系是：1 海关两 =1.0583 江平两。但是，江平两与银元之间以及上海两与江平两之间的比价会经常变化。胡雪

---

① 莱特著，姚曾廙译：《中国关税沿革史》，生活·读书·新知三联书店，1958年，第 23 页。

② 此处在英文版《Reports on the HAIKWAN Banking System and Local Currency at the Treaty Ports》原文中为库平两，海关银号故意把海关两和库平两弄混。

岩的通裕银号和通泉钱庄通过这些兑换的价差来赚取利润。

4. 成色牟利

由于清代银两制度的复杂性，成色问题基本凭借鉴定人员的肉眼来判定，一些海关银号利用成色进行牟利。如粤海关的高广恒海关银号，除了通过不同兑换率来压榨商人外，当大的船主可以通过其他钱庄购买银锭支付关税时，海关银号也会以银锭成色不足为由，额外收取少部分费用。

（二）生息牟利

海关银号利用关税的暂时的和较长期的保管权，或利用子口半税押金，进行放贷，谋取利息。有的海关监督把经手款项存在海关银号里收取利息，海关银号进行放贷，收取存贷利息差。利息是许多海关银号利润的重要来源，大概有"过账"生息、利息差生息、贷款给实业生息、开设银炉生息、子口半税押金生息、贷给银行生息等几种。

1. 通过"过账"生息

"过账"制度在胡雪岩承充海关银号时期，大致从同治元年（1862年）到光绪九年（1883年）所采用，他在海关银号的旁边开设钱庄，勾结海关监督，把海关银号收取的过账洋钱或银两，再过账到其开设的钱庄，通过钱庄放贷进行生息。实际上，"过账"制度在第一次鸦片战争之前就已经在宁波实行，当战争刚结束的那段时间，现金是"铜钱"或"纹银"，战争结束后的一两年，"过账"又开始风行。1851年后，推行银元代替笨重的铜钱，并把银元作为货币的过账本位。[①]

以浙海关为例，胡雪岩在浙海关开设的通裕海关银号离浙海关衙门署很近，他又在通裕银号的旁边开设了通泉钱庄。当时浙海关每年的洋税收入大约有72万两，当外国商人采用银元（洋钱）或银两支付海关的关税时，通裕银号也会收取，但一年只有约3000两，其他都采用"过账"方式。

"过账"主要为"经折子过账"，商人在"经折子"上用简单的方式登记，承认支付关税，登记是由通裕银号实施，但通裕银号的"经折子"却被暗地里送至通泉钱庄。通泉钱庄主要从事一般的商业活动，它位于宁波的通厦商业区，离宁波其他钱庄都很近，可以发放贷款给其他钱庄，也开展存款和汇解业务。对通泉钱庄来说，每天和通裕银号对账，一方承认债务，一方承认债权即可。因此，

---

① 中国人民共和国杭州海关：《近代浙江通商口岸经济社会概况》，浙江人民出版社，2002年，第208页。

这就变成了通泉钱庄来收取宁波本地钱庄关税的形式，与商人之间的上交关税有关账目都会被记录下来。

通泉钱庄是通裕银号暗地里的代理机构，对其他钱庄来说，通泉钱庄可以代表通裕银号，帮助通裕银号收取银两，负责把通裕银号的关税向上海汇解。

通裕海关银号保管关税，不给海关利息，但通过通泉钱庄放贷给商人或其他钱庄，收取利息。利息收入在通裕海关银号的所有利润中占比最大。

为了把这种较复杂的盈利方式表达清楚，可以用图 10-2 予以说明。外国商人把关税通过"经折子"支付给胡雪岩的通裕银号，通裕银号把"经折子"上的关税内部"过账"给同样为胡雪岩开设的通泉钱庄。同样，胡雪岩开设的上海阜康银号也把过境货品的关税通过"过账"给了通泉钱庄，通泉钱庄利用"经折子"上的账款，放贷给宁波钱庄生息。年底，宁波钱庄和通泉钱庄进行"抹账"，需要上解时，通泉钱庄才上解到江海关。大部分资金的往来不需要现银，利润都留在通泉钱庄和通裕银号。

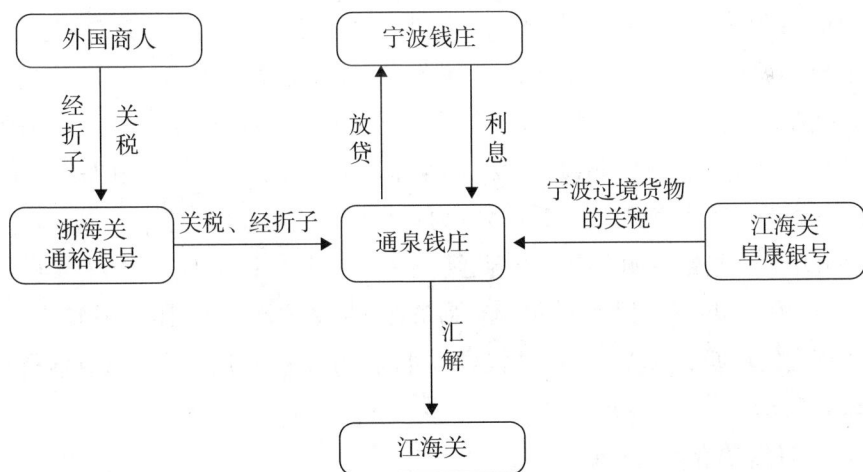

图 10-2　通裕银号、通泉钱庄的运作简图

在温州，胡雪岩开设瓯海关的海关银号，收取的关税虽然不多，但有一个特权，即关税定期（可能按季度）上解到海关监督之前的利息都归海关银号。在上海，胡雪岩开设了阜康雪记钱庄，在江海关开设了阜康海关银号，想必也是采用这种手法进行牟利。

2. 通过利息差生息

有些海关把关税或关税之外的其他银两，利用资金拨付的空档期，存在海关银号中，不收利息或收取较低利息，而海关银号把这些银两进行放贷赚取利息差。

如江海关在咸丰十年（1860 年）和咸丰十一年（1861 年），把需要支付给英、法两国赔款的捐款，存在同泰银号，第一、二、三结中都有。

据《吴煦档案》记载，"咸丰十年八月二十七日至十一月二十日（1860 年 10 月 11 日至 12 月 31 日）为第一结，寄存在同泰银号各项捐款库银 9667.4 两，折合豆规银 10595.471 两；同咸丰十年十一月廿一至咸丰十一年二月二十一日（1861 年 1 月 1 日至 3 月 31 日）为第二结，寄存同泰银号捐款库银 2792.62 两，折合豆规银 3060.22 两；咸丰十一年二月二十二日至五月二十三日（1861 年 4 月 1 日至 6 月 30 日）第三结，又寄存同泰银号捐款库银 3539.97 两，折合豆规银 3879.87 两。"[1] 这三次捐款共计库平银约 1.6 万两，同泰银号可以放入自己或他们的钱庄进行放贷生息，赚取利息差。

江海关的源通海关银号和丰裕海关银号都开有钱庄，其中源通海关银号的号东严信厚在上海开设有源吉、德源钱庄，丰裕海关银号的号东李经楚在上海开有义善源总号及钱庄。光绪三十年（1904 年），清政府开始制定江海关收款生息办法，把江海关的关税和各省汇解到江海关的辛丑赔款放在钱庄生息，江海关也制定了生息办法和上海钱业领款章程。宣统元年正月二十四日（1909 年 2 月 14 日），江海关库存生息往来的各庄号分为银行、官钱局银号、票号、钱庄、外行五类，其中官钱局银号四家中就有源通、丰裕官银号，钱庄十三家中有义善源和裕源长。[2] 海关银号利用经收关税的有利条件，把款项优先放到自己钱庄内生息，相当于现在的短期低息贷款。海关银号对外高额放贷，对江海关则低息借贷，借机赚取利息差。

3. 通过贷款给实业生息

海关银号经收关税，手中握有大量现银，资金充裕、流动性极强，部分海关银号利用手中资金进行投资。

光绪十年（1884 年），户部尚书阎敬铭就指控胡雪岩开设银号，从江海关

---

① 太平天国历史博物馆：《吴煦档案选编》（第五辑），江苏人民出版社，1983 年，第 242-246 页。

② 《农工商部奏部款项支绌请将江海关道收款变通生息条具办法折》，光绪三十年二月十一日，转引自《山西票号史料》，山西人民出版社，1990 年，第 254 页。

和江汉关挪用超过 78 万两白银用于投机生丝倒卖。[1]

江海关源通海关银号（源通官银号）贷款给张謇的大生纱厂建立厂房，大生纱厂在光绪二十四年闰三月十七日和五月初四（1898 年 4 月 7 日和 6 月 22 日），分别返还源通海关银号九八规元 20000 两和 3000 两，由源通海关银号曹青章代收。[2] 图 10-3 为大生纱厂账本册页。

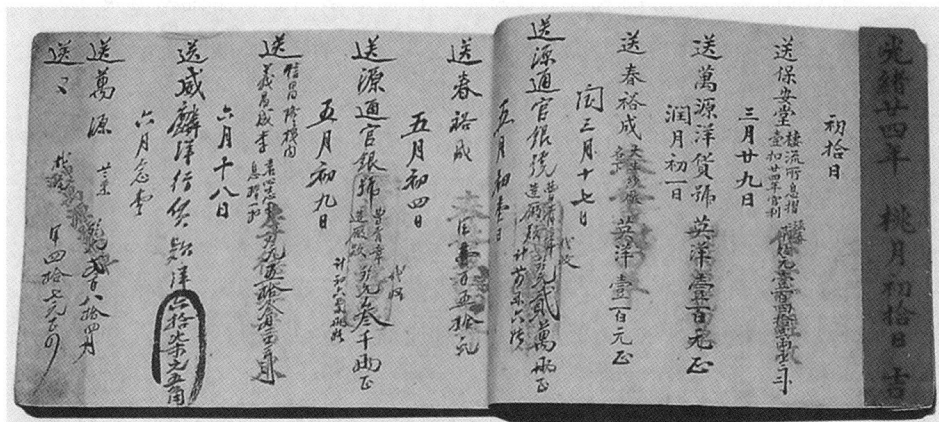

图 10-3　大生纱厂账本册页

4. 通过开设炉房生息

有些海关银号开设银炉，实际上也是利用关税的保管权，通过开设银炉，把关税银两转移到银炉，生息获利。海关银号开设的银炉，除了倾镕海关银两外，银炉也对外服务，具有兑换功能，通过兑换获利。

如天津海关的裕丰海关银号，在光绪中晚期也开设中裕厚银炉（炉房）。洋商缴纳的税款为银票、银元，而海关银号上解天津海关监督库房则用十足宝银，裕丰银号把海关税款交给中裕厚炉房进行倾镕，或由中裕厚炉房把税款在市面上兑换成白宝，按期交给裕丰银号。中裕厚炉房利用随时收取关税，定期上交关税的时间差，把关税放到一些钱庄、银行进行生息。光绪三十二年（1906 年）开始，裕丰银号就与麦加利银行买办徐诚（账房司事）交往，徐诚专门给裕丰银号兑换十足宝银，并按期缴纳给裕丰银号。因此，裕丰银号就不需要开设大的银库，看

---

① 高文恩：《胡雪岩传》，京华出版社，2002 年，第 235 页。书末附有户部尚书阎敬铭弹劾胡雪岩的奏折。

② 《大生沪账房日抄 光绪二十四年春立账册》，南通档案馆。

守人员也会精简，成本降低，类似于现在的零存整取。宣统三年十月十日（1911年11月30日），徐诚外欠的账款中，就有欠裕丰银号的海关款项40378.31两，欠裕丰银号开设的中裕厚炉房5610.64两。①

5. 利用子口半税押金生息

咸丰十一年（1861年）起，由外国商人承运的国内土货，如果三个月之内转运国内其他口岸，外国商人可请领存票，但需要缴纳子口半税（也叫复进口半税）的押金，暂时免征出口正税，仅在运达其他口岸时，再缴纳子口半税；如果三个月之内出口，征收出口税，退还子口半税。

胡雪岩在厦门海关开设的（严）久大、（金）悦来海关银号，用子口半税押金来进行放贷，每年的利润约为2000两。

6. 通过贷款给银行生息

有些海关银号把海关关税直接放贷给银行生息。如镇江海关的裕通银号，海关银号的号东尹允熊（稚山）把关税存放到通商银行镇江分行，镇江分行的总董也为尹允熊。镇江分行以每月七厘半的高额利息吸收镇江海关洋税，而通商银行在报纸上公告的利息，长期的年息也只有五厘，这些款项表面上存入分行，其实被尹允熊挪作他用。②

（三）收支文章

海关银号利用收取关税和上解关税之间的不同兑换率，或在兑换率上加成，玩弄手法，获取利润。

1. 收支采用不同兑换率

外国商人用当地银两上交给海关银号关税时，海关银号采用较高的兑换率；海关银号支付给海关监督库房关税时，采用较低的兑换率。海关银号利用兑换率之间的高低差进行牟利。

如江汉关的乾裕银号和有成银号，他们收取外国商人关税时，按照108.85两洋例银兑换100海关两，但在汉口支付给海关监督库房关税时，却按108.75两洋例银兑换100海关两。海关银号收、付洋例银采用不同的兑换率，赚取大约近千分之一的差额。光绪三年（1877年），汉口海关一年的关税总计为169万

---

① 天津市档案馆、天津社会科学院历史研究所、天津市工商业联合会：《天津商会档案汇编（1903—1911）》（第1卷），天津人民出版社，1989年，第608-609页。

② 陈旭麓、顾廷龙、汪熙：《中国通商银行：盛宣怀档案资料选辑之五》，上海人民出版社，2000年，第309页。

海关两，海关银号通过这种方式盈利 1555 两。

2. 兑换率上加成

有些海关银号在兑换率上加成，谋取利益。如九江海关的同泰银号，支付关税给海关监督时，按照每 100 海关两 = 二五漕平 104.16 两 = 二四漕平 104.36 两 = 九八曹平二四银 106.29 两。但海关银号在收取外国商人关税时，就需要每 100 海关两增加两分，即按照 100 海关两 = 二五漕平 104.18 两 = 二四漕平 104.38 两 = 九八漕平二四银 106.31 两。每 100 海关两增加的两分就成了海关银号的利润。

3. 收入支出采用两套砝码

海关银号收入、支出的砝码不一样，有两套砝码，赚取重量差。如北海海关高广恒银号的平码，被称作"饷平"，海关银号有两套砝码，一套用于支出，一套用于收入。收取关税时，100 海关两 =110.572 两北海平；支出关税时，100 海关两 =100.517 两北海平。每 100 海关两差额为 0.055 两北海平，该差额就成了海关银号的利润。

（四）蒙骗手法

有些海关银号也在收取关税的过程中，通过糊弄或蒙骗手法获利。

1. 糊弄

有些海关银号采用糊弄外国商人的手法收取关税，进行获利。

1863 年 6 月 4 日，汉口费礼查洋行提到，他们采用上海官方银号提供并有公估师批码的银锭，按照 111.4 两上海豆规银等于 100 海关两的兑换率，在江汉关缴纳茶叶关税，但江汉关银号拒绝接受。江汉关的盛裕泰海关银号按照 107.7 两洋例银（兑换 100 海关两），乾裕海关银号按照 107.3 两洋例银（兑换 100 海关两）。后来在江汉关税务司对此事进行调查时，盛裕泰海关银号说他们有每 107.7 两返利 4 钱的习惯，因此实际收取的是 107.3 两。汉口税务司狄妥玛要求盛裕泰银号按照 107.3 两汉口两兑换 100 海关两收取，海关银号也同意了。但费礼查洋行再到盛裕泰银号缴纳关税时，盛裕泰银号仍按照 107.7 两洋例银收取关税，没有任何的返利，他们又翻看了由他们买办保存的账本，记载的也是 107.7 两洋例银。

2. 额外索取

有些海关银号会向商人额外索取一些费用。如浙海关的通裕银号，每年向每个商人索取 5 银元到 36 银元之间的费用，被称为"文具费"，表面上是补助纸、墨水、笔等，如用于保存银号账本、刊印公文等，实际上这些都成了海关银号员工的福利。

3. 在天平上做文章

外国商人用外国银元缴纳关税时，海关银号需要把银元放到海关银号的天平上称重，然后根据成色换算成海关两，有些海关银号故意在称量的天平上做文章，把砝码加重，压低银元的重量。

1875 年 10 月 13 日，厦门海关的怡记洋行投诉（严）久大、（金）悦来海关银号的天平有问题。在税务司安排下，海关监督安排海关银号带上他们的天平和砝码，将他们的天平与砝码和怡记洋行以及汇丰银号的天平与砝码进行比对，税务司、领事、怡记洋行、外国银行的代理人、海关银号者都出席了这次比对试验。比对的结果是：对于海关银号的大天平，海关银号的砝码比怡记洋行的砝码重六钱（每 720 两）；对于海关银号的 3 个小天平（20 两、50 两、70 两），多次比对后，海关银号的砝码比怡记洋行重千分之一左右。

实验中发现海关银号的大天平，不仅很旧而且还磨损严重。做比对试验时，海关银号者非常心虚，察言观色后迅速将天平移到了角落，承认他们的天平不准确。

4. 蒙骗中国商人

许多海关银号在对中国商人和外国商人收取关税时采用不同的兑换率（当地银两兑换海关两），收中国商人的兑换率高，收外国商人的兑换率低。表 10-3 为当地银两兑换 100 海关两时海关银号收取中外商人的兑换额。外国商人得到优惠，中国商人反而吃亏。尤其厦门海关，每 100 海关两差额 26 两，差额惊人，如果中国商人反对，厦门海关银号尽其所能收取额外费用。

表 10-3　海关银号收取中外商人关税时不同的兑换额

海关名	当地货币	中国商人	外国商人	每 100 海关两差额
天津海关	行平化宝银	106.05	105	1.05
东海关	曹平银	106.4	104.4	2
厦门海关	银元按重量折算海关两	126	100	26

（五）其他盈利手法

1. 汇费

清代晚期，许多海关上解到户部的银两采用票号汇兑的方式，不需要押送现银。汇兑方式相比于现银上解，费用大大降低，安全风险也大幅度降低。但有些海关银号勾结海关监督，即使采用汇兑不采用现银上解，海关银号也按照现银上解收取手续费。当然，汇费赚取的利润需要给海关分成。

浙海关的通裕银号，每上解 1000 两收取手续费 48 两作为上解费。实际上，这些上解款采用汇票的方式，仅需要极少的手续费。汇费的分配如下：海关银号收取四分之一，道台收取三分之一，书吏收取了十二分之一，剩余部分由各委员和户部共同分配。

2. 火耗

火耗，也叫熔解费用。第一次鸦片战争后，规定海关银号收取外国商人每 100 两关税银两同时附加 1.2 两火耗，但第二次鸦片战争后，根据相同条约规定，此 1.2 两的火耗附加费被取消。

海关银号倾镕银两需要火耗，各海关监督后来向三口通商大臣崇厚请示，仍执行每 100 两 1.2 两的火耗，不由外国商人支付，改由清政府官方付给，各通商各关一律通办。[1] 由外国商人明给变成了海关监督暗补，外国商人占到了便宜，吃亏的是清政府。

但在海关两与上海规平银的换算中，实际上增加了一部分的倾镕费用，每 100 两大概为 0.204 两。表 10–4 为海关两转化为上海漕平二七色宝，再由漕平二七色宝转化为上海规平银的过程，其中 0.204 两为倾镕成本，作为火耗。

表 10–4　海关两转换成规平银

序号	明细	两	备注
1	98 折上海海关两足色纹银	100	此处按 98 折海关两简易计算，最后换算没有除以 98
2	增加平码的差额	2.8	海关平与上海漕平的重量差异
3	增加成色的差额	6.716	足色纹银与规平银的成色差异
4	增加融化等成本	0.204	—
	小计：	109.72	（1）＋（2）＋（3）＋（4）

以上共计：98 关平银（海关两）100 两 =109.172 上海规平两，或者 100 两关平银（海关两）=111.4 上海规平两。

---

[1]　太平天国历史档案馆：《吴煦档案选编》（第六辑），江苏人民出版社，1983 年，第 405 页。

3. 补贴

有些海关银号，以外国商人上交的关税银两低潮为由，要求官府给予补贴。

咸丰十一年（1861 年），江海关奏办，由于外国商人缴纳的关税为零星散碎银两，成色低潮，海关银号回火倾镕，外国商人需要贴补海关银号二分，但海关银号实际每两须折耗银三、四分不等，不敷部分，由江海关在镕工内予以贴补。①

4. 提供服务收入

有些海关银号，给政府提供服务，政府支付服务费。

江海关的杨同泰银号，其办公地点为上海会防局的公所，为中外双方共同议事、保卫上海的场所。《吴煦档案》记载，同治元年（1862 年），上海会防公所项下的经费为：正月初九，付同泰银号票库平银 2737.226 两，合规平银 3000 两；三月十二日，付同泰银号票库平银 4562.44 两，按照海定章 91288（即 91.288 库平两 =100 规平两）合规平银 5000 两；八月初六，付同泰银号票库平银 9124.87 两，合规平银 10000 两；八月十八日，付同泰银号票库平银 4562.44 两，合规平银 5000 两；八月二十八日，付同泰银号票库平银 18248.176 两，合规平银 20000 两。前列动支关款。以上都是动支了江海关的关税。②仅八个月，就五次付同泰银号的银两折合上海豆规元 43000 两。

---

① 太平天国历史档案馆：《吴煦档案选编》（第六辑），江苏人民出版社，1983 年，第 405 页。
② 太平天国历史档案馆：《吴煦档案选编》（第七辑），江苏人民出版社，1983 年，第 255–258 页。

第十一章 海关银号的风险和倒闭

一、海关银号的纠纷

海关银号在收取外国商人或商船的关税时，经常会与他们发生纠纷，这些纠纷包括成色纠纷、平码纠纷、违约纠纷、舞弊纠纷等。

（一）成色纠纷

第一次鸦片战争后，中英《南京条约》规定，外国人缴纳关税时，用洋钱（国外银元）或（足色）纹银都可以，洋钱与足色纹银的兑换要随时随地计算兑换率，即不同地点、不同时间，兑换率会不一致。当外国商人用洋钱缴纳关税时，中国的海关监督与外国的领事会进行协商，按照当时市场价格，洋钱与足色纹银对比，成色不足的，予以补足成色（也称纹水）。第二次鸦片战争后，与列强签订的《天津条约》有相同的规定，并强调洋钱兑换足色银两，要按照道光二十三年（1843年）在广东所定各样成色交纳。有时，外国商人也用通商口岸的当地银两来缴纳关税，当地银两并不都为足色纹银，也需要进行折算。

海关税收缴纳的本位为海关两，由于海关两为虚银两，重量有标准，成色就是足色纹银，但却无实银。这样，兑换过程中会产生洋钱与海关两之间、当地银两与海关两之间兑换的纠纷。这种纠纷最为常见，在《通商口岸海关银号制度与当地货币情况报告书》的各个章节中均有体现，很多海关的税务司向总税务司赫德抱怨，海关银号在收取外国人关税时，在洋钱、银两的成色上采用不公平的手法。

1. 洋钱与海关两兑换的成色纠纷

外国商人更多地采用洋钱缴纳关税，海关银号需要把洋钱兑换为海关两，洋钱与海关两之间的兑换也容易产生成色纠纷。

如福州海关，外国商人用洋钱（鹰洋、捧番银）缴纳关税执行 6% 的升水，因为一些关税并不需要铸成纹银上解户部。后来由于市场纹银缺乏，价格上涨得较多，6% 的升水不够，海关银号吃亏较多，向闽海关监督反映。1866 年 7 月 31 日，闽海关监督与代理税务司布朗交涉，要求执行 10% 的升水，后来上诉到了助理总税务司费士来和总理衙门。多次交涉后于同治六年（1867 年），改为 10% 的升水，即 110 两国外银元兑换 100 两足色纹银。

2. 当地银两与海关两兑换的成色纠纷

当外国商人用通商口岸的当地银两缴纳关税时，海关银号也需要把当地银两转换为海关两的平码和成色，折算后，收取关税。

如天津海关的海关银号，在光绪二年（1876 年）及之前，对俄国商人采用 103 两行平化宝银兑换 100 两海关两，对其他国家的商人则采用 105 两行平化宝银兑换 100 两海关两。由于没有受到公平兑换的待遇，德国领事德璀琳表示反对。德璀琳通过计算，要求行平化宝银在重量上，即海关两平码兑换天津行平，加平 3 两 4 钱；在成色上，即足色纹银兑换天津化宝，加色 8 钱。加平加色后应按照 104.2 两行平化宝银兑换 100 两海关两。德璀琳还特别提出，同治十年（1871 年）清朝的战争赔款就是按照 103.5 两行平化宝银兑换 100 两海关两计算的，并坚持自己计算没有问题。

如果这么计算，海关银号肯定吃亏，向天津海关监督孙士达反馈，孙士达对德璀琳进行了反驳，认为 105 两行平化宝银兑换 100 两海关两的兑换率，为同治元年（1862 年）通商大臣崇厚与英国孟领事会商确定的，并且一直都是按照 105 两兑换 100 两海关两，而天津化宝成色从天津开埠时到同治七年（1868 年）一直为 99.7%，同治七年（1868 年）后理论上降低为 99.2%，实际上不足 99.2%，不予改变。此事一直闹到总理衙门。

（二）平码纠纷

关于海关用于称量银两、洋钱的天平和砝码，第一次鸦片战争后签订的中英《南京条约》、中法《黄埔条约》与中美《望厦条约》都规定，按照粤海关一直采用的制造式样，五个通商口岸都一致；第二次鸦片战争的中英、中法、中美、中普、中俄《天津条约》也都明确了这一点，对采用的平码，仍遵从粤海关颁布的平码。但执行过程中，海关银号与外国商人之间的平码纠纷也很常见。

1. 磨损老钝

有些通商口岸，海关银号的砝码使用时间长了，出现磨损，遭到投诉。

如光绪三年（1877 年），天津海关银号采用的海关砝码，100 两的海关砝码比天津行平重三两四钱，比较准确，但 50 两的海关砝码使用的时间较长，铜质磨损重量略轻。海关监督解释说，匠人制作砝码时，有误差，接到税务司的要求后，天津海关监督把户部和工部原颁百两砝码送去做了校对。

2. 人为调整

有些海关银号收取关税时，故意在砝码上做文章，对自己有利。

如同治十三年（1874年），怡记洋行到厦门海关的（严）久大和（金）悦来海关银号缴纳关税时，海关银号拒绝采用平时的砝码，而是要求（关税）每1000银元增加1银元。怡记洋行通过税务司和领事对厦门海关的海关银号进行投诉，投诉海关银号的天平不准确。厦门海关税务司休斯照会厦门海关黄佐领，1874年10月13日，在厦门海关署做了砝码的对比试验。

3. 未采用标准砝码

有些海关银号，没有按照条约规定采用粤海关的标准砝码。

如芜湖海关的同泰银号未采用粤海关的标准砝码，被税务司发现。海关监督的解释是，海关是参照粤海关的平码，依据经验制造的。比海关的标准平码每100两相差在3.35钱到3.4钱之间，由于差额在3.35‰～3.4‰之间，比较小，没有引起外国商人的抗议，

（三）违约纠纷

第一次鸦片战争后签订的中英《南京条约》、中法《黄埔条约》及中美《望厦条约》都详细规定了外国商人可以用足色纹银或洋钱按照成色折算足色纹银后缴纳关税。中英《天津条约》还特别规定，洋钱按照道光二十三年（1843年）粤海关规定的各样成色交纳，即粤海关的高广恒银号参与的那次著名的试验结果。

1. 不收洋钱的纠纷

有的海关银号不收外国商人的洋钱，要求上交足色纹银，引起外国商人的不满或投诉。

1874年5月7日，海关银号向督办南台税务协镇成基反映：户部要求各省应解京饷都采用实银上解，不用汇兑方式，闽海关海关银号所收的洋钱每100两补水10两，由于倾镕为足色纹银，补水的费用不够。成基致信福州海关署理税务司雷德，福州将军要求以后洋商完纳关税都按照足色纹银上兑。署理税务司雷德予以坚决反对，一方面引用条约，称洋商缴纳关税，用纹银交纳者，没有补水，用洋银交纳者，应照条约第三十三款所规定，按道光二十三年（1843年）在粤海关所定成色交纳，并串通英国理事星察理、美国领事 Delano 和德国助理领事

一同交涉；另一方面，致信总税务司，坚持按照条约规定的条款执行。

2. 不收烂板银元的纠纷

海关银号收取关税时，接纳品相较好的银元，不接受"烂板"（Chop）银元。所谓"烂板"银元，是指国外银元在国内流通过程中，钱庄、银号、商号、使用者习惯在银元上加盖戳记，也称"经手戳"，久而久之，成了"烂板"银元，市场上按照其标识的金额，打折计算其价值。

1878年6月11日和6月17日，德记洋行向厦门海关税务司穆厚达投诉，他们通过挨土马罗拉船主支付进口关税时，厦门海关的（金）悦来、（严）久大海银号不遵守条约规定，拒收所谓"烂板"银元。（金）悦来、（严）久大银号向厦门海关委员辩解说，德记洋行缴纳的关税都是剪边破裂洋银，根据厦门市价，破裂洋银比整块洋银贴水较多，每百两贴水一两或一两五钱。但税务司穆厚达仍要求厦门海关委员，通知两个海关银号予以兑收。

（四）舞弊纠纷

有些海关银号在收取关税、发放海关职员薪水时，有舞弊行为。

如同治二年（1863年）江汉关的盛裕泰银号，提高汉口洋例银兑换海关两的兑换率，受到费礼查洋行的投诉，盛裕泰辩解说他们有每100两返利4钱的习惯，实际上并没有这样。

二、纠纷的处理

成色、平码、兑换之间的纠纷，大致有三种解决途径：其一，协商解决，即税务司和海关监督进行协商解决；其二，实验解决，就当地银两的成色无法认定时，通过倾镕实验解决成色的纠纷；其三，公估解决，即有些是通过第三方评估，设立公估店解决纠纷。

因舞弊而产生的纠纷，则采取命令解决。即海关监督或者勒令海关银号予以改正，或者解散海关银号，重新选择新的海关银号。

（一）协商解决

这种处理方式较为普遍。外国商人和海关银号之间产生平码、成色纠纷后，外国商人会写信给税务司或当地领事，海关银号也会向海关监督反馈。税务司和领事会照会海关监督，各自说明理由和原因，协商解决纠纷。如果争议不下，照会无法解决，税务司会向总税务司反映，总税务司上报给总理衙门，总理衙门会指令海关监督进行处理。

（二）实验解决

中国银两是称量货币，同时也是看色货币，看色即查看银锭成色，含银量基本上靠个人经验和眼力来判断，需要多年的经验积累和学习。对外国人来说，他们更相信试验得出的结论。当成色争执无法解决时，税务司会要求，在海关监督、税务司或其所派出代表的见证下，外国商人和海关银号共同对争议的银两进行倾镕试验以判定成色，并做好记录，共同遵守。

1. 天津行平化宝银倾镕实验

1878 年 4 月 24 日，在天津海关做了行平化宝银的重量和成色方面的化验，进行了倾镕对比试验，并得出结论：重量方面，每 100 两海关两等于 104.38 两天津行平化宝银；价值方面，100 两海关两等于 105.55 两天津行平化宝银。

而 1878 年 5 月 24 日，英国采矿工程师克鲁克斯顿先生对天津化宝银的样品做了成色分析，得出纯银含量为 97.84%，其他成分含量为 2.16%，即天津化宝银成色仅为 97.84%，远远小于天津市场所称的 99.2% 成色。换算为 106.69 两行平化宝银，相当于 100 两海关两纯银。

以上两个实验，都证明天津行平华宝银比号称的成色要低，天津海关银号收取外国商人 105 两行平化宝银兑换 100 两海关两并不多，银两兑换之争得以顺利解决。

2. 厦门海关对部分中国银锭和外国银元的实验

1878 年 4 月 15 日，由拜尔（Pye）和罗切尔（Rocher）先生对厦门主要流通的三种银锭和四种外国银元进行了试验，利用"湿法"和"干法"两种方法，测定了银锭和银元的成色，误差控制在千分之一以内。从表 11-1 的实验数据中可以看出，实验得出的银两、银元的成色都比中国人经验所认为的成色低。但由于部分银两中含有少量黄金，可以提高成色 1% ~ 5%，有的云南宝成色可以提高 8%，可能是采用很多云南银锭当地银矿冶炼，没有经过黄金提纯，含金量较高。

表 11-1　银两和银元的成色确定

序号	白银（银元）名称	中国经验		实验测定		备注
		成色	升水（比纹银）	灰吹法（干法）测定	湿法测试	
1	天津白宝	99.20%	6.50%	97.58%	—	含有少量金，可提高成色
2	宣化宝（黑宝）	98.8%	6%	97.01%	97.223%	
3	云南宝	95%	—	92.77%	—	
4	新墨西哥鹰洋	92.5%	—	90.06%	90.285%	
5	旧墨西哥鹰洋	92%	—	90.62%	91.670%	
6	西班牙双柱	—	—	90.27%	90.700%	
7	四川宝	98%	—	97.01%	97.223%	由于合金中含有金，可以被认为是纯银

（三）公估解决

外国商人使用当地银两缴纳关税给海关银号时，每个银锭的成色并不一致，当地银两的成色也只是一个大致的标准，需要每个银锭单独认定成色，与外国商人的洋钱按枚、按面值的简单计算不同。外国商人缴纳关税给海关银号，需要每个银锭都确定成色，再称重后换算价值。外国商人烦恼不断，也带来了许多纠纷。银两成色认定，需要有公正的第三方作为裁决，否则争议很难解决，很多通商口岸按照上海的做法，开设有公估店（局）。

1. 东海关的谦益丰公估店

烟台当地银两被称为碎白银，在同治八年（1869 年）之前，由于在东海关没有公估，用来支付给海关银号的关税银两，对于其成色的争议一直不断，外国商人和当地商人都不满意。直到同治八年（1869 年），他们共同雇用了一个公估机构，在谦益丰海关银号内设立公估局[①]，用于评价银两的价值。从那时开始，没有经过公估机构鉴定的银两，海关银号就会拒收，商人间也不会进行交易，成色问题得到顺利解决。

---

① Report On The Haikwan Banking System And Local Currency Of Treaty Ports［R］. V-office Serial Customs Papers No.12，Shanghai Statistical Department of the Inspectorate General，1879，p.65. 但《红顶商人万霞如》一文中提到：1873 年（同治十二年），烟台设立山东第一家公估局。由于万霞如的官商身份，烟台道台衙门委托谦益丰兼营公估局。本书按照 Report On The Haikwan Banking System And Local Currency Of Treaty Ports 的说法。

2. 江汉关的华成公估店

江汉关的海关银号在收取外国商人关税银两时，由于成色问题，与外国商人之间的纠纷不断。同治三年九月二十六日（1864 年 10 月 26 日），34 家外国商户成立委员会，集资 4000 两，聘请广东人郑永和，开设华成（Huay Chuen）公估店。

开业第一天，评定的 7000 两银锭中有 90% 被检查出来是低潮银两，并没有达到成色标准，有的比成色标准低 3% ~ 8%。采取公估评定措施后，海关银号与外国商人之间的银两成色纠纷大大减少。

（四）命令解决

同治十一年十月二十六日（1872 年 11 月 26 日），天津海关税务司函告天津海关监督，按照章程，恒裕海关银号应该每天十点钟到海关办公，然而当日到十一点多钟还没有来，导致商人未能完税，不能换给号收。同治十三年（1874 年）十二月，海关监督孙士达解散了恒裕海关银号。

三、海关银号的风险

海关银号的风险有的来自内部，有的则来自外部。内部风险有管理不善、银号舞弊懈怠、经营者死亡等；外部风险有政策风险、保管风险、牵连风险、政治动荡风险、市场影响等。

（一）内部风险

1. 管理不善

管理不善的风险，主要来自海关银号或海关银号开设者想利用手中的关税暂时保管权进行投机，获取高额利润，但往往事与愿违。

（1）投机银票

同治三年（1864 年）到同治八年（1869 年）期间，厦门海关苏源盛和金永隆海关银号，实际为一家银号，两个牌子。他们在市场上用信用长期买入、卖出银票，一直在赌银票兑换银两的兑换率会升高，但兑换率一直走低。1869 年 7 月 12 日，海关银号最终倒闭。

（2）投机生丝

胡雪岩经营的海关银号和票号投机生丝，到 1883 年 5 月，胡雪岩囤积生丝花费 2000 万两白银，当年浙江生丝减产，胡雪岩邀同行一同坚持高价售卖，但当年意大利丝丰收，上海洋商转向意大利购运，上海丝价大跌，胡雪岩不得已将生丝低价出售给洋商，亏损了一二百万两。上海阜康存户闻讯争来提款，上海阜康一时无以应对，于1883年12月1日闭歇。同年12月3日，京师阜康分号关门，接着镇江、宁波、杭州、福州、南京、汉口、长沙等分号相继闭歇。①

（3）投机橡胶股票

1909年到1910年6月期间，国际橡胶价格大涨，上海许多钱庄投机橡胶股票。之后，伦敦市场行情暴跌，橡胶股票大跌，导致上海正元、谦余等钱庄倒闭。江海关的库款历来由江海关监督经手，这笔库款的放贷限于源丰润、义善源两个钱庄系统，以备清政府不时之需。其中，源丰润的体系获取十成之六，义善源体系获取十成之四。②虽然源丰润下设的江海关源通银号以及义善源下设的丰裕银号没有直接投机橡胶股票，但是源丰润和义善源把江海关的官款，很多转移到自己的钱庄中，又通过自己的钱庄，间接放贷给了投机橡胶股票的钱庄，牟取高额利息。1910年9月，江海关库款到期，需要从源丰润等钱号支取存银190万两支付庚子款。江海关监督蔡乃煌考虑到上海市面尚未稳定，向度支部奏请不可骤提存银，但遭到参奏，蔡乃煌被革职处分，又遭军机处训斥，一举提回各庄号存银200余万两，这造成了源丰润当即倒闭。③外国银行也收回对上海钱庄的拆款，1911年，义善源也倒闭破产，他们下设的海关银号也破产清算。

2. 银号舞弊懈怠

海关银号采用欺诈手段发放薪水以及其在收取关税的懈怠，引起了外国税务司的不满。如天津海关的恒裕海关银号，同治十一年七月二十六日（1872年8月29日），天津大沽查验局上报，发现每月由恒裕银号发放的薪水，银两成色为低潮（成色低）银两，税务司发函给海关监督，要求责令该银号要给足色纹银。再如淡水海关，由于经费津贴不足，导致海关银号为节省费用，不支付从海关银号到海关署的搬运力工的工资，导致力工在收取关税时，想方设法偷懒。

3. 经营者死亡

天津海关开关后，通商大臣崇厚指派天津商人彭子轩开设海关银号，同治七

---

① 姜新、周宝银：《浅析1883年金融危机中的中国商人——以徐润和胡雪岩为例》，载《晋中学院学报》，2009年第5期，第89页。

② 《源通号与源丰润之关系》，载《帝国日报》，1910年10月14日。

③ 梁宏志、孙小兵：《清末橡胶股票风潮及成因分析》，载《贵州财经学院学报》，2003年第3期，第82-83页。

年（1868年）彭子轩在生意上失败了，不久后死亡，海关银号倒闭。此次变故，天津海关损失了四万两白银。

有的海关银号的经营者在遇到困难时选择逃离。如台湾的淡水海关，同治元年（1862年）淡水开埠以来，福州将军在区姓道台的引荐下，派黄姓的人来收取关税，此人在当地设立了名为"黄泰号"的海关银号，当时的收入非常少，并且十分之四的收入用来偿还英国和法国的第二次鸦片战争赔款，剩余的十分之六可支配的关税每年不足600两，其中只有一半归于海关银号，不能维持开支。后来，海关银号损失了1000两，海关银号请求退出，没有得到批准，海关银号的黄姓开设者最后选择逃离，不久后据称死亡。

（二）外部风险

1. 政策风险

政策风险往往对海关银号的影响很大。海关银号除了正常的收益外，还有大量其他收益，《浙江全省财政说明书》提道："向例各关附设官银号，为各本关收、解款项之机关，非此银号纸则关不收税，除得平余火耗外又以公款而收私息。"[1]

如第二次鸦片战争之前，海关银号倾镕银两时每100两收取1.2两倾镕费；第二次鸦片战争后，根据相关条约，取消了1.2两的倾镕经费，这对海关银号造成一定的损失。

又如从同治五年（1866年）起，关税收入中的船钞收入，除提三成用于同文馆外，其余七成交由总税务司收领[2]，为此，赫德专门在丽如、汇丰银行设立了船钞船舶吨位税账，以储存这部分税款[3]。海关银号自此失去了船钞的经手权和这份税款。

再如由于俄国商人在天津享受特殊的行平化宝银兑换海关两兑换率，光绪三年六月十一（1877年7月21日）在天津的其他外国领事要求享受与俄国商人相同的兑换率，从而产生纠纷，导致恒丰银号歇业。

2. 保管风险

海关银号手握关税银两的暂时保管权，有的演变成了较长时期的保管权。保管期间发生意外，海关银号要承担风险和损失。

① 浙江经济学会：《浙江全省财政说明书 税入部 收款 关税》，第67页。
② 《筹办夷务始末 同治朝卷37》，中华书局，2008年，第282页。
③ 陈霞飞：《中国海关密档 第二卷》，外文出版社，1992年，第52页。

如同治元年十一月十四日（1863 年 1 月 3 日）晚，潮州（汕头）海关的高广恒海关银号遭到海盗郭泳馨等数十人抢劫，共计八万两关税被洗劫一空。①

3. 牵连风险

海关银号基本上都与海关监督有特殊的关系，当海关监督离任或被惩处时，新的海关监督有更换海关银号的权力。

如同治二年（1863 年）12 月，新派来的福州将军英桂让行商苏源盛开设厦门海关银号来替换老的海关银号陈宝章。

再如光绪三年（1877 年）六月，天津海关监督黎兆棠解散天津海关的恒丰海关银号，并将海关银号转让给了陈德光开设的裕丰海关银号。

4. 政治动荡

清末民初，由于政局动荡，许多海关银号遭受损失。如天津海关裕丰银号，在辛亥革命期间，遭受士兵抢劫，欠天津海关六十多万两白银。后来裕丰银号申请复业时，需要呈缴二十万现款、五万保证金，按年摊还欠款，才准许复业。②

5. 市场影响

因江海关的橡胶风波，上海的源通、丰裕海关银号倒闭；受此影响，烟台金融迟滞，市面萧疏，东海关谦益丰海关银号受市面牵连，通融不灵。宣统二年（1910 年）到三年（1911 年），东海关监督徐关道用强迫手段逮捕谦益丰商号执事万涌基，关押在警署，收取各项房产租金两万五千余两，导致谦益丰海关银号倒闭。③

四、海关银号的接替

清代，海关银号倒闭后，海关监督会重新选择新的海关银号接替，以便符合中外条约的要求。到了清末，各省地方官银号、新式银行开始接替海关银号，逐步蚕食海关银号的业务。民国初年，海关银号大量倒闭，由中国银行等金融机构接替海关银号的业务。海关银号的接替分为正常接替、地方官银号接替、银行接替、无人接替等四种情况。

---

① 周修东：《郭泳馨等海盗抢劫妈屿新关银行——高广恒银号略考》，中国海关出版社，2013 年，第 43-49 页。

② 天津市档案馆、天津社会科学院历史研究所、天津市工商业联合会：《天津商会档案汇编（1903—1911）》（第 1 卷），天津人民出版社，1989 年，第 614-618 页。

③ 万涌基：《烟台谦益丰银号禀请》。

（一）正常接替

1. 单独接替

单独接替是海关银号的新旧接替，发生在同一个海关内。如天津海关，彭子轩开设的海关银号在同治七年（1868年）倒闭，由宋缙开设的恒裕银号接替；同治十三年（1874年），恒裕银号破产，由广东人郑沛初开设的恒丰银号接替；光绪三年（1877年），恒丰银号关闭，由广东人陈德光开设的裕丰银号接替。

2. 批量接替

批量接替发生在同一号东下设的多个海关银号内。如胡雪岩的阜康票号倒闭后，他名下的六家海关银号，有四家被严信厚的源丰润票号接替，改名后，成了四家新的海关银号。其中，江海关的阜康银号被源通银号接替，浙海关的通裕银号被源丰银号接替，江汉关的乾裕银号被协成银号接替，瓯海关的银号被裕通银号接替。

（二）地方官银号接替

1. 海关银号和地方官银号（局）的区别

海关银号有时也被称为"官银号"，经营者多为官商，但毕竟多数为商人身份，与清末各地方政府（主要为行省）开设的官银号（官钱局、官银铺）不同，清末开设的地方官银号为政府开设、运营。海关银号仅为了收取关税，后来也发展一些衍生业务，而地方官银号功能更多，可以发行货币，承担汇兑、存款贷款业务，分支机构也多。地方官银号（局、铺）如福建永丰官钱局、湖北官钱局、浙江官银号、贵州官钱局、江西官银号、山西晋泰官银号，等等。表11-2为海关银号与地方官银号（局）的区别。

表11-2　海关银号与地方官银号（局）的区别

对比事项	海关银号	地方官银号（局）
设立机构	海关	地方政府
设立官员	海关监督	总督、巡抚、道
营业地址	海关附近	省城、重要城市、通商口岸
背景	商人（大多官商）	政府
发行货币	无，或偶见	是，银两票、钱票、银元票、银两、制钱等
存贷业务	前期有，逐渐被禁止	有

表 11-2（续）

对比事项	海关银号	地方官银号（局）
汇兑业务	偶见汇兑，大多通过票号汇兑	本身汇兑
资本金	无或很少	较多
分支机构	偶见	多见

2. 被地方官银号（局）接替

部分设立较晚的海关，海关银号已经被这些官银钱号（局）所替代，如安东海关以东三省官银号作为海关银号，珲春、延吉海关以吉林（永衡）官银号作为海关银号。其中，吉林官银号延吉分号宣统元年（1909年）九月设立，资本额为官帖20万串，经理为冯翔歧；珲春分号宣统二年（1910年）正月设立，资本额为官帖30万串，经理为雷继霖。[①]也有设立较早的海关，如粤海关。1904年11月后，广东官银钱局在广州濠畔街开设，由藩库、关库、广东海防善后局三处共筹备100万元作为资本金，广东官钱局总局下设驻沪官银号和各海关官银号，各海关官银号有：粤海关官银号、琼海关官银号、北海关官银号、三水关官银号、江门关官银号、甘竹关官银号、拱北关官银号、九龙关官银号。这些海关官银号全面接替广东各洋海关的海关银号的业务。

这些地方政府开设的官银号，营业范围广，分支机构多，实力远远大于股实富商开设的海关银号。图11-1为清末民初吉林官银号的库存货币盘点。仅大元宝就有280箱，每箱60枚，小计86.4676万两；外国银条210条，小计20.799万两；小元宝11箱，每箱300枚，计3300枚，小计3.46万两；碎元宝99箱，小计25.6608万两；还有碎宝银8块，小计4.9826万两，另加碎银3纸包。以上共计银两141.3891万两，还不包括银元、官帖、铜元、制钱等货币。[②]从库存银两来看，地方官银号（局）的实力远大于海关银号。

---

① 姜宏业：《中国地方银行史》，湖南出版社，1991年，第35页。
② 《吉林官银号的库存货币盘点》4月16日至5月22日。

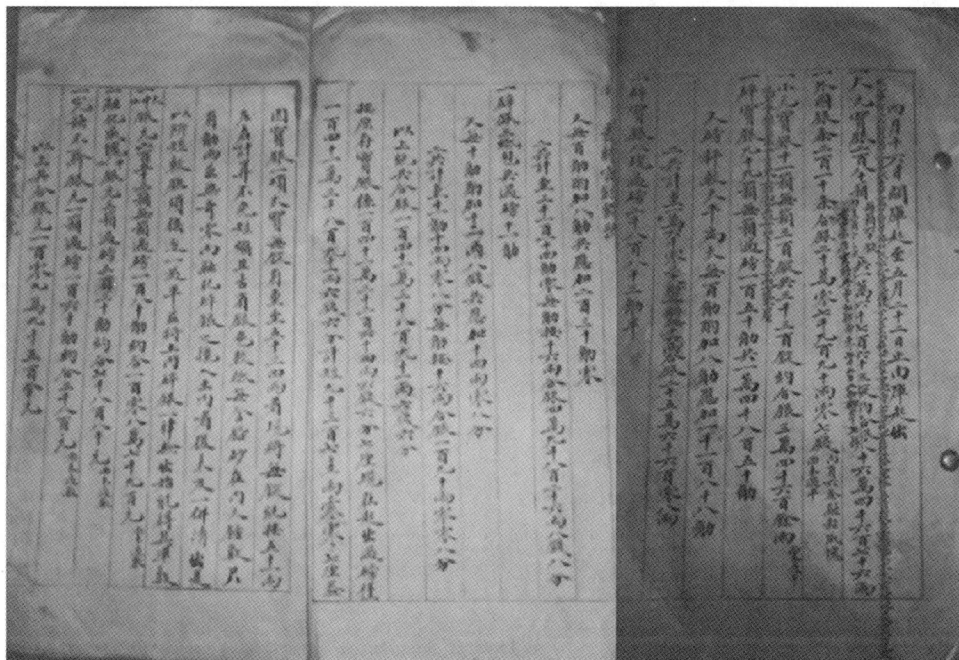

图 11-1　吉林官银号的库存货币盘点

（三）银行接替

光绪晚期，比省官银号实力更强、业务范围更广的银行开始产生，由于有清政府作为后盾，其业务发展较快。银行或与海关银号进行合作，或直接承充或替换新开设海关的海关银号，逐步蚕食海关银号的业务。银行主要为通商银行和大清银行。

1. 银行与海关银号合作

光绪二十三年（1897 年），通商银行设立，对海关银号造成较大的威胁，按照开始时的构想，各通商口岸的海关银号都归并通商银行办理。①

通商银行董事严信厚，开始也说把自己下设的四个海关的海关银号，以及各地票号和通商银行合并，并任命各地号伙兼办通商银行事宜。即闽海关同豫银号、厦海关永丰银号、江汉关协成银号、浙海关源丰银号，以及京城、天津、广东、香港、福州、上海源丰润票号，这些银号及票号都开设多年，各号掌柜诚实可靠，

---

① 陈旭麓、顾廷龙、汪熙：《中国通商银行：盛宣怀档案资料选辑之五》，上海人民出版社，2000 年，第 40 页。

现在各省拟设分行，可以归并，以便节省经费。^①

并且，在设立通商银行章程时，拟定"上海为通商银行总行，将江海关关号归并于银行，通商银行一切度支出人，即由关号之商伙妥为经理，以资熟手。惟关号向来开设新关之侧，现在归并银行后，每日征收关税，若令远赴银行投纳，税务司难以稽查商情，诸多不便，应将逐日征收税饷事宜，仍在原处办理，以顺商情，而免纷歧^②"。

最后，虽然没有把海关银号与通商银行合并，但一些海关银号开始与通商银行合作。如东海关的谦益丰海关银号代理通商银行烟台的业务；九江关的永昌海关银号代理通商银行九江的业务；镇江海关先有通商银行镇江分行，然后开设裕通海关银号。

2. 大清银行承充或替换海关银号

一些新开设的海关，大清银行开始承充海关银号。大清银行前身为户部银行，光绪三十三年（1907年）三月改为大清银行。在大连海关开关的第二年，即光绪三十四年（1908年），大清银行和日本正金银行承充大连海关的海关银号。

1910年11月江海关源通海关银号倒闭，按照清朝度支部的命令，江海关的关税由大清银行上海分行经收；1911年3月，大清银行上海分行正式接手源通海关银号的江海关关税业务，江海关监督及上海分行订立8条接收办法^③，并按照海关银号的收税规则，外国商人递交海关验单给大清银行，大清银行收取关税后开具号收单，并在号收单上加盖银行戳记，五日一期，听候海关监督命令拨付关税。接收办法如下：

（1）按照度支部谕令，源通银号经收江海关税饷银事宜，归大清银行接办。

（2）大清银行接办之后，源通银号立即关闭。

（3）大清银行选派人员经收关税，收税程序，以及填号收簿、缴验存根等事都按照海关银号旧例规则办理，江海关监督会同大清银行总办，可以随时考覆稽查。

（4）商人完纳关税，应提交各种号收。号收由江海关监督印刷后，交大清银行备用，号收必须由大清银行加盖号戳为凭据。

（5）大清银行经收关税，每日按照号收名目分类统计结算。每月逢五逢十，把收款统计结报一次，连同号收根号簿，派人送江海关监督处核对。

（6）大清银行所收税项，每五日一期，需要备足现银，听候海关道提拨济饷。

（7）大清银行经收税项办公经费，以前源通银号每收税百两，在火耗内实提取约规元银一钱，另提平余项下津贴规银二钱四分。现在财政预算内，所列支给银号平余津贴奉命令予以删除。按照度支部指示，关税按照关平上报，但有所变通，所有例支火耗每百两库平六钱，除照原数扣规元一钱充银行经费外，另外，再暂行给予规银二钱四分抵扣平余津贴，其余火耗银两仍按照源通银号旧例，分别解交道署以资办公。

（8）船钞一直不给火耗，税务司经费是司马平，没有平余，照章不给与经费津贴。

宣统年后，海关银号日趋式微，经历上海橡胶金融风暴后，海关银号实力大减。宣统三年（1911年）七月，江海、浙海、瓯海、胶海、营口、宁波、大连等海关的海关银号被大清银行接收；同年八月，度支部要求把津海、粤海、闽海、镇江、芜湖、长沙、重庆、九江、安东等海关的税款，包括海关常税和洋税，均交给大清银行经理。[①]

（四）无人接替

也有少量的海关银号倒闭后，无人接任，由海关衙门临时接管，在海关衙门中收取税收。

如同治八年（1869年）厦门海关苏源盛海关银号倒闭后，海关雇用金永隆银号以前的职员在海关的"公馆"（衙门）内收取征收关税，直到同治十一年（1872年）胡光墉开始在厦门开设海关银号为止。

五、海关银号倒闭后的清理

海关银号倒闭后，资产会被清理。所欠的海关洋税，由于牵涉到列强的战争赔款，需要进行清偿，列强都非常关注，战争赔款为海关银号的优先级清偿款。

同治八年（1869年），厦门海关的苏源盛海关银号倒闭后，厦门海关通过没收苏源盛海关银号开设者及其经理人的财产而追回损失，由于海关银号的业务关联性较广，造成厦门本地商人和一些雇佣买办做生意的外国商人都损失巨大。

---

① 大清银行总清理处：《大清银行始末记》，民国四年七月一日，第195页。

宣统三年（1911 年）义善源破产后，其在江海关的丰裕海关银号也倒闭，当局成立了清理组织。由于海关银号的资产多为货币资金和对外贷款，流动性较强，所以海关银号的资产被首先列为清理偿还对象。破产清理时，丰裕银号持有江海关存放的生息款 28.57 万两库平银；丰裕银号还持有宣统二年（1910 年）六月向江海关借的维持款，共计 30 万两规平银；丰裕银号抵押在江海关监督处的款项。此款项分为三部分：一是交抵丰裕号产及外欠押进的产据；二是查封丰裕股东李培祯扬州、镇江、泰州的产业；三是扣存丰裕股东李经楚所开义善源连号的押产。以上累计金额，扣除所欠江海关的关税外，还有盈余。关于维持款 30 万两规平银，除以上清偿生息款后的剩余款项补足外，由丰裕银号的保人丁介侯（维藩）、宋恩棠（宋恩铨，字两棠）、戴先侪、李志骞（李培祯之子），以及经理人丁介侯、叶纶元等补偿。[①] 根据相关史料的整理，丰裕银号倒闭后，在交通银行三个分行的相关丰裕银号的押款和借款，需要清理的情况如表 11-3 所示。[②]

表 11-3　丰裕银号在交通银行三个分行押款借款情况表

分行名称	银两	金额（万两）	说明
交通银行上海行	义善源沪号丰裕户名押款银	10	印度支那股 702 股
			汇通股 3000 股
			英查华股 500 股
			飞力兵股 100 股
			华安保险公司股 3000 股
			新旗昌股 1600 股
			通商银行股 350 股
	义善源沪号押款银	20	期款，立有期据，又有刘向刍合同、借据各一张，共值银 30 万两作押，并言明内有 8 万两是丰裕名下，不能作抵登明
交通银行汉口行	义善源沪号丰裕户名押银	8	丰裕期票两张，计银 8 万两登明
交通银行营口行	义善源沪号丰裕户名借款银	6	是期票借款，并无押件证明

① 黄鉴晖：《山西票号史料（增订本）》，山西经济出版社，2002 年，第 462 页。

② 黄鉴晖：《山西票号史料（增订本）》，山西经济出版社，2002 年，第 458-459 页。

六、海关银号的结局

（一）税务司取得关税保管权

1911 年 11 月 30 日，代理总税务司安格联提出四条办法，主要内容为两部分：一是要求清政府将全国关税保管权授予总税务司；二是总税务司按照外国银行委员会商定的办法交付关税。以上得到了度支部的同意。从此，外国税务司得到了关税的保管权。[①]清政府覆灭后，税务司代替海关监督得到了保管中国海关关税的权力，即海关的财政保管权被税务司所攫取，但海关的关税收取权力大部分仍在海关银号或中国银行的手中。

（二）海关银号被银行接管

民国元年（1912 年），各地大清银行相继停业，大清银行改称为"中国银行"。1912 年 2 月，中国银行接收了大清银行在江海关（包括江海洋关和江海常关）的业务，并设立收税处，处理收税事项。除了江海关外，其他较大的海关的征税业务也被中国银行接管，也有少部分海关征税业务被交通银行接管。

（三）部分海关银号的延续

民国后，仍有少部分海关的关税由海关银号或地方官银号经收。如民国十五年（1926 年），拱北海关仍为宝行成记银号经收，南宁海关为远和银号经收。表 11-4 为 1926 年 6 月部分没有被银行接管的海关，其经收、存放、汇解关税情况。[②]这些海关或常关，关税收入占比不大。其余海关的海关银号业务，全部被中国银行或交通银行所接替。

表 11-4 没有被银行接管的海关关税情况表

海（常）关名	征税机构	纳税货币		货币换算（关平银 100 两）	备注
		货币名称	所占百分率		
珲春海关	吉林官银号	银元（袁像）	66	150（定率）	—
		日金钞票	33	市价	—
		官帖	1	市价	—

[①] 傅亮：《民国海关税款的保管与分配（1912—1945）》，华东师范大学博士论文，第 26-27 页。

[②] 魏尔特著，陶乐均译：《民国以来关税纪实》，总税务司公署，1926 年，第 16-31 页。

表 11-4（续 1）

海（常）关名	征税机构	纳税货币		货币换算（关平银 100 两）	备注
		货币名称	所占百分率		
延吉海关	吉林官银号	银元（袁像）	61	150（定率）	—
		日金钞票	39	市价	—
厦门常关（石码）	常关自收	银元钞票	40	155.63（定率）	
		银元（袁像、站人、日币）	53	155.63（定率）	
		小洋及铜元	7	市价	
厦门常关（石美）	常关自收	银元钞票	42	155.63（定率）	
		银元（袁像、站人、日币）	50	155.63（定率）	
		小洋及铜元	8	市价	
厦门常关（金门、及刘、五店）	常关自收	银元钞票	60	155.63（定率）	
		银元（袁像、站人、日币）	21	155.63（定率）	
		小洋及铜元	19	市价	
九龙海关	海关自收	香港银元钞票（港纸）	96.48	155.10（定率）	
		香港小洋	3.5	155.10（定率）	
		广东小洋	—	200.4	—
拱北海关（马柳州）	宝行成记银号	香港银元钞票（港纸）	70	155.91	
		小洋	30	—	
拱北海关（前山）	宝行成记银号	香港银元钞票（港纸）	70	155.44	
		小洋	30	—	
江门关（常、洋关）	常洋关自收	全部广东小洋	100	192.06	关平银 100 两 = 银元 156.65 元（定率）= 小洋平均 192.06 元
三水海关	三水关官银号	香港银元钞票（港纸）	100	146.85	关平银 100 两 = 银元 156.65 元（定率）= 港钞票平均 146.86 元
梧州洋关	洋关自收	银元（袁像、龙洋、鹰洋、站人、日币、本洋）	62.5	157.52 ～ 158.43 元	采用称量制
		香港银元支票	36	156.94	—
		小洋	1.5	204.42	—
梧州常关	常关自收	全部广东小洋	100	158.03 ～ 158.26 元	采用称量制

表 11-4（续 2）

海（常）关名	征税机构	纳税货币		货币换算（关平银 100 两）	备注
		货币名称	所占百分率		
南宁海关	远和银号	全部小洋（双豪）	100	282.5	关平银 100 两 = 国币 156.94 元（定率）= 小洋平均 282.5 元
北海关（常、洋关）	常洋关自收	全部银元（龙洋、袁像、站人、日币、本洋、光洋及烂板银元）	100	157.23（定率）	——
龙州海关	海关自收	银元（日本东京造本洋）	85	153（定率）	——
		小洋及铜元	5	153（定率）	——
		银元钞票	10	153（定率）	——
蒙自海关	海关自收	银元钞票	99	155.63（定率）	——
		镍币	1	155.63（定率）	——
思茅海关	思茅官银号	全部银元（中圆）	100	152.51（定率）	——
腾越海关	腾越官银号	银元	85	市价，每月一定	——
		小洋（双角）	14.8	市价，每月一定	——
		制钱	0.2	市价，每月一定	——

下篇

各通商口岸海关银号与银锭的研究

第十二章　粤海关银号与银锭

一、粤海关概况

（一）粤海关的关署

康熙二十四年（1685 年），粤海关关署在省城广州城南的五仙门内，由以前的盐院署改建，也是粤海关监督的办公地。咸丰十年（1860 年），粤海关监督的督衙由五仙门内迁到西郊联兴街，开始大力经营所属常关的征税权。

（二）粤海关的总口和分口

道光年间，粤海关设有 7 个总口和 68 个分口。7 个总口分别是大关总口（广州）、澳门总口（香山县）、乌坎总口（陆丰县）、庵埠总口（海阳县）、梅菉总口（吴川县）、海安总口（徐闻县）和海口总口（琼山县），每个总口又下设若干个分口。按照功能的不同，这些总口和分口又分为正税口（收税口）、挂号口、稽查口。粤海关有 31 个正税口、22 个挂号口和 22 个稽查口，其中挂号口负责报关登记、填写税单，正税口负责收纳关税，稽查口负责船只、货物出入的稽查。①

7 个总口中，大关总口、澳门总口地位较高，由粤海关监督亲自督理。海关监督办公地址除了在广州的大关外，还在澳门设有关部行台，供海关监督稽查时居住。道光二十九年（1849 年），澳门总口迁往黄埔。其余 5 个总口，由委员管理。总口所属子口，由监督或督抚分派家人帮同书役管理。

（三）粤海洋关

第一次鸦片战争后，在道光二十二年（1842 年），清政府根据《南京条约》开设粤海洋关。咸丰十年八月十七日（1860 年 10 月 1 日），粤海洋关在西炮台，即南海县城外的沙基建立官房，作为粤海洋关公所，辖区东至海安、西至大鹏角，专门收取洋税。

咸丰十年（1860 年），根据《天津条约》开设潮海洋关和琼海（海口）洋关；

---

① 梁廷枏撰，袁钟仁点校：《粤海关志》，广东人民出版社，2002 年，第 61 页。

光绪二年（1876 年），根据《烟台条约》开设北海洋关；光绪十二年（1886 年），根据《中英香港鸦片贸易协定》开设九龙海关；光绪十三年（1887 年），根据《中葡北京条约》开设拱北海关；光绪二十三年（1897 年），根据《中英续议缅甸条约附款》开设三水洋关、江门洋关。粤海关是一口通商后，被分割出洋关最多的海关。新开设的洋关，都是在原粤海关下设的口岸中分离出来的，原有的口岸仍收常税。

从海关监督角度来看，粤海关下设的所有常关或鸦片战争后新设的洋关，如粤海洋关、潮海洋关、琼海洋关、九龙海关、拱北海关、北海洋关、江门洋关、三水洋关等，关税都统归粤海关管理，所有常税和洋税，都由粤海关监督统一奏销和拨解；从外国总税务司角度来看，粤海关下设的常关并不属于税务司管理，总税务司管理的仅是粤海关下设的洋关，每个洋关的重要性虽然有所区别，但都在一个行政层级上，每个洋关都设有单独的税务司，每处税务司之间的级别都一样，都隶属于总税务司管理。为应对这个局面，对粤海关下设的这些洋关，由粤海关监督专门派出新关（洋关）委员，负责与洋关的税务司打交道。

二、粤海关的税收

（一）常税洋税分征

从康熙二十四年（1685 年）开始，粤海关监督就开始征收海上出入洋船的货税。① 按照收取对象不同，粤海关的关税分为洋税和常税。

粤海关通商后，外洋进口的夹板船，在虎门挂号封舱，到黄埔停泊，来省关（大关总口）报验；来自暹罗（泰国）、安南（越南）的船只，则归澳门大关（澳门总口）征收；高廉雷琼各府船只，归江门报验；安徽、江西、云贵、川楚等省货物，都从陆路而来，在佛山各行发售；福建、天津、牛庄等处红单船，到抵省城报验。②

第一次鸦片战争后，粤海关对外开放口岸越来越多，直至清末，粤海关洋税、常税一直分开征收。咸丰九年（1859 年）之后，粤海关仿效江海关实行外籍税

---

① 祁美琴：《清代榷关制度研究》，内蒙古大学出版社，第 80 页。

② 王文达：《粤海关统辖口岸考（刻本）》，清光绪六年，第 3-4 页。转引自陈勇：《晚清海关税政研究：以征存奏拨制度为中心》，暨南大学博士论文，2007 年，第 18 页。

务司制度。咸丰十年（1860 年），粤海关在西炮台建立洋关公所后，对外贸易的征税（洋税）已经委托给海关的另一个部门，与负责监督民船贸易的部门截然分开①，即粤海关洋税的征收，在粤海关内部有专门的一个部门管理。但在咸丰十年（1860 年）之前，常税、洋税并未分开奏报，之后，按新定税则征税，粤海关常税和洋税才开始有明确的数据。

"一口通商"时期，粤海关作为征收部分南洋关税和唯一征收西洋"夷税"的海关，关税（包括常税和洋税）定额是其他三个海关之和的数倍。以嘉庆九年为例，粤海关正税和盈余为 899046 两，其他三个海关之和为 273055 两，粤海关是其他三个海关之和的 3.29 倍，这里面主要是对西洋贸易所收的关税比较大。②这时的粤海关大关总口和澳门总口及其子口办理夷船和本港洋船贸易，收取洋税，其中大关总口主要收取来华贸易的西洋关税，澳门总口主要收取暹罗、安南等来华贸易的南洋关税；其他关口，仅是"内地本港船只出入之所"，一般只管理华民帆船贸易，收取常税。

（二）"十三行"的垄断

第一次鸦片战争之前的"一口通商"时期，粤海关全部洋税都由"十三行"商人代纳代缴，"十三行"商人垄断了对外贸易。对外，"十三行"商人成为外商的贸易代理人、纳税代理人和信誉担保人；对内，则是清政府外事方面的具体执行人，负责传达清政府政令，并授权管束外商。

乾隆四十七年（1782 年），经户部会奏，规定出口货物的关税在货物与行商交易时，随货扣清，先行完纳；进口货物的关税，在夷船离开时交纳，并且年清年款。③即出口关税相当于交易即缴，进口关税相当于滞后缴纳，这种进、出口关税扣缴时间不同的规定，导致粤海关出口关税从无滞欠，但进口关税由于滞后缴纳，自嘉庆年间到道光十年（1830 年）都有拖欠，到道光十年已经拖欠 68 万余两。后来修改了规则，之前所欠税饷限道光十一年（1831 年）到道光十五年（1835 年）分五年带征（把所拖欠的关税平均摊入五年，与正常关税一同征收），出口货税仍然立即交纳，进口货物分为已卖货物和未卖货物两类分别交纳，但都要在洋船离开时交纳完毕，否则不予出口。

---

① 莱特著，姚曾廙译：《中国关税沿革史》，生活·读书·新知三联书店，1958 年，第 136 页。

② 陈勇：《晚清海关税政研究：以征存奏拨制度为中心》，暨南大学博士论文，2007 年，第 223 页。

③ 梁廷枏撰，袁钟仁点校：《粤海关志》，广东人民出版社，2002 年，第 322 页。

（三）粤海关税收

乾隆二十二年（1757 年），清政府实行粤海关"一口通商"，其他三个海关，即闽海关、江海关、浙海关对外贸易很少。

粤海关常税自咸丰十年（1860 年）到同治四年（1865 年），大概每年 4.7 万～7 万两；同治五年到光绪九年（1883 年），稳步上升到每年 11 万～20 万两；光绪十年、光绪十一年、光绪十二年突然增长到每年 38 万～40 万两，之后又稳定在每年 20 万两左右。一直到光绪二十九年（1903 年）及清末，每年为 30 万～43 万两。

粤海关洋税从 1843 年到 1845 年的 200 多万两，之后下降，直到 1887 年，都在 100 万～200 万两，其中受太平天国运动影响，1854 年到 1858 年只有 30 万～110 万两，1884 年到清末在 200 万～620 万两。咸丰年间，粤海关洋税收入全国第一的局面被江海关所取代。

咸丰十一年（1861 年）到同治六年（1867 年），粤海关洋税为常税的 20～30 倍，同治七年（1868 年）到光绪九年（1883 年）为 10 倍左右，光绪十年（1884 年）到光绪十二年（1886 年）为 5 倍左右，光绪十三年（1887 年）到光绪二十八年（1902 年）为 17～26 倍，之后到清末又减少为 10～20 倍。

三、粤海关银号

粤海关银号大致分为三类，即粤海常关银号、粤海洋关银号、其他洋关银号。在清代，这些银号所收的关税包括常税和洋税，最终都要上交给粤海关监督。

（一）粤海常关银号

粤海常关银号，为粤海关自设的银号，主要功能是把收缴的粤海关常税（这些常税以外国银元和散碎银两为主）倾镕成粤海关要求的成色和样式（即十两一锭的方鐕）的银锭，上交给粤海关库房。嘉庆十九年（1814 年），粤海关即开始筹设官银号。该年，两广总督蒋彼括上奏："粤东殷富之户存贮洋钱者多，收贮纹银者少，惟地丁盐课关税始用足色纹银，而足色之纹银皆出于倾镕之银号，外省贩货来粤客商，偶有携带苏元杂色之银与洋钱，成色不甚高昂，亦须银号倾镕，方成足色。查藩、运二库各有官银匠，开设银号，倾镕交库，独粤海关向无官银号。所以洋商每年应缴库项一百数十万两之多，惟凭商人各自倾镕，漫无稽考，恐借此影射多倾，以致蔽混，亦不可不防其渐。应请照藩、运二库之例，设立粤海关官银号数家，以专责成，不使稍滋弊窦……"①

从广东方镈的藩纹和盐纹实物来看，清末确实出现了包揽藩库倾镕的"五家头"，以及包揽运库倾镕的"六家头"。"五家头"即裕祥、大昌、德昌、宝源、阜安五家银炉，由藩署批承开设，专铸藩库银；"六家头"即永安、谦受、厚全、宝聚、泗隆、慎诚六家，由盐运司批办，专铸盐库银。②粤海关仿照铸造藩纹和盐纹银锭的官银号（炉），自设了海关官银号。

这时候粤海关上奏设立的官银号，实际上为粤海常关的银号，应属于粤海关本身的官银号，是粤海关的一个内部组织，并不是一个社会上的金融机构，不自负盈亏和独立核算，发生的费用由粤海关全额负责，并且功能仅为倾镕银两并上交库房，与第一次鸦片战争后《南京条约》规定的海关银号显然不同。

（二）粤海洋关银号

第一次鸦片战争之前的粤海关洋税，全部由"十三行"商人负责向洋商收取，然后倾镕成银锭，上交给粤海关监督库房。第一次鸦片战争后，"十三行"垄断被《南京条约》的规定取消，"十三行"商人自寻银号（匠）倾镕粤海关洋税银两的旧俗也随之瓦解。《南京条约》规定要寻觅殷实铺户，设立海关银号，代表清政府官方收税。这时候，真正意义的官方设立、官方督办，商人承充、自负盈亏的海关银号开始出现。由于粤海关之前"一口通商"的特殊地位，其他四个新开放的口岸都唯粤海关马首是瞻，粤海关各种收取洋税的做法影响到其他四个新设的海关，粤海关也是第一个设立海关银号的海关。

粤海洋关海关银号分为三个阶段：第一阶段从道光二十二年到光绪十年，为高恒茂海关银号；第二阶段为之后的沈贞祥海关银号；第三阶段为慎裕银行（号）和广东官钱局开设的海关银号。第一次鸦片战争后到光绪末年之前，每一时间段仅有一个海关银号，粤海洋关的海关银号收取洋税具有一定的垄断性。粤海洋关每个阶段的海关银号分述如下：

---

① 中国第一历史档案馆、澳门基金会、暨南大学古籍研究所：《明清时期澳门问题档案文献汇编》，人民出版社，1999年，第335页。

② 区季鹜编著：《广州之银业》，民国二十一年，第2页。

1. 高恒茂海关银号

（1）高恒茂海关银号概况

高广恒海关银号在第一篇中有较为详细的描述。高恒茂银号开设时，银号的号东名叫高洪利，也叫高广恒。在第一次鸦片战争之前，他是一名货币兑换商人，应该在广州城内极有影响力，参与了粤海关外国银元的倾镕试验，此试验结果得到了其他海关的认可，具有很高的权威性。道光二十四年（1844 年），高恒茂海关银号又增加了四个合伙人，即高德隆、陈合盛、谭正德、高合益。

高恒茂海关银号在广州有两处店铺，主店铺位于灯笼街，离粤海关署步行大约 10 分钟路程，在粤海关衙门的隔壁有一个小的海关银号分店。

（2）高恒茂海关银号收取的特殊费用

高恒茂海关银号在收取茶叶出口的关税时，还要额外收取每担茶叶 0.162 两的特殊费用，这些钱款为归还第一次鸦片战争之前"十三行"商人伍浩官（伍敦元，开设怡和行）等人对洋商的 120 万两的欠款。道光二十一年（1841 年）四月，由靖逆将军奕山会同参赞大臣、都统、督抚两院下令，先由广东藩库代缴给洋商，然后由行商分年限交给藩库。道光二十三年（1843 年），"十三行"垄断对外贸易的局面被终止后，无力缴纳该款，清政府采取了通融的做法，即原茶栈都归原"十三行"商人经理，茶栈中有茶用银为每担五钱，由于第一次鸦片战争后政府不再收取此项费用，就从五钱中拿出两钱，再打九折，即每担茶叶中允许收取一钱八分，由粤海关海关银号高恒茂代收交给伍浩官，用于归还藩库的借款。但到了咸丰十一年（1861 年），又定下新章程，每担一钱八分再打九折，变成每担饷平纹银一钱六分二厘，由高恒茂海关银号在完纳粤海关出口茶叶关税中代扣代缴。①

（3）高恒茂海关银号的垄断

由于高恒茂海关银号由粤海关监督指定开设，并独家垄断洋税的收取，其地位非常高，于是在货币兑换方面玩弄花样。高恒茂有大量钱款可以过手，可以用过手钱款在兑换率（银元兑换银锭）上进行操作，因此这方面的收入很高，本地的商人对他们敢怒不敢言。

光绪四年（1878 年）左右，高恒茂海关银号雇佣 40 ～ 60 人，官方规定，银号开销的拨款经费（佣金）按照收取的关税每 100 两扣除八钱给予高恒茂海关

---

① 高崇基：《东粤藩储考》（光绪十五年，卷 7-12），哈佛大学汉和图书馆藏，第 589-591 页。

银号，但经费仅占整个高恒茂海关银号收入的一小部分。

高恒茂海关银号除了经收粤海洋关的关税外，还在潮海洋关（汕头海关）、琼海（海口）洋关、北海洋关等地开设分店，经收洋税。

由于国外银元中的新式银元不断出现，道光二十三年（1843 年）高恒茂（广恒）的试验结果不能满足要求，同治十一年（1872 年）二月，鉴定国外银元成色的工作仍由粤海关高恒茂海关银号负责试验，中外双方共同见证记录。[①]

2. 沈贞祥海关银号

高恒茂海关银号在光绪七年（1881 年）倒闭，《申报》于 1881 年 9 月 3 日报道，1881 年，粤海洋关的高恒茂官银号亏损数十万，突然倒闭，由于高恒茂海关银号一直经收粤海关洋税，粤海关监督派人立即将高恒茂及合伙人的房屋、财务等查封，以换回损失，并对此批评说："甚至库款常存商号，如遇支放，随时提回者。近日市风坏极，殷实商家相率而倒，其数恒至百十万。假令其全盛时，官宪不为深信，无有巨款往来，则生意中人亦何必侈应酬、扯场面，起居阔绰，挥霍自豪，以驯致于外强中干之势哉？然则号商之倒，大半官款误之也。"[②]痛斥了商号（包括海关银号）为政府垫款从而收取利息和好处，官商勾结，导致社会动乱的局面。

光绪七年（1881 年），高恒茂银号倒闭后，由沈贞祥银号接任粤海关的海关银号。之前的沈贞祥银号是为粤海关铸造税银，接任后沿用了在每担出口茶叶中收取 0.162 两额外费用的做法。到光绪十一年七月初一（1885 年 8 月 10 日），已经还清广东藩库 120 万两的垫支款，但沈贞祥银号仍继续收取此项费用，作为归还伍浩官代省政府支付 200 万元第一次鸦片战争中的首期赔偿款。[③]

3. 慎裕银行（号）及粤海关官银号

慎裕银行（号）的记载，见于光绪二十六年六月十二日（1900 年 7 月 8 日），日本驻广州领事上野吉一的报告，大意为：银行业者，大都在广州城西太平门外的打铜街、西荣巷、灯笼街及城内濠畔街、小市街等处开张，而外国银行都开设在沙面的居留地。其中，承办关税由官银行（号）承担，其一为拱月门的慎裕银

---

① Text Book of Modern Documentary Chinese：For the Special Use of the Chinese Customs Service，VOL I［M］. Friedrich Hirth，Pub. at the Statistical department of the Inspectorate general of customs; and sold by Kelly & Walsh，limited，1909.

② 《解饷不宜常由号商汇兑论》，载《申报》，1884 年 4 月 25 日。

③ 高崇基：《东粤藩储考》（光绪十五年，卷 7-12），哈佛大学汉和图书馆藏，第 591 页。

行，则专门用纹银即马蹄银收付关税；其二为兴隆大街的粤海关官银号，则专门经收中国发行的银币及纸币关税，对于纹银，则负责兑换。①

这时的慎裕银行和粤海关官银号都为粤海关官银号，已经有所分工，慎裕银号代理以纹银缴纳的关税，粤海关官银号收取以银币、纸币缴纳的关税，如同高广恒银号的总店和分店，这时的沈贞祥银号应该已经倒闭。1901年12月7日，粤海关发布布告：本月10日关闭前代收关税的慎裕银号，在原址设立粤海关官银号，办理有关税捐的收款业务。②于是，慎裕银号于当年12月10日关闭，其代理缴纳关税的业务被粤海关官银号所取代。

1904年11月，广东官银钱局在广州濠畔街开设，由藩库、关库、广东海防善后局三处共筹备100万元作为资本金，由山西票号源丰润担保，归善后总局管辖。其主要业务是发行钞票，代造币厂购买生银，办理善后局拨来官银钱局铸出银毫的发行、总换铜元、纸币等业务。官钱局总局下设驻沪官银号和各海关官银号，驻沪官银号即上海分局（1908年9月成立，1912年8月结束），1912年10月、11月，又先后在香港、汕头分别设立分局；各海关官银号有粤海关官银号、琼海关官银号、北海关官银号、三水关官银号、江门关官银号、甘竹关官银号、拱北关官银号、九龙关官银号。③

政府开设的官银号由于为政府开设，比海关银号实力更强、业务领域更宽，其介入关税的收缴工作后，开始蚕食海关银号的关税收缴工作。随着广东银元的铸造，使用银元缴纳关税逐步成为主流，由于慎裕银号仅接受用纹银缴纳关税，业务也随之被逐步压缩。

（三）其他洋关银号

1. 潮海洋关的海关银号

潮海洋关容易和潮海新关混淆。实际上，潮海洋关征收洋税。潮海新关为新设的常关，征收常税，其地址为在澄海县所辖的汕头妈祖庙，原庵埠总口及其小口（以后都称为旧关）均归其管辖，庵埠总口变成了小口。但潮海新关仍属于粤海关管辖。咸丰九年十二月初九（1860年1月1日），潮州新关开始征税。④

① 中国人民银行山西省分行、山西财经学院：《山西票号史料》，山西人民出版社，1990年，第314页。

② 孙修福、何玲：《中国近代海关史大事记》，中国海关出版社，2005年，第127页。

③ 广东省地方史志编纂委员会：《广东省志·金融志》，广东人民出版社，1999年，第168页。

④ 孙修福、何玲：《中国近代海关史大事记》，中国海关出版社，2005年，第9、16页。

（1）潮海洋关银号

咸丰十年（1860年），根据《天津条约》，潮海洋关设立，地址也在妈祖庙，开始收取洋税，粤海关的高广恒银号在此设立分号。潮海洋关海关银号负责人为何福荫，广东南海县人，光绪三年（1877年）由粤海关监督任命，他通过捐纳取得了四等头衔虚职，以何守益银号的名义经营，但从同治九年九月初六（1870年9月30日）潮海洋关助理税务司吴秉文（Huber）致信粤海关监督的信函来看，潮海洋关虽以何守益银号的名义经营，但背后的东家仍为省城的高广恒银号，凡事仍听高广恒指挥。银号日常工作由雇员丁价维打理，除了丁价维外，还有10名助理人员，其中有4人负责账户管理，3人负责检查和称重，另外3人作为联络员或者在工作繁忙时负责帮忙（检查和称重）搭下手。

（2）银号被劫

同治元年十一月十四日（1863年1月3日）晚，海盗郭泳馨（钦）等数十人驾船由海面窜到妈屿岛，撞开高广恒银号大门，将海关存储备解的饷银六万两，还有银号本身收存及洋关税务司等寄放银两二万余两全部洗劫，搬到船上后立即逃离。后经潮阳、澄海两县及澄海营全力追缴，将首犯郭泳馨等三十名抢劫者抓获归案。同治二年八月十九日（1863年10月1日），署两广总督晏端书和广东巡抚黄赞汤上奏，高广恒海关银号被盗案破案，郭泳馨等被正法，抢劫案办结。

这次抢劫事件促使高广恒银号立即搬迁到潮州，不久，潮州新关全部业务也迁至市区，关址设在老妈宫对面的新关街内。到了同治四年（1865年）九月十三日，潮海洋关也迁进汕头。

同治七年二月十七日（1868年3月10日），澄海县王县令公函称，潮海新关前左旁海坪新填地基经过潮海新关（实际上为本书所称的潮海洋关）俞委员批准，割出一半给银号广福恒（应是高广恒银号）变价，归还垫款。同年二月二十七日（1868年3月20日），澄海县王县令发给高广恒银号土地执照，并通知新关委员。高广恒银号占用土地宽、深共四百四十丈。①

2. 琼海洋关的海关银号

咸丰十年（1860年），琼州海关根据《天津条约》开设，即琼海洋关。其原为粤海关下设的琼海总口。1878年2月1日，根据琼海洋关助理税务司施德

---

① 汕头海关关史陈列馆，同治七年二月十七日，钦加五品衔署澄海县正堂加十级记录十次王；光绪七年二月二十七日，澄海县正堂加十级记录十次王。

明的报告，琼海洋关的海关银号负责人是粤海关高广恒海关银号经理指派的，也是粤海关高广恒海关银号的分店。海关银号不允许涉足贸易，该海关银号除了负责人之外，员工还包括 2 个职员和 2 个佣人。

3. 北海洋关的海关银号

光绪二年（1876 年），北海洋关根据《烟台条约》开设。光绪四年（1878 年），根据北海洋关税务司吉德·麦基恩的报告，北海洋关的海关银号是高广恒银号，也是粤海关银号的一个分店。其职员由 4 人组成，1 个主管、1 个职员和 2 个钱币鉴定师，海关银号有两套砝码，分别用于收入和支出。

光绪七年（1881 年），高广恒海关银号因管理不善而倒闭，转由永安银号接办，到光绪三十年（1904 年）官办银号成立之前，先后有兆康、陈有合、海记、慎裕等银号代理过海关收税业务。北海洋关最早设置的官办银号是光绪三十年（1904 年）由广东官银钱局设立的官银号，代收外商税款。其中慎裕银号也为光绪末年粤海洋关的海关银号。1915 年 2 月，北海汇兑所成立，代替北海洋关海关银号代收关税。[①]

4. 九龙海关和拱北海关的海关银号

同治十一年（1872 年），时任粤海关监督的崇礼在国内船舶走私鸦片猖獗的广东香山县属的马骝洲、前山两处，新安县属的九龙寨、汲水门、长洲、佛头洲四处，创设税厂，征收来往香港、澳门各货税项。上述地方后改设九龙海关、拱北海关。

光绪十二年（1886 年），根据《中英香港鸦片贸易协定》，九龙海关在香港开设；光绪十三年（1887 年），根据《中葡北京条约》，拱北海关在澳门开设。于是，此两关的税厘征收权，被总税务司剥夺。此两海关收取国内船只关税，即常税，与其他洋关收取洋税不同。[②]戴一峰也指出，九龙海关虽名为洋关，实具常关性质。[③]

（1）九龙海关的海关银号

香港九龙海关接管了原设于香港周围，由粤海关监督管辖的 4 个常关关厂和

---

① 吴小玲：《陈济棠主粤与广西沿海地区的近代化》，载《学术论坛》，2013 年第 3 期总第 266 期，第 117 页。

② 拱北海关志编辑委员会：《拱北关史料集》，珠海拱北海关印刷厂，1998 年，第 10 页。

③ 戴一峰：《近代中国租借地海关及其关税制度初探》，引自中国海关学会：《中国海关史论文集》，中国海关出版社，1996 年，第 254 页。

厘金局站卡①，九龙海关征收的所有税厘，都在当地洋药官栈的银号里完纳（具体银号名称不详），由税务司派员征收。因税务司住香港英界，附近没有关库，税银只能就近缴交设在香港的汇丰银行，然后按期（一般为一年）分拨于督抚和海关监督。②

（2）拱北海关的海关银号

澳门的拱北海关接管了粤海常关马骝洲和前山两个税厂及关闸、石角、吉大三个缉私分卡。代理拱北关收税的银行（号），于1877年4月2日经指定由澳门的"的见洋行"（Messrs. Deacon）暂时代理，6月1日起，改由澳门宝行银号代理。③鸦片税厘、百货常关税、厘金和经费征收后，存入澳门的宝行成记银号里，银号签发据，由交款人送回海关总务课高级帮办保存。宝行成记银号由汇丰银行授权，代表汇丰银行收取税款。海关每月和宝行银号结账一次，将银行的数字和拱北海关的记录作一次比较，所收到的全部税款分别记入总税务司的四个账号内（分别是OM、GM、LM和FM），并记入一本由宝行银号保存的转让账簿中。然后，这些钱款由宝行银号负责转交给香港汇丰银行。宝行银号按协议规定，可以收取3‰的手续费和1.25‰的汇费④，即宝行银号相当于拱北海关的海关银号。

宝行成记银号由卢华绍开设，卢华绍又名卢九，字育诺，号焯之，广东新会潮连乡人，生于1848年11月10日，卒于1907年12月15日。他于1857年来到澳门，后来创立宝行银号，为澳门著名商人，实际上，卢九家族的生意，除了宝行银号"业钱银找换"外，还涉足赌博、鸦片、工业、贸易、房地产，甚至走私等。⑤卢九还投资了另一家银号，即泰和银店。1908年3月，由于多位股东去世，泰和银店倒闭。⑥

戴一峰提到，光绪十三年（1887年），赫德侵夺粤海关常关权力，建立九龙、拱北两个海关时，便将这两个海关的税收全部交由汇丰银行经管，由汇丰银行取

---

① 孙修福、何玲：《中国近代海关史大事记》，中国海关出版社，2005年，第76页。

② 陈勇：《晚清海关税政研究：以征存奏拨制度为中心》，暨南大学博士论文，2007年，第158-159页。

③ 孙修福、何玲：《中国近代海关史大事记》，中国海关出版社，2005年，第76-77页。

④ 拱北海关志编辑委员会编：《拱北关史料集》，珠海拱北海关印刷厂，1998年，第394页。

⑤ 林广志、吕志鹏：《澳门近代华商的崛起及其历史贡献——以卢九家族为中心》，载《华南师范大学学报》（社会科学版），2011年2月，第42-45页。

⑥ 林广志：《晚清澳门华人赌商的产业投资及其特征》，载《华南师范大学学报》（社会科学版），2009年第6期，第136-143页。

代海关银号的地位。①但实际上，当时汇丰银行只是取代了粤海关监督的洋税保管权。拱北海关收取关税和暂时保管关税的权力仍在宝行成记银号手中。

5. 江门洋关的银号

光绪二十四年（1898 年），江门洋关根据《中英续议缅甸条约附款》开设。江门洋关开设后便在广州汇丰银行开户。江门最富的谦吉堂银号由广州顺安银行以 15000 两银子担保，自口岸开放时就经营海关关税（常税和洋税），实际上，谦吉堂银号只是江门海关税收的暂存库房，仅履行海关银号的部分职能。海关税收员每晚把洋关和常关的关税存入谦吉堂银号，月底，税收员交进洋关、常关税收报单，并从谦吉堂银号收取汇去税款后汇丰银行的收据，制作银行结存证明，由海关税收员核对盖章。1926 年 3 月谦吉堂银号陷入困境，暂时无法履行义务。②

1911 年 11 月 15 日，广东革命政府大都督胡汉民致函粤海关税务司，同意所有常关、洋关税收用税务司名义存入汇丰银行，并以粤省都督府名义致电潮海、北海、琼海、江门、三水各税务司统一执行。③至此，粤海关中所有洋关、常关关税的保管权，改为税务司指定的汇丰银行进行保管。

四、粤海关银锭

粤海关关税分为洋税和常税，银锭也可以分为洋税银锭和常税银锭。其中，粤海关洋税银锭以第一次鸦片战争为界限，分为两个时段。

（一）第一次鸦片战争前的洋税银锭

第一次鸦片战争之前，粤海关洋税由"十三行"商人包揽，并上交给粤海关监督。其银两的表现形式为粤海关方錾银锭，十两一锭，大部分为门字型三戳，少部分为单戳（十三行名）或双戳（十三行名＋银匠名），其中三戳"十三行"银锭上为行商名，左右分别为年月和银匠名。由于"十三行"代铸代缴粤海关洋税，因此，不涉及重新倾镕问题。此阶段，粤海关的洋税从征收到熔成银锭，再到上缴关库，均由"十三行"的行商负责。如图 12-1 的福隆方錾，应为"十三行"行商福隆行上交给粤海关的洋税。

---

① 戴一峰：《近代中国海关和中国财政》，厦门大学出版社，1993 年，第 64 页。

② 中华人民共和国江门海关：《江门海关志 1904—1990 年》，内部刊物，1996 年 6 月，第 196 页。

③ 孙修福、何玲：《中国近代海关史大事记》，中国海关出版社，2005 年，第 173 页。

图 12-1 银锭文字：福隆　道光七年　□月合兴（孙以欣藏品）

（二）第一次鸦片战争之后的洋税银锭

第一次鸦片战争后，粤海关按照条约规定，设立了高恒茂海关银号。

根据 Robert Morrison 的记载，广东的税收银锭都是十两重。他还详细记录了 35 枚作为第一次鸦片后清政府的战争赔款被送往造币厂的银锭，除了 2 枚为五十两外，其余 33 枚都为广东十两方鐕银锭。这 35 枚银锭被分为 13 种[①]。

《中国商业指南》记载："此市场（广州）中最知名的和主要流通的银锭有四种。一是藩库锭：主要来自布政使司库。二是元宝锭：外形像鞋子。以上两种都是按照足色银两收纳。三是关饷锭：关监督（户部）银两，折算成足色银两时，每 100 两需要 1 钱到 5 钱的小额折色。四是盐饷锭：盐运使司的银两，折算成足色银两时，每 100 两需要 5 钱到 1 两的小额折色。外商缴纳进出口关税的店铺或商号，名叫恒茂和合盛。上述公估化验的合伙人店铺，叫广恒号，在广州城中[②]。"

根据以上记载，粤海关的银锭（上述的关饷锭）并不是足色银锭，每 100 两需要贴水 0.1 ~ 0.5 两。成色比藩纹（上述的藩库锭）的足色要低，比盐纹（上述的盐饷锭）要高。外商缴纳关税的海关银号叫高恒茂和陈合盛。高恒茂有四个合伙人，即高德隆、陈合盛、谭正德、高合益，可能除了高恒茂为最大股东外，

---

① S. Birch. Sycee Silver. The Numismatic Chronicle and Journal of the Numistmatic Society，April 1844−January. 1845. Vol. 7 Published by Roya Numismatic Society，pp.177−179.

② J.R Morrison. A Chinese commercial guide 3rd Edition［M］. printed by the office of Chinese Repository Canton. 1848，p.213.

陈合盛所占股份较大，允许开设店铺交税，其余三者所占股份较小。目前粤海关银锭铭文中，除了高德隆、谭正德外，其他三者都有发现。

粤海关银锭按照铭文分为四种类型。门字型戳记，上面都有粤海关铭文，左右分别为年月和银号的，称为 A 型；左右都为纪年的，称为 B 型；左右为年月的，称为 C 型；左右都为纪月的，称为 D 型。其中，A 型应都为粤海关的洋税，B 型和 C 型应为粤海关的常税，D 型性质不明。A 型又分为粤海关银号倾镕和其他银炉倾镕两种。

1. 粤海关银号倾镕

A 型银锭发现较多，其中部分银锭上的银号名，为有记载的海关银号名，如高恒茂、高广恒、陈合盛、高合益、沈贞祥等。光绪四年（1878 年），高恒茂从业人员只有 40 ~ 60 人，而此时的粤海关仅洋税就有 177.3 万两，可以推测，如果全部洋税都倾镕成粤海关银锭，高恒茂下设的银炉显然无法满足倾镕的要求。如果外商需要交纳零星的小额关税，采用银元时，则需要到海关署的隔壁，高恒茂在那儿开设有一个小的海关银号分店，路途更近。

图 12-2　银锭文字：粤海关　咸丰三年　十二月高恒茂（孙以欣藏品）

粤海关的海关银号和海关银号的分号在收取关税时，对银两的要求并不一样。1878 年，粤海关的海关银号在灯笼街的主店铺收取的税饷，一直采用（足色）纹银，无须纹水。这样，外商无足色纹银时，需要到附近市场上进行兑换。但商人应交的邮费、罚款、轮船牌照等，一律按照洋银向海关银号折算（足色）纹银，每百两补交纹水十三两五钱。粤海关海关银号在附近大关设立的分号专收零饷，为方便商人考虑，也收取洋银。[①]

高恒茂也以高广恒名义铸造银锭，如图 12-3 所示。

图 12-3　银锭铭文：粤海关　同治二年　二月高广恒（孙以欣藏品）

另外，高恒茂银号除了收取关税外，还以"广恒"的名义从事一般的商业生意，其签署的所有支票上都盖有"广恒"的印章。图 12-4 的"广恒"十两方鐕，应是这一记载的实物验证。

图 12-4　银锭铭文：广恒　咸丰元年　八月合记（陈华雄藏品）

图 12-5 为粤海关沈贞祥海关银号所铸的银锭，时间为光绪十五年十一月，

---

① 广东财政科学研究所、广东清理财政局：《广东财政说明书》，广东经济出版社，1997 年，第 180-182 页：
"遵查咸丰九年十二月间，潮州、汕头、海口设立新关，所收税饷例应纹银，而各商均缴番银，应照时价补水，该处向无纹水行情，且所收饷银必须运解来省方能换易纹银，省中纹水长落亦无定，亦难悬拟。"

也是目前发现时间最晚的粤海关银锭。同年，广东银元局已经试铸银币，次年正式铸造银元，重量、成色均仿照当时清朝流通最广的墨西哥银元。银元流通顺畅，使粤海关银锭倾镕业务受到巨大冲击。

图 12-5　银锭铭文：粤海关　光绪十五年　十一月沈贞祥（上海泓盛 2018 年秋拍 lot0108）

2. 其他银炉倾镕

粤海关海关银号专收（足色）纹银的规定，使得一些银号、钱庄等金融机构开始在粤海关附近开设银炉，为粤海关倾镕税银。银锭成色必须达到粤海关监督制定的标准，为足色纹银，样式也与粤海关海关银号所倾镕的银锭一致，于是，出现了不是粤海关海关银号的银炉（匠）名称。据推测，这些银炉（匠）不但需要取得粤海关监督的执照，还需要粤海关海关银号的认可。

目前，发现有郑兴隆、秦永合、王福昌（福昌）、吕大生、欧广泰、高永昌、青广□、周永兴、何泰丰、张和盛等银炉（匠）名。除了吕大生为咸丰年藩库的银匠外，其余银匠与藩库、运库银匠名并不重合。外商的代理人、买办或通事到海关银号缴纳关税时，由于海关银号位于灯笼街的主店铺不收银元，他们需要到附近把外商的银元兑换成海关银号认可的银锭，而海关银号的主要业务为收取关税，倾镕银两只是附带业务。目前发现的道光末年粤海关银锭有郑兴隆、秦永合、王福昌等银匠，可能开埠后，已经有所分工，即除了海关银号高恒茂、其合伙人陈合盛可以开设银炉，为粤海关倾镕银两外，其他几家的银炉也为粤海关和海关银号所认可，买办或通事可以与这几家银号兑换银两，上交海关银号。

图 12-6　银锭铭文：粤海关　同治十一年　六月郑兴隆

对潮州洋关、北海洋关来说，从咸丰十年（1860 年）开关开始所收取的关税，基本都为国外洋元，并不就地倾镕成银锭，而是运到广州省城兑换成粤海关的银锭，再上解粤海关。也可能这些税银不都由粤海关海关银号所倾镕，而是寻觅粤海关和海关银号认可的银炉铸银上解。

从本章后面表 12-1 的统计实物来看，粤海关洋税银锭普遍重量较足，除了个别在 360 克左右外，绝大部分在 374 克以上，其中 31 枚有重量计量的银锭，平均重量达到 375.4 克。

（三）粤海关常税银锭

粤海关常税银锭分为 B、C 两种类型，分别为上解常税和存留常税。此两种类型银锭在同治初年后很难发现，可能已经转换为银元上解和存留。

1. 上解常税

粤海关的常税，即国内贸易的商税由监督派人收取，海关要将收缴的零碎银两熔成银锭，在熔销中会有一定的损耗。实际加征的耗银远多于损耗之银，这个差额叫耗羡。粤海关对于必须熔铸的银子，每千两给予三钱的倾镕费用和损耗，这也是所谓的"倾销折耗[①]"。

粤海常关下设的税口，一直由粤海关监督派出的人员收取常税，不经过海关银号之手。如光绪十三年六月二十六日（1887 年 8 月 15 日），总理衙门为六厂税务致两广总督张之洞电文中提到，各海关（洋海关）按照收税章程，税务司

[①]　陈国栋：《清代前期粤海关和十三行》，广东人民出版社，2014 年，第 109 页。

验货后，应当缴纳的关税（洋税），由商人到海关监督设立的海关银号缴纳。粤海洋关、潮海洋关、琼海洋关、北海洋关四关所收洋税银两，都需要交给粤海关监督指定的海关银号，但粤海、潮海、琼海、北海四关所收常税银两，都由海关监督派员征收。香港九龙、澳门拱北海关为特例，虽征收常税，但需要交给海关监督指定的海关银号。征收的银两，交给粤海关内设银号铸成粤海关银锭。图12-7为咸丰四年粤海常关银锭。

图 12-7　银锭铭文：粤海关　咸丰四年　咸丰四年　足纹银

第一次鸦片战争之前，就有粤海关常税。嘉庆十九年粤海关设立自己的官银号后，由自设银号倾镕，表现形式也为粤海关方镨银锭，十两一锭，门字型三戳，上为粤海关，左右都为纪年，由于为自设银号，没有署名银匠名，比如"粤海关咸丰十年　咸丰十年"十两方镨银锭。

粤海关常税为定额制，倾镕银锭时仅具纪年。由于此时的常税数量不多，每年只有几万两，内部银号主要为倾镕税银，应该可以顾及，没有必要打印上银号名称。另外，洋税为尽收尽解，月份变化较多。

粤海常关所倾镕的上解常税银锭，左右都为纪年，以道光、咸丰年为主，仍延续了粤海关自设倾镕银号的做法，部分加有戳记，如连茂、足纹银等。足纹银之意，可能为了区别与海关银号的银两成色。

2. 留存常税

这部分粤海关银锭右边纪年，左边记月，可能是粤海常关为了留存用，出自粤海关自设的倾镕银号（见图12-8）。此类银锭在第一次鸦片战争之前已经存在。

图 12-8　银锭铭文：粤海关　道光十三年　五月日（诚轩 2019 年春拍 1891）

粤海关常税银锭，无论是 B 型还是 C 型，除了少部分外，大部分重量偏轻。根据表 12-2 和表 12-3 的统计，15 枚有重量记录的 B 型银锭，平均重量为 365.6克；5 枚有重量记录的 C 型银锭，平均重量为 358.9 克，都远小于 A 型银锭。

（四）南海关银锭

目前发现两枚南海关铭文的银锭，为门字型戳记，上为"南海关"，左右铭文相同，分别为"咸丰三年 咸丰三年"，以及"同治二年 同治二年"。南海关可能为澳门总口，澳门总口地位较高，除粤海关监督亲自督理外，还在澳门设有关部行台。道光二十九年（1849 年），澳门总口迁往黄埔。之所以称为"南海"，可能是澳门总口主要收取南洋等国家，如暹罗（泰国）、安南（越南）等的关税。南海关银锭应该也是粤海关洋税银锭。

图 12-9　银锭铭文：南海关　咸丰三年　咸丰三年（孙以欣藏品）

（五）粤海关银锭的特点

从粤海关银锭的统计资料来看，粤海关银锭都统一署名粤海关，粤海关下设的洋关和常关并没有署名，这与银两征收、倾镕、上解等业务统归粤海关监督管理有关。清代海关虽常关、洋关并立，但并不分立，海关的财政权仍在海关监督手中，倾镕权仍由海关监督负责，不铭"洋关"，也反映了海关监督虽部分大权旁落，但仍掌握税权的现象。

粤海关银锭有以下几个特点。

1. 器型重量统一

粤海关银锭都为方鐪型，十两一锭。

2. 铭文格式一致

粤海关银锭铭文以"门"字形排列，上面为粤海关，左右分别为纪年、月 + 匠名，或左右都为纪年，或左右都为纪月，或左右分别为纪年 + 月日。

3. 变化较小

粤海关银锭从道光年到光绪年，器型、铭文几乎没有变化，不像藩纹，变化较大。

4. 商交关税

第一次鸦片战争之前，粤海关洋税都由"十三行"代缴，由"十三行"商人自铸或其他银号代铸，上面有"十三行"行商的行名。

5. 部分官督商办

第一次鸦片战争后，"十三行"商人特权被取消，海关银号代替了"十三行"商人的税银收缴权力，但银锭的倾镕开始社会化分工，很多外部银号参与了粤海关关税银两的倾镕工作。

光绪十五年，广东开始铸行银币，银币可以上交关税，导致粤海关银锭几乎消亡。

表 12-1　粤海关洋税银锭表

序号	关名	纪年	月 + 匠名	重量	出处	加戳
1	粤海关	道光二十八年	四月郑兴隆	—	网络	—
2	粤海关	道光二十九年	三月郑兴隆	—	中国钱币博物馆	—
3	粤海关	道光二十九年	十一月高恒茂	376	嘉德 2007 年秋拍 5393	杨

表 12-1（续 1）

序号	关名	纪年	月 + 匠名	重量	出处	加戳
4	粤海关	道光三十年	七月秦永合	—	网络	—
5	粤海关	道光三十年	八月王福昌	366.4	诚轩 2011 年春拍 1667	—
6	粤海关	道光三十年	十一月高恒茂	—	胡涛	—
7	粤海关	咸丰元年	四月高恒茂	376	大晋浩天 2013 年春拍 6081	—
8	粤海关	咸丰元年	四月王福昌	378	林崇诚	—
9	粤海关	咸丰元年	七月郑兴隆	—	网络	义源
10	粤海关	咸丰元年	八月陈合盛	374.4	树荫堂 864	—
11	粤海关	咸丰元年	十一月高恒茂	—	网络	—
12	粤海关	咸丰元年	十二月高恒茂	376	中国银锭 820	—
13	粤海关	咸丰二年	五月高恒茂	390	网络	—
14	粤海关	咸丰二年	五月银匠吕大生	363.1	嘉德 2006 年春拍 3099	—
15	粤海关	咸丰二年	六月陈合盛	—	网络	—
16	粤海关	咸丰二年	六月王福昌	372	嘉德 2006 年春拍 3094	永记
17	粤海关	咸丰二年	六月王福昌	371	华夏藏珍 2011 年春拍 1620	—
18	粤海关	咸丰二年	七月王福昌	374.4	丽庄藏 326	—
19	粤海关	咸丰三年	二月五福	385	诚轩 2007 年春拍 1259	—
20	粤海关	咸丰三年	十月王福昌	375	网络	—
21	粤海关	咸丰三年	十一月郑兴隆	379.7	中国银锭 821	—
22	粤海关	咸丰三年	十一月王福昌	—	网络	—
23	粤海关	咸丰三年	十二月郑兴隆	—	中国钱币博物馆	—
24	粤海关	咸丰四年	正月王福昌	376.4	西冷印社 2016 年春拍 4767	—
25	粤海关	咸丰四年	五月匠福昌	375.6	树荫堂 865	—
26	粤海关	咸丰六年	四月欧广泰	—	方伟	—
27	粤海关	咸丰六年	八月秦永合	—	网络	—
28	粤海关	咸丰六年	六月高永昌	—	网络	—
29	粤海关	咸丰六年	十月王福昌	360	历史银锭 1614	—
30	粤海关	咸丰八年	四月王福昌	380	大晋浩天 2014 年春拍 5068	—
31	粤海关	咸丰九年	正月王福昌	376.8	银的历程 P167	—
32	粤海关	咸丰十年	六月陈合盛	—	BM711	—

表 12-1（续 2）

序号	关名	纪年	月+匠名	重量	出处	加戳
33	粤海关	咸丰十一年	二月郑兴隆	360	嘉德 2003 年秋拍 2535	—
34	粤海关	同治二年	二月青廣□	—	BM712	—
35	粤海关	同治二年	二月高广恒	376.6	上海泛华 2017 年五周年拍卖 0177	—
36	粤海关	同治五年	五月秦永合	380	胡军忠	—
37	粤海关	同治十一年	六月郑兴隆	375.5	王力	—
38	粤海关	光绪四年	四月高合益	375.9	诚轩 2011 年秋拍 1352	—
39	粤海关	光绪五年	四月沈德隆□	—	网络	—
40	粤海关	光绪八年	十一月沈贞祥	380	嘉德 2011 年春拍 1299	—
41	粤海关	光绪九年	六月周永兴	377.5	诚轩 2011 年春拍 1670	—
42	粤海关	光绪九年	七月何泰丰	376.9	树荫堂 867	—
43	粤海关	光绪十年	五月沈德隆	—	网络	—
44	粤海关	光绪十年	七月沈贞祥	377.6	BM713	—
45	粤海关	光绪十年	六月张和盛	374.5	金银货币的鉴定 P165	—
46	粤海关	光绪十三年	九月张和盛	380	嘉德 2013 年春拍 0812	—
47	粤海关	光绪十五年	十一月沈贞祥	376.6	王力	—

表 12-2　粤海关常税银锭表

序号	关名	纪年	月+匠名	重量	出处	加戳
1	粤海关	嘉庆十年	嘉庆十年	348.5	中国银锭 818	—
2	粤海关	道光十三年	道光十三年	372.6	北京瀚海 2011 春拍 0182	—
3	粤海关	道光十八年	道光十八年	—	郭振	—
4	粤海关	道光二十五年	道光二十五年	345	诚轩 2007 年秋拍 1340	—
5	粤海关	道光二十五年	道光二十五年	366.8	诚轩 2011 年秋拍 1210	—
6	粤海关	道光二十九年	道光二十九年	360.1	中国银锭 819	—
7	粤海关	道光三十年	道光三十年	373.2	诚轩 2015 年秋拍 1911	—
8	粤海关	咸丰元年	咸丰元年	368.8	嘉德 2007 年春拍 4800	—
9	粤海关	咸丰元年	咸丰元年	384	嘉德 2015 年春拍 1309	义源
10	粤海关	咸丰元年	咸丰元年	333	嘉德 2009 年春拍 4929	—

表 12-2（续）

序号	关名	纪年	月+匠名	重量	出处	加戳
11	粤海关	咸丰二年	咸丰二年	352	网络	—
12	粤海关	咸丰二年	咸丰二年	397	华夏藏珍 2010 年秋拍 7140	—
13	粤海关	咸丰三年	咸丰三年	352	嘉德 2015 年春拍 5087	连茂
14	粤海关	咸丰三年	咸丰三年	374	嘉德 2014 年秋拍 0133	—
15	粤海关	咸丰三年	咸丰三年	—	华辰 2003 年春拍 1244	—
16	粤海关	咸丰四年	咸丰四年	371	王力	足纹银
17	粤海关	咸丰八年	咸丰八年	—	网络	—
18	粤海关	咸丰九年	咸丰九年	372	嘉德 2016 春拍 5384	—

表 12-3　粤海常关留存银锭表

序号	关名	纪年	月+匠名	重量	出处	加戳
1	粤海关	道光十三年	五月日	348	诚轩 2019 年春拍 1891	—
2	粤海关	道光二十八年	三月日	375.6	树荫堂 862	—
3	粤海关	道光二十九年	五月日	341	诚轩 2008 年春拍 1438	—
4	粤海关	道光三十年	五月日	363.8	诚轩 2014 年春拍 1254	足纹银
5	粤海关	同治元年	三月日	366	树荫堂 866	—

第十三章　江海关银号与银锭

一、江海关概况

（一）江海关组织机构

江海关设立于康熙二十四年（1685 年），关署最初设在华亭县，后移往上海县南市。江海常关分为 1 个大关，即江海大关；1 个分关，即吴淞分关；2 个分卡，即上海县南码头新闸南卡、北卡分卡；17 个分口，分别在常熟县福山，昭文县徐六泾，华亭县漴阙湾，太仓州七丫、白茆，镇洋县浏河（也称刘河），崇明县施翘河、当沙头、新开河，武进县孟河，江阴县黄田港，靖江县澜港，通州任家港、吕四，泰兴县黄家港，如皋县石庄，海门县小海。[①]

（二）江海洋关

道光二十二年（1842 年），根据第一次鸦片战争后中英双方签订的《南京条约》，上海开埠通商。英国首任驻上海领事乔治·巴富尔，也是当年 7 月 13 日在粤海关见证高广恒银号倾镕实验的英国海军大佐，于 1843 年 11 月 8 日傍晚抵达上海小东门。第二天，江海关监督宫慕久亲赴江海大关迎接。[②]

1843 年 11 月 17 日，上海正式开埠，宫慕久在县城东门和东北门之间的洋泾浜北，设立一个名叫"盘验所"的机构，负责查验外商进出口货物，收取海关洋税。道光二十五年（1845 年），"盘验所"被取消。道光二十六年 1846 年，宫慕久在上海县北门外头坝南面浦即后来的外滩租界内，开设江海北关，也称江海洋关、江海新关，专门征收外国商船关税，即洋税。

二、江海关的关税

（一）江海关常税的征收

江海关常税主要征税口岸为江海大关、镇洋县刘河口、武进县孟河口，这三

---

① 江苏省财政志编辑办公室：《江苏财政史料丛书第一辑》，北京方志出版社，1999 年，第 482–483 页。

② 周育民：《从江海关到江海新关（1865—1858）》，载《清史研究》，2016 年 5 月第 2 期，第 137 页。

个口岸包揽了江海关大部分税收份额。"上海、刘河二口征收闽、广、关东、山东等处海、洋商船货税，孟河征收江、广、淮、扬等处长江商船货税"①，这些税收，都为江海关的常税，有时也称华税。道光二十六年（1846年），江海关洋税和常税开始分开征收。原苏松太道（也称江海关监督、上海道）署改称为"江海大关"（又称南关、老关、江海常关、江南海关等），专门征收国内航行船舶税务，也称为常税。

（二）江海关洋税的征收

在征税管理上，大关及各卡征收"华税"（也称常税），新关及南北两卡征收"夷税"（也称洋税）。和清代其他海关一样，江海常关和洋关财政上仍统归江海关监督管理。

1853年9月，上海小刀会起义，江海关监督吴健彰被困于城内，江海关人员逃走，无法继续征税。1854年6月29日，吴健彰与英、美、法领事进行会谈，达成任用外籍税务司管理江海洋关的协议。

（三）江海关洋税收入

1. 江海关洋税收入

江海关的洋税税收，从道光二十三年（1843年）的42万两，到咸丰元年（1851年）已经达到120万两，之后由于太平天国运动有所下降。太平天国运动平息后，在咸丰九年（1859年）达到218万两，同治元年（1862年）则蹿升到393万两。之后由于政局不稳又有所下降，但同治五年（1866年）后又逐步回升，同治十一年（1872年）达到348万两，光绪五年（1879年）达到402万两，光绪十三年（1887年）达到643万两，到了光绪二十七年（1901年）则超过1000万两。②江海关的洋税，自咸丰六年（1856年）开始超过粤海关洋税，成为洋税征收最多的海关，一直到清末。

2. 江海关洋税的补纳和代征

江海洋关开设后，由于浙江出产的湖丝离江海关较近，无须再经过浙江北新关、江西赣关、广东太平关到粤海关出口，江海关则需要补纳以上三关的丝税，北新、赣州两关离上海较近，按月如数拨解现银，太平关虽不必解现，但须每月通报收税数。咸丰八年（1858年）到同治元年（1862年），江海关还短暂代征九江、

---

① 台北故宫博物院：《宫中档乾隆朝奏折》（第19辑），台北故宫博物馆，1982年，第808页。

② 汤象龙：《中国近代海关税收和分配统计（1861—1910）》，中华书局，1992年，第269-273页。

江汉关的关税。[①]

（四）江海关常税收入

江海关常税，嘉庆和道光年间，除了个别年份，大致在 7 万 ~ 8 万两[②]，光绪元年（1875 年）降到 3 万多两。之后，基本每年在 3 万两左右，光绪三十一年（1905 年）到三十二年（1906 年），又突然超过 10 万两。但和同时期洋税相比，已经微不足道。

三、江海关监督的特殊性

研究江海关的海关银号之前，需要把江海关监督的特殊性做一说明。江海关监督相比其他海关监督，在财政上、非常时期的任职上及非常时期的洋税收取上有其特殊性。

（一）财政上的特殊性

由于江海关的关税收入巨大，加之各地分摊的战争赔款一般都在上海支付，上海成为清代当时最大的商业中心。特别是甲午战争后，尤其是光绪二十七年（1902 年）到宣统三年（1911 年），清政府需要每年支付 4200 万 ~ 4800 万两白银给列国，各地赔款涌入上海，上海成为当时最大的金融中心。这些资金首先流入江海关监督，再由江海关流到外国银行，江海关监督成了清政府的"金融代言人"，这个官职与一般的地方官不同，掌握很大的财政权。[③]

江海关监督经手的银两包括两部分：一是江海关的关税，金额巨大，如光绪二十八年（1902 年）各关华洋贸易总册内统计，江海关共收常洋两税及船钞、洋药厘金 1081 万两；二是赔款，《辛丑条约》之后、光绪二十六年（1900 年）之前的四国还款和庚子赔款之数，每年需筹备银 4500 万两，此项银两除由江海本关税银内拨付外，其余均由各省、关先期汇解江海关道（监督）兑收。[④]理论上，

---

① 陈勇：《晚清咸同之际税关间的关税纠葛及其调解》，载《暨南学报》（哲学社会科学版），2011 年 5 期，第 136-143 页。

② 倪玉平：《清朝嘉道关税研究》，科学出版社，2017 年，第 354-356 页。

③ 滨下武志著，高淑娟、孙斌译：《中国近代经济史研究 清末海关财政与通商口岸市场圈》，江苏人民出版社，2006 年，第 167 页。

④ 中国人民银行上海市分行：《上海钱庄史料》，上海人民出版社，1960 年，第 61-61 页。转自滨下武志著，高淑娟、孙斌译：《中国近代经济史研究 清末海关财政与通商口岸市场圈》，江苏人民出版社，2006 年，第 168 页。

清代末期，江海关监督每年经手的银两达到 5000 万两左右。

清政府对外国的赔款和还款有明确时间，但各地省、关汇往江海关的款项，与对外国的赔款和还款之间有时间差，也有金额差。江海关监督手握巨量的资金，可以把这些款项存入上海钱庄进行生息，上海钱庄也有了大量的资金进行金融运作，江海关监督则成为金融运作的中心。其资金流向如图 13-1 所示。

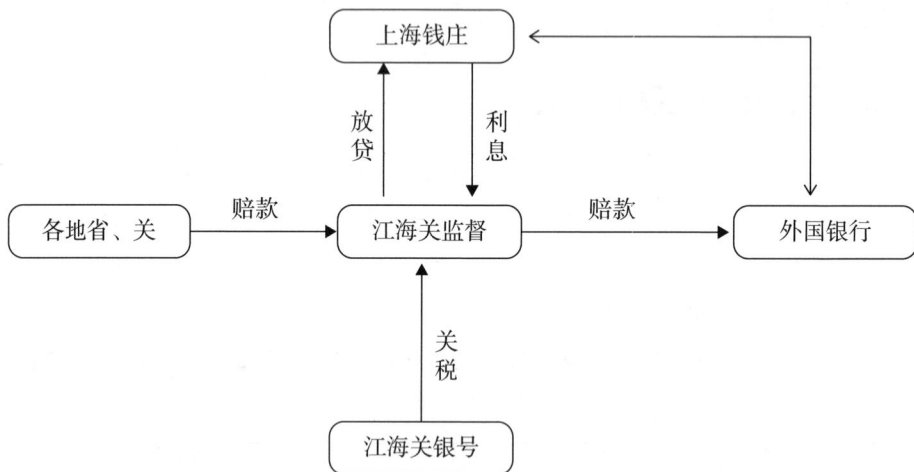

图 13-1　以江海关监督为中心的资金运作图

（二）非常时期任职上的特殊性

从咸丰到同治年间，上海小刀会起义、太平天国运动等的爆发，使上海常常处于动荡之中，江海关监督也时常更换。由于海关监督手中有遴选海关银号的权力，江海关海关银号也变动频繁。表 13-1 为江海关从开埠到同治中期即太平天国运动基本结束时，江海关监督的任职情况。其中，吴健彰、蓝蔚雯都为三上三下，麟桂、应宝时为两上两下，变动非常频繁。

表 13-1　江海关开埠到同治四年江海关监督任职情况

姓名	接印时间	任职情况	籍贯	任职时长	累计任职时长
宫慕久	道光二十三年（1842 年）七月	正任	山东东平	3 年 7 个月	3 年 7 个月
咸龄	道光二十七年二月	正任	满洲	1 年 1 个月	1 年 1 个月
吴健彰	道光二十八年三月	代理	广东香山	5 个月	4 年

表 13-1（续）

姓名	接印时间	任职情况	籍贯	任职时长	累计任职时长
麟桂	道光二十八年八月	正任	满洲镶白旗	2 年 2 个月	2 年 4 个月
吴健彰	道光三十年十月	署理	广东香山	7 个月	4 年
麟桂	咸丰元年（1851 年）五月	正任	满洲镶白旗	2 年 2 个月	2 年 4 个月
吴健彰	咸丰元年七月	署理	广东香山	3 年	4 年
蓝蔚雯	咸丰四年七月	代理	浙江定海	1 个月	2 年 2 个月
杨能格	咸丰四年八月	正任	满州正红旗	7 个月	7 个月
蓝蔚雯	咸丰四年十二月	代理	满州正红旗	4 个月	2 年 2 个月
赵德辙	咸丰五年三月	正任	山西解州	7 个月	7 个月
蓝蔚雯	咸丰五年十月	护理	浙江定海	1 年 9 个月	2 年 2 个月
薛焕	咸丰七年七月	正任	四川兴文	1 年 5 个月	1 年 5 个月
吴煦	咸丰八年十二月	先护后任	浙江钱塘	3 年 10 个月	3 年 10 个月
黄芳	同治元年（1862 年）十月	署理	湖南长沙	1 年 3 个月	1 年 3 个月
应宝时	同治三年正月接印	代理	浙江永康	5 个月	4 年
丁日昌	同治三年六月接印	先署后任	广东丰顺	1 年 1 个月	1 年 1 个月
应宝时	同治四年七月接印	先署后任	浙江永康	3 年 7 个月	4 年

（三）非常时期洋税收取上的特殊性

咸丰三年（1853 年），上海小刀会起义，江海洋关房屋被毁，外国商人开始偷逃关税，上海成了自由港，银根吃紧，江海洋关行政处于停顿状态，英美驻沪领事自行公布《海关停顿期间船舶结关暂行条例》，其中第五条规定了洋税缴纳的方法："凡进口商、航运商及货运承办人应交的税额，应向本领事馆缴纳。""或按照应向原海关制定的各海关银号收受税款时的方法，缴付现银；或者用见票四十天付现的期票缴纳。"[①]关税由以前的向海关银号缴纳，变为三种缴纳方式，即可以直接向领事馆缴纳，可以像以前一样用现银向海关银号缴纳，也可以用四十天的期票向海关监督缴纳。期票即所称的"甘结"，不需要直接用银两交税。

咸丰四年十月二十三日（1854 年 12 月 12 日），根据中国官员和美国商人

---

① 莱特著，姚曾廙译：《中国关税沿革史》，生活·读书·新知三联书店，1958 年，第 103 页。

提请美国大使的裁决，八家洋行只需要按照期票交付应付关税三分之一的金额即
11.809 万两给江海关，实际付款日期为咸丰六年四月十三日（1856 年 5 月 16 日）。
具体的八家洋行中英文名称、实际付款金额如表 13-2 所示 [①]。

表 13-2 外国洋行商人实付给江海关的银两

序号	洋行或外商英文名	洋行或外商中文名	付给江海关金额（两）
1	Russel & Co.	罗素洋行	39095
2	Smith. King & Co.	斯密斯·金行	29497
3	Rull. Nye & Co.	布尔·拉埃洋行	20984
4	Augustine Heard & Co.	奥古斯丁尔德洋行	18495
5	Watmore & Co.	魏特摩洋行	9498
6	Hiram Fogg & Co.	希伦福格洋行	387
7	Frank Faster	弗兰克·福斯脱	84
8	Wm. G. Pierce	威廉·皮尔士	50
	小计		118090

四、江海常关的税行

（一）江海常关的税收管理和税项

江海关在康熙年开关时，江海关监督由内务府委派，由江海关监督派家人征
税，康熙六十一年（1682 年），由苏州巡抚代管，实际由上海县知县协理，仍
由家人征税。雍正三年（1725 年），由苏松太道（江海关监督）经理关务，由
家人和吏役混管海关事务。

江海关在"一口通商"时期，有少量的南洋贸易，洋税非常少，征收的主要
为内地的常税。光绪十七年（1891 年），江苏巡抚刚毅在奏折中写道："江海
关征收常税，向赖沙船装运，以油、豆、棉花、布匹为大宗 [②]。"

（二）江海常关的税行

乾隆五十三年七月初九（1788 年 8 月 10 日），《监督江南海关为商船完纳
税银折合制钱定价告示碑》记载："示仰闽、广舡商、牙行人等知悉：嗣后尔等

① 马士：《中华帝国对外关系史》（第 2 卷），上海书店出版社，2006 年，第 21 页。

② 台北故宫博物馆：《宫中档光绪朝奏折》（第 6 辑），台北故宫博物院，1973 年，第 708 页。

进口商船，应完货税，将钱交牙易银代缴。"①可知江海关在乾隆末期，就有牙行（经牙）替商人代交银两，易银上交给江海关。

清末的《江苏省财政说明书》提到，"江海（常）关向例商货到关，将船牌交关，查验科算，牙行具保，将货驳运他处发卖得价后，来关交纳，领牌出口②"。也就是说，江海关的常税，一直由牙行承保，江海关把牙行也称为税行、报税行、保税行、洋行、保载行等。

道光七年（1827年），上海商行船集议关山东各口贸易规条时，具名的有税行唐万丰、顾诚信、张鼎盛、李裕昌、万永昌、郑同兴、刘协丰、朱通裕8家。这里的税行，设在豆业萃秀堂，其职能是代交税款和"各号凭行写船"，即保载行。③

五口通商后，江海大关所收的常税，一直由江海关监督的家丁及总书办，督同四个税行征收。所谓"税行"，即报税行，是客货到关帮助纳税的中间组织，为江海关的中间代理机构，"正关：征收进出口税项，向由税行代商报关，其出也，税而载，其入也，税而后起驳"。④

江海常关的税行在清末仍然存在。光绪三十四年（1908年）十二月，日本轮船于吴淞常关前撞沉宁波钓船一艘，有碍航道，新关河泊司参照总税务司所拟章程办理该案，"以沉船处所适在轮船出入冲要之区，谕令该猪船经保之顺兴税行沉船捞去，否则须用炸药轰毁"⑤。

五、江海洋关的海关银号

第一次鸦片战争后，江海关即建立海关银号。如上文所述，仅特殊时段，即咸丰三年（1853年）到咸丰九年（1859年），海关银号不是江海洋关唯一的收税机构，外国领事可以代收，江海关监督也可以收取期票。其他时间，都由海关银号收缴江海关的洋税。

咸丰九年（1859年），李泰国出任总税务司后，重新规定"税款缴纳于道

---

① 上海博物馆图书资料室：《上海碑刻资料选辑》，上海人民出版社，1980年，第68页。

② 江苏省财政志编辑办公室：《江苏财政史料丛书》（第4卷），北京方志出版社，1999年，第485页。

③ 范金民：《清代前期上海的航业船商》，载《安徽史学》，2011年第2期，第52-53页。

④ 太平天国历史博物馆：《吴煦档案选编》（第六辑），江苏人民出版社，1983年，第489页。

⑤ 《不应悔议》，载《申报》，1909年1月28日。

台所指定的海关银号"①，之后，海关银号在江海关收税步入正轨。

作者发现有史料记载的江海洋关海关银号共有六个。加上在江海关银锭上发现，但作者未见史料记载的三个海关银号，共计九个海关银号。

（一）六家钱庄合伙人开设的银号

英国首任驻华领事巴富尔，于1843年11月14日在上海发布通告："（江）海关税费交纳的银两标准平色已在领事馆备案，英国商人可按照此银两标准缴纳进出口关税、船钞，海关已经建立一个银号来收取关税，这家银号设立在通往小东门到河岸的街道上，由六个钱庄的合伙人组成，这六个合伙人分别为：Yaou Hangyuew、Kwo Wanfung、Chow Hooshing、Chum Yumjee、Muo Hang Ho、King Yumkeo……已经备好了根据《中英通商章程》制作的标准的天平砝码和量尺。"②但没有列出海关银号名称，仅知道为六家钱庄合资组建，银两的平码成色已经备案，便于收取关税和船钞。

而1848第三版《中国商业指南》中记载，江海关的海关银号由巡查官（领事）和海关监督（江海关监督）设立，六家钱庄都被赋予收到外商关税时可以开具银号号收的权力，包括船钞、进口、出口的银号号收。当时，海关银号毕竟为新生事物，六家钱庄共同设立一家海关银号来收取洋税，也是为了分担风险。上述六家钱庄中，"Kwo Wanfung"应为上海沙船帮的郭万丰，其他不详。

另外，由于当时征收洋税的机构"盘验所"位于洋泾浜北，离江海关署及小东门到河岸的街道上设立的海关银号较远，报关、纳税、结算不便，道光二十六年（1846年），巴富尔诱迫宫慕久在北门外头坝特设江海北关。③此时海关银号的位置应离江海北关的位置较近，便于外商报关纳税。

（二）杨同泰海关银号

1. 杨同泰海关银号概况

江海关杨同泰海关银号，应在咸丰四年（1854年）七月到咸丰五年（1855年）设立。由于上海小刀会起义牵涉到籍贯为广东香山的江海关监督吴健彰，咸丰四年（1854年）七月，江海关监督由吴健彰更换为浙江定海人蓝蔚雯。蓝蔚雯在咸丰五年（1855年）照会各国领事，要求各洋商慎用福建、广东人，确实诚实的，

---

① 莱特著，姚曾廙译：《中国关税沿革史》，生活·读书·新知三联书店，1958年，第158页。

② The Chinese repository. Vol XI From January to December [M]. 1842, Maruzen Co., ltd Tokyo, p.631.

③ 应宝时修，俞樾等纂：《上海县志》（卷二建置），同治十一年刊本，成文出版社影印，第185页。

做保结；其他的予以驱逐；无执照的进行惩办。①

杨同泰海关银号也简称为杨泰记，开设者为杨坊，他有多个头衔，如买办、常胜军管带、苏松常镇太粮储道、候补同知衔、中外会防局主席等，也曾任宁波四明公所董事，在怡和洋行任买办、郭万丰船号任翻译，同时还是一名丝茶商，开办杨泰记丝茶号。杨坊为浙江鄞县人，字启堂、憩棠，也为蓝蔚雯的同乡。蓝蔚雯上任，任用同乡杨坊开设江海关海关银号也是顺理成章的事情。

杨坊与常胜军首领华尔有一定联系，还把养女"Chang Mei"嫁给了华尔。1862 年 9 月 22 日，华尔在浙江慈溪与太平军的战斗中受伤死亡，临终前，他立下遗嘱："苏松太道欠我十一万两，杨坊的银号（杨同泰银号）欠我三万两，共十四万两。我愿我的妻子获得五万两，其余交由我的一弟一妹平分。"② 为此，其父老华尔专程到中国来讨要十四万两"欠款"，江海关监督吴煦在 1864 年 6 月 4 日致信江苏巡抚李鸿章，给予了驳斥。其中，杨坊的杨同泰银号欠华尔的 3 万两白银，由华尔寄存杨同泰银号，但被华尔透支使用，并没有杨坊的欠据。③ 同治四年（1865 年）杨坊去世，也未归还所谓的"欠款"。光绪三十二年（1896 年），李鸿章答应华尔的妹妹亲自查问这个案件，直到光绪二十七年（1901 年）即近 40 年之后的庚子赔款时，美国政府向清政府要求赔付此项欠款 14 万两，折合美金 18 万元，清政府予以全部付清。

1861 年 11 月，应宝时给时任江海关监督的吴煦写信④，提到"闻新关进口税银，系由杨泰记开单知照，新关方准提货"。同治元年（1862 年）的中外会防局所在地，在杨坊所开的杨同泰银号内。可见，杨同泰银号在同治元年（1862 年）仍为江海关的海关银号。

2. 杨同泰银号禀请

咸丰六年（1857 年），杨同泰海关银号禀请江海关监督，请求严禁上海本地商家私自开设银炉，上海广新元宝（夷场新）成色较低，加之私银炉仿冒，导致银两低潮，私银炉还为洋商倾镕银两，使杨同泰银号受累匪浅，其中详细说明了杨同泰海关银号的情况。可见，咸丰六年洋商已经开始用上海的夷场新元宝来

---

① 太平天国历史博物馆：《吴煦档案选编》（第四辑），江苏人民出版社，1983 年，第 24 页。
② 马士：《中华帝国对外关系史》（第 2 卷），上海书店出版社，2006 年，第 86 页。
③ 太平天国历史博物馆：《吴煦档案选编》（第三辑），江苏人民出版社，1983 年，第 144-146 页。
④ 太平天国历史博物馆：《吴煦档案选编》（第六辑），江苏人民出版社，1983 年，第 496 页。

缴纳江海关洋税。抄录如下 ①：

杨同泰银号请严禁私炉倾镕银两禀
（1856 年 12 月）

具禀江海关银号杨同泰为禀请严禁私炉事：窃银号经收洋商税饷，督匠倾镕听解，不敢违误。惟洋商完税每用广新元宝及上海本地通用银两，虽凭公估看估，若于集市行使，原可通融抬用，但经□（银）炉倾镕，每致折耗，此低银之有碍于商也；即如近日批解茶捐一项，本系商缴原银，本非银号倾镕，现奉藩宪驳换夹砂低潮银数千两之多，此低银之有碍于公也。推原低银来路，则有上海本地商家私设银炉，雇匠专倾成色银两。明知私炉违禁，每于锭面假充各地官炉，亦刊年月、匠名。即广新元宝已属不足，而私炉复假冒广新，其弊更可想见。不特市廛不察，积受其欺，设或淌入各处捐局解赴粮台，总凭银面假戳驳换跟究，致各处银匠屡受不白之冤，纵蒙明察昭雪，各银号已受累非浅，是私炉一日不禁，低银一日不绝。伊等但知影淌牟利，不顾误商误饷，况倾银需用硝，尤为禁物，又从何处购得？揆之功令，种种违碍。银号职任倾镕税饷，实不敢再事徇隐。惟有据实禀请，仰乞大人恩准，严禁上海本地私炉，并请饬县一体查拿，照例究办。

再，查此等私银，尚有租赁洋商余屋，伪为洋商倾镕，实则借此影戏，使之不便跟查。应请宪台照会各国领事官，一体查禁驱除，公私两便，顶祝上禀。

此文后，又附有杨同泰银号的简介，也抄录如下：

附：收放江海关税银之同泰银号简介

自上海红头未到之前，海关税饷，一月六卯，上道台衙门库。三年分，红头起事之后，刻今城池收复，又换章程，夷人出口进口之税银，存于银号，不上上海道台衙门库，假如一卯有货若干，该完钱粮若干，道台衙门有联票薄嘱银号自填。存于银号税银若干两，或有拨兵饷之用，或解镇江饷，或解向营饷，有委员到上海或向银号来取，然后上道台库。假如来文书要解十万，照逐卯存银号之银数不到十万，须要向各钱庄去借，须出利钱，即使不到此数，可以先垫以照洋泾浜各行存丝、茶叶之数完纳。逐卯存于银号者，不能有利息，先垫钱粮，向别人

① 太平天国历史博物馆：《吴煦档案选编》（第六辑），江苏人民出版社，1983 年，第 207-209 页。

借到，是真出利钱。眼前尚未开市，解过几批钱粮再看。

再，店中新开，取名同泰，自上海道起至巡抚止，据云达部共用费洋四千有零，账都未曾见过，店中尚未出帐。据掌手冯公谈及，店中之屋总墙门内，又有一墙门，向南一带五间，五楼五底，第一件做杂物账房，第二间做坐起并会客，第三间做店堂并外银房，第四件做账房内银房，第五间稍有生客有委员来作会客厅。对面墙外厨房，炉房做在厨房之旁边后一间。炉灶两间，均是元宝炉灶。

查，各友执事，冯泽夫，慈溪人，掌手；郑香山，慈溪人，管账；朱锡卿，慈溪人，管银房过各户账；方玉书，休宁人，公估银色兼估落炉银色，此人系在上海公估批元宝；叶甫廷，余姚人，管落银炉兼出街，做各钱庄交易；朱广生，山阴人，出街做钱庄交易；叶陪华，洞庭山人，又，张韶三，瑾县人，注道署联票，注三关草簿，冯泽夫兼管。张子琛，瑾县人，管杂物、伙食。走衙门者，未曾进店，据云二人。头炉司务唐力森，清江人，唐田源，清江人，此力森之侄。二炉司务应升禄，上虞人，应又此，升禄之叔，此人未来。炉房徒弟一人，姓夏，上虞人。出店栈上均宁波人，蔡配森、潘性善；兼烊银煽火，金本廉、罗阿六、郑国和、罗余象。

从以上资料可以看出，杨同泰银号具体经营的负责人是冯泽夫，为浙江慈溪人，咸丰三年（1853 年）之前，海关银号经收的洋税，每月六次送交海关监督的库房，杨同泰海关银号当时拥有两座银炉。但小刀会起义后，为了安全起见，江海关监督为转移风险，把保管银两的功能放到了海关银号，海关银号已经代替江海关监督，具有较长期保管关税银两的职能，但海关监督不给利息，如果需要海关银号解款到海关监督处，关税不够，则需要海关银号向钱庄借款垫支，海关银号需要支付利息。

（三）郭长丰银号

1. 郭长丰银号记载

咸丰十年七月初七（1860 年 8 月 20 日），杨坊致函江海关监督吴煦，提到"所云银号不收税银，查同泰并无其事。刻知郭长丰已逃完，昨日有和记去上饷，推出不管，所以司税有此说。今委陈宝兄亦有对头。今日惟同泰仍收，长丰不管，望乞知照司税，刻惟同泰一家征收，不必再至长丰，有不知英商，再去上税，反多事端。祈将长丰号收吊转清账，免得缠差 ^①"。

可知在此时之前，郭长丰银号即长丰银号，和杨同泰银号一样，同为江海关海关银号，但此后，长丰银号逃离，银号号收、账簿被接管和清理，并通知外商不到长丰银号缴税，仅保留同泰银号。推测长丰银号开设时间应在同泰银号之后，存续时间比较短暂。

2. 长丰银号概况

长丰银号为上海著名的沙船商郭万丰船号所创建，所以也称郭长丰号。郭万丰也是最早江海关银号中六家合资钱庄之一。"郭万丰"船号的开设者为郭梦斗（1715—1791 年），他于乾隆二十七年（1762）从福建漳州龙溪榴山来到上海，在上海洋行街开设"郭万丰"船号，经营洋船生意。乾隆四十八年（1783 年），郭家于小东门内长生桥东首开设庆云牲记银楼；咸丰三年（1853 年），郭家第二座银楼在大东门附近开设，取名庆云仁记，原小东门银楼则称作老庆云或老庆云牲记。光绪七年（1881 年）前后，万丰号歇业。^②

据郭氏后人郭俊纶在《鸦片战争前后的郭万丰船号》一文中的描述，"道咸时王家（王永盛）有沙船百艘，主要走牛庄，专运大豆、豆、豆油等物资，而郭家的西洋船专走东西洋各港，本帮中有业此者，只知有苏州汪家，亦有西洋船两艘云⋯⋯，日本皇室曾发给万丰号贸易凭照，万丰洋船凭照可以自由进出日本港口，交换物资 ^③。"可见，郭家在道光、咸丰年间，仍从事东西洋贸易，当时的西洋为吕宋（今菲律宾）、吧国（今印尼）、暹罗、马来亚、马六甲海峡、婆罗洲等国，东洋则专指日本。

除船号外，郭氏陆续创设花糖号、"瑞泰丝茶号""丰泰木行""长丰银号""万益钱庄"等商号，并在江边筑"金利源"码头作为郭家专用码头。道光二十一年五月二十九日（1841 年 7 月 17 日），根据《上海县为泉漳会馆地产不准盗卖告示碑》中记载，长丰号已经出现。咸丰七年重建泉漳会馆，长丰号捐足银一百两、瑞泰号捐规银二百两、丰泰号捐足银一百二十两。^④

---

① 太平天国历史博物馆：《吴煦档案选编》（第一辑），江苏人民出版社，1983 年，第 390 页。

② 刘锦：《从洋船也到银楼业：福建龙溪郭氏家族商业史》，载《中国社会史研究》，2015 年第 3 期，第 73–83 页。

③ 郭俊纶：《鸦片战争前后的郭万丰船号》。引自政协上海市南市区委员会文史委员会、上海市南市区志编纂委员会：《南市文史资料选辑》（第 4 辑），第 80–81 页。

④ 上海图书馆图书资料室：《上海碑刻史料选辑》，上海人民出版社，1980 年，第 233、240 页。

可见，至迟道光二十一年（1841 年），长丰银号已经创建，但那时还无海关银号一说。咸丰七年（1857 年），长丰银号一次捐足银一百两，实力已经较强。这时的长丰银号负责人为郭氏到上海的第四代郭长祚，号畅庵（1812—1878年），其万丰船号的地址在上海县小东门里洋行街[①]，1879 年 5 月 17 日下午，郭氏家族的金利源码头还是美国卸任总统格兰特抵达上海外滩的停靠码头，格兰特一行并前往金利源码头栈房接见在此等候欢迎他们的人士，其中包括上海道台刘瑞芬。[②]

（四）阜康银号

1. 阜康银号开设时间

阜康海关银号为胡雪岩在江海关开设，总税务司赫德在 1884 年元月信函中称为 Fu K'ang[③]，也有资料翻译为福康、富康银号。

同治二年（1863 年），江海关监督黄芳在《上海新报》上发布《宪谕劝捐》，其中提到"由本道委员会会同外国筹防公所董事查写捐数。每三个月收银一次，悉存新开银号，归本道暨筹防公所随时提用，自中国五月十五日即外国七月初一日开办"[④]。可以推测，新开的银号应为江海关的海关银号，也是胡雪岩开设的阜康银号，时间应为同治二年（1863 年）前后，其接替了杨同泰海关银号，也与胡雪岩在 1861 年 6 月在浙海关开设的通裕银号时间点较为接近。阜康银号（字号）的地址在集贤里[⑤]，在英租界内。

2. 阜康银号概况和上海其他机构

光绪五年（1879 年），阜康海关银号已达 110 人，每年支出达到 38880 两，在当时的所有海关银号中，人数最多，支出也最多，收取关税也最多。当时的上海阜康银号的经理人为曹颂壎（号紫卿），应为胡雪岩委派。曹颂壎拥有五品候选县丞的头衔。阜康银号由于所处的地理位置优越，加之江海关税收巨大，也是胡雪岩经营的六个海关的七个海关银号中实力最强的一家。

---

① 沈宝禾：《忍默恕退之斋日记》，引自《清代日记汇抄》，上海人民出版社，1982 年，第 240-241 页。

② 杨敏：《1879 年美国前总统格兰特的中国之行——〈字林西报〉与〈申报〉相关报道比较》，载《浙江档案》，2014 年第 4 期，第 50 页。

③ Robert Hart. The I.G in Peking: Letters from Rober Hart Chinese Maritime Customs 1868-1907 [M]. Belknap Press. 1976, p.513.

④ 《宪谕劝捐》，载《上海新报》，1863 年 7 月 2 日。

⑤ ［清］葛元煦：《沪游杂记》，上海书店出版社，2009 年，第 347 页。

　　胡雪岩在上海除了阜康银号外，还开设阜康雪记钱庄，并在上海任左宗棠开设的采运局道员，经手购买外商机械、军火，聘请外国技术人员。其于1878年9月在上海开设乾泰公司，从华商中筹措资金，向外商银行贷款，从中、外两个渠道积极协助左宗棠西征。胡雪岩开设票号、钱庄、海关银号、当铺、药店、蚕丝贸易、乾泰公司等，多元化发展，构成一个巨大的金融网络和实体经济。

　　光绪九年（1883年），胡雪岩囤积生丝失败，加之中法战争即将爆发，外国银行及国内票号缩紧银根，个人储户纷纷提现，再加上外商的打压，阜康票号倒闭，其下设的海关银号也关闭歇业。

（五）源通银号

　　阜康银号倒闭后，源丰润票号承充江海关海关银号，名为源通银号，由于带有官方性质，也称源通官银号。源丰银号的开办者为严信厚，知府衔，曾任河南盐务督销。光绪元年（1875年），他买下杨源丰票号，改名为源丰润票号，总号改设上海。源丰润是继胡雪岩的阜康票号之后国内最有实力的票号之一，业务涉及票号、钱庄、海关银号、金店、纱厂、绸缎庄、盐岸、盐店、银楼，并参与组建通商银行、创办上海商会。在上海除了总号、江海关海关银号之外，还独资开设源吉钱庄、物华金店。

　　光绪三十二年（1906年），严信厚去世，其子严义彬接手。严义彬拥有三品直隶候补道头衔，他实行扩张战略，和时任江海关监督的刘安生合资开设德源钱庄，创办浙江通久源轧花纺织厂，在各地广设分号。图13-2为江海关源通银号出口号收单。

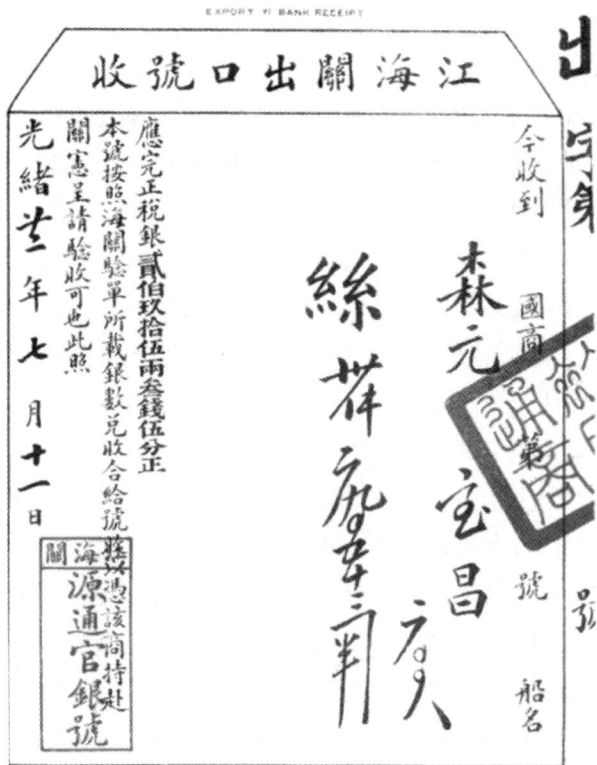

图13-2　江海关源通银号出口号收 [1]

宣统二年（1901年），橡皮股票神话破灭。同年7月，上海著名的正元、兆康、谦余三家钱庄倒闭 [2]，而与这三家钱庄关系密切的森源、元丰、会丰、协丰、晋大五家钱庄也在随后倒闭，造成金融恐慌。同年8月4日，江海关监督蔡乃煌紧急向九家外国银行借款350万两，同时拨付300万两白银存于源丰润和义善源，市面趋于平静。但到了9月份，庚子赔款到期，清政府要从江海关取出190万两偿还庚子赔款，蔡乃煌已经把这笔钱用于救市，一时无法筹措，度支部和军机处限令他两个月交割完毕，否则将被撤职。蔡乃煌只得向源丰润和义善源催要官款，一举提款200多万两。蔡乃煌的提款，加上10月7日外国银行突然宣布拒收21家上海钱庄的庄票，使得源丰润在同年10月18日倒闭，其下设的6家

---

① 摘自天津市档案馆：《卷证遗珍：天津市档案馆藏清代商务文书图录》，中国人民大学出版社，2007年，第214页。

② 徐华：《从1910年橡皮股票风潮看清末的金融市场》，载《临沂师范学院学报》，2001年第1期，第41—42页。

海关银号也同时关门。

（六）丰裕银号

丰裕海关银号为义善源票号开设，开设者为李鸿章之侄李经楚（1867—1913年），其长期任职于清政府邮传部，曾任交通银行第一任总理。丰裕银号为李经楚在光绪二十九年（1903年）开设，曾经两次报户部备案，承充江海洋关海关银号号商，并经过连环互保，名义上扬州李九皋占六成股份，李经楚占四成股份。实际上，李九皋为李经楚的代言人，丰裕海关银号实际控制人为李经楚。宣统元年（1908年），丰裕银号在度支部注册时，只声明李九皋在江苏、安徽等省开设庄号，并没有注明籍贯。义善源总理丁维藩（丁价侯）兼充丰裕银号总理，也为丰裕银号保人。[①]

源丰润票号倒闭后，义善源票号受到极大冲击。1911年3月，义善源应支付钱庄、银号现银四万余两，却无法筹集，又赶上某个银号通过交通银行转解给义善源的五万两白银，由于义善源拖欠交通银行大量欠款被扣押，导致义善源于3月21日无法兑付现票，不得已将兑票全部退回，引起市面恐慌和波动。管事丁维藩求救于江海关监督刘燕贻，但义善源拖欠江海关款项多达40余万，刘燕贻不予借款。加之其北京分号由司事王小（筱）斋一人打理，没有监管，王小（筱）斋藏起资金，呈请封门，北京义善源倒闭，1911年4月18日，义善源总号倒闭，丰裕海关银号停歇。倒闭时，义善源票号外欠款项共计大概有1300万两，其中欠交通银行就有300多万两。

（七）其他三个银号

其他三个银号为顺记、顺隆、张人和银号，在发现的江海关五十两银锭上出现，应为江海关的海关银号，时间都为咸丰初年，但作者目前并未发现相关资料记载。推测，它们处于动荡期，开业时间比较短暂。顺隆和张人和海关银号在后面江海关银锭中予以分析。

六、上海银锭概述

上海开埠后，商业逐渐兴旺，银两使用增多。咸丰七年（1857年），上海各界一律采用规元为记账单位，银两计算标准得到统一。规元是一种虚银两，并

---

① 1911年3月23日《神州日报》，1911年3月31日《新闻报》，1911年4月12日《新闻报》。

无实物，市面实际流通的银两是俗名"夷场新"的二七宝银，两者之间需要折算，因而银两有实银两与虚银两之别。但流入上海的外国银元却规格一致，按枚数流通，使用比银两方便，上海便形成银两与银元并用的局面。市场上银两与银元并用所发生的比价，即所谓的"洋厘"。①

上海流通的本地银锭，主要有五十两的江苏本司、五十两夷场新、五十两海关道元宝、五两小本司圆锭等，偶见有十两圆碗锭和方镨。其中，江苏五十两本司银锭，为阴刻府县名、年月、知县名和匠名，银锭实物从乾隆中期到光绪末年都有发现②；五十两夷场新，为开埠后开始流通，官商通用；五十两海关道元宝，为江海关的银锭；江苏五两小本司圆锭则有阳印府县名、年月和匠名。五十两本司和五两小本司都是用于地丁钱粮，光绪年前后，金山、上海、华亭、川沙为陈恒升官银匠包揽，奉贤、青浦、娄县为倪德升官银匠包揽，崇明、川沙厅、南汇为钱天丰官银匠包揽，宝山、徐汇为王裕丰官银匠包揽。③

七、江海关银锭

江海关银锭，按照重量划分，有五十两和五两之分；按照税种划分，有洋税和常税之分。

江海关自康熙二十四年（1685 年）设立，由江海关海关道衙门自设银炉熔铸的宝银，称"海关道元宝"。目前发现的江海关银锭实物，分为五十两马蹄锭和五两圆锭两种，以五十两马蹄锭为主。目前所见的江海关五十两海关道元宝采用阳印，与江苏的五十两本司银锭大都采用阴刻有所不同。

（一）江海关常税银锭

目前发现一枚江海关五两有边圆锭，铭文为"江海关 匠景茂"，未见有纪年。其锭型与淮关银锭有类似之处，与浙江五两圆锭及湖北五两圆锭有相同之处，而与同期江苏流行的五两小本司即苏坨不一样，苏坨四周没有隆起的边沿。

"景茂"，在第一次鸦片战争之前已经出现，《上海碑刻史料选辑》中记载：道光十七年《上海浙绍永锡堂乐输碑》中提到"景茂银店捐 15000（文）"，

---

① 洪葭管、上海金融志编撰委员会：《上海金融志》，上海社会科学院出版社，2003 年。

② 贾雁民：《清代江苏五十两本司的断代新探》，载《万宝归缘》创刊辑，第 3—5 页。

③ 丁兆熙谨识：《聚源斋各路元宝银色目录》（丁亥年），江西财经学院藏。

道光二十年《上海永锡堂茔葬捐助姓氏碑》提到"景茂号捐钱 20 千文",道光二十三年《上海重修永锡堂助捐姓氏碑》亦提到"景茂银号捐折六银二十两"[1]。推测,景茂银店、景茂号、景茂银号应为同一家银号或银店。由于第一次鸦片战争之前的"一口通商"时期,江海关主要征收常税,并且为税行代收,故此银锭应为江海关的常税银锭,由江海关的税行收取后,委托景茂银号倾镕,再上交给江海关监督,时间应为道光二十年前后,即在江海关开埠前夕。虽没有纪年,但该银锭为目前发现的最早的江海关银锭实物。

图 13-3　江海关　匠景茂五两圆锭（孙以欣藏品）

另发现有咸丰五年和咸丰七年的江海关五十两银锭,没有银号名和银匠名,推测和粤海关一样,为江海常关所收关税所铸的银两。

图 13-4　银锭铭文：江海关　咸丰七年　江海关（诚轩 2013 年秋拍 lot1147）

[1] 上海图书馆图书资料室：《上海碑刻史料选辑》,上海人民出版社,1980 年,第 216–218 页。

（二）江海关洋税银锭

江海关洋税银锭，目前发现的都为五十两银锭，银锭上除了杨同泰银号外，还发现有朱源裕、顺记、张人和、顺隆等银号，但顺隆银号和张人和银号目前未见记载。咸丰末年到清末，仅记载有一枚光绪年的五十两江海关银锭，只打了"江海关　汪□□　光绪年月"，并未见银号名，原因不得而知。阜康银号、源通银号、丰裕银号成立较晚，目前都未在江海关银锭上出现。

1．朱源裕银号银锭

（1）银锭实物

从目前发现的江海关朱源裕五十两银锭上的时间来看，朱源裕海关银号从道光二十六年（1846年）到咸丰七年（1858年）的12年间，为江海关倾镕银锭，但中间有间断。朱源裕银号不但在江海关银锭上出现，还在淮安关五两银锭上出现，发现有"准关　朱源裕"的银锭。准关，即江苏淮安关的简称。

图 13-5　银锭铭文：准关　朱源裕（孙以欣藏品）

（2）相关记载

据熊月之的研究，朱源裕为清政府授权上海的沙船帮朱氏家族以朱源裕之名代替政府监铸银饼。[①]

朱氏先世籍贯安徽婺源，明代嘉靖年间迁籍上海，为清代嘉庆、道光年间上海沙船业的旗舰。当时沙船业为"朱、王、沈、郁"四大家，朱氏居首，其沙船商号名"朱和盛"。道光十六年（1836年）重建上海城隍庙戏台，船商捐助名单中"朱和盛号"仍压郁、沈、王三家排在首位。道光二十二年（1842年），《南

---

① 参见熊月之：《上海通史：卷4 晚清经济》，上海人民出版社，1999年，第237页。

京条约》规定中方赔偿 2100 万银元，其中 100 万元为扬州和上海的赎城费，上海的 50 万元即通过朱氏家族的朱增惠等船商劝捐凑集的。① 咸丰年，朱氏家族开始衰落，咸丰五年，沈宝禾在《忍默恕退之斋日记》中记载的二十四家沙船号，已经不见"朱和盛"船号。②

（3）监倾银饼

朱源裕还在咸丰年上海一两银饼上出任"监倾"，即负责监督倾镕之意。上海银饼上出现有王永盛、经正记、郁新盛，他们都为上海的沙船帮，还开设钱庄。咸丰五年（1855），上海著名的船商有二十四家，而王永盛、郁森盛分别位列第一、二名，经正记位列第十三名，实力雄厚。③

咸丰六年（1856 年）年底，江海关监督蓝蔚雯核准王永盛、郁森盛、经正记三家铸造上海银饼，流通于市，缓解贸易中用银短缺的问题。④ 一两银饼有王永盛、郁森盛、纪正记三家，伍钱银饼有经正记和郁森盛两家，银匠分别为丰年、平正、王寿、万全。

1856 年 11 月 29 日在上海发行的英文《北华捷报》报道："约在同一时期，上海道采取了一弓两弦（指上海道推行"鹰洋"的同时又发行"上海银饼"）的政策，决定以纯银铸成一两重银饼来普遍流通。他成立一个组织，就他所拥有粗糙的机器来说，成功地生产出一种可赞赏的银饼。其大小形状似银元，有花边，实重壹两，我们相信人民之间是会收受的，但对商业则不会发生任何影响，因为每月只能生产三千枚而已。"⑤

上海的一位外科医生兼传教士英国人 William Lock hart，中文名为雒魏林，1838 年来华传教，于 1857 年 12 月初离沪，次年 1 月 29 日返抵英国，三年后再来华，在北京开办医院。其记录上海银饼时说："……然后送去压印，打上数排文字，标明重量、铸地、银匠及商号或看银师，以及地方官府、年度及帝号。"⑥

---

① 刘锦：《上海本邑绅商沙船主朱氏家族研究》，载《中国社会经济史研究》，2010 年第 3 期，第 69-71 页。

② 沈宝禾：《忍默恕退之斋日记》，《清代日记汇抄》，上海人民出版社，1982 年，第 240-241 页。

③ 傅为群：《晚清沙船帮铸行的上海银饼》，载《航海》，2015 年第 4 期，第 26 页。

④ 诸馨：《上海银饼研究》，载《东南文化》，2003 年第 10 期，第 49 页。

⑤ 傅为群：《晚清沙船帮铸行的上海银饼》，载《航海》，2015 年第 4 期，第 27 页。

⑥ 孙浩：《目击者对上海银饼制程及钢模之描述》，载《钱币博览》，2007 年第 3 期总第 55 期，第 14 页。

（4）结论

可见，朱源裕为江海关海关银号，为沙船帮朱氏后代，倾镕海关道元宝，也参与了淮安关银锭的铸造，还担任铸造上海银饼的监督人，信誉、实力非凡，得到江海关监督的认可，具有官方头衔。

结合前文所述记载和实物，推测朱源裕银号应为江海关在道光二十三年（1843年）由六家钱庄合资设立的银号，咸丰元年（1851年）在吴健彰担江海关监督期间被清理出局，咸丰四年（1854年）后又重新担任江海关银号，咸丰末年之前又退出海关银号。

图 13-6　银锭铭文：江海关　咸丰七年　朱源裕　匠陈泰
（银的历程：从银两到银元 P124）

2. 杨同泰银号银锭

杨同泰海关银号的江海关银锭，从咸丰五年（1855年）到咸丰九年（1859年）都有发现，银匠有唐立、李祥和张发，其中张发也为朱源裕银号倾镕银锭。结合前述杨同泰的史料，唐立应是杨同泰海关银号下设的头炉司务唐力森。

从图 13-7 的十两方镕可知，张发为松江府的官银匠，江海关所在地为松江府下辖的上海县，为江海关铸银也合乎情理。

图 13-7　银锭铭文：松江府　匠张发　匠张发（苏雷藏品）

3. 张人和、顺隆铭文银锭分析

此两种银锭存世有"江海关 咸丰二年 张人和 匠吉星"及"江海关　咸丰二年　顺隆匠张裕"（图 13-8）的五十两江海关银锭。

图 13-8　银锭铭文：江海关　咸丰二年　顺隆　匠张裕（孙以欣藏品）

（1）吉星分析

"吉星"铭文经常在广州外销银器上出现，吉星的店铺开始设在广州靖远街，后来搬到同文街，在其银器的包装上也列出店铺是在同文街 8 号。吉星英文称作 CUTSHING，银器上的标识为 CU、CUT 或交叉的 CU，时间大概在第一次鸦片战争之前。①

年代比较明确的吉星款银器，为皮博迪·艾塞克斯博物馆藏的一个"吉星"款盖杯，高 26.9 厘米，是广州"十三行"总行商赠予美国商人约瑟·库利奇（Joseph Coolidge）的礼物，时间大概为道光十九年（1839 年）。②

《中国银楼与银器》中也提到，第二次鸦片战争后，广州的第一口岸地位不保，加之西关大火致"十三行"焚毁，原有的"洋装"银器生意辉煌不再，那里许多的银器行寻找新的出路，开始北上上海，开辟新的市场。另外，广东商人在上海经商向来就多，长期经商，开办"洋装"银楼也是合情合理。……几十年间，有几十家"洋装"银楼开设，当地人称之为"粤帮银楼"或"西式银楼"，而广东人则自称为"洋装金银首饰号"。③吉星银铺应为其中的一员，来到上海发展比较早。吉星在咸丰二年为张人和海关银号倾销江海关税银，推测比较合理。

（2）吴健彰任用广东人

张人和银号和顺隆银号目前未找到资料，银锭记载都在小刀会上海起义之前，推测与上海道台吴健彰有关。

吴健彰，又名吴天显，广东香山人，是广州著名"十三行"行商"同顺行"吴天恒的胞哥，家中长子。他做道台，不依靠当地士绅，而是依靠广东人特别是香山人。④

咸丰元年（1851 年），吴健彰出任上海道台。在任期内，他把许多广东籍的助理官员、办事员、听差等带进了当地衙门。当时的美国驻上海领事祁理蕴曾说："现任道台，在海关和他自己的衙门内，塞满了数量众多的广东下属……⑤"英国第一任领事乔治·巴富尔海军大佐也给予证实："我初一到上海，就立刻注意到广州的一些人已经纷纷来到这个口岸，并且已经把广州流行的许多最坏的习惯和观念也带了进来，因此……我深以为撼地说，发觉这种带进来的观念……就是非常普遍地倾向于结成行帮来和外国人进行贸易。"⑥

---

① 召苏：《中国近代银器与金银业（一）》，载《艺术品》，2014 年第 3 期，第 73-76 页。

② 雷传远：《清代走向世界的广货：十三行外销银器略说》，载《学术研究》，2004 年第 10 期，第 99-102 页。

③ 陈志高：《中国银楼与银器》（华东卷），清华大学出版社，2005 年，第 110-111 页。

④ 宫峰飞：《上海道台吴健彰身世考订》，载《近代史研究》，2015 年第 3 期，第 154-157 页。

⑤ 郭晔旻：《沪上起南风：近代上海的广东商人 同舟共进》，载《岭南往事》，2018 年第 7 期，第 68-69 页。

⑥ 莱特著，姚曾瘠译：《中国关税沿革史》，生活·读书·新知三联书店，1958 年，第 84 页。

从事糖业和丝茶业生意的广东香山人刘丽川，也是吴健彰的同乡，道光二十九年（1849年）来到上海，后来成为著名的小刀会首领，并在咸丰三年（1853年）发动了上海小刀会起义。

（3）广东、福建人受到排挤和清算

小刀会起义的失利后，清政府对广东、福建人进行了清算：两江总督怡良、江苏巡抚吉尔杭阿奏请办理善后事宜，共十四条，其中有五条与广东人有关，即一、广东游民，未来者严其防范；二、广东游民，已至者分别递回；三、慎选会馆董事；四、稽查洋行雇员情况；五、闽、广商民会馆不准进入城内。①

此外，上海地方当局还特意对广东、福建商人进行经济惩罚："嗣后闽、广船只，准在吴淞口外停泊，不许驶入黄浦，货物用内地船只驳运，并倍征关税，薄示惩罚。"②

（4）吴健彰设立的海关银号

据《近代上海大事记》记载，咸丰二年（1852年），吴健彰设立江海关银号，时间在同年七月十五日到十一月初六之间。③有关外文史料有更明确的记载，此海关银号确切的时间是咸丰二年（1852年）十月。④

根据以上分析和记载，张人和、顺隆海关银号极可能都是江海关监督吴健彰在咸丰二年十月设立，小刀会失败后都退出了江海关的海关银号。咸丰四年（1854年）七月，浙江定海人蓝蔚雯接替吴健彰任江海关监督后，任命了同乡杨坊开设了同泰银号。上海沙船商的朱源裕海关银号此后又恢复开业，但应该不再是六家钱庄合资。之后，沙船商的郭万丰也开设了长丰海关银号。

4. 仅有匠名无银号的五十两江海关银锭分析

现有一枚"江海关　咸丰元年　匠钱元"五十两银锭，未见有海关银号名，与常见不符，较有可能是旧的海关银号倒闭、新的海关银号未成立之际，即咸丰元年（1851年）吴健彰出任上海道台的时候所铸。

① 熊月之：《上海通史：卷4 晚清经济》，上海人民出版社，1999年，第61页。
② 太平天国历史博物馆：《吴煦档案选编》（第四辑），江苏人民出版社，1983年，第84页。
③ 汤志钧：《近代上海大事记》，上海辞书出版社，1989年，第47页。
④ Harvard Historical Studies. Vol 62–63［M］. Longmans. Green & Company. 1969，p.36. "The Customs Bank was not established until October 1852".

图 13-9　银锭铭文：江海关　咸丰元年　匠钱元（胡文海先生藏品）

5. 五十两江海洋关银锭的戳印特色

　　江海关五十两银锭铭文是最为标准的海关银锭铭文，这种时间（帝号纪年）、用项（江海关）、海关银号、银匠四种俱全的做法，影响到后来开设的江汉关、宜昌关、天津关、九江关等关税银锭，这几个海关的关税银锭，基本上也采用"海关银号＋银匠"的戳记方法。这种"海关银号＋银匠"的戳记方法，一方面可能受到江苏大本司和龙江西新关银锭的影响，如大本司上的"知县名＋匠名"，以及江苏龙江西新关上的"宁丰匠王正"的盖戳；另一方面，海关银号下设不止一个银炉，每个银炉都有负责银色的司务，即责任银匠，把银匠名打印上去，当出现成色纠纷问题时，除了追究银号的责任外，也可以向下追溯到银匠，使银匠和银号在成色问题上心存忌惮，以保证银两的成色。

　　另外，这种戳记方法也影响到了上海夷场新元宝，也是前述杨同泰银号中提到的"广新"元宝，即夷场新元宝戳记采用"牌号＋炉号"，也是为确保成色，厘清责任。[①]但夷场新元宝成色为 27 宝，一般成色在 26.5 ~ 27.5，没有海关道元宝成色高。

---

① 戴学文：《旧上海夷场新》，个人出版，2007 年。

221

八、上海银炉业务及银两主要来源

（一）上海银炉业务

道光末年后，上海银炉和钱庄已经有明确分工，银炉专门倾镕银锭，钱庄主要业务为存、放贷。

傅为群指出，"上海银炉熔铸元宝，大都受钱庄或银行委托。其手续先由钱庄或银行在委托时预计大条或外路元宝（或）小洋改铸后应合上海成色宝银之数，与银炉约定后，隔几日银炉即将铸成宝银照约定之数交还。上海银炉在收银之后，出具相当于收据的本票，交银行或钱庄收存，作为银炉对于银行或钱庄的欠款。信用较好的银炉，仅须出一本票，信用较次的，还须由三家银炉连环担保，客户才愿意委托。待几日元宝铸成以后，即银票两讫。上海银炉开出的本票，上面写明面值即银两若干，相当有价币券。"①

同治年后，商人、海关银号、上海钱庄、上海银炉四者之间银两流转关系可以用以图 13-10 解释。

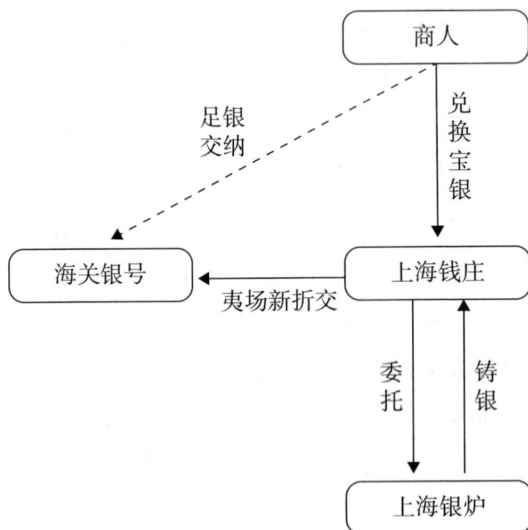

图 13-10 商人、海关银号、上海钱庄、上海银炉四者之间银两流转关系图

---

① 傅为群：《民间"造币厂"——近代上海银炉》，载《钱币博览》，2016 年第 2 期总第 50 期，第 64 页。

上海开埠后夷场新元宝大行其道，其以重量、成色、器型一致，底平稳定、装箱方便，逐步取得市场信任，不但流通于上海，很多通商口岸，如胶海关、大连关、安东关都采购夷场新，如同云南之牌坊锭，官民通用。上海银炉都倾镕夷场新银锭，钱庄中基本也都是夷场新银锭，商人兑换的也都是这种银锭。同治初年后，江海关的海关银号也没有必要倾镕海关银锭了。

（二）上海银炉银料来源

清末上海夷场新银锭的银料来源，除了中国传统的银锭外，很多是外国的银砖，每块重达一千两，经过上海银炉去除杂质、倾镕后，变成了夷场新。光绪三十二年（1906年），有人做洋场竹枝词，其中银炉如下：

开炉镕宝便通商，免得零星琐碎藏。各国条银砖式巨，划分重铸改良忙。方圆小锭聚无穷，成色高低各不同。收拾纹银熔作宝，出炉新式九州通。千两银砖唤大条，来从英美路迢遥。划开熔作商民宝，从此流通百货销。零星平配碎纹银，置入炉中火化身。频打硝砂除杂质，倾成槽内锭形新。①

以上反映出上海银炉的繁忙。其中，千两银砖来自英美，英国的条银在上海称"红条"，成色为998‰，美国的条银称为"金山条"，成色更高，为999‰。银炉也利用成色牟利。

表 13-3 江海关洋税银锭统计表

序号	关名	纪年	银号	匠名	重量	出处
1	江海关	道光二十六年	朱源裕	匠陈太	1885	中国银锭图录 375
2	江海关	道光二十九年	朱源裕	匠陈太	—	网络所见
3	江海关	咸丰元年	朱源裕	匠孙吉	—	孙以欣
4	江海关	咸丰元年	朱源裕	匠孙吉	1862.4	西冷 2017 年春拍 5453
5	江海关	咸丰元年	顺记	匠李鼎	—	网络所见
6	江海关	咸丰元年	—	匠钱元	—	胡文海
7	江海关	咸丰二年	顺隆	匠张裕	—	孙以欣
9	江海关	咸丰二年	张人和	匠吉星	1872.9	中国银锭 376
10	江海关	咸丰五年	朱源裕	匠张发	—	网络所见
11	江海关	咸丰五年	杨同泰	匠张发	—	网络所见

---

① 《东亚文库 中国考古集成 宋元明清》第 6 部分第 2 卷第 26 期，中州古籍出版社，第 3729 页。

表 13-3（续）

序号	关名	纪年	银号	匠名	重量	出处
12	江海关	咸丰七年	杨同泰	匠唐立	—	上海博物馆
13	江海关	咸丰七年	杨同泰	匠唐立	—	中国历代货币大系8，P.140
14	江海关	咸丰七年	朱源裕	匠陈泰	1858.8	银的历程 P124
15	江海关	咸丰七年	杨同泰	匠李祥	—	镇江博物馆
16	江海关	咸丰九年	杨同泰	匠唐立	—	网络所见
17	江海关	光绪年	—	汪□□	—	中国历代货币大系8卷 P141

表 13-4　江海关银锭统计表

序号	关名	纪年	关名	重量	出处
1	江海关	咸丰五年	江海关	1865.3	中国银锭 377
2	江海关	咸丰七年	江海关	1867.7	诚轩 2013 年春拍 1147

第十四章　浙海关银号与银锭

一、浙海关概况

（一）浙海关税口

清代浙海关设立于康熙二十四年（1685 年），关署最初设在镇海南熏门外，乾隆二十八年（1763 年）改设在宁波府鄞县江东镇木行路，此处俗称大关口，又称浙海大关。其下辖收税口 15 个，分别为：大关、古窑、小港、湖头渡、象山、沥海、头围、乍浦、家子口、江埠、白桥、温州、瑞安、平阳、定海；稽查口 5 个，分别为：蟹浦、邱洋、王家路、健跳、宁村。

（二）浙海关常税和洋税

浙海关由浙海关监督即宁绍台道管理。宁波开埠后，地方政府认为中外商船同在一处查验会导致拥挤，浙海关监督会同外国领事官勘定，在江北岸李家衙头设立一处盘验所，建造税房、搭盖棚厂，作为洋船起货、下货、稽查、盘验的场地，中外船只分开查验。[①]

1843 年 12 月，宁波开始征收商业洋税。道光二十五年（1845 年），浙海关洋税和常税开始分开征收。1861 年 5 月 24 日，浙海洋关的税务司署设立，地址在宁波府鄞县江北岸外马路，专征洋税，原木行路的鄞县江东镇旧关征收常税。

（三）浙海常关口岸减少

由于太平天国运动，浙海关的乍浦、头围两个征税口停征。同治四年（1865 年），浙海常关的温州口改组为瓯海常关，由温处道兼任瓯海关监督，不再归浙海常关管辖，瑞安、平阳两口的常关也划给瓯海常关管理。[②] 后又设立瓯海洋关。浙海常关管辖范围逐步缩小。

---

① 梁宝常奏，蒋廷黻辑：《筹办夷务始末补遗（道光朝）》（第三册），北京大学出版社，1988 年，第 1024 页。
转引自陈勇：《晚清海关税政研究：以征存奏拨制度为中心》，暨南大学博士论文，2007 年，第 18 页。
② 孙修福、何玲：《近代海关史大事记》，中国海关出版社，2005 年，第 32 页。

二、浙海关税收

浙海关在"一口通商"时期，主要征收的关税是常税，也允许征收东洋（日本）贸易的洋税，但税额非常少。

（一）浙海关洋税

"五口通商"后，浙海关洋税在 1861 年到 1867 年为 22 万 ~ 50 万两，1868 年到 1887 年为 60 万 ~ 80 万两之间，1888 年到 1897 年突破 100 万两，之后至清末又减少到 60 万 ~ 80 万两之间。

（二）浙海关常税

道光二十三年（1843 年）之前，浙海关常税定额及盈余银大致为 8 万两左右。之后，则有递减趋势，从道光二十三年（1843 年）到咸丰元年（1851 年）额征 7 万多两。清末逐步减少到 3 万两左右。[①]

三、浙海洋关海关银号

咸丰十一年（1861 年），浙海洋关订立浙海关章程："货单、查验、纳税、给单等事，皆有规定。……征收税钞，由税务司主之，以宁波道为监督，税务每结核算收款，开折报告监督，由监督分别解支。商人报关，必由报关行经手代报；交纳税银，必由本关附设之官银号上兑，汇解各款即由官银号任之。"[②] 也就是说，浙海洋关的关税由报关行代报，由官银号（即海关银号）征收、上解。

从第一次鸦片战争后直至清末，浙海洋关有记载的海关银号有五个，同一时间仅存在一个海关银号，彼此是接续的关系。五个海关银号分述如下：

（一）三家钱庄合伙成立的海关银号

第一次鸦片战争前，宁波的钱业已经较为发达。在第一次鸦片战争中，英军占领宁波，向当地钱庄、典当业索取军费，钱庄业被收取 17 万元、典当业被收取 8 万元。[③]

道光二十五年（1845 年），宁波对外开埠时，浙海关收取的洋税由政府指

---

① 汤象龙：《中国近代海关税收和分配统计（1861—1910）》，中华书局，1992 年，第 387-390 页。

② 姜宏业：《中国地方银行史》，湖南出版社，1991 年，第 27 页。

③ 陈桂亚：《中国本土商业银行的截面：宁波钱庄》，浙江大学出版社，2010 年，第 33 页。

定的三个钱庄合伙开设的海关银号代为收纳，三个钱庄分别为叶金鋐开设的久安钱庄、钟光建开设的源和钱庄（也写为原和钱庄）、郑班檀开设的久和钱庄。外国人缴纳关税用银元支付时，按照粤海关的兑换率进行兑换。另外，每 100 两另加 1.2 两倾镕附加费。①

三家钱庄合伙的海关银号具体名称不详。第一次鸦片战争后的粤海关、江海关、浙海关，都由多家钱庄来合伙开设海关银号。这可能从钱庄角度来说，海关银号毕竟是新的业务模式，风险难以预测，合伙开设可以共同分担风险、共享利益。

（二）宁波人承充的海关银号（1861—1862.6）

浙海洋关 1861 年 5 月建立后，浙海关的海关银号由一位宁波人承充，但名字不详。这可能浙海洋关正式建立后，制定了新的章程，久安、源和、久和三个钱庄合伙人开设的海关银号已经退出。

（三）通裕银号（1862.6—1883.11）

1861 年 6 月，胡雪岩承充浙海洋关的海关银号，名为通裕海关银号，通裕海关银号还在浙海大关（常关）开设分号，收取海关常税。通裕银号建立后，许多人担任过浙海关通裕银号常驻经理的职务，包括胡雪岩的两位兄弟。

光绪四年（1878 年），通裕银号的驻店经理叫杨远香，他是宁波府瑾县人，即浙海关所在地的当地人，曾是一个著名钱庄的学徒，他在本地和外地的几个银号里面参与贸易，有的银号是他和胡雪岩合伙开设的。他的工资和额外津贴大约每年 2400 银元。通裕银号还有一名助理经理叫马文斋，是账房主管，也是副手，负责内账房，工资等约为 1200 银元每年。杨远香不常在宁波，马文斋经常代替他在海关银号的职责。

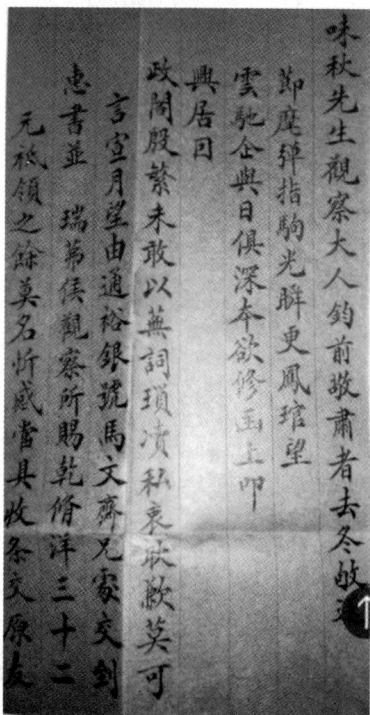

图 14-1　通裕银号信函（网络所见）

除了通裕银号外，胡雪岩还在浙海洋关旁边靠近江厦的商业区东门外，开设一家名为通泉的钱庄。通裕银号把收取的关税通过"经折子"（hand book）的"过账"方式划到通泉钱庄，通泉钱庄进行放贷

---

① John Robert Morrison. A Chinese Commercial Guide [M]. The Third Edition. 1848，p.231.

生息，并通过江平两、海关两、上海规平银之间的兑换差价来赚取利润。

光绪初年，浙海洋关每年收取的关税大约为 72 万两。其中，浙海洋关的通裕海关银号收到的银两或银元等现银大概只有 3000 两；通裕海关银号的宁波分号收到的现银（银元或银两）为 1 万两，还会收到江海洋关汇来的 21.5 万两汇票，以及在上海的阜康海关银号以银两、银元或过账方式收到的 10 万两，其余的 39.2 万两都采用"过账"的方式，即浙海洋关中仅有大约 1.8% 的关税是通过现银交易的。

（四）源丰银号（1883—1910）

1883 年 11 月，胡雪岩将各处开设的阜康各字号同时关闭，通裕银号也应在这一时间倒闭。之后，由源丰润票号的号东严信厚承充浙海关的海关银号，名叫源丰银号。源丰润除了设立源丰银号外，还在宁波设立了信源、衍源、永源、五源、泰源、鼎恒、复恒、泰生、源隆等多家钱庄，以及久源纱厂、老九章银楼。

源丰银号不但收取浙海洋关的税款，也征收浙海常关的税款。浙海洋关和常关收取的税款，由商人交付于源丰润银号的海关监督账户下。后来，源丰润银号因亏损而倒闭，欠浙海洋关和常关公款本息计关平银 13000 余两、银洋 10800 余元，源丰润银号也被浙海关监督派人接收。[①]

源丰银号从光绪九年（1883 年）设立到 1910 年 8 月倒闭，在浙海关运行了 27 年，浙海关的源丰银号也是源丰润票号中倒闭最早的海关银号。

（五）大清银行

《中国近代海关史大事记》中提到，浙海关新（洋）、常两关每日课税银两全由源丰润银号兑收交库。源丰银号倒闭后，为了海关业务不受影响，浙海关监督派人在其原址成立"浙海关收税处"，于宣统二年（1910 年）阴历九月初八开始收税款。[②]但这毕竟不是长久之计。

1910 年 10 月，大清银行接替源丰银号在这里建立一个分行，按照浙海关监督的官方指示来承接海关税收的业务，但仅维持一段很短的时间，由于清朝覆灭，于 1911 年 11 月 5 日关闭。[③]《大清银行始末记》中也记载，宣统二年（1910 年）

① 陈建彬：《近代宁波港贸易发展研究 1844—1911》，硕士论文，2014 年，第 43 页。

② 孙修福、何玲：《近代海关史大事记》，中国海关出版社，2005 年，第 167 页。

③ 中华人民共和国杭州海关：《近代浙江通商口岸经济社会概况——浙海关 瓯海关 杭州关贸易报告集成》，浙江人民出版社，2002 年，第 64 页。

十月，（大清银行）杭州分行因接管浙海关税款事宜，派伙友于杭州拱宸桥及嘉兴两处经理。[①]

四、瓯海洋关银号

光绪二年（1876年），温州开埠，于光绪三年（1877年）建立海关，称为温海关，由于在瓯江的江心圩开设，半年后改名为瓯海关（瓯海洋关），以温处道为瓯海关监督。瓯海关海关银号有三个，即胡雪岩开设的银号、严信厚开设的裕通银号及公一钱庄。

（一）胡雪岩开设的银号

瓯海洋关开关后，胡雪岩立即在瓯海洋关开设了一家海关银号，具体名字不详，但根据瓯海关十年报告（1882—1891年）[②]记载，瓯海关的钱业机构有裕通、春生、怡生三家，它们只同宁波和上海有往来，确切的交易情况不得而知。其中春升（生）官银号创办于光绪初年，为温州首富曾六伶家先辈开设，主要为收受温州当地的钱谷赋税款。[③]对照运行时间，可能胡雪岩开设的瓯海关海关银号为裕通银号，与浙海关通裕银号名称做了颠倒。

由于浙海关的通裕银号、通泉钱庄运作模式较为成功，获利颇丰，胡雪岩可能在瓯海关采取了同样的运作模式，在设立海关银号的同时也设立钱庄，进行资金运作、放贷生息。光绪五年（1879年）左右，瓯海洋关银号有1个经理、14名员工、数个财务等职员，经理是杭州本地人，姓方。银号每年的经费预估为3000银元。由于贸易额不多，胡雪岩和瓯海关监督商量，采取收取关税，按一定比例提取佣金的形式支付海关银号经费。另外，胡雪岩开设的海关银号通过对瓯海关洋税的暂时保管权来谋取利息，利息为海关银号所有。

另外，由于胡雪岩开设的银号和分号较多，阜康票号倒闭后，其所欠的公私各款较多，清理起来较为烦琐麻烦，清政府为了约束票号分号的开设，规定：1884年10月23日，京师之外票号开设分号，必须先到户部等申请执照；各省

---

① 大清银行总清理处：《大清银行始末记》，民国四年七月一日，第191页。

② 周斌等译：《瓯海关十年报告（1882—1891年）》，载《温州大学学报》（社会科学版），2013年1月，第26卷第1期，第115页。

③ 曾惠中：《解放前温州钱庄业见闻》（第6辑），浙江省新闻出版局，1990年。

要将开设票号商人的姓名、住址造册上报户部，以备核查；开设票号，必须由地方官证明为殷实富商；经营私款汇兑者，每个票号每年需向户部缴纳税银600两。也就是通过加上领取执照、登记注册、地方官证明、分号缴纳注册税等措施，来约束各票号和银号无节制的开设，防范金融风险。

（二）严信厚开设的裕通银号

光绪九年（1883年），胡雪岩开设的瓯海洋关银号倒闭后，由源丰润的号东严信厚接任，开设裕通海关银号。此海关银号可能直接从胡雪岩手中继承过来，名称未变。裕通海关银号不仅负责收取瓯海关的洋税，还介入浙江省的公款汇兑，所汇兑的公款较多，光绪二十五年（1899年）以后，浙江一省的公款几乎尽为裕通银号及各钱庄所夺①，可见，裕通银号实力较强。在光绪三十一年（1905年）前后，裕通银号经理史汀甫还担任温州商会的议董②。

宣统二年（1910年），源丰润倒闭，裕通海关银号受牵连而停业。清政府要求，瓯海关原存裕通银号的款项，由瓯海关进行追讨清缴。③

（三）公一钱庄和中国银行

裕通海关银号倒闭后，公一钱庄成为瓯海关的海关银号。公一钱庄于光绪三十四年（1908年）在温州成立。④1914年，温州开设一家中国银行分行，该分行除通常银行业务以外，还代收并汇解关税、监税（salt revenue），以及处州和温州地区所收的各种其他税捐。1915年5月1日，中国银行接替公一钱庄为瓯海关的海关银号。⑤

五、杭州洋关海关银号

（一）裕通银号

光绪二十二年（1896年）甲午战败后，中日两国订立条约，杭州定为通商口岸，杭州新关（洋关）于同年8月25日建立，以杭嘉湖道为海关监督，在杭

---

① 张正明、孙丽萍、白雷：《中国晋商研究》，人民出版社，2006年，第196页。

② 尤育号：《清末温州的士绅、商会与地方社会略论 温州 史志学刊》，2019年第3期总第27期，第50页。

③ 中国人民银行山西省分行、山西财经学院：《山西票号史料》，山西人民出版社，1990年，第390页。其中提到"旧存裕通之款，亦应由该关追令清缴，以重公歌，而照画一"。

④ 《浙江学刊》，浙江学刊杂志社，1989年第54—59期，第32页。

⑤ Decennial Reports（1912–1921）. VOL. II. Published by Order of Inspector General of Customs. Wenzhou, p.113.

州新关附近设立一所官银号收解关税，海关银号业务最初由源丰润银号杭州分号代理。[①]同年 9 月 26 日海关隆重开业，在落成一半的海关银号里举行盛大的庆祝大会。[②]可见，杭州洋关的海关银号在杭州洋关正式开业之前，就已经在建设。

杭州海关的海关银号由源丰润票号代理，和瓯海洋关海关银号名字一样，都为裕通银号。在开业十四年后的宣统二年（1910 年）倒闭。

宣统三年（1911 年），据《浙江官报》记载，裕通海关银号亏欠的官款共计 293211 库平两。宣统三年（1911 年）正月，经过杭州商务总会评议，各股东没有异议。但此后裕通银号的担保人，具有道台衔的广东香山县人刘学询和股东之间相互推诿扯皮，都称亏欠的 293211 两为各号厂户亏欠裕通银号的款项，并不是裕通银号亏欠杭州海关的款项。同年七月，浙江巡抚开始清理此项欠款，并召集担保人及裕通银号股东丁立诚、丁立中、丁权之、王维涵和裕通银号经理董志扬到杭州商务总会进行集议、询问，共同商量解决办法。[③]

（二）大清银行

宣统元年（1909 年）二月，大清银行浙江分行在杭州成立，大清银行浙江分行开始代理海关银两的汇兑。宣统二年（1910 年），源丰润票号倒闭，杭州海关的裕通银号也同时倒闭。浙江清理财政监理官请度支部将杭海关、瓯海关、甬海（即浙海关）三处税款由大清银行杭州分行经理。同年十月，经度支部同意，大清银行杭州分行接管瓯海关税，十二月接管甬（浙海关）海关税，并计划 1911 年正月接管杭海关税。[④]但很快由于清朝覆灭而搁浅。

六、浙海关、瓯海关、杭州洋关银锭

浙江银锭以五两圆锭为主，也有部分五十两马蹄锭及一两银饼，偶见十两圆锭。成书于乾隆五十二年（1787 年）的《皇朝文献通考》记载，江南、浙江有元丝等银。[⑤]元丝，即无丝，没有丝纹，当时的浙江银锭已经向锭面光滑的银锭

---

① 杭州市地方志编纂委员会：《杭州市志》（第 5 卷），中华书局，1995 年，第 162 页。

② 中国人民共和国杭州海关：《近代浙江通商口岸经济社会概况》，浙江人民出版社，2002 年，第 658 页。

③ 《抚院增札饬刘道学，询会同商会议结裕通银号亏欠关欵一案》，载《浙江官报》，1911 年，第 3 卷第 46 期，第 16–18 页。

④ 大清银行总清理处：《大清银行始末记》，民国四年七月一日，第 191 页。

⑤ 刘锦藻：《皇朝文献通考》（卷十六，钱币四）。

发展，市场也认为锭面光滑的银锭成色更好。

（一）浙海关银锭

浙海关所在的宁波大概在咸丰末到同治初年就采取过账制度，现银很少。"宁波码头买卖交易向系过账，并无现银，是以生意兴旺。如欲现银纳税，即须他处购运而来，途次恐有不虞。"[①] 由于宁波实行过账制度，也造成浙海关银锭存世非常稀少。

1. 银锭型制、重量及铭文

浙海关银锭都为五两圆锭，有边，器型与浙江流行的五两圆锭类似。目前发现的浙海关银锭有三种类型，都为三个戳记。第一种为"新关＋海关银号名＋纪年"，海关银号名为通裕；第二种为"浙海关＋纪年＋银号名"，银号都为吉字；第三种为"海关＋纪年＋银号名"，银号也为吉字。

2. 三种类型浙海关银锭分析

第一种类型，即"新关＋海关银号名＋纪年"的银锭，目前仅发现几枚，都为"新关　通裕　三年"五两圆锭。"新关"显然为浙海洋关；通裕即为胡雪岩开设的通裕银号；三年所指，结合通裕海关银号开设的时间，应是同治三年或光绪三年。目前，严信厚开设的源丰海关银号的银锭还没有看到。通裕银号之前，三家钱庄合资的海关银号，未发现银锭；宁波人承充的海关银号开设的时间非常短暂，还未发现相关银锭；大清银行承充的浙海关海关银号的时间也仅为一年左右，加上早已开始用银元缴纳关税，目前也未发现相关银锭。

图 14-2　银锭铭文：新关　通裕　三年（丽庄藏中国银锭 lot236）

第二种类型，即"浙海关＋纪年＋银号名"的银锭，目前发现多枚，时间分

---

① 中国人民银行山西省分行、山西财经学院：《山西票号史料》，山西人民出版社，1990 年，第 182 页。

别为元年、五年、八年、十四年、二十年、二十五年、二十八、三十年。从时间推算，"吉字"银号可能在胡雪岩开设的通裕银号之前就已经开设。二十八、三十年，清代只有康熙、乾隆、道光、光绪四朝，康熙二十八、三十年不太可能，因为当时还没有出现锭面光洁的银锭；乾隆二十八、三十年的可能性不大，那时的浙江银锭应为两个戳记，锭型低矮，乳丁较大较平[①]；而光绪二十八、三十年，浙江已经基本不用银锭缴纳关税，因此最有可能为道光二十八、三十年。另外，发现吉字银号所铸的"盐饷 吉字""德清 七年 吉字"两枚浙江五两圆锭。可见，"吉字"不但为浙海关铸银，还为浙江盐税铸银上解，偶尔也为藩库铸银。"吉字"可能为浙海常关的官设银号，浙海常关需要上解银两时，由附设的吉字官银号铸银，统一上解京师。通裕和源丰银号在宁波的分号也收取浙海常关的关税，但上交给浙海常关时，都由浙海常关的吉字银号熔铸。

图 14-3　浙海关　三十年　吉字　　　　图 14-4　浙海关　元年　吉字
（胡文海先生藏品）　　　　　　　　（诚轩 2017 年春拍 lot1590）

光绪三年（1877 年），浙海关就坚持常税解现、洋税汇兑[②]，浙海洋关的税收远大于浙海常关的税收。但目前所见，浙海常关银锭多于浙海洋关银锭，也符合那时的上解制度。

第三种类型，即"海关 + 纪年 + 银号名"，仅发现一枚，铭文为"海关十一年　吉字"，为浙海关锭型的五两银锭，但不清楚为何没有写"浙海关"，仅以"海关"代替。

_____

① 加藤繁：《唐宋时代金银之研究》，中华书局，2006 年，第 268 页。

② 黄鉴晖：《山西票号史料（增订本）》，山西经济出版社，2002 年，第 166-188 页。

（二）瓯海关银锭

瓯海关银锭目前还没有发现，一方面因为瓯海关成立较晚，另一方面可能与温州长期使用银元有关，瓯海关的关税全部用墨西哥鹰洋支付。

1. 温州使用银元及伪造银元情况

据《通商口岸海关银号制度和当地货币情况报告书》描述，温州用的货币全部是新的墨西哥鹰洋，并不使用银两。在台州，伪造的银币，除专家外，几乎能欺瞒所有的人。伪造银币的价值比新墨西哥鹰洋低 9 到 10 分，一枚温州当地伪造的银币估价仅为一枚墨西哥鹰洋的 0.746 倍，相当于当地曹平（温州曹平）的 0.50505 两，用光绪四年（1878 年）左右的兑换率，需要 198 枚温州伪造的银元去兑换 100 曹平两。103 曹平两相当于 100 海关两。100 海关两相当于 203.94 个温州伪造的银元，或者相当于 152.11 个新墨西哥鹰洋。

1882—1891 年的《瓯海关十年报告》也指出，温州不用银锭，其货币是图案清晰的鹰洋，过去中国在这个地区通用的本洋已经基本消失。以前，温州和台州都铸造银元，但温州铸造的银元已见不到，许多台州铸造的银元还在流通。

打戳过的银元叫糙洋，市面上以折扣 3% ~ 4.5% 接收。刮擦过的银元叫刮洋，市面上按其重量接收。[①] 所谓的刮洋，即靠近福建边界的福鼎、福宁、桐山和其他地方的商人，与福州和本口做棉织品和明矾生意中收进图案清晰的银元，就从其两面刮擦下些许银屑，在当地作为纯银售出。绝大多数运往上海的刮洋熔铸成纯银锭，在这个过程中要提炼除去 4% 的铜和其他杂质。铸成"元宝"形状的银锭每百两合 144 ~ 146 元。[②]

2. 瓯海关使用银元情况

瓯海关有时可以见到许多旧的西班牙卡洛斯或双柱银币，而带验戳的银币会贬值。瓯海关的关税按照当天的兑换率，使用墨西哥鹰洋支付。用银元支付瓯海关关税的兑换率并不确定，大概 150 ~ 152 墨西哥银元与 100 海关两基本相同，需要 103 温州曹平两兑换 100 海关两，100 海关两相当于 111.40 上海规平两。商人向瓯海关的海关银号缴纳关税时，都是按照墨西哥银元兑换关平银的兑换率进行兑换上交，也不用银锭。

---

① 周斌等译：《瓯海关十年报告（1882—1891 年）》，载《温州大学学报》（社会科学版），2013 年 1 月，第 26 卷第 1 期，第 112 页。

② Decennial reports 1882-1891 VOL. II ［M］. Published by Order of Inspector General of Customs wenzhou，p.400.

（三）杭州海关银锭

目前，杭州海关铭文的银锭也没有见到，可能也与开关时间晚，已用银币上交关税有关。

1. 杭州金融组织

据光绪二十九年（1903 年）《浙江潮》[①]记载，杭州金融机关组织分为票号、银号和钱庄。票号只有一家，由山西商人经营，号名为日昇昌，在杭州城珠宝巷。杭州商贾往来主要通过钱庄，票号出入的比较少，因此只有一家。银号和钱庄无异，只是由资本充裕、势力雄厚的人组织设银炉铸造金银元宝，部分大的钱庄也经营银号。杭州银号属于浙江布政使所属，做丁银铸造之事。如表 14-1 和表 14-2 所示。

表 14-1　杭州票号、银号、钱庄统计表

名别	家数	用途
票号	1	属于官场财款兑汇之事
银号	5	属于设炉铸银事
钱庄	100 多	属于市面钱款出入兑汇事

表 14-2　杭州银号表

店名	所在地	发起成立
裕源	小井巷	杭商合股
开泰	小井巷	绍商合股
裕丰	周公井	杭州陆氏自股
裕泰	坍牌楼	杭州沈氏自股
保泰	河坊巷	合股
晋义	焦棋杆	合股
和记	柴木巷	合股
源丰润	现牌楼	合股

2. 杭州银两情况

杭州银炉兼营银号。19 世纪 90 年代，在杭州的大钱庄有 20 家，其中 5 家

---

① 《浙江潮 第三期 杭州金融机关组织表》，癸卯年（1903）年三月二十日，第 196-197 页。

拥有熔化和造银锭的设施。[①] 清末，杭州的各银号每天都铸造地倾（即当地五两圆锭），以供官方需要。在每年五月二十三日、二十六日、二十九日这三天铸造杭州元宝，规定铸造额为一个银号 1200 个。铸造地倾时有负责上炉、下炉的两个职工，一天铸造 12 个，银质以九八五为最好。杭州铸造银锭的原料主要用各地的旧银锭，并少量使用墨银。[②]

辛亥革命以前，杭州较大的钱庄附设有银号，即开泰、庆余、鼎记、保泰、裕丰、裕源。银号多与各州县往来，这 6 家银号从各地送公款到藩库、道库。上面提到的银号都有炉房，熔铸银锭以制造当地货币。由于官款的出纳金额极大，能够用它作流动资金，因此，银号在钱庄里面拥有特殊势力。但光绪二十八年（1902 年），负责浙江省倾镕钱粮地丁的五家银号，即裕丰、裕源、开泰、庆余、保泰，多年来由于银色不足，已由浙江布政使宝湘石专门指派银匠进行察验。[③]

3. 裕通银号银锭

目前还未发现杭州海关的银锭，也未发现裕通海关银号为杭州海关铸造的银锭，但杭州海关银号即裕通银号为浙江各地倾铸的银锭发现不少，应与裕通银号代理浙江多地的藩库款项有关（见图 14-5）。从银锭纪年上看，从"三年"到"三十年"都有遗存，平湖和乌程在"七年"就有裕通银号为之铸银，"七年"所指应为光绪七年（1881 年）。最晚到"三十年"，此"三十年"应为光绪三十年（1904 年）。裕通银号银锭统计见表 14-5。

图 14-5　银锭铭文：镇海　裕通　三十年

---

① The Maritime Customs China. Decennial Reports, 1892–1901.Vol II [M]. Published by Order of Inspector General of Customs, p.25.

② 根岸佶：《清国商业综览 第四卷 清国货币及银行》，东京九善株式会社，东亚同文书院，1908 年，第 303 页。

③ 中国人民银行山西省分行、山西财经学院：《山西票号史料》，山西人民出版社，1990 年，第 370 页。

附表：

表 14-3　浙海关银锭统计表

序号	关名	纪年	银号	重量	出处
1	浙海关	元年	吉字	182.6	丽庄藏 209
2	浙海关	元年	吉字	180	历史银锭 1409
3	浙海关	元年	吉字	178.5	《银的历程》P131
4	浙海关	五年	吉字	190	宜和 2020 夏拍 2157
5	浙海关	八年	吉字	181.8	西泠印社 2015 年秋拍 4699
6	浙海关	十四年	吉字	184	历史银锭 1400
7	浙海关	廿年	吉字	185.23	中国银锭 781
8	浙海关	廿五年	吉字	181	中国银锭 782
9	浙海关	廿八年	吉字	185.2	诚轩 2020 年春拍 1595
10	浙海关	三十年	吉字	176	江南丰荷－宜和 2018 夏拍 2906
11	浙海关	三十年	吉字	—	靳稳战
12	海关	十一年	吉字	183.6	宜和 2020 夏拍 2156

表 14-4　浙海关洋税银锭统计表

序号	关名	纪年	银号	重量	出处
1	新关	三年	通裕	187.2	丽庄藏中国银锭 236
2	新关	叁年	通裕	—	孙以欣

表 14-5　裕通银号倾铸浙江各地银锭统计表

序号	地名	时间	银号	加戳	重量	出处
1	金华	三年	裕通	—	193.8	诚轩 2013 年春拍 2467
2	太平	三年	裕通	183		陈夏秋
3	平湖	七年	裕通	—		网络所见
4	乌程	七年	裕通	—		网络所见
5	钱塘	九年	裕通	—	179	历史银锭
6	归安	九年	裕通	—	186.2	西泠印社 2018 年春拍 5053
7	仁和	九年	裕通	—	180.7	诚轩 2015 年秋拍 1905
8	秀水	九年	裕通	—	184	王强

表 14-5（续）

序号	地名	时间	银号	加戳	重量	出处
9	仁和	十年	裕通	—	—	网络所见
10	黄岩	十年	裕通	—	182	王强
11	太平	十年	裕通	董裕	178.6	BM
12	长兴	十年	裕通	—	164	北京华夏藏珍 2010 年春拍 1066
13	新昌	十年	裕通	—	—	网络所见
14	遂昌	十年	裕通	—	186	诚轩 2018 年春拍 2186
15	龙泉	十一年	裕通	—	191.6	诚轩 2012 年秋拍 2166
16	钱塘	十六年	裕通	—	182	西泠印社 2018 年秋拍 4755
17	分水	十九年	裕通	—	177.9	诚轩 2013 年春拍 2468
18	孝丰	二十年	裕通	—	187	诚轩 2017 年秋拍 1204
19	归安	二十三年	裕通	—	185	陈文军
20	嵊县	二十五年	裕通	—	—	涛提供
21	镇海	三十年	裕通	—	—	王力
22	嘉卫	二十三年	裕通	—	—	方伟

第十五章　闽海关银号与银锭

一、闽海关概况

（一）闽海关关署和税口

闽海关历史较为悠久。公元 1 世纪福州就有东西洋贸易的东冶港，明代成化年间，市舶司从泉州移至福州。清代康熙二十三年（1684 年）设立海税监督，闽海关也是东南沿海四个海关中最早设立的海关。闽海关设立之初，海关监督署在厦门养元宫。也有学者指出，闽海关监督行署分驻南台、厦门两个口岸，即福州府城外南台中洲和厦门搭仔街张厝保。[①]

乾隆三年（1738 年）后，闽海关改由福州将军（也称镇闽将军）兼理，外国人称福州将军为 "Tatar General"，基本都由满族人接任。

乾隆十五年（1750 年），闽海关设 20 处征税口和 16 处稽查口。征税口有南台、厦门、泉州、涵江、安海、铜山、石码、南山边、闽海镇、宁德、沙埕、福宁、白石司、刘五店、云霄、绍安、旧镇、枫亭、江口、港口尾巴渡。稽查口有管头、江南桥、东岱、古浪屿、排头门、石浔、玉洲、法石、马头山、东石、三江、小山杜浔、罗源、蓁屿、牛头道、东冲。[②]

（二）闽海关常税和洋税

第一次鸦片战争之前，中西贸易主要集中在粤海关，特别是康熙四十六年（1707 年）后，几乎所有的英国船只都集中在广州。与江海关和浙海关相比，清代中前期闽海关主要与日本（东洋）进行贸易。

道光二十三年（1843 年），根据《南京条约》规定，福州海关、厦门海关开关，厦门海关当年开始征收洋税，福州海关于道光二十四年（1844 年）开始征收洋税。咸丰十一年（1861 年）福州洋关正式开关；同治元年（1862）年，厦门洋关

---

① 黄国盛：《鸦片战争前的东南四省海关》，福建人民出版社，2000 年，第 25 页。

② 廖声丰、符刚：《试论"一口通商"时期闽海关的商品流通》，载《江西财经大学学报》，2010 年第 2 期总第 68 期，第 95—100 页。

设立。

同治初年，台湾沪尾海关和打狗海关对外开埠；光绪二十五年（1899 年），三都澳海关设立。至此，闽海关被分出五个洋关，负责对外贸易货运的监管，征收外国及本国轮船行驶各岸应税货物的关税，即洋税；闽海常关只监管从事国内贸易的民船货运，征收各种木制船只和航行于内河的小轮船应税货物的关税，即常税。

这五个洋关对内都属于福州将军管辖，由于每个洋关都由总税务司委派了税务司，为应对这个局面，福州海关、厦门海关、台湾沪尾海关和打狗海关的"海关监督"都由福州将军派出的佐领负责，对接税务司。

二、闽海关的税收

雍正至乾隆前期，是福建对外贸易的全盛时期。福建商人到达的港口很多，有琉球、日本、文莱、安南、交趾、占城、大良、柔佛等，乾隆初期，闽海关每年所收的洋税都在 2 万两以上。

福州开埠后，福州海关的洋税和常税分开征收。厦门新、旧关同在十三路头迤北，洋税和常税可以就近办理，没有另设盘验所，但洋税另款存贮，不入内地常税之内，洋税和常税开始分开征收。[①]

1844 年到 1853 年，闽海关的厦门口和福州口的洋税大致在 2.5 万两到 5 万两之间。1854 年到 1861 年，此两口洋税迅速增长，从 20 万两到 70 万两；1862年到 1889 年，从 195 万两逐步增加到 288 万两，后逐步下降到 1910 年的 170 万两。

闽海关常税从道光二十二年（1842 年）到光绪三年（1877 年）长期维持在10 万～17 万两。其中，咸丰二年（1851 年）到三年（1852 年）、同治三年（1864 年）到五年（1866 年），下降到 7 万～8 万两。光绪四年（1878 年）到光绪十四年（1888 年），从 17 万两上升到 20 万两，后又逐渐下降到光绪二十七年（1901 年）的 8 万两。

---

① 陈勇：《晚清海关税政研究：以征存奏拨制度为中心》，暨南大学博士论文，2007 年，第 19 页。

三、闽海关的行户

（一）第一次鸦片战争前的行户

第一次鸦片之前的两个时期，即康熙二十四年（1685 年）到乾隆二十二年（1757 年）实行"四口通商"时期和乾隆二十三年（1758 年）到第一次鸦片战争前实行"一口通商"时期，闽海关的对外贸易都没有停止。即使是"一口通商"时期，福州口岸仍允许琉球的贡船往来，厦门口岸时有吕宋等南洋国家商船贸易，因此，闽海关的洋税未受太大影响，只是洋税收入远没有粤海关多。

此段时间，闽海关存在如广州"十三行"的行商包办海关税银的情况。在康熙二十三年（1684 年），英船快乐号（Delight）抵达厦门时，发现该地已有一包揽贸易的组织，该地政府专门指定一名叫"Limia"的中国商人与英船贸易，"Limia"也成了以后该地对外贸易的"商总"[①]，"Limia"实际上为官行或官牙。雍正四年（1726 年），福建巡抚毛文铨奏称，闽海关"前巡臣黄国材即据厦门行户徐藏兴等称，海关税务历系兴等办纳"[②]，可知徐藏兴是雍正四年（1726 年）闽海关的行商，并和其他行商一同包揽闽海关税收。

这些行户，有时也称行铺、洋行户、行商、官行、铺户等，实际上都是中间组织，为政府和洋商提供服务。表 15-1 中外国人提到的 Anqua、Canqua、Snqua，后面都有"官"字，与广州"十三行"类似，是对受官府委派的中间商人的称谓；林琅观、邱诗观、郑班观等也应为官设的行商。表 15-1 为厦门的行商、行铺、行户等信息。

---

① 梁嘉彬：《广东十三行考》，广东人民出版社，1999 年，第 67 页。

② 《文献丛编第十七辑 雍正朝关税史料》。

表 15-1　厦门口行商、行铺、行户情况统计 ^①

帝号	纪年	洋行及行商名称
康熙年间	—	Limia、Anqua、kimco、Shabang、Canqua
雍正	—	Snqua、Cowlo
	四年（1726）	徐藏兴
	五年（1727）	铺户张喻义
	七年（1729）	洋行户车集兴，洪忠
	九年（1731）	牙行陈柔远
	十年（1732）	行家郑瑞
	十一年（1733）	行铺张喻义、陈德兴、李伯瑜等 32 户
	十三年（1735）	行家王沛兴
乾隆	四年（1739）	行保李鼎元、郑宁远、林琅观
	十一年（1746）	承保铺户万德合、郑宁远、洋行邱诗观
	十二年（1747）	洋船铺户郑长兴
	十四年（1749）	绵兴行（陈吟老经营）、德顺行、铺户万德合、行铺金德隆
	十五年（1750）	铺户李鼎丰
	二十年（1755）	林广和、郑德林
	二十二年（1757）	铺户高明德
	二十六年（1761）	李锦等六家洋行
	二十九年（1764）	洋行户辛华，行户李锦
	三十年（1765）	金长源
嘉庆	元年（1796）	和合成、郑班观、蒋元亨等八家洋行，大小商行 30 余家
	十四年（1809）	洋铺户和合成，行商金和合、金联成、金丽全、金广益、金源益、金坤元、金丰美、金瑞安、金和美、金长隆、金振兴、金全胜、金益兴、金聚利、金晋祥、金联兴
	时间不详	三家行商接待外船
	十八年（1813）	仅剩行商和合成一家
道光	元年（1821）	洋行全部倒闭，商行 14 家

---

① 陈希育：《中国帆船与海外贸易》，厦门大学出版社，1991 年 4 月，第 291-292 页。

闽海关中，厦门口主要承担对外的贸易，表15-1中的洋行户、洋行铺、洋行、行商，都应是对外贸易代理关税的中间机构，商行、行户、铺户也应是中间代理机构。不同时期，有些称谓有一定的差异。

（二）闽海常关的税行

第一次鸦片战争后，闽海常关的关税则由税行收取。泉州、涵江、铜山各口的杂费，多由辕馆包解。

祁美琴在《清代榷关制度研究》中指出，闽海常关在南台、闽安设立两处税行，代收闽海常关的关税银两，原因是商人不熟悉关税则例，也不擅长书面计算关税。税行代商人报税，商人如无现银缴纳常关税，则由税行代为垫付，商人销售货物后，和税行进行清算还清。税行每年收取闽海常关5000两左右的例费。光绪末年，则改为税务分局委员设柜收银。[①]税行为闽海常关的关税收取组织，类似于海关银号。

四、闽海关的海关银号

第一次鸦片战争之后，福州洋关和厦门洋关都应立即开设了海关银号，但目前记载最早的为咸丰十一年（1861年）。"闽海关自咸丰十一年（1861年）按照新章开征洋税后，即在福州南台、厦门两口设立官银号各二所，并在台湾之沪尾、打狗口设立官银号各一所，均系招举殷实商民承兑，专司收解洋税。"[②]

（一）福州洋关的海关银号

1. 裕成银号

咸丰十一年（1861年）到光绪九年（1883年），福州洋关的海关银号为胡雪岩开设的裕成银号，有的文献中也称裕诚银号。光绪五年（1879年）前后，经营者叫季炳，他并非官员，也不参与贸易活动。海关银号中，有28个职员和40个下属，下属包括仆人、苦力、看门人等。实际上，季炳为胡雪岩所雇佣，代表胡雪岩在福州洋关工作。

2. 天益银号

光绪九年（1883年），阜康票号倒闭。在阜康票号的档手即负责人叶姓维

---

① 祁美琴：《清代榷关制度研究》，内蒙古大学出版社，2004年，第324页。

② 中国历史第一档案馆藏，《朱批奏折（同治朝）》，胶片号22-1560。

持了一段时间后，闽海关的海关银号由宁波人陆沛泉接办，改称天益官银号。①

3. 同豫银号

陆沛泉于光绪十八年（1892年）病逝，天益银号亏空官款，无力承开，遂与源丰润号商合办。②严信厚的源丰润票号开始接管陆沛泉的七成份额，海关银号改名为同豫银号。

4. 陆宗游开设的银号

大概在1905年前后，陆宗游承办福州、厦门海关的海关银号。他是浙江人，有江苏候补知府的头衔。但开办后前两年，由于银号中执事舞弊，亏损严重，由陆宗游垫款弥补，后又订立五年合同，但不到一年，又改为官办。③

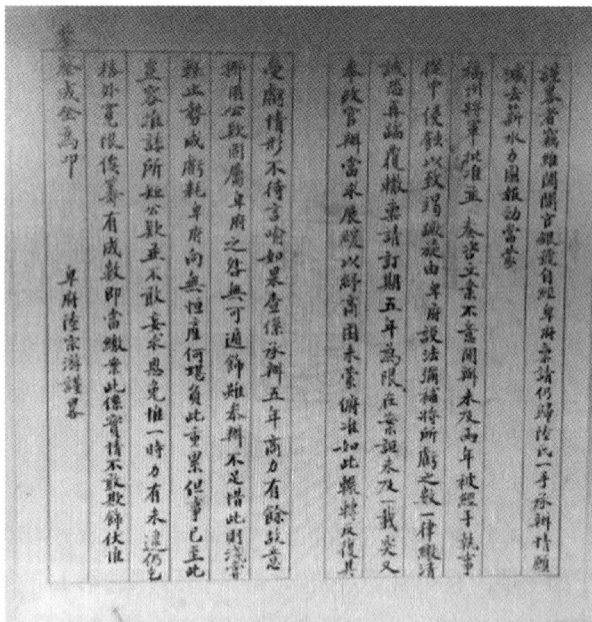

图 15-1　陆宗游《关于闽关官银号亏损情形节略》（摘自盛档：SD073794-1）

5. 改为官办

光绪三十年（1908年）前后，福州洋关的海关银号正式改为官办，由关务

---

① 黄鉴晖：《山西票号史料（增订本）》，山西经济出版社，2002年，第811页。

② 《申报》，1893年2月4日。

③ 陆宗游：《光绪三十四年闽关官银号亏损情形节略》，盛档：SD073794-1。

分局委员办理。

（二）厦门洋关的海关银号

1. 陈宝章开设的银号

同治二年（1863年）之前，厦门海关的海关银号负责人为陈宝章。到同治二年（1863年），陈宝章已经陷入严重的困境，当年12月底海关银号被取代。

2. 苏盛源、金永隆银号

1863年12月，福州将军耆龄去世前后，厦门人方青耀被行商苏源盛指派取代原来的海关银号负责人陈宝章。新任命的福州将军英桂到达厦门后，他的代表向他建议，厦门海关的贸易额很大，需要开设第二家海关银号，英桂同意了。方青耀到了福州后找来与他们有关系的另一家银号，行商名叫金永隆，也开设了海关银号，即此时存在苏源盛和金永隆两家海关银号。

但六个月后，海关银号向厦门海关提出，两个独立的银号需要两套人马，费用开销较大，请求将两个海关银号在同一地址办公，厦门海关同意了这个要求。于是两个海关银号合二为一，统一在苏源盛名下，海关银号的号收和业务都使用苏源盛的印章。但苏源盛海关银号长期利用信用在市场上买入、卖出银票，而银票兑换（银两）比率一直在走低，导致苏源盛海关银号亏损严重，于1869年7月12日突然倒闭。

苏源盛可能也在台湾的台南开设银号。在修建老古石街路头碑记中记载，老古石渡口商贸繁忙，为修复渡口靠岸的街路、泊岸，道光二年十月，苏源盛捐助番银32大元。①

3. 海关衙门临时代替海关银号

苏源盛海关银号倒闭后金永隆海关银号也破产倒闭。1869年7月到1872年，厦门海关的洋税由厦门海关衙门代为收取，并雇用了原金永隆银号的一个雇员来收税。

4.（金）悦来、（严）久大银号

同治十一年（1872年），胡雪岩开始在厦门海关开设海关银号，海关银号叫（金）悦来和（严）久大，如同苏盛源和金永隆海关银号一样，这两个海关银号是两个牌子、一套人马。胡雪岩派出的代表叫何松年，浙江绍兴人，是厦门海关银号经理。另外，胡雪岩还在海关银号的二楼开设有阜康票号的厦门分号，用

①　台湾银行、经济研究所：《台湾南部碑文集成》，道光二年立，修建老古石街路头碑记。

于汇兑。

为了区别起见，（严）久大、（金）悦来海关银号及阜康票号的印章都是分开的，厦门海关银号有两方印章，一个是久大，另一个是悦来，阜康票号的印章则是阜康字号。

何松年自己也从事较小的商业贸易。同治十一年（1872 年），他是海关银号的文书，光绪二年（1875 年）成为经理。厦门海关银号还有 5 个文书、2 个出纳、2 个司秤和 6 个苦力。何松年同样也负责阜康票号厦门分号，海关银号的员工同样也协助阜康票号厦门分号工作，其中有 2 名文书专门负责阜康票号工作。

1883 年 12 月 20 日，代理厦门海关征收税款的官银号（金）悦来、（严）久大因经收应缴税项拖欠不清暂行停办，所有收税事务悉由厦门关派人自行办理。[1]之后，上述两个海关银号倒闭。

5. 永丰银号

光绪九年（1883 年），陆沛泉接管了厦门海关银号，改名为永丰银号。陆沛泉于光绪十八年（1892 年）病逝后，由严信厚接替了厦门海关的海关银号，名称未变，仍为永丰银号。

6. 陆宗游开设的银号

1905 年前后，厦门海关的海关银号由陆宗游承办，但陆宗游浸挪公款，银号改为官办。"（闽海关）福、厦二口官银号，先经前任将军派委江苏候补知府陆宗游办理，年支工伙银一万三千两，该银号于应解支款，非压存生息，即任意浸挪，致欠公款甚钜。业于上年彻查严追，一面收回官办，改各关务分局委员办理，经费既可节省，而该两号向有之出息，亦令全数充公，每年约共九千余两，似属一举两得。"[2]

7. 改为官办

和福州洋关一样，厦门洋关在光绪三十年（1908 年）前后，将海关银号改为官办。

1911 年 11 月 10 日，厦门海关委员刘永棠出逃，原海关委员经管的海关银号停办。11 日，厦门汇丰银行派员进驻官署，办理收税业务，商人改赴海关交税。11 月 14 日，福建军政府接管厦门。11 月 15 日，闽都督孙道仁致函厦门海关税务

---

① 中华人民共和国厦门海关：《厦门海关志（1684—1989 年）》，科学出版社，1994 年，第 395 页。

② 祁美琴：《清代榷关制度研究》，内蒙古大学出版社，2004 年，第 324–325 页。

司："将前归关务处之海、常监督权收归福建军政府闽都督督理，派杨层云、黄觉民接管厦门海关附设的官银号，要求厦门关将税款以厦门领袖领事名义或厦门领事团所指定确守中立之人名义，汇缴厦门汇丰银行暂存。"[1]

（三）淡水（沪尾）和打狗海关银号

同治元年（1862年），沪尾海关正式开关征税，后来又开放鸡笼、打狗、府城鹿耳门（即安平）三处为通商口岸，沪尾作为海关正口，鸡笼、打狗、安平作为外口。征税银册等事宜均由总口负责转缴关库，福州将军监督办理。同治四年（1865年），税务司在安平征收往来船只的税收。此后，关税逐年递增，但是商人们去旗后纳税又有很多的不便，于是就请求在安平增添银号，管理出入的船只。[2]1891年7月6日，打狗海关改名为台南关。

1. 黄泰银号

沪尾海关自同治元年（1862年）开埠后，福州将军在区姓道台的引荐下，派来黄姓（Hwang）的人收取关税。此人在当地设立了名为黄泰号（Hwang T'ai Hao）的海关银号，当时的收入非常小，并且十分之四的收入用来偿还英国和法国政府的战争赔款，剩余十分之六可支配的关税每年不足600两，其中只有一半归于海关银号，不能维持开支。尽管如此，海关银号仍旧在坚持，希望商业贸易不断发展，增加的收入可以用来弥补亏损，达到收支平衡。但事与愿违，黄泰银号的损失最终高达到1000两，海关银号的开设者请求退出，但没有得到批准，最后只能逃离，不久后据说离世。新来的福州将军更换了新人来接管海关银号，由于新来者四处散布此口岸缺乏资金的消息，新海关银号最终没有开设成功，从此以后再无新银号开设。

2. 李彤恩开设的银号

招募私人开设海关银号的努力失败后，福州将军指令海关监督（佐领）亲自征收关税，将原海关银号的杂项开支每月45两减为38两用于打狗海关的银号开支。另外，每年拿出1000两用于维持打狗、淡水、基隆口岸开支的总金额，作为特殊的费用支出。以上都由福州将军支出。

淡水海关的海关银号负责人是李彤恩。李彤恩是福建晋江人，后来官至浙江

---

① 孙修福、何玲：《中国近代海关史大事记》，中国海关出版社，2005年，第173页。

② 石丽丽：《1842—1895年闽台航运研究》，福建师范大学硕士研究论文，2011年，第13页。

候补知府，也是沪尾通商委员。① 李彤恩为福州将军雇佣，并协助本地海关监督处理事务。海关银号还代表当地政府征收厘金税，代表煤矿公会进行矿物交易，处理一些当地的公务。

李彤恩也是刘铭传倚重的商人。刘铭传就任台湾巡抚后，光绪十三年（1887年）为修筑铁路筹集资金，其从多方面入手，除投入"官股"外，又动员绅商投资而设"民股"，另特派有信誉的候补知府李彤恩前往东南亚，联系各埠华侨，吸收侨资入股。此举颇有成效，新加坡、西贡等地福建籍侨商陈新泰、王广余等人率先响应，不到两个月，便从南洋招股 70 万两，收现金 30 万两。②

光绪十四年五月初五（1888 年 6 月 14 日），刘铭传上疏奏报台湾水陆电线告成，并请对三品衔浙江候补府李彤恩等在事处理人员给予奖励。③

打狗海关的海关银号负责人也是李彤恩，经营者名叫林轸，福州当地人，是李彤恩的代表。林轸不是官员，也不参与贸易，但通过放贷并收取利息。海关银号共有 4 人，每月 40 两维持费用，在上交给福州将军的账目上予以登记。

（四）三都澳海关银号

三都澳在 1899 年设关开放时，不过是一座只有十多间房屋的村落，但开埠以后，面貌大为改观。海关空地上和居民房屋前的海滩，有一部分被开拓了，建筑了防波堤、一座验货场、两座仓库、一座私人平屋、海关银行、海关衙门、四家茶行、一座棚屋、两座海关宿舍和二十家商店，有一种新兴气象。④ 以上提到的海关银行，应为海关银号，但具体名称不详。

据《海关十年报告》记载，三都澳海关流通银元、制钱和现金，银两和纸币已经不见。流通的银元中，香港银元占 45%，日本龙洋为 33%，印度卢比占 14%，其他如墨西哥鹰洋、海峡银币、菲律宾银元、美国银元、西班牙卡洛斯银元等。⑤

---

① 尹全海等：《清代福建大员巡台奏折》，九州出版社，2011 年，第 550 页。

② 台湾银行、经济研究所：《台湾文献丛刊》（第 27 卷）。

③ 陈小冲：《台湾历史上的移民与社会研究》，九州出版社，2011 年，第 119 页。

④ 徐柳凡、吴月红：《自开商埠与地区社会经济的发展》，载《安徽师范大学学报》（人文社会科学版），2000 年 11 月，第 28 卷第 4 期，第 549 页。

⑤ Decennial Reports（1912-1921）. VOL. II. Published by Order of Inspector General of Customs，pp.83-84.

五、闽海关银锭

清代福建银锭主要分为乾隆早期之前的方镨和乾隆中后期之后的十两馒头锭,偶尔见五十两的马蹄锭,但并不是主流。十两馒头锭按照用途又分为藩纹、盐纹、关纹、茶纹、厘纹等类别。[①]

目前发现的福建关税锭都是闽海关铸造的。福州海关、厦门海关在五口通商后,都属于闽海关管理,从闽海关监督(福州将军)的财政角度看,无论福州海关还是厦门海关,财政税收都属于闽海关,关税都统一汇解到闽海关大关,银锭上没有必要区分是哪个海关的关税。

闽海关银锭极少,原因除了福建大量使用番钱外,可能与闽海关坚持汇兑有关。闽海关在咸丰七年(1857年)就开始以纹银短拙、捻匪未靖、熔化番银折耗大等理由坚持由票号汇兑京饷,间有运现。同治六年(1867年)后不论闽海常关还是闽海洋关全部由票号汇兑。[②]

另据闽海关十年报告(1882—1891)记载,福州境内仅有把银钱、钞票换成铜钱的银样店,以及可以发行钱票和办理抵押贷款的60多家钱铺,还有6家大的票号,已经没有银锭兑换银钱、钞票一说。还提到连闽海常关都是收银元,"特别税"一项则收纸币。[③]

从光绪十五年(1889年)陕西票号协同庆驻福州分号侯中铸所写的家书附件中,也可知福建海关银锭的流通情况。福建虽然有纹银、番银(国外银元)之分,但实际只有番银畅通无阻,纹银的来路仅有钱粮及海关的常税两项,洋关的关税都用番银。[④]

清代闽海关银锭以第一次鸦片战争为界限,分为两个阶段。

(一)闽海关早期关纹(第一次鸦片战争前)

这一时期的闽海关银锭,目前仅发现两枚,锭型为方镨型,一边微带边,一边无边,铭文分别为"闽海关 道光七年正月 金广春"和"闽海关 道光八年八月 陈广春"。此两枚闽海关十两银锭宝面无丝,中心内凹,背部高耸,向一

[①] 鲍广东:《宝银流芳—清代银锭收藏与鉴赏》,黄山出版社,2017年。

[②] 《军录》,财政经费卷36福州将军英桂等为请京饷仍行汇兑的奏折,同治六年六月初九。

[③] 《福建文史资料》第十辑闽海关史料专辑,第121页。

[④] 黄鉴晖:《山西票号史料(增订本)》,山西经济出版社,2002年,第1263页。

边倾斜。道光年后的福建其他银锭，全部为十两馒头锭，推测直到第一次鸦片战争结束后，方镨型的闽海关银锭才被荷叶锭型的闽海关银锭所取代。

图 15-2　银锭铭文：闽海关　道光七年正月　金广春

　　道光十九年（1839 年），周凯在《厦门志》中称："闽俗呼人曰郎；呼公子公孙曰舍；呼有体面者曰官，讹官为观，遂多以观为名者；朋友相称曰老，厦俗亦然；合数人开一店铺，或制造一船，则姓金，金犹合也，惟厦门、台湾亦然。"①确实，从表 15-1 中也可以看出，嘉庆十四年的 17 家行商中，都为金字开头，可能并不是全为姓氏，而是合资开设店铺。

　　推测，道光七年（1827 年）正月，合资的金广春银号铸造了闽海关关税银锭，次年，金广春银号股权发生变化，由陈姓独家开设，改名陈广春银号。

图 15-3　银锭铭文：闽海关　道光八年八月　陈广春

---

①　周凯修：《厦门志》卷十五，道光十九年（1839），刻本，第 10 页。

（二）闽海关晚期关纹（第一次鸦片战争后）

1. 闽海关常税银锭

第一次鸦片战争后，闽海关常税银锭出现了演化：圆形，中心内凹，四边高耸，如夏日的荷叶，也是史料上所称的"荷叶锭"。[①]

闽海关常税银锭最晚的实物有明确纪年的是"光绪四年"，铭文为"闽海关 光绪四年　陈□胜"（见图 15–4），其他闽海关银锭都不署帝号。闽海关常税银锭统计见表 15–2。

图 15-4　闽海关　十年九月　陈□英

2. 闽海关洋税银锭

闽海关洋税由福州洋关、厦门洋关、三都澳洋关征收，最后集中到闽海关监督衙门。目前发现有"洋课　四年五月　林成和"（见图 15–5）、"洋课　六年五月　林成和"等几枚，都为厚边型，显示时间应该在道光中叶以后。银锭上的"洋课"应为洋关税课的简称。闽海关洋税银锭统计见表 15–3。

---

① 吴中孚：《商贾便览》卷五，银色便览。

图 15-5　洋课　四年五月　林成和

3. 闽海关银匠

目前，在闽海关的银锭上并没有发现海关银号的名称，银匠名基本为陈姓（陈和年、陈□顺、陈□英）和蔡姓（蔡万年、蔡万安、蔡万顺）所包揽，其他姓氏所见极少。

闽海关的海关银号并没有参与倾镕税银，而是把收来的税银交给政府指定的官银炉倾镕。光绪末年的《支那钱庄调查》提道："（闽）海关银锭应该被称作当地的标准银，又称为道白镜银、纹银或闽锭。一般一枚十两重，利用当地成色最高银子来铸造这种银锭，纯银含量大约为 99%。（福州）城内南街上有裕源、长泰、常泰三家指定的受理铸造所，也称为官炉（官银炉）。这些官炉得到当地官员的临时授权，负责镕铸上解北京国库的银两，官炉在上海也叫做官银炉。熔铸海关银锭的原料源自外地流通来的有磨损银锭、外国银元，以及散碎银两，钱庄、商家也依赖当地官银号来铸造银锭，官炉铸 100 两银子收取费用为 4 钱。"[1]

可见，光绪末年，闽海关银锭都由当地政府指定给了三家官炉倾镕，费用也比较低。关税银两的来源为外地磨损银锭、外国银元、散碎银两。完好无损的外地银锭，可以在当地按照成色高低流通，不需要重铸。

目前确实也发现了陈长泰开设的长泰官炉铸造的闽海关银锭，如"闽海关二十年三月　陈长泰""闽海关　十二年二月　陈长泰"的十两馒头银锭。

---

[1]　台湾银行株式会社：《支那钱庄调查》，台湾日日新报社，1903 年，第 105 页。

图 15-6　闽海关　十二年二月　陈长泰（方兴藏品）

　　这些官银炉，与闽海关的官员之间存在巨大的利益关系。如厦门常关中，每 100 常关两应该兑换 125.265 市平两，但官银炉实际收取按照 100 常关两兑换 132 市平两，每 100 常关两存在 6.735 市平两差额，差额按照如下分配：银炉私下直接或通过委员给闽海关监督（福州将军）的献金额为 0.626 市平两；银炉给主任书办的献金额为 2.02 市平两；银炉作为熔解费（火耗）的为 0.565 市平两；另作为银炉经费，每 100 常关两汇款得到 3.282 市平两。[1]

　　光绪三十年（1904 年），闽海常关采取了三条措施进行改革，其中一条为改办倾镕。以前收取上解的常关税，都是各口岸以收到的番银自行倾镕足色纹银上解，需要大量经费，此后改为各口岸以原银上解省城，由关务处核实办理，既降低倾镕成本又减少了贪污，每年可节省倾镕费一万多两。[2]

　　福建藩纹、盐纹、茶纹、厘纹中的银匠多有重名，但闽海关的关纹银匠并没有发现与上述银匠同名，应归为另一个系统。

表 15-2　闽海关常税银锭统计表

序号	关名	年月	官银炉	重量	锭型	出处
1	闽海关	道光七年正月	金广春	—	单边方镙型	孙以欣
2	闽海关	道光八年八月	陈广春	—	单边方镙型	孙以欣
3	闽海关	元年八月	陈和年	360	荷叶型	元宝收藏 P218

[1]　滨下武志：《中国近代经济史研究：清末海关财政与通商口岸市场圈》（第 1 卷），江苏人民出版社，2008 年，第 417 页。

[2]　祁美琴：《清代権关制度研究》，内蒙古大学出版社，2004 年，第 324 页。

表 15-2（续）

序号	关名	年月	官银炉	重量	锭型	出处
4	闽海关	六年九月	蔡万安	372	荷叶型	元宝收藏 P218
5	闽海关	七年二月	□万安	—	荷叶型	诚轩 2007 年秋拍 1331
6	闽海关	七年七月	蔡万顺	—	荷叶型	胡军忠
7	闽海关	光绪四年	陈□胜	379	荷叶型	BM585
8	闽海关	十年九月	陈□英	358.2	荷叶型	王力
9	闽海关	十年九月	张慎泰	364.3	荷叶型	《银的历程》P135
10	闽海关	十二年三月	陈长泰	375.8	荷叶型	西泠 2017 年春拍 5454
11	闽海关	十三年八月	陈长泰	—	荷叶型	方兴
12	闽海关	十六年十二月	蔡万安	—	荷叶型	网络所见

表 15-3　闽海关洋税银锭统计表

序号	税名	年月	银铺	形状	纪年月	出处
1	洋课	六年五月	林成和	厚边型	竖戳	网络所见
2	洋课	四年五月	林成和	—	竖戳	《银的历程》P136

第十六章　江汉关银号与银锭

一、江汉关沿革

（一）武昌厂关和新关

明代景泰二年（1451年），明政府在武昌省城以南金沙洲地方设关，征纳船料，史称金沙洲钞关。弘治年间，将金沙洲钞关改建于武昌省城汉阳门外北江边，史称武昌料钞厂或料厂。明朝末年，由于受战乱影响，武昌料钞厂停征关税。清康熙四年（1665年），清政府在明代武昌料钞厂旧址重新设关征税，史称武昌厂关，关署位于汉阳门外白鳝庙下滨江。①

武昌厂关下设朝关、白关、红关、宗关、汉关、游湖关六处口岸。其中，朝关设在汉阳沌口虾蟆矶附近；白关设在江夏县石嘴巴；红关设在江夏县坛角下红社坛；宗关设在汉口镇襄河边内上茶庵，也称上关；汉关设在汉口镇下茶庵，也称下关；游湖关设在黄陂县南与汉阳县交界处的谌家矶。初设关时，仅游湖关可以征收关税，其他各关只是稽查口，后来由武昌厂关派员到各口岸收税。光绪后期及宣统年间，武昌厂关的临时分关（卡）又增加两处，即土垱关、蔡甸关。

武昌厂关开始时委托武昌府同知管理，乾隆二年（1737年）后，在就近的道府厅官员内遴选，一年期满考核替换，以后大部分时间由武昌府知府监管。咸丰三年（1853年）一月，由于太平军攻陷武汉，随后又攻克武昌及湖北大部分州县，武昌厂关被废，武昌厂关自咸丰元年至九年停征关税。②咸丰六年（1856年）四月，武昌厂关移往沔阳新堤暂设。咸丰七年正月初一（1857年1月26日），武昌厂关又移回省城汉阳门外旧址，也称武昌新关。

（二）江汉关

根据咸丰八年（1858年）中英《天津条约》，汉口开埠，设立江汉关，并

---

① 何强：《清代武昌厂关的设立和管理探析》，载《湖北社会科学》，2018年第4期，第129页。
② 《内阁户科题本·税课类·关税》，档案号02－01－04－21712－041，同治元年十一月十八日，大学士倭仁折。

对以前的常关关卡进行了调整。签订的 1861 年 11 月，江汉关正式设立税务司。1862 年 1 月 1 日经清朝总理事务衙门批准，江汉关正式建立。此时的江汉关也称江汉洋关、江汉新关、江汉海关，收取洋税；武昌厂关（新关）收取的是常税。

江汉关归江汉关监督署管辖，江汉关监督也称汉黄德道兵备道。同治三年（1863 年），江汉洋关税务司署设在湖北夏口县汉口河街，即英租界外花楼街滨江青龙巷内，江汉关监督则设于汉口居仁门巡检司署附近官衙。

江汉关开关后，还下设两个分关：一个是汉阳南关，设在南岸嘴，为稽查国内船只的口岸；另一个是石灰窑分关，光绪二十四年（1898 年）成立，为监督进出口船只的口岸。此外，还设立三个分卡，分别为北卡、子口卡、武穴总卡。北卡设在汉口 18 段，子口卡设在桥口，武穴总卡设在广济县的武穴镇（今武穴市）。[①]

江汉关税司卢力飞曾奉总税司赫德的指示，要将武昌厂关划归江汉关监管，但江汉关监督称，武昌船（厂）关，属于武昌府管理，不归江汉关监督管辖，汉口与武昌，不但隔江，而且隔府，也不是同一口岸，予以驳斥。[②]由于武昌厂关位于通商口岸不远，本书把两关的银锭放到一起进行研究。

二、江汉关和武昌厂关的税收

江汉关征收的洋税，在 1863 年为 93 万两，1910 年则超过 300 万两，年均 197 万两，仅次于江海关、粤海关、闽海关，以及 1903 年之后的津海关。

乾隆元年（1736 年），清政府规定武昌厂关正税银为 33000 两，盈余银及游湖关船料银尽征尽解。自此以后，33000 两成为武昌厂关（新关）长期不变的正额，直至清朝灭亡。[③]

三、江汉关海关银号

江汉关从 1861 年建立到清末，拥有四个海关银号，同一时间同时存在两个海关银号，原因可能与所征关税较多有关，更重要的原因是有两家海关银号，引

---

① 吴焘冰：《江汉关史话》，中国海关出版社，2007 年，第 43 页。

② 赵德馨、吴剑杰、冯天瑜：《张之洞全集卷 247 电牍 78》，武汉出版社，2008 年，第 8666 页。

③ 何强：《清代武昌厂关的设立和管理探析》，载《湖北社会科学》，2018 年第 4 期，第 133 页。

入竞争关系，让外商缴纳关税时可以选择，避免一家海关银号的独家垄断。当一个海关银号倒闭时，江汉关监督就立即再引进另一家海关银号，确保同时存在两家海关银号。宣统三年（1911年），由大清银行汉口分行短暂存储过江汉关的关税。

（一）盛裕泰银号（1862—1869）

盛裕泰海关银号在江汉关设立后就成立。1863年6月4日，税务司狄妥玛在回复汉口费礼查洋行的信中，回答汉口费礼查洋行关心的问题，即为什么盛裕泰海关银号和乾裕海关银号收取关税时两家海关银号的兑换率（即海关两兑换洋例银的兑换率）不同。可见，此时盛裕泰和乾裕银号已经存在。

盛裕泰银号的开设者为盛恒山，又名盛世丰，也化名为盛经简，为广东香山县人，因为熟悉英语，先做宝顺洋行福州买办。后调到上海，为清军江南大营头目张国梁采购军械，深受赏识，1860年调汉口任宝顺洋行买办，又替云南清军筹饷，购买军火，被推荐为道员，并加按察使衔，委署过迤南兵备道等实官。[1]在汉口，盛恒山开设了鸿遇顺茶栈，是汉口茶业公所董事。同治七年（1868年），他还在汉口创办并主持丝业公所。

外传盛恒山的朋友官文也是盛裕泰海关银号的投资者。但他们的投资都不用真实姓名，例如，盛恒山便是以他六子的名字登记两家当铺。[2]

盛恒山拉上官文入伙开设盛裕泰银号，当时看重的是1860年前后，官文任湖北巡抚、湖广总督，位高权重。但同治五年（1866年）后，湖北巡抚曾国荃弹劾官文贪污平庸、动用捐款，官文被革职。可能受到影响，盛裕泰银号也开始走下坡路。同治七年十二月二十二日（1869年2月3日），钟云翁、殷绍濂（字象贤）都来到时任江汉关监督王文韶的府邸，商议盛裕泰银号事宜，盛裕泰银号亏损较重，处理起来比较棘手，实际上已经停业。同治八年二月十六日（1869年3月28日），盛裕泰银号倒闭。[3]盛裕泰银号倒闭后，其所欠的洋商款项，清政府要求江汉关妥善代为清还。[4]

---

① 樊百川：《清季的洋务新政》（第1卷），世纪出版集团，2003年，第73页。

② 张维安：《政治与经济：中国近世两个经济组织之分析》，桂冠图书有限公司，1990年，第76页。

③ 袁英光、胡逢祥：《王文韶日记》（第1卷），中华书局，1989年，第68页及第137页。

④ 沈云龙：《近代中国史料丛刊续编》（第80卷），文海出版社，1974年，第37页。

（二）乾裕银号（1862—1883）

乾裕银号和盛裕泰银号一样，在汉口开埠后就已经设立，乾裕银号背后的号东为阜康票号的胡雪岩。从在汉口外商的口碑来说，乾裕银号比同时期的盛裕泰银号信誉要好。

同治三年（1864年）6月6日，江汉关的盛裕泰和乾裕海关银号都不愿意以上海的兑换率来收取洋商的关税。盛裕泰海关银号收取关税时，按照107.7两汉口洋例银兑换100海关两，比乾裕银号高0.4两，受到费礼查洋行的投诉。盛裕泰银号辩解说，他们收取外商关税，每100海关两有返利4钱洋例银的习惯，折扣后，和乾裕银号一样。后来税务司调查，发现盛裕泰银号并没有返利。

在胡雪岩开设的七家海关银号中，乾裕银号的实力排在第二，仅次于江海关的阜康银号。光绪初年，乾裕银号经营者分别为郑诒伯和曹田波，这两人都是汉口商人，为胡雪岩所聘用，乾裕银号当时雇佣30人。光绪九年（1883年），乾裕银号随着胡雪岩的票号倒闭而倒闭。

（三）有成银号（1869—1911）

有成海关银号为王文韶开设。王文韶，字夔石，号耕娱、庚虞、退圃，1864年（同治三年）任湖北安襄荆郧道盐运司，很快又任汉黄德道道台，即江汉关监督。根据《中美关系史料》的记载，"同治五年二月十五日（1866年3月31日），上海通商大臣李鸿章称：据署湖北江汉关道王文韶详称"及"同治六年四月十二日（1867年5月15日），署湖广总督谭文称：据署湖北汉黄德道监督江汉关税务王文韶呈称①"，可知，王文韶在同治五年二月十五日到同治六年四月十二日前后，已经在江汉关监督任上。同治七年（1868年）后，盛裕泰海关银号倒闭，王文韶开设了有成银号。目前发现最早署名为有成号的江汉关五十两银锭为同治

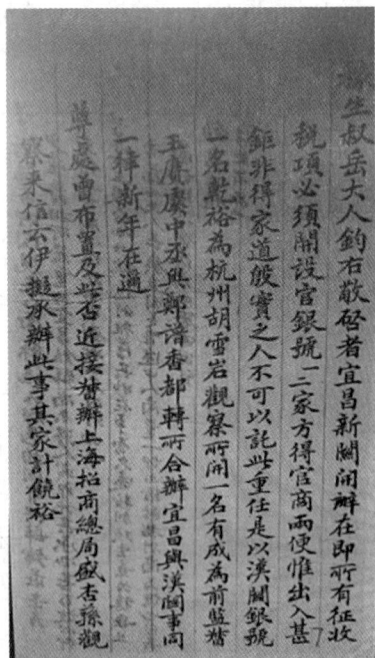

图16-1　胡寿昌致孙家谷函
（盛档：SD072664-1）

---

① 中央研究院近代史研究所：《中美关系史料（同治朝上）》，中央研究院近代史研究所，1968年，第316页及第447页。

七年（1868 年），应该最迟这个时候，有成银号已经设立。

也有资料提及有成银号为合办，如图 16-1 的《盛档》信件中提及，有成银号为王文韶和浙江余杭人郑谱香（即郑兰，官至山东盐运使）合开。①

为了避人耳目，王文韶一直采用代理人来管理海关银号。王文韶日记中有每天的生活、工作记录，但其中很少提及有成银号，可能自己后来对日记做了删改，仅查到"（同治十年）元月二十一，与子惠论有成大致"及"（光绪十四年）三月二十三，下午子惠未值，将与商有成、协济等事也。二十四日，晴，子惠来谈久之"②。其中，有成应为有成银号，协济应为协济典当。协济典当原为胡雪岩所有，光绪九年（1883 年）胡雪岩破产后，王文韶接手了此典当，子惠应为有成银号的负责人。王文韶还在同治九年（1870 年）五月二十八日同意汉口的子惠停止采买用于平粜的米粮。王文韶后官至一品，任云贵总督、直隶总督兼北洋大臣、户部尚书协办大学士、政务大臣、武英殿大学士等高位。

光绪五年（1879 年），有成银号由吴志清、董相侨经理，他们都是汉口人，但都不是官员。此时的王文韶在湖南巡抚的位置上，有成海关银号当时雇佣 36 个人，比乾裕银号雇佣的人还要多。王文韶日记亦记载："光绪十四年（1888 年）元月十七日，接俞湘舟信，以幼筠辞覆之嫌，意颇悖悖，即作吴志清、董相侨公函答之。"③此时两位经理人仍在经营有成银号。

另外，有成海关银号还代办汇兑事宜，即具有票号的职能，"汉口乾裕等四家，兹据湖北布政使王之春会同总办善后局司道详称，本年湖北应解备荒经费银一万二千两，现已在於厘金项下如数筹拨，於七月十三日发交有成商号电汇顺天府衙门交纳"④。

（四）协成银号（1883—1910）

协成银号由源丰润票号的严信厚开设。光绪九年（1883 年）阜康票号倒闭，导致其下设的汉口乾裕银号关闭，此时严信厚接手，在江汉关开设协成银号，直至宣统二年（1910 年）源丰润倒闭。协成银号除了出纳江汉关税款外，还和上

① 上海图书馆：《胡寿昌致孙家谷函》，盛档：SD072664-1。

② 袁英光、胡逢祥：《王文韶日记》（第 1 卷），中华书局，1989 年，第 243 页及第 736 页。

③ 袁英光、胡逢祥：《王文韶日记》（第 1 卷），中华书局，1989 年，第 731 页。

④ 中国人民银行山西省分行、山西财经学院：《山西票号史料》，山西人民出版社，1990 年，第 371 页。

海的源通银号一同，借款给汉冶萍公司，以接济之名进行放贷生息。①

1882—1891 海关十年报告记载，汉口有两家政府银号，一家名叫公济益，代理藩库的税收；另一家名叫有成，代理道台（海关监督）的关税。除此之外，还有 24 家商业银号（票号），较大的五家分别是天成亨、百川通、协同庆、蔚泰厚、蔚盛长。②实际上，这份报告漏了另一家海关银号，即协成银号。据民国时期湖北省银行编著的地方金融志《湖北省金融》记载："咸、同时代……湖北设立公济益官银钱号于武昌；设立协成、有成两官银号于汉口……"③

清末日本驻汉口领事水野幸吉也说："（汉口的）官银号，虽为私立银行，而受政府之监督，出纳政府之银两，办理海关税，信用最厚。汉口现在之官银号有二：有成，协成。"④这里所说的官银号，即为海关银号。

（五）大清银行

宣统二年（1910 年）十一月，清政府度支部通过湖广总督通知江汉关监督，要将江汉关正杂各项关税存放在大清银行汉口分行，江汉关监督就是延拖不交，并通过有成银号呈请度支部暂缓交出。

1911 年 3 月 5 日，度支部批示不允许有成银号存储江汉关的关税，有成银号被大清银行代替。当时《新闻报》报道，湖北汉黄德道江汉关监督称："按照部饬将江汉关收税及解款、存款等事，都改归大清银行经理，并饬令有成银号于江汉关第二百零三结第一号交给大清银行接办。"⑤但很快爆发武昌起义，此事作罢。

四、汉口公估局

同治年间，汉口设立公估局。由于汉口公估局与海关银号之间存在一定的联系，本书也加以介绍。

---

① 陈旭麓、顾廷龙、汪熙：《汉冶萍公司（一）：盛宣怀档案资料选辑之四》，上海人民出版社，1984 年，第 131、141、168 页。

② Decennial Reports（1982–1891）. Published by Order of Inspector General of Customs，pp.185–186.

③ 湖北省银行：《湖北省金融》，民国二十五年（1936 年）。

④ 水野幸吉著，湖北嘤求学社 刘鸿枢、唐殿萧、袁青选等译：《汉口——中央支那事情 光绪三十四年》，上海昌明公司，1908 年，第 221 页。

⑤ 中国人民银行山西省分行、山西财经学院：《山西票号史料》，山西人民出版社，1990 年，第 391 页。

（一）公估局设立背景

同治三年（1864 年）之前，广东人郑永和接到江汉关监督的指示，筹划汉口公估店的事务。后来公估店开张，但由于管理不善，公估人员被遣散，导致亏损 2700 多两，公估店很快关闭。

汉口银两成色低潮，外商交易时，因为汉口银两成色问题、兑换问题争议不断。1864 年 5 月 24 日，汉口外商委员会决定在江汉关重新设立公估局，34 家外国商行商议并集资 4000 两，雇佣广东人郑永和重新开设公估局。

（二）外商和郑永和的协议

外商要求公估局应有一定的担保来保证其评价结果的正确性，并且其评价结果应当得到上海和九江的公估局（店）及海关银号的认可。同样，汉口郑永和公估局也要承认上海和九江公估局（店）的评价结果。公估费用为每个 50 两马蹄锭 20 文铜钱。

于是，郑永和成立了华成（Huay Chuen）银号，并建立了公估局。同治三年九月二十六日（1864 年 10 月 26 日），郑永和和外商达成以下六项协议：

1. 外国商行应该保证公估局每年能有 3000 两收入；如果收入不足 3000 两，外国商行应该帮忙弥补。

2. 华成银号开始应该筹集 2000 两来雇佣人手、租赁房屋，以及其他支出，直至年底账目结束。

3. 如果生意做不起来，所花费的工资、经费、租赁费较多，外国商行要凑齐 3000 两，以补足和归还公估局从华成银号的借款。

4. 与公估局有关的收入，年底扣除偿还华成银号的 2000 两后，如果有剩余，必须交由郑永和来支配。

5. 付给公估人员的支出，如果每年 3000 两不够，应由外国商行筹集支付给华成银号。

6. 华成银号所借 2000 两，必须立即支付给汉口郑永和公估局，用于早期寻觅助手、租房、雇佣店员等。

1865 年 1 月 31 日，根据江汉关税务司马福臣写给总税务司的第 4 号信件，同年 1 月 30 日汉口公估局正式开张，开张当天，7000 两银锭中有 90% 被检查出来是低潮银两，有的甚至比标准成色（24 宝）低 3% ~ 8%。

（三）汉口公估局章程

汉口公估局建立后并发布了章程，章程如下：

1. 议华洋各商买卖银色，概以九九二银为二四海宝，照汉例加两色，高申低补，公平批估。

2. 议成色低伪至九成以下者，概不批估。

3. 议天平砝码照汉镇九八五平为准。

4. 议公估所批元宝照上海每只收钱二十文。

5. 议银色批错，不能照批通行者，均向公估司事赔偿；倘有藉词图赖争论高低者，立即议明赏罚，请官银号倾镕，以剖议论。

6. 议公估司事所批元宝，均有字迹暗号为据，如有私写假批者，查出禀官究办。[①]

可见，公估章程对鉴定程序较为严格，公估需要对鉴定的结果负责，并对批错的银锭赔偿。海关银号（官银号）的影响力很大，当对银锭的成色鉴定有争议时，海关银号作为第三方，参与倾镕试验，有最后确定银锭成色的权力。

五、江汉关及通商口岸的银锭

（一）武汉银两银炉概况

武汉主要流行一两到四两圆饼锭、五两圆锭、五十两马蹄锭，税种较为丰富，受周边影响，也见有十两圆碗锭。

据《中国之金融》记载，汉口的银炉资本在1万～3万两不等，共有13家银炉，专门从事银炉为1家，为洪顺银炉，资金2万～3万两；钱庄兼业银炉的为10家，分别为刘祥兴、协顺、聚泰、复昌、兴泰、源泰、公安、春生、同泰、谦益，其中前3家资本2万～3万两，后7家资本约1万两；银号兼业银炉2家，分别为协成、有成银炉。[②]

（二）海关银号倾镕银锭规定

江汉关在同治八年（1869年）制定了《海关银号倾镕税银章程》。[③]甘胜录

---

① 戴学文：《旧上海·夷场新》，2007年，第68~69页。

② 日本外务省通商局：《中国之金融》（第1-2卷），中国图书公司，1908年。

③ 孙修福、何玲：《中国近代海关史大事记》，中国海关出版社，2005年，第41页。

先生在《江汉关英人税务司参与夺取关税保管权内幕》一文中指出："辛亥革命前，江汉关所有税款均由海关指定交给汉口乾裕号收存倾镕，该号为海关官号，与兑换银店不同，不得与各商帮交易往来，更不准出具买卖兑票，私立借券或代人作证。当时因银两成色不一，江汉关订立了倾镕章程，规定由乾裕号收取税银后，必须倾镕足色的库平两。按所收税银的多少，按期上交，如税款在5000银两以内者，限收税之次日缴清，若银数在5000两以上者，一日倾镕来不及者，可按银数之多少推迟止至三日交清，不得积欠，并规定七日一结，全数交清。"① 从中可以看出，江汉关的关税，倾镕上解皆有规定，都由海关银号倾镕，七日一结，上交实银。

实际上，辛亥革命前，海关银号也不仅是乾裕银号一家，乾裕海关银号在光绪九年（1883年）已经倒闭。至于江汉关的海关银号"不得与各商帮交易往来，更不准出具买卖兑票，私立借券或代人作证"等规定，可能是在乾裕银号倒闭后作出的。当时胡雪岩开设的海关银号采取的是把海关税银放出借贷生息的方式来牟取利益，银号一旦倒闭，贷出的关税风险就极大，很难顺利收回。

（三）江汉关及武昌厂关银锭

江汉关银锭分为洋税银锭和常税银锭。洋税银锭为江汉关银锭，常税银锭为武昌厂关银锭。

1. 江汉关银锭

江汉关银锭有两种型制：一种为五十两马蹄锭，另一种为五两圆锭。

（1）五十两江汉关银锭

江汉关五十两银锭都为四个戳记，分别为江汉关、纪年、海关银号名、匠名。戳记为门字型，上为江汉关，左为纪年，右为海关银号名和匠名，如"江汉关 同治七年 有成号 匠罗芝"等，与江海关比较类似。江汉关五十两银锭是海关银锭中最为标准的版本，即用项、纪年、银号、银匠俱全。图16-2为"江汉关 光绪五年 有成号匠罗芝"五十两银锭，"有成号匠罗芝"为一个戳记。有成号为王文韶开设。

---

① 甘胜录：《江汉关英人税务司参与夺取关税保管权内幕》，载《武汉文史资料》，1994年第2期，第217页。

图 16-2　江汉关　光绪五年　有成号匠罗芝（方伟藏品）

图 16-3 为"江汉关　光绪八年月　乾裕号　匠蔡春"五十两银锭，"乾裕号　匠蔡春"为两个戳记。乾裕号为胡雪岩开设。

图 16-3　江汉关　光绪八年月　乾裕号　匠蔡春

图 16-4 为"江汉关　光绪三十三年　协成号匠王松"五十两银锭，"协成号匠王松"为一个戳记。协成号为严信厚开设。

图 16-4　江汉关　光绪三十三年　协成号匠王松（诚轩 2009 年春拍 lot2441）

（2）五两江汉关银锭

五两江汉关银锭，铭文为碑碣型，没有纪年，江汉关在上，下面为海关银号名和匠名，如"江汉关　乾裕号匠传恒""江汉关　有成号匠蔡长"等。江汉关五两银锭比五十两银锭要少很多。

图 16-5　江海关　有成号匠蔡长（摘自 BM588）

还有一种五两银锭，器型和重量都如同上述的江汉关五两银锭，铭文样式也雷同，为碑碣型戳记，如"同顺　同治年匠洪吉""同治　三年十月通商"等，推测为江汉关早期银锭。

图 16-6　同治　三年十月通商

2. 武昌厂关银锭

武昌厂关银锭为圆饼型，重量变化较大，从 3 钱、5 钱到一两[1]不等，《中国历史银锭》中记载，昌关子为三两圆饼型（母鸡锞型）[2]。

目前发现的昌关子银锭实物为圆饼型（母鸡锞型），重量不固定，从 18.07 克到 147.5 克不等，与史料记载的一致，戳记有李先、李堃、李源、李祥、文慎、文经、文裕、文盛、文鼎、文进、阳恒、夏璜、黄陂等。从目前发现的银锭实物来看，从三钱到四两都有。

图 16-7　夏璜

图 16-8　文经

3. 江汉关银锭铭文分析

目前发现的江汉关洋税银锭上，有乾裕、有成、协成三个海关银号名。盛裕泰银号由于在同治初年设立，加之经营时间较短，目前还未发现相关银锭实物。

---

[1]　宫下忠雄：《中国币制的特殊研究》，日本学术振兴会，1952 年，内封面。

[2]　汤国彦：《中国历史银锭》，云南人民出版社，1993 年，第 122 页。

图 16-9 为"荆州　协成号"十两圆碗锭，其中协成号为严信厚开设，可能是协成号也偶有代理藩库的实物见证。

图 16-9　荆州　协成号（诚轩 2008 年春拍 lot1359）

表 16-1　江汉关五十两银锭统计表

序号	关名	纪年	银号	匠名	重量	出处
1	江汉关	同治七年	有成号	匠罗芝	1867.6	中国银锭 331
2	江汉关	同治八年	有成号	匠罗芝	1839	嘉德 2014 年秋拍 0168
3	江汉关	同治八年	有成号	匠罗芝	1869	中国银锭 332
4	江汉关	同治十二年	有成号	匠罗芝	1869	大晋浩天 2012 年春拍 6203
5	江汉关	同治十二年	乾裕号	匠蔡春	1863.2	中国银锭 333
6	江汉关	同治十三年	有成号	匠罗芝	1858	江汉关博物馆藏
7	江汉关	光绪五年月	乾裕号	匠蔡春	1858.5	崇源 2012 年秋拍 1183
8	江汉关	光绪五年月	乾裕号	匠蔡春	1880	丽庄藏 296
9	江汉关	光绪五年	有成号	匠罗芝	1865	历史银锭 1570
10	江汉关	光绪五年	有成号	匠罗芝	1862.4	诚轩 2012 年秋拍 2257
11	江汉关	光绪六年	匠有成	—	1867	江汉关博物馆藏
12	江汉关	光绪七年月	乾裕号	匠蔡春	1862.4	诚轩 2014 年秋拍 2448
13	江汉关	光绪八年	有成号	匠罗芝	1864	诚轩 2007 年春拍 1206
14	江汉关	光绪八年月	乾裕号	匠蔡春	1860.2	诚轩 2014 年春拍 1262
15	江汉关	光绪九年	有成号	匠罗芝	1868.3	瀚海 2011 年秋拍 2762
16	江汉关	光绪九年月	有成号	匠罗芝	1868.2	诚轩 2014 年春拍 1263
17	江汉关	光绪十年	乾裕号	匠蔡春	—	网络
18	江汉关	光绪十年	有成号	匠王明	—	网络

267

表 16-1（续 1）

序号	关名	纪年	银号	匠名	重量	出处
19	江汉关	光绪十一年	有成号	匠王明	—	BM93
20	江汉关	光绪十二年	协成号	匠蔡明	1700	树荫堂 765
21	江汉关	光绪十三年	协成号	匠王明	1864.7	《银的历程》P153
22	江汉关	光绪十三年	协成号	匠蔡鸣	1870	嘉德 2007 年秋拍 5353
23	江汉关	光绪十七年	协成号	匠王松	1870	泓盛 2012 年春拍 2107
24	江汉关	光绪十八年	协成号	匠王松	1868	嘉德 2010 年秋拍 8516
25	江汉关	光绪十八年	协成号	匠王明	—	游洲
26	江汉关	光绪二十二年	有成号	匠王明	—	网络
27	江汉关	光绪二十三年	有成号	匠王明	1873	嘉德 2009 年春拍 7275
28	江汉关	光绪二十四年	有成号	匠王明	1863	中国银锭 334
29	江汉关	光绪二十四年	协成号	匠王松	1862	江汉关博物馆藏
30	江汉关	光绪二十五年	有成号	匠王明	—	网络
31	江汉关	光绪二十五年	协成号	匠王松	—	网络
32	江汉关	光绪二十六年	有成号	匠王明	1850	元宝图录 659
33	江汉关	光绪二十六年	有成号	匠王明	1880	丽庄藏 297
34	江汉关	光绪二十五年	协成号	匠王松	1862.2	中国银锭 335
35	江汉关	光绪二十六年	协成号	匠王松	—	网络
36	江汉关	光绪二十七年	协成号	匠王松	—	网络
37	江汉关	光绪二十九年	协成号	匠王松	1870	BM94
38	江汉关	光绪三十年	有成号	匠蔡长	1866	诚轩 2011 年秋拍 2780
39	江汉关	光绪三十年	协成号	匠王松	1874.9	诚轩 2011 年春拍 1655
40	江汉关	光绪三十年	有成号	匠蔡长	—	网络
41	江汉关	光绪年月	有成号	匠王明	1900	元宝图录 660
42	江汉关	光绪三十一年	有成号	匠蔡长	—	华辰 2003 年秋拍 1429
43	江汉关	光绪三十二年	协成号	匠王松	—	元宝图录 661
44	江汉关	光绪三十三年	有成号	匠蔡长	1871	BM95
45	江汉关	光绪三十三年	协成号	匠王松	1872.1	诚轩 2009 年春拍 2441
46	江汉关	光绪三十四年	协成号	匠王松	—	网络
47	江汉关	宣统三年	有成号	匠蔡长	1867.1	BM96

表 16-1（续 2）

序号	关名	纪年	银号	匠名	重量	出处
48	江汉关	宣统二年	有成号	匠蔡长	1870	网络
49	江汉关	民国三年造	—	—	—	诚轩 2008 年春拍 1358

表 16-2　江汉关五两银锭

序号	关名	银号	匠名	重量	出处
1	江汉关	乾裕号	匠传恒	160.1	BM587
2	江汉关	有成号	匠蔡长	158.1	BM588

第十七章 九江关银号与银锭

一、九江关沿革

九江位于鄱阳湖、赣江水系与长江的交汇点，自然条件适合设立榷关。九江关在明代景泰元年（1450年）开设，关署建在九江府府城西门外湓浦坊，收取的关税主要来自以下船只：一是自长江中上游经九江至安庆以下各地的船只，二是自长江中上游经九江转入江西内河的船只，三是自长江下游上溯九江前往湖广川蜀的船只，四是自江西内河出江经九江前往长江中上游各地的船只。清代雍正年间，又开设九江关大姑塘分关，也称姑塘口关。

九江关下辖口岸共有10处。其中，征税口2处，即九江大关和大姑塘分关；稽查口8处，即龙开河、清江口、老鹤塘、白石嘴、扶山、马家湾、梅家洲等。乾隆年间，大姑塘分关"每年征收钱粮约有十七八万两不等"[①]，约占九江关税额的三分之一左右。

根据《天津条约》，九江在咸丰十年（1860年）开辟为通商口岸，次年12月，九江海关正式成立。九江关和芜湖关、江汉关等长江内河流域关口一样，先有常关，第二次鸦片战争后再分设洋关，与江海关、粤海关、闽海关、浙海关等沿海的海关情形不同。

九江海关成立之初，由于太平军仍在江西活动，由江海关代征九江海关、江汉关的洋税，然后按照各占50%的比重拨给江西和湖北。直到1862年12月28日，在江西巡抚的要求下，九江海关才正式收取洋关税，征收范围为南京到九江以西的江峡江段。光绪初年，芜湖海关开关，九江海关征收范围缩小为从安徽安庆到湖北半壁山。

---

① 徐檀：《清代前期的九江关及其商品流通》，载《历史档案》，1990年第1期，第87页。

二、九江关的税收

（一）九江常关税收

九江常关是清代长江各关中税收最高的榷关。其关税，乾隆初年多为 30 万～40 万两；乾隆二十年（1755 年）到乾隆末年达到 40 万～60 万两；嘉道年间则多在 50 万～60 万两；光绪二十七年后（1901 年）降为每年 22 万～23 万两。

（二）九江海关税收

九江海关所收关税，1863—1873 年在 47 万～54 万两，1874—1887 年在 70 万～96 万两，1888 年突破 100 万两，之间有升有降，大致在 63 万～118 万两。[①]

三、九江海关的海关银号

《江西近代货币简史》中写道："自前清辟九江为通商口岸后，即有永昌顺官银号，附设炉房，将所收关税银两，铸成二五色宝银解京，交总理衙门照收。至光绪三十年，改汇交上海总税务司。此外，有福成钱庄开炉，名曰景成炉房，又有恒昌钱庄开炉，名曰恒昌炉房，其银色均为二八到二七不等。"[②]

民国《经济旬刊》则提到，九江海关在征收中外进出口贸易税时，曾先后委托当时的九江府永昌顺官银号、裕宁官银钱局九江分号、官商合办的同泰银号等金融机构存收。

结合以上记载和相关史料，九江海关有同泰银号、永昌银号、宝记银号、裕宁官银钱局九江分号等海关银号。

（一）同泰银号

光绪四年（1878 年）前后，九江海关的海关官银号为同泰乾记银号，也简称同泰银号。经营者为董云榜，候补知县，从事茶叶和木材生意。芜湖海关的海关银号也为同泰银号，由于芜湖海关于 1877 年开关，比九江海关晚，九江海关成立后到芜湖海关开关前的 17 年时间里，九江海关管辖的范围包括芜湖海关成立前的管辖地域，而且，芜湖海关银号的号东李振玉也从事茶叶生意，推测同泰银号的号东也为李振玉，只是经营由董云榜负责。

[①] 汤象龙：《中国近代海关税收和分配统计（1861—1910）》，中华书局，1992 年，第 326-329。

[②] 诸锦瀛：《江西近代货币简史》，江西人民出版社，2002 年，第 84-85 页。

九江海关同泰银号里总共有 7 名员工，包括 1 个经理。同泰银号建立时，还有 22 个单独雇佣的员工，包括自己人和外面的人。

1878 年 3 月 19 日，海关税务司葛显礼在写给总税务司赫德的报告中抱怨，海关署和海关银号之间较远，商人缴纳关税很不方便，尤其是在收取关税繁忙的季节。同泰银号开设几年后，由永昌银号接任。

（二）永昌顺银号

永昌顺银号，也称永昌银号，为晚清著名官商郑观应（又名官应、炳勋）的三弟郑思贤创办。郑观应兄弟九人，他和哥哥郑思齐、弟弟郑思贤三兄弟为同母陈氏所出，其余的六个弟兄是继母所出。郑思贤又名郑曜东，19 世纪 70 年代末捐纳获得 江西候补知府衔[1]，他的履历也较复杂，先官后商，亦官亦商，后升为湖北补用同知，曾办武穴厘差。后来调往云南，后因病请假，历办各省贩捐，也为九江德兴洋行买办及承办官银号[2]。

郑思贤之兄郑观应在创办中国通商银行九江分行（局）时，让永昌银号代理九江分行。郑观应在上海承领各厂、矿股票发行，再经郑思齐等在各地推广，而郑思贤一手经办的九江招商局，把招股网点就设在"九江永昌官银号"内。

光绪二十四年三月初三（1898 年 3 月 24 日），郑观应在安徽安庆给盛宣怀的信中提到，"去岁接奉钧照，以创中国通商银行九江分局，即由永昌官银号办理，在沪晋谒面奉谕言，谓随后即有章程寄下，迄今几及一年，尚未奉到。意者以九江生意不大，可无庸开办耶"[3]。可知，九江海关官银号为永昌银号，也负责经理通商银行九江分行（局）。

另外，郑思贤还任命其弟郑官桂（字月岩）为九江永昌官银号的总理，并在永昌银号内开支，"至舍弟月岩向在九江永昌官银号总理，月薪亦有数"[4]。即中国通商银行九江分行（局）、九江永昌银号都为郑氏家族把持。

1883 年 11 月 14 日，清政府开设义赈，上海发布赈捐公告，各地设立分支处，永昌银号参与其中帮助赈捐。同时参与的海关银号还有汉口的乾裕银号，银炉还

---

① 邵建：《郑观应社会关系网研究》，华东师范大学博士论文，2012 年，第 54 页。

② 盛档，索取号 0355160，郑观应致盛宣怀函。

③ 陈旭麓、顾廷龙、汪熙：《中国通商银行：盛宣怀档案资料选辑之五》，上海人民出版社，2000 年，第 111 页。

④ 陈旭麓、顾廷龙、汪熙：《轮船招商局：盛宣怀档案资料选辑之八》，上海人民出版社，2016 年，第 711 页。

有湖北藩库的公济益银号。①

（三）宝记银号

民国二年七月三日（1912年8月15日），九江关监督称，前九江关监督欠解税务司七成船钞银，共计955.22两，为九江存款的银号号东郑裕庆欠款，也为历年积欠，将郑裕庆传案追缴。②江西九江宝记银号，为商人郑裕庆所开，郑裕庆即郑观应胞兄郑思齐，在九江有茶栈事业，在扬州有盐场。③19世纪70年代末，由其父郑文瑞安排，与其弟郑观应和郑思贤分别在上海、九江、汉口三地参与地方赈灾捐纳活动的组织工作，其获"分发江苏候补道"衔，加三级，钦加三品衔，赏戴花翎，覃恩诰授通议大夫，晋封荣禄大夫等职。郑思齐早年在宝顺洋行九江办房。同治六年（1867），宝顺洋行关闭后直接转入旗昌轮船公司当买办。光绪六年（1880），在九江官银号任事。

宝记银号被封，郑思齐还向南京临时政府呈诉，请求查明真相，孙中山专门下令，并指出"对于人民财产，除果为反对民国，甘作虎伥，及显有侵吞亏欠官款确证外，应予一律保护，断不忍有株连抄没之举而祸我生民"④。由于永昌官银号和宝记银号都为郑氏兄弟所开，他们之间的关系，可能为总号与分号的关系。

（四）裕宁官银钱局九江分号

江苏的裕宁官银钱局在九江办理海关银号的业务，开设了九江分号，具体时间不详。

四、九江关银锭

（一）九江当地的银两

九江主要流行的银锭为五十两马蹄锭、五至十两镜面锭、十两的方鏪等银锭。九江海关的关税是用银两支付的，称作二五银。九江共有3种名称的银两，分别是海关两（只能用于支付关税）、漕平（也叫市场平）及商平（也叫九八漕平）。商平只能用于外国洋行的交易，例如茶叶交易、销售布匹、支付运费等。它们之间以及与上海豆规银之间的兑换比例如下：100海关两＝二五漕平104.16

① 靳环宇：《晚清义赈组织研究》，湖南人民出版社，2008年，第149页。

② 《关税案牍汇编》，财政部印刷局，1934年，第1-2页。

③ 陈旭麓、顾廷龙、汪熙：《上海机器织布局：盛宣怀档案资料选辑之六》，上海人民出版社，2001年，第84页。

④ 《孙中山全集》（第二卷），中华书局，2006年，第262-263页。

两 = 二四漕平 104.36 两 =98 折二四漕平 106.29 两 = 上海豆规银 111.40 两

（二）九江关银锭

1. 海关银锭

目前发现署名九江海关的银锭仅为五十两马蹄锭，锭面向一边倾斜，倾镕工艺如同山西马蹄锭，铭文为门字型，横盖九江新关，左右分别为年月和海关银号名，海关银号或年月下面往往有福、寿等圆形或方形戳记，推测为银炉代号。目前发现有同泰银号和永昌银号两种，以永昌银号为主。

图 17-1　九江关　同泰银号
（台湾历史博物馆藏）

图 17-2　光绪年月　九江关
永昌银号　福（诚轩 2011 年
春拍 lot1678）

2. 常关银锭

九江常关银锭也称关料，史料多有记载，如"九江关钱粮银：十两定（锭），成不足，有宽边，每砲打两钱"[①]。光绪三十三年（1907 年）报纸上也提到，"江西关料，江西海关，十两内外"[②]。九江关钱粮银，即九江常关银锭。从器型和重量上对照，这种十两带边方鏪应是九江常关的关税银锭。

目前发现的九江方鏪，外形为砝码型，四周凸起，带边，中间凹，也称"九江大锭"，即上面提到的九江常关银锭，重约十两。银锭实物从道光二年（1822 年）到

---

① 佚名手抄本。

② 《中国银锭之调查》，载《小学报》，1907 年第 1 卷第 5 期，第 18–21 页。

宣统三年（1911年）都有发现。道光中前期主要为三戳，到道光后期主要为两戳。

九江十两银锭上的银炉名称有道光年的严忠信、万丰，道光到同治年的盛茂，同治年到宣统年的森懋，光绪年的成福等。

图17-3　光绪廿六年　九江成福

受太平天国运动的影响，九江关关税自咸丰四年至同治元年停征。[①]目前，发现的九江方鏪中，纪年的铭文中还没有发现咸丰四年到同治元年的时间，这也从另一方面佐证了九江方鏪应为九江常关银锭。

这些银炉，可能为九江关保家或九江常关所开设。关于九江关的保家，胡铁球先生有深入的研究。九江关保家也称铺户，即各种船只和货物到九江关时，为之招揽纳税的本地居民，商人钱银兑换、倾兑纹银皆由保家代理。据康熙《九江府志》记载，在明及清初的九江关设有60个铺户，具有引船投单上料（引写报单）、保承钱粮（代纳关税）、倾泻宝钞（倾泻纹银）、修理衙舍（充当买办）、供给薪水（收取各类费用）、巡夜守口（稽查）六种职能。乾隆三十二年，就有九江关两关柜书沈植、罗上达等串通引税之保家，将木牌、木把以大报小。[②]民国初年的调查显示，九江关在清代时积弊很深，有柜书、算书、工保户、五行头等浮收关税。[③]可能保家到清末时称为工保户和五行头。

---

① 宫中档朱批奏折·财政类·关税，档案号04－01－35－0391－038，同治十二年九月十三日，江西巡抚刘坤一折。

② 胡铁球：《明清税关中间代理制度研究》，载《社会科学》，2014年第9期，第146页。

③ 《关税案牍汇编》各关局分案 九江关，财政部印刷局，1934年，第2页。

表 17-1　九江海关银锭统计表

序号	关名	银号	纪年月	加戳	重量	出处
1	九江新关	同泰银号	光绪年月	戳记不清	1890	树荫堂 803
2	九江新关	永昌银号	光绪年月	福	1883	树荫堂 804
3	九江新关	永昌银号	光绪年月	福	1881.6	丽庄藏 322
4	九江新关	永昌银号	光绪年月	源	—	历史货币大系 634
5	九江新关	永昌银号	光绪年月	—	1883.9	历史货币大系 635
6	九江新关	永昌银号	光绪年月	不清楚	1817	中国银锭 425
7	九江新关	永昌银号	光绪年月	福	1847.5	诚轩 2011 年春拍 1678
8	九江新关	永昌银号	光绪年月	寿 寿	—	网络
9	九江新关	永昌银号	光绪年月	寿	—	网络
10	九江新关	永昌银号	光绪年月	财	1847	宜和 2020 年夏拍 2243

表 17-2　九江常关银锭统计表

序号	纪年	银匠	戳记特点	重量	出处
1	—	九江大顺	两竖戳	370	《银两到银元》P147
2	道光二年	九江严忠信	一横一竖戳，九江、严忠信两戳反向	—	网络
3	道光十三年	九江严忠信	一横一竖戳，九江、严忠信两戳同向	—	网络
4	道光二十年	九江盛茂	两竖戳	—	网络
5	道光二十年	九江森懋	两竖戳	374	《银两到银元》P147
6	道光二十七年	九江万丰	两竖戳	373.98	中国银锭 528
7	同治四年	九江盛茂	两竖戳	—	网络
8	同治五年	九江盛茂	两竖戳	—	网络
9	同治七年	九江森懋	两竖戳	—	王文彬
10	同治十二年	九江盛茂	两竖戳	—	胡涛
11	同治十三年	九江盛茂	两竖戳	376.89	BM734
12	光绪九年	九江森懋	两竖戳	—	网络
13	光绪十五年	九江成福	两竖戳	375.8	树荫堂 788
14	光绪二十年	九江成福	两竖戳，加戳"期，槐"	—	网络

表 17-2（续）

序号	纪年	银匠	戳记特点	重量	出处
15	光绪二十年	九江森懋	两竖戳	—	网络
16	光绪二十一年	九江成福	两竖戳	—	郭振
17	光绪廿六年	九江成福	两竖戳	—	王力
18	宣统三年	九江森懋	两竖戳	375.9	树荫堂 789

第十八章　镇江海关银号与银锭

一、镇江海关银号

（一）镇江海关概况

根据《天津条约》，镇江海关（洋关）于咸丰十一年（1861年）设立，同年，扬关、由闸两常关划归镇江道管辖，两常关合称扬由常关。[①] 镇江海关开关时正值太平天国运动，暂设关船于镇江对岸，即扬州江都县所属的七壕口，海关署（关道）及收税处（税寺）设在镇江焦山。同治三年（1864年）镇江战事平静后，海关署迁往镇江城内丹徒县，镇江海关监督由常镇道担任。

（二）镇江海关的海关银号

镇江海关的海关银号经历了两个阶段，开始由海关职员兼职，后来由殷实商人承办。

1. 海关衙门职员收税

镇江海关开设后，镇江海关职员章镐负责收取关税。章镐，号复秋，也是一名货币鉴定师，通过捐纳取得试用县丞的头衔。从1866年1月开始，章镐代表镇江海关监督收取关税。他并不参与贸易活动，也没有助手，独自承担该项工作，并且每月拿双份收入，一份收入从税务司的海关A账户中每月领25海关两的薪水，另一份收入从镇江海关监督那里每月领取津贴。

2. 裕通银号（1903—1904年）

（1）裕通银号概况

光绪二十三年（1897年），拥有内阁中书头衔的扬州仪征人尹德坤认购了中国通商银行1005股的股份。光绪二十四年（1898年），通商银行镇江分行设立，尹德坤当上了镇江分行的总董，经理是梅桐村，主要经营官款的汇解业务。几年后，尹德坤因为年事已高，精力不济，让他的侄子尹允熊（字稚山）顶替他为镇江分行的总董，通商银行上海总行没有任定，但也没有加以干涉。尹允熊后来通

[①]　孙修福、何玲：《中国近代海关史大事记》，中国海关出版社，2005年，第19页。

过捐纳取得了三品衔的虚职。

光绪二十八年（1902年）十二月，郭道直任镇江海关监督后，尹允熊向他建议设立镇江海关银号作为征收关税的机关，郭道直采纳了这一建议。次年五月，尹允熊与杨祥麟、陶荣森订立合同，成立镇江海关裕通银号，股本银为四万两，全为尹允熊筹资，分为十三股，尹允熊六股，其余两人各两股，剩余三股分给银号内各执事。尹允熊又与章铁如订立合同，章铁如不出资本，尹允熊的余利两股归章铁如，但银号内所有事物都由尹允熊办理，司事为黄嵘卿。黄嵘卿在上海开设润昌栈，也为镇江钱业庄客。此前，尹允熊还在镇江与曾、龙两姓合开乾元豫钱庄，管事为黄雨卿；又在五河开设资本银为一万两的裕丰官钱店，管事为陈庆溢。陈庆溢在苏州间门合开厚生钱庄，管账为吴志仁，也为厚生钱庄的司账。以上人员的籍贯都为江苏江都县。①

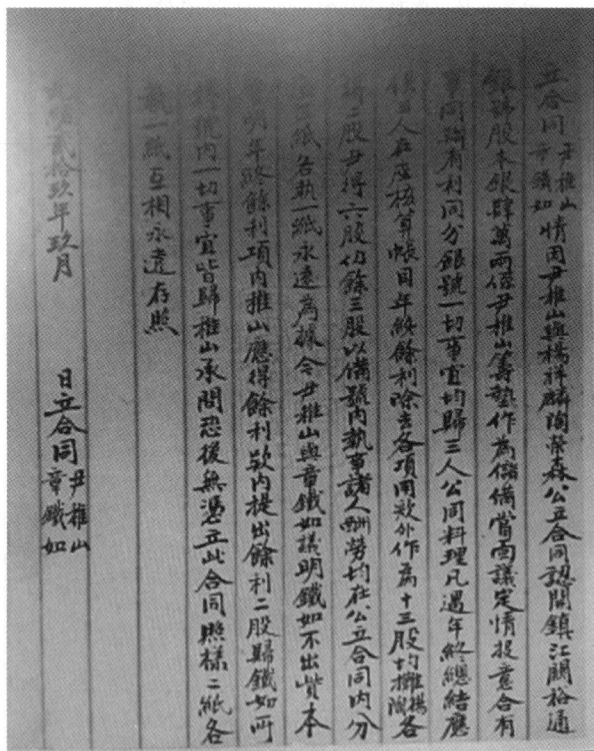

图 18-1　合办裕通官银号合同（摘自盛档：SD063506-1）

---

① 光绪二十九年九月，合办裕通官银号合同，盛档 SD063506-1；光绪三十二年六月，尹胡氏上盛宣怀禀盛档 063506。

尹允熊拿出八万两作为开办费，并以其经营的尉跻美盐场作担保，上报户部备案，于光绪二十九年（1903 年）十一月内开办裕通银号，尹允熊任总理。[①] 这样，尹允熊用其双重身份，既是通商银行镇江分行负责人，又是镇江海关裕通银号的经理，一手操纵了镇江海关税款的征收、存储和汇兑权，并勾结海关监督郭道直大量侵吞镇江海关的税款。后来，由通商银行负责人盛宣怀亲自督查严办，此案件最终水落石出并较为顺利地予以解决。

（2）侵吞关税概况

光绪二十三年（1897 年）之前，镇江海关关税都由委员经征，每周六直接上解海关监督。光绪二十三年八月通商银行镇江分行成立后，镇江海关把关税按照指令上解到镇江分行。光绪二十九年（1903 年）设立镇江裕通银号后，仍由委员经征，但时任镇江海关监督的郭道直要求，每月收到的关税，两周交给通商银行镇江分行，其余两周则通过裕通银号再转交通商银行。实际上，通商银行镇江分行和裕通银号为两个牌子、一个负责人。

郭道直将关税存于通商银行镇江分行，其与尹允熊互相勾结敛财。尹允熊私刻通商银行图章，以每月七厘半、每周九厘的高额利息吸收镇关官款，而通商银行在报纸上公告的利息，长期存款为周息五厘，随时来往的利息为两厘半，这些款项表面上存入镇江分行，其实被尹允熊挪作他用，亏蚀殆尽。郭道直贪图高利息，不过问其中真假情况，将大额税款交存于尹允熊处，前后几年经尹允熊之手的官款有 42 万余两。尹允熊还编造一套假账对付通商银行总行，以掩盖其挪用税款的真相。

（3）处理方式

光绪三十年（1904 年）尹允熊病倒，通商银行上海总行派查账员前去镇江分行查账，发现账目多有出入，没有查清之前，同年 8 月底尹允熊突然病死。不久，郭道直出面宣称，镇江分行交给通商银行总行的账目为伪账，尹允熊实际亏欠镇江关税款达 50 余万两，盛宣怀严厉指责郭道直另开官银号（海关银号），只同意赔偿账目上记录的 7 万余两，其余一概不予承认。

郭道直不愿意承认这件事，而且尹允熊已死，再无旁证，但尹允熊之妻尹胡氏的口供对郭道直不利。尹胡氏提到部分银两的去向，以及郭道直两位亲信"陶

[①] 中国人民银行上海市分行金融研究室：《中国第一家银行——中国通商银行的初创进期（1897—1911）》，中国社会科学出版社，1982 年，第 173-174 页。

杨二人（陶伯冶、杨晴）"在海关银号中的身份。[①]

此案惊动了当时的两江总督周馥和江苏巡抚端方。盛宣怀派人会同官府查封尹允熊及其叔尹德坤的家产。光绪三十一年（1905年）底，盛宣怀通过销售彩票共得银22.95万两，补还官款需银41.3万两，还缺18.35万两。后通过变卖尹允熊之妻的首饰等物，以及郭道直交出的利息5万两，还亏欠10.8万两。通商银行亏欠的官款，最终仿照宜昌海关银号倒闭的清还办法，分年还清。当时盛宣怀致电宜昌道台余尧衢："端帅（端方）任内批准宜昌关银号亏欠归历任摊赔一案，请将原裹原批迅速抄寄。"[②]自光绪三十二年（1906年）起，由通商银行上海总行每年缴银1万两，分十一年缴清，并开出期票存案，此案才告一段落。[③]

3. 义通银号（1905—1913年）

裕通海关银号倒闭后，由义通银号接替。通商银行亏欠的官款，表面上由通商银行归还，但实际情况并非如此。自光绪三十二年（1906年）起，由新充的义通海关银号将实产契据质押，镇江海关在正税内拨存银10万两作为营运资金，代为裕通银号弥补，分10年期限进行偿还，10年后，再分5年将拨存的10万两关税接续偿还，并补存票五张存案。[④]

义通银号在民国初年倒闭，民国三年七月十七日（1914年9月6日），江苏巡按使查封了义通银号产业来备抵所欠的关税款，并进行追缴。镇江义通海关银号倒闭后，还亏欠土货联单押款，由镇江海关税务司接手税项后，陆续扣还，共计49373.75两，存入镇江中国银行金库。[⑤]

二、镇江通商口岸银锭

目前，还未发现镇江海关裕通银号和义通银号的银锭。由镇江海关监督即常镇道管辖的通商口岸，发现有"扬州关　匠经国"的五两圆锭，锭型为江苏苏坨型，为常关银锭。

① 沈红亮：《瓦解与重构：镇江近代前期转型研究（1840—1911）》，南京大学博士论文，2015年，第178页。

② 刘平：《近代中国银行监管制度研究（1897—1949）》，复旦大学出版社，2008年，第314页。

③ 陈礼茂：《盛宣怀严办金融大案》，中央文史研究馆、上海市文史研究馆，2006年第1期，第50页。

④ 江苏财政志编辑办公室：《江苏财政史料丛书（第一辑）》，方志出版社，1999年，第492页。

⑤ 《关税案牍汇编》各关局分案 镇江关，财政部印刷局，1934年，第5页。

图 18-2　扬州关　匠经国（孙以欣藏品）

第十九章 东海关银号与银锭

一、东海关概况

根据《天津条约》，东海洋关自咸丰十一年七月十七日（1861 年 8 月 22 日）开关。同治元年正月十六日（1862 年 2 月 14 日），东海关监督即登莱青道由莱州移往登州府福山县的烟台（芝罘）。同年六月十八（1862 年 7 月 14 日），烟台口的东海常关（钞关）正式建立，直属东海关监督衙门，关址设在烟台龙王庙。① 烟台开埠之前，清政府对山东的登、莱、青、沂各府所辖各海口，都设有"领关"（海关性质）。②

东海常关管辖区域东至石岛，西到无棣埕子口，横跨渤黄海岸一千余里，下设威海、龙口两个分关，一个直辖分卡。龙口分关下设 13 个分卡，分别为羊角沟、掖口、海庙后、黑港口、石虎嘴、黄河营、栾家口、虎头崖、天桥口、刘家旺、平畅河、八角口和庙岛；威海分关下设 6 个分卡，分别为龙须岛、俚岛、石岛、八河港、朱家圈和沙窝岛；东海关直辖分卡系山口分卡。③

二、东海关税收

（一）东海关常税

东海关常税，在东海洋关设立后才开始征收，从开关到光绪二十六年（1900 年），在 4 万 ~ 7 万两之间，光绪二十七年（1901 年）达到 8.2 万两，之后到清末一直维持在 10 万 ~ 14.5 万两之间。

（二）东海关洋税

东海关洋税，从开关之初的几万两迅速增长到 1866 年的 30 万两，之后到 1895 年一直稳定在 30 万两左右，1896 年突破 40 万两，1902 年突破 80 万两，

---

① 孙修福、何玲：《中国近代海关史大事记》，中国海关出版社，2005 年，第 24 页。

② 山东省地方史志编纂委员会：《山东省志 对外经济贸易志第 2 部分》，山东人民出版社，2003 年，第 1582 页。

③ 张海霞：《东海关历史沿革研究》，中国海洋大学硕士论文，2014 年，第 14 页。

到清末大致在 60 万 ~ 80 万两之间。[①]

三、东海关的海关银号

东海洋关的海关银号为谦益丰银号。谦益丰海关银号从东海洋关开关时就设立，独家垄断东海关的洋税，直到清末倒闭。

（一）谦益丰银号概况

谦益丰海关银号由万霞如创办。万霞如又名万仁燮，江苏吴县商人。谦益丰银号的鼎盛时期资本银为 100 万两，光绪二年（1876 年）发行钱票，并兼烟台公估局和银炉，代收关税、厘金税，还涉足房地产行业和公益事业。1900 年 12 月 16 日万霞如去世，谦益丰银号由其子万涌基（字耕畲，又名耕虞）继续经营。

万霞如和东海关监督龚易图私交非常好，也是他的朋友。龚易图在同治十年（1871 年）至光绪三年（1877 年）期间，任登莱青兵备道兼东海关监督。万霞如与几乎历任东海关监督皆关系密切，更是李正荣、刘含芳、盛宣怀等东海关监督眼中的红人，"所有海关税项均在该号存储"[②]，东海关道台衙门的一些肥差也交其办理。如光绪二十一年（1895 年），烟台粮食奇缺，物价高昂，兵民交困，当年二月十二日（1895 年 3 月 8 日），东海关监督刘含芳委托怡顺号、谦益丰两商号到安徽芜湖、上海采办军米，东海关填给执照，由轮船运往烟台平价销售，平抑物价。[③]

《徐州钱庄业的兴衰始末》提到，"谦益丰钱庄，地址在南门街，业主、资本额不详，光绪三十三年开业，宣统三年停业。经营存放款业务"[④]。根据名称、开业、停业时间推测，较可能谦益丰在徐州也开设钱庄。

（二）谦益丰其他业务

1. 兼任公估局

谦益丰独家经营烟台公估局。同治十年（1871 年，另一说法为同治八年），烟台设立山东第一家公估局，用于解决银两使用中的大量纠纷问题。由于万霞如的官商身份，东海关监督委托谦益丰兼营公估局。

---

① 汤象龙：《中国近代海关税收和分配统计（1861—1910）》，中华书局，1992 年，第 498–502 页。

② 魏春洋：《红顶商人万氏家族》，载《烟台晚报》，2017 年 4 月 8 日，第 A23 版。

③ 孙华峰、范书义、李秉新：《张之洞全集 电牍》，河北人民出版社，1998 年，第 6136–6140 页。

④ 马鸣远：《徐州钱庄业的兴衰始末》，载《江苏钱币》，2016 年第 1 期，第 22 页。

凡是从外省输入烟台的银两，如果未经公估局鉴定重量与成色，就不能流通。公估局的鉴定费，按照每个五十两马蹄银收取大钱 30 文、每个十两小粒银收取 15 文（后改为 10 两及以下，每枚收取 7 文）的标准。收取碎银两，则由公估鉴定后，由公估封装，在包装纸上写上银两的个数、重量、成色。成色用"申、直用、去"表示，这三种成色都是与曹平的标准成色相比较。①

直到宣统三年（1911 年）谦益丰破产倒闭，烟台公估局才由烟台总商会接办，更名为烟台总商会公估局。

2. 兼任烟台分行代理

光绪二十三年（1897 年），盛宣怀在上海外滩开办了中国通商银行，也是中国第一家银行。盛宣怀指定由谦益丰代理中国通商银行烟台分行业务，由万霞如任烟台分行大班（经理）。光绪二十三年五月（1897 年 6 月），万霞如在上海与通商银行签订代理通商银行烟台分行合同，由上海银炉泰亨源加盖图章签名作保。通商银行烟台分行正副账、跑街及一切伙友，都由万霞如自行指派。如有亏空，也由万霞如担保承认。②

此后，万霞如一直担任通商银行烟台分行大班一职，直到他去世。万霞如去世后，其子万涌基接任通商银行烟台分行大班之职，直到光绪三十三年（1907 年）中国通商银行关闭烟台分行业务为止，前后共 11 年时间。

盛宣怀档案中，保留了很多万涌基和盛宣怀之间关于通商银行烟台分行的通信，大多是万涌基向盛宣怀汇报烟台分行的状况和收支情况，以及盛宣怀对烟台分行的指示。③

3. 投资房地产

万涌基先后与烟台的一些大商人在上海、天津、青岛、大连、哈尔滨、俄罗斯海参崴及韩国仁川、南浦等地大量买地盖房，投资房地产业。1907 年，谦益丰银号与洪泰号（老板刘兆嵩）、裕盛栈等合集股本漕平银 6 万两，在天津创办盛泰益地皮公司，置地 150 亩。

---

① 1882–1891, CHINA IMPREIAL MARITIME CUSTOMS DECENNIAL REPORTS [R]. Published by Order The Suspector General of Customs. Shanghai, p.51.

② 陈旭麓、顾廷龙、汪熙：《中国通商银行：盛宣怀档案资料选辑之五》，上海人民出版社，2000 年，第 46–47 页。

③ 陈旭麓、顾廷龙、汪熙：《中国通商银行：盛宣怀档案资料选辑之五》，上海人民出版社，2000 年，第 319、428、458、459 页。

4. 发行银两票

烟台有 28 家中国的银号、商行和钱庄发行了银票和钱钞，但谦益丰在同业中信用最好、最有实力。谦益丰银号发行了额面为 2 ~ 500 两的漕平银钞，还在上海等地发行票据。[①]

5. 兼营银炉业

据日本《中国之金融》的调查，烟台其他银炉，资本金都不算太多，少者4000 ~ 5000 两，多者只有 2 万 ~ 3 万两，但谦益丰的资本金达到了 100 万两，发行银票通行于威海卫、青岛、营口等处，钱庄存款分为随时和长期两种。其还拥有两个铸造所，即倾销银两的银炉，每个铸造所拥有 4 ~ 5 个银铺，用木炭把银两熔化，倒入铁铸的元宝模型中。[②]

6. 涉足公益事业

万霞如还热心社会公益。光绪二十三年（1897 年），万霞如同烟台的其他社会名流如李伯轩、李载之、梁浩池等十位绅商，每人每年同意捐银 2000 两，为期 10 年，捐助美国传教士韦丰年设立的实益学馆，也是美国在烟台兴办的第一所商务学校。

光绪三十年（1904），万涌基作为商董禀请设立青岛商务公所，这是山东较早的地方商会组织。

万霞如另一子万坤山，又名万奎基，同治十一年（1872 年）出生。万霞如去世后，万坤山除协助万涌基经营谦益丰银号外，还在道台衙门任职，担任拯济局委员，官衔为运同衔试用同知（正五品）。光绪三十四年（1908 年）八月，因其在拯济局表现出色，被直隶总督杨士骧通令嘉奖。

（三）谦益丰银号的倒闭

宣统二年（1910 年），上海源丰润票号倒闭，金融风暴波及沿海各口岸，烟台与上海间贸易最多，金融交易最为密切，受波及也较大。

据山东巡抚孙宝琦分致本省咨议局和外务部行文，烟台的谦益丰、青岛的谦顺（谦益丰与顺泰商行合股的海关银号）都是著名殷实的银号，海关税项多年在银号存储，如果不设法维持，不但伤及市面，还亏累公款，让劝业道道员肖应椿前往烟台，会同东海关监督徐世光商议，妥善处理。1901 年，由巡抚孙宝琦出

---

① 彭泽益：《中国社会经济变迁》，中国财政经济出版社，1990 年，第 478 页。

② 日本外务省通商局：《中国之金融》（第 1-2 卷），中国图书公司，1908 年。

面与德国的德华银行洽谈，同年 12 月 30 日草订合同，合同主要条款为：谦益丰银号向德华银行借规银十五万两，以六个月为期，每月利息七厘，三个月交利一次，本利都以上海规银为单位；借款由山东劝业道奉山东巡抚部院命令所借，并以所存津浦铁路股票抵押以上借款和利息；借款同样由烟台商务总会一同负有责任；落款包括山东劝业道、登莱青道、德华银行、烟台商务总会、山东巡抚。[①]

可见谦益丰海关银号与烟台地方政治、经济的紧密关系，官府也不敢坐视谦益丰出现任何问题。然而，尽管政府出面救市也无济于事，包括谦益丰在内的烟台 13 家银号很快倒闭。

四、东海关银锭

（一）烟台银两及来源

烟台市面最通用的是曹估银。山西票号把烟台银锭分为足银和白银。前者是足色官宝，后者为新倾元宝。

光绪初年，烟台当地的货币标准单位是曹平两，106.4 曹平两 =100 海关两。根据 1890 年的《海关贸易报告》[②]，流向烟台的银锭大致为三个途径。一是大量的银锭从北京经陆路运往烟台，称为 yang-tu 或松江银，每枚重 5 ~ 6 两，以换取从该省运去的丝绸和其他商品；二是部分银锭来自河南，用于支付两地之间大量的食盐贸易，这种银锭称为盐课，每枚重约 10 两；三是偶尔有少量的银锭来自奉天，称为锦宝。以上三种银两在烟台都被铸造成当地的元宝，每枚 50 两重。

（二）东海关银锭

1. 重量和戳记

目前发现的东海关银锭，分为五十两和十两两种，以五十两为主，十两较为少见，基本都为马蹄形，仅见一枚为龟宝形。东海关银锭铭文时间从同治年到民国初年（下限为谦益丰倒闭的民国元年），都为门字型戳记，上面为东海关，左右分别为纪年和银匠名，没有出现谦益丰海关银号名。

2. 铭文和小戳记

东海关银锭上的银匠大致分为两种：一种为"鲁协中"，占了绝大多数；另

---

① 中国人民银行参事室：《中国清代外债史资料（1853—1911）》，中国金融出版社，1991 年，第 477、748—749 页。

② Returns of Trade and Trade Reports［D］. Statistical Department of the Inspectorate General. 1891，p.46.

一种为其他银匠名。东海关银锭上的小戳记也分为两种类型：一种为经手戳，不太规范；另一种为委托戳，戳记在下部，为银号或钱庄名称。根据铭文和小戳记，东海关银锭可以分为东海关洋税银锭、东海关常税银锭、委托铸造银锭三种类型。

（1）东海关洋税银锭

东海关洋税银锭，银匠名为"鲁协中"，下方没有银号或钱庄铭文，部分带有经手戳。推测鲁协中应为东海关谦益丰银号下设的银炉名称，如图19-1的"东海关　壬子年月　匠鲁协中"五十两银锭，带有两个"厚"字的经手戳。

图 19-1　东海关　壬子年月　匠鲁协中

（2）东海关常关银锭

除了鲁协中外，少部分东海关银锭上的银匠或银号名为谢天喜、厚记、顺昌银炉、匠王福堂等。嘉德2010年秋拍8468号见有单戳"厚记"的五十两山东银锭，诚轩2011年春拍1373见有"厚记炉　厚记炉"十两马蹄锭。顺昌银炉则在山东光绪年历城十两、宣统年泗水五十两、宣统年泰安五十两、聊城县十两等银锭上出现。这些东海关银锭，银匠名与省城银匠名重合，较可能为东海关的常税银锭。

（3）委托铸造银锭

很多东海关银锭下面都有一个小戳记，如万丰、新泰、永谦、永康、公裕、裕康、裕生、馀大、恒德、公信、义胜、阜通、和记、增记、湧记、德记、厚记等。谦益丰有两个铸造所，铸造银锭的银铺达到8～10个之多，除了东海关税收之外，由于成色、信用卓著，推测其也接受外面商号的委托，为他们铸造银锭。这些小戳记，很多可以找到来源。如万丰，应为天津的万丰银号，经营到北京、上海；汇大应为天津的汇大银号，汇大铺掌为胡桐轩，而汇大的股东是魏连舫，也为法国东方汇理银行买办、在华账房；阜通、裕康、馀大等银号，都在天津银号上出现。如下图的两枚东海关五十两银锭，宣统年的下方有"馀大"小戳记，民国年的下方有"馀大昌"小戳记。据记载，该号以银炉生意起家，初为"余大炉房"，坐落在天津老城北门东侧，经理为王晓岩、门杰臣。其开业资金以小股东拼凑为主，王晓岩具名的股本内也含有麦加利银行买办邓仰周、鲍荫卿及商会职员王荫龄等人的股款。从存世的东海关铭文来看，馀大银炉早在光绪年就已经成立，民国年改为"馀大昌"。

图 19-2　东海关　宣统年月 匠
鲁协中　馀大（华夏评级图片）

图 19-3　东海关　民国年月　匠鲁协中
馀大昌（诚轩 2017 年春拍 lot1658）

根据满铁调查资料第 46 编，即《镇平银：安东马蹄银调查》①记载，"在安东，除了上海的夷场新之外，还有烟台曹平银，据说耳朵非常短，成色最好"。

可见，东海关银锭信誉卓著，不但通行于山东，天津的一些银号也委托东海关的谦益丰铸造银锭，用于流通，甚至流行于东北的安东。

---

① 《镇平银：安东马蹄银调查》，见《满铁调查资料》（第 46 编），日本南满铁道株式会社，1925 年 5 月，第 5—13 页。

表 19-1　东海关洋税银锭统计表

序号	关名	时间	匠名	加戳 1		加戳 2		重量	出处
				戳记	位置	戳记	位置		
1	东海关	同治年月	匠鲁协中	—	—	—	—	1870.9	中国银锭 360
2	东海关	光绪年月	匠鲁协中	年	—	—	—	1865	丽庄藏 156
3	东海关	光绪年月	匠鲁协中	万丰	—	阅	—	1850	元宝图录 366
4	东海关	光绪年月	匠鲁协中	新泰	—	—	—	1850	元宝图录 367
5	东海关	光绪年月	匠鲁协中	永谦	—	—	—	1850	元宝图录 368
6	东海关	光绪年月	匠鲁协中	永康	—	—	—	1850	元宝图录 370
7	东海关	光绪年月	匠鲁协中	公裕	—	禄	—	—	网络所见
8	东海关	光绪年月	匠鲁协中	公裕	—	钰	—	—	网络所见
9	东海关	光绪年月	匠鲁协中	清	—	中	—	—	网络所见
10	东海关	光绪年月	匠鲁协中	裕康	—	—	—	1876	树荫堂 260
11	东海关	光绪年月	匠鲁协中	—	—	—	—	1865	树荫堂 259
12	东海关	光绪年月	匠鲁协中	裕生	下部	—	—	—	网络所见
13	东海关	光绪年月	匠鲁协中	厚记	—	—	—	—	归家麟
14	东海关	光绪年月	匠鲁协中	徐大	—	—	—	1821	诚轩 2006 年秋拍 2428
15	东海关	光绪年月	匠鲁协中	和记	—	—	—	—	网络所见
16	东海关	光绪年月	匠鲁协中	恒德	下部	祥	中部	1874	嘉德 2016 秋拍 5608
17	东海关	光绪年月	匠鲁协中	增记	下部	—	—	1825	嘉德 2015 秋拍 5124
18	东海关	光绪年月	匠鲁协中	新泰	下部	祥、A	中部	1858.5	瀚海 2013 年四季拍 1478
19	东海关	光绪年月	匠鲁协中	—	—	衣丰	中部	1860	大晋浩天 2013 年春拍 6202
20	东海关	光绪年月	匠鲁协中	万丰	下部	贞 贞	中部	1848	嘉德 2013 年春拍 0830
21	东海关	光绪年月	匠鲁协中	—	—	□	中部	1870	泓盛 2012 秋拍 4629
22	东海关	光绪年月	匠鲁协中	永康	下部	—	—	1851	嘉德 2012 年秋拍 0222
23	东海关	光绪年月	匠鲁协中	万丰 阅	下部	—	—	1864.8	瀚海 2012 年四季拍 0418
24	东海关	光绪年月	匠鲁协中	万丰	下部	—	—	1852.8	瀚海 2011 年四季拍 0419
25	东海关	光绪年月	匠鲁协中	—	—	—	—	1870.6	诚轩 2011 年秋拍 1424
26	东海关	光绪年月	匠鲁协中	湧记	下部	—	—	1865	诚轩 2010 年春拍 5912
27	东海关	光绪年月	匠鲁协中	和记	下部	—	—	1732.7	诚轩 2008 年春拍 17257

表 19-1（续）

序号	关名	时间	匠名	加戳 1		加戳 2		重量	出处
				戳记	位置	戳记	位置		
28	东海关	光绪年	光绪年	—	—	—	—	1883.1	瀚海 2013 年四季拍 1477
29	东海关	宣统年月	匠鲁协中	徐大	—	—	—	1825	丽庄藏 157
30	东海关	宣统年月	匠鲁协中	□□	下部	—	—	1873	西冷 2014 年春拍 3585
31	东海关	宣统年月	匠鲁协中	公信□	下部	—	—	1823.8	诚轩 2010 年秋拍 1523
32	东海关	宣统年月	匠鲁协中	徐大 同	—	—	—	1830	树荫堂 261
33	东海关	宣统年月	匠鲁协中	源记	—	茂	—	1861	历史银锭 508
34	东海关	宣统年月	匠鲁协中	公信	—	—	—	—	网络所见
35	东海关	壬子年月	匠鲁协中	义胜	—	—	—	1842	树荫堂 262
36	东海关	壬子年月	匠鲁协中	—	—	—	—	1853.9	中国银锭 359
37	东海关	壬子年月	匠鲁协中	—	—	—	—	1850	元宝图录 365
38	东海关	壬子年月	匠鲁协中	义胜	下部	—	—	1859	嘉德 2011 年春拍 1561
39	东海关	壬子年月	匠鲁协中	厚	下部	厚	中右	1850	王力
40	东海关	壬子年月	匠鲁协中	汇大	—	—	—	—	网络所见
41	东海关	中华年月	匠鲁协中	阜通	下部	—	—	—	网络所见
42	东海关	民国年月	匠鲁协中	徐大昌	下部	—	—	1817.5	诚轩 2014 年秋拍 2425
43	东海关	光绪年月	匠鲁协中	德记	—	—	—	370	中国历史银锭 511
44	东海关	光绪年月	匠鲁协中	德记	—	—	—	375	历史银锭 509

表 19-2　特殊的东海关银锭统计表

序号	关名	时间	匠名	加戳	重量	出处
1	东海关	光绪年月	匠谢天喜	—	1871	中国历代货币大系第八卷 287
2	东海关	光绪年月	厚记银炉	—	—	孙以欣
3	东海关	光绪年月	匠张福堂		—	网络所见
4	东海关	光绪年月	顺昌银炉		—	网络所见
5	东海关	光绪年月	银匠张福堂		—	网络所见
6	东海关	宣统年月	宣统年月	裕国商	1861	历史银锭 506，龟宝型
7	东海关	民国年月	民国年月	—	1844.4	瀚海 2011 年秋拍 02766

第二十章　天津海关银号与银锭

一、天津关沿革

天津关比一般榷关分类复杂一些，主要有征收内河常税的天津钞关，征收国内沿海贸易常税的天津海税关，以及开埠后征收洋税的天津海关。

（一）天津钞关

明代宣德四年（1429 年），明政府在河西务（今天津武清县河西务）设立了税关，检查船货和征收税捐。康熙元年（1662 年）将河西务税关移至天津，更名为天津钞关，也称天津工关。天津钞关税务初设监督专管，后经历天津道兼管、部院官员专管，天津道、长芦盐运使等官员代理，至雍正末年最终确定由长芦盐政兼管天津钞关税务。

天津钞关有九个分关，若干个分口，分别是：苑口关（驻霸州，分口为栲栳园、坝台）、独流关（静海县独流镇）、三河关（驻三河县，分口为邦均、行仁庄、新集、尚庄、后道五处）、水清关（原驻永清县，因岁收日减，借驻胜芳镇）、杨村关（武清县杨村，分口为王秦庄、汉沟、黄村、北仓四处）、村关（武清县蔡村，分口为蒙村、北道二处）、河西务关（武清县河西务，分口设在该镇河沿）、张湾关（通州张家湾）、王摆关（香河县王摆，分口为马头、香河等五处）。[①]

（二）天津海税关

天津海税关，有的文献也称天津海关，实际上与下文所称的天津海关有本质区别。天津海税关征收海税，专收内地航海民船米粮及数种杂货，始于康熙中叶海禁开放之后。雍正六年（1728 年），海口税务交与天津知县管理。天津海税属于地方商税。

（三）天津海关

1860 年，根据《北京条约》，天津开埠，同年 3 月 23 日在天津东浮桥附近

---

① 天津市档案馆、天津社会科学院历史研究所、天津市工商业联合会：《天津商会档案汇编（1903—1911）》（第 1 卷），天津人民出版社，1989 年，第 1349 页。

295

设立"津海关"，也称天津海关、津海洋关，收取洋税。1868 年 2 月 19 日，津海关将办公用房改建于紫竹林河沿卡局地方，并将官银号（海关银号）房屋合为一处①，即津海关的关署由东浮桥迁至紫竹林。

开埠后，天津有三个关口，即天津海关、天津钞关和天津原征收海税的关口。祁美琴指出，天津向有户关（天津海关）、工关（钞关）、海关（原征国内海税的关口），户关归津海关监督管理，征收各项（进出口）货税；工关归通永道管理，专收木税和船料，与户关所收船料各不相妨；海（税）关归天津道管理，专收航海民船米粮及数种杂货。此三关以户关所收之税为最多，其数盖十倍于工、海，故俗呼户关为大关。②开埠后的天津海关实际上收取的是洋税，钞关和海税关收取的是常税，洋税远大于常税。

二、天津关税收

天津开埠后，天津新、旧两关（指天津海关和天津钞关）分别征收洋税和常税。"征收外国商税，宜另设新关，以免牵混也。查旧设天津关在城北南运河北岸，向收内地商税，并无外国税饷。……凡有外国货船进口，皆赴新关投纳，以示区别。"③

（一）天津海关洋税

天津海关洋税从 1861 年的 9 万两迅速蹿升至 1866 年的 50 万两，1867 年到 1885 年徘徊在 30 万～44 万两，1886 年到 1896 年又逐步增长到 95 万～100 万两，1897 年到清末又从 100 万两增加到最高 1906 年的 310 万两，其中 1900 年和 1901 年，受到八国联军侵略的影响，两年合计只有 140 万两。④

（二）天津钞关和海税关常税

天津钞关在雍正年间实征税银在 7 万～8 万两，乾隆年间在 7 万～12 万两，嘉庆、道光年稳定在 9 万～10 万两，光绪二十八年（1902 年）后每年只有几千两。

天津海税属于地方商税，与关税不同，开始无定额，且由天津知县"自行征

---

① 孙修福、何玲：《中国近代海关史大事记》，中国海关出版社，2005 年，第 37 页。

② 祁美琴：《晚清常关考述》，载《清史研究》，2002 年 11 月第 4 期，第 6 页。

③ ［美］布鲁纳、费正清、司马富等编，傅曾仁等译：《步入中国清廷仕途——赫德日记（1854—1863）》，中国海关出版社，2003 年，第 213 页。

④ 汤象龙：《中国近代海关税收和分配统计（1861—1910）》，中华书局，1992 年，第 513-518 页。

解", 但从嘉庆十二年（1807 年）开始, 天津海税以 4 万两作为定额, 并由直隶总督委派天津道兼管, 上交户部。[1]

三、天津海关银号

天津海关共计有四个海关银号, 没有同时出现两个海关银号的情况, 旧的海关银号倒闭后由新的海关银号承接。按照时间顺序如下：

（一）彭子轩承充的海关银号（1860—1868）

天津开埠后, 时任三口通商大臣崇厚指派了一个叫彭子轩的天津商人开设了天津海关的海关银号。咸丰十一年（1861 年）, 根据崇厚的上奏, "起解部饷, 须解足色库宝。惟各商零星完纳, 势难一律, 现拟责成官银号, 按照天津关饷, 倾成足色库宝解部, 每百两由官给加倾铭耗费一两二钱, 以重课款而免滋弊"[2]。可见, 天津开关后, 天津海关的海关银号就已经设立, 应为彭子轩开设的银号。但海关银号名称不详, 设立人彭子轩的具体背景不详。根据《北京条约》, 外商每百两另外给海关一两二钱的倾镕费予以取消, 但津海关仍给予海关银号此项补贴。到 1868 年, 彭子轩在生意上失败了, 并且在不久后死去。此次变故, 导致天津海关损失了四万两白银, 并且也无法追讨。

（二）恒裕银号（1868—1873.12）

彭子轩开设的海关银号破产之后, 宋缙开设了恒裕银号接替。宋缙之前在沙逊洋行（E. D. SASSOON & Co.）任买办, 具体背景不详。同治十三年（1873 年）李鸿章改组后的招商局章程规定：在推举唐廷枢为总董之外, "再将股份较大之人, 公举入局, 作为商董协同办理"。天津局为知府宋缙。[3]可见, 宋缙在招商局所占股份较大, 并拥有知府的头衔, 此时实力应该比较强。

此后, 海关银号的办公地址也随天津海关移到了紫竹林津海洋关的官署, 商人交税非常方便。

同治十年七月二十六日（1871 年 9 月 10 日）, 天津海关税务司写信给海关监督, 对恒裕银号提出抱怨, 大意是, 根据大沽查验局反映, 每月由恒裕海关银

---

① 许檀、高福美：《乾隆至道光年间天津的关税与海税》, 载《中国史研究》, 2011 年第 2 期, 第 181–193 页。

② 齐思和等编：《第二次鸦片战争（五）》, 上海人民出版社, 1978 年, 第 419 页。

③ 中国社会科学科研局：《张国辉集》, 中国社会科学出版社, 2002 年, 第 46 页。

号发放海关人员的薪水，现银成色较以前低潮，比紫竹林关所取现银成色还要差，税务司要求海关监督命令晋裕银号给足现银。并且税务司听说商人用低潮银缴纳关税，晋裕银号坚决不收，但却以低潮银两发放薪水。

同治十年（1871年）十月二十六日（1871年12月8日），天津海关再次致信天津海关监督，又对恒裕银号提出不满，即恒裕银号不按照海关章程每天十点到海关上班，而是有时到十一点多钟都没有来海关，以致商人不能及时完纳关税，拿不到银号的号收，要求恒裕银号必须十点到海关上班。

根据前英国税务司及之后领事摩根与天津海关监督之间的协议，使用墨西哥鹰洋缴纳关税时，每枚墨西哥鹰洋在重量上统一兑换为行平7钱，与市场上的兑换率无关。宋缙曾尝试改变这个兑换率，并认为应该根据每天的变化来折算墨西哥鹰洋，但没有成功。1873年12月，恒裕银号被发现有用不正当方式勒索纳税人，天津海关监督孙士达于是解除了他的职务。

（三）恒丰银号（1873.12—1877.6）

同治十三年（1873年），宋缙开设的晋裕海关银号退出后，广东人郑沛初继任，开设的海关银号名为恒丰银号，但由于天津行平化宝银兑换海关两的问题，导致光绪三年（1877年）恒丰银号退出了天津海关的海关银号。

事情大致经过是，天津开埠后，三口通商大臣崇厚与英国孟领事商议，仿照粤海关收取海关洋税的办法，把行平化宝银倾镕成足色纹银后上交海关库房，但洋商不愿倾镕，海关银号与各洋商议定，行平化宝银每百两加银五两，补足与海关两的平色差异，即规定为105两行平化宝银兑换100海关两。同治十二年（1873年），天津海关监督陈钦与英国孟领事商议多次，仍照以前办法办理。但俄国商人却以103.5两行平化宝银兑换100海关两，德国领事觉得不公平，提出异议，要求兑换率和俄国商人一样，并联合英、俄、法、美领事和海关监督交涉。

天津海关监督的理由是，天津开埠时，化宝与足银成色差不多，后来化宝改为九九七色，同治七年（1868年）又改为九九二色，越改越低，洋商用化宝缴纳关税，得到便宜，海关银号吃亏较多。后来海关银号想在105：100的比例兑换上增加兑换率，海关监督没有批准。又因为俄商到天津贸易走陆路，不同于西方走海运，可以不按章程兑换，俄国商人与以前的海关银号私下进行了沟通，确认了兑换率。如果都按103.5两行平化宝银兑换100海关两，海关银号肯定吃亏，不愿承充。

但各领事不同意，并把信件写到了总税务司，要求照会李鸿章。天津海关监督为维护海关银号利益，极力解释，但各外国领事不予同意。光绪三年（1877年），恒丰退出了天津海关的海关银号。

（四）裕丰银号（1877.6—1911）

1. 裕丰银号概况

光绪三年（1877年），恒丰银号退出后，天津海关监督黎兆棠将海关银号转让给了广东商人陈德光。陈德光，字子珍，之前当过天津仁记洋行第一任买办[①]，也曾在旗昌洋行任买办，以裕丰的名义承充海关银号，并从事鸦片交易。光绪二十九年（1903年），他还在天津海关道唐绍仪（广东中山人）的倡导下，捐款3000两，和其他44名广东商人在天津创建广东会馆。光绪末年，陈德光退出，由其子陈文海负责海关银号业务。

光绪五年（1879年）前后，陈德光雇佣的海关银号人员，包括1个翻译，2个会计，2个收银员，1个公估，1个熟悉追偿和信用证业务的干事，7个仆人（如马车夫、厨师等）。陈德光和天津海关监督的关系很好。

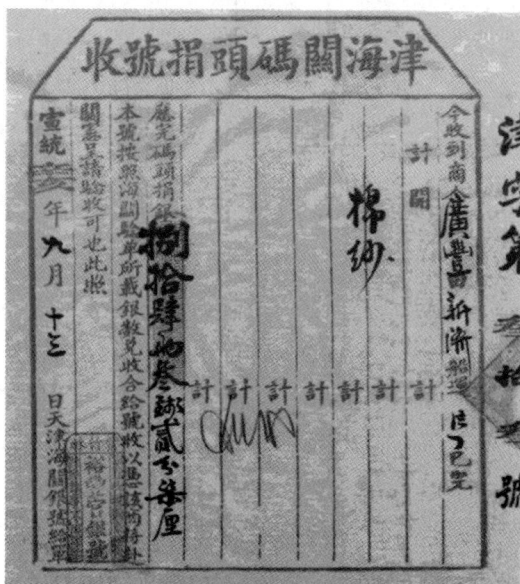

图 20-1　津海关裕丰官银号给单 [②]

---

① 许涤新、吴承明：《中国资本主义发展史（第二卷）》，人民出版社，1990年，第148页。

② 摘自天津市档案馆：《卷证遗珍：天津市档案馆藏清代商务文书图录》，中国人民大学出版社，2007年，第229页。

根据《天津商会档案汇编》记载，裕丰银号还开设中裕厚银炉，在银钱业的影响力较大，仅次于天津公裕厚银炉。1905 年（光绪三十一年），中裕厚银炉以钱商身份加入天津商会，铺户掌柜为王成林。庚子事变后，天津市场萧条，光绪二十九年十月十五日（1903 年 12 月 3 日）和光绪三十年正月二十日（1904 年 3 月 6 日），天津官银号（政府开办）为各商号如期归还官款七十余万两事宜，两次致函天津商会提及，中裕厚银炉所欠天津银号的款项，要在近者年内，远者一年归还。[1]

2. 裕丰银号的倒闭和清理

裕丰银号在承充天津海关银号期间，还把天津海关的关税放贷给麦加利银行的买办徐诚，获利颇丰。需要兑换白宝时，由麦加利银行代为兑换交纳海关库房，光绪三十二年（1904 年）到宣统三年（1911 年），徐诚给裕丰银号的利息就有 96048.3 两。由于辛亥革命，徐诚破产，事件被揭发。[2] 辛亥革命期间，裕丰银号被兵匪抢劫，经大总统批准，裕丰银号所欠天津海关关税共计六十七万余两，将裕丰银号产业收抵，余款免予追缴，按照源丰润所欠江海关的关税处理。[3]

后来裕丰银号经理兼号东陈文海给天津海关写信，恳求予以重新恢复海关银号的业务，提到由于父亲突然病故，无法筹措 20 万两现款和 5 万两保证金，又说裕丰银号贷出的 10 万两白宝，由于复业无望，无法收回，恳请津海关监督成全，准予重新开业。[4]（见图 20-2）

---

① 天津市档案馆、天津社会科学院历史研究所、天津市工商业联合会：《天津商会档案汇编（1903—1911）》（第 1 卷），天津人民出版社，1989 年，第 30、64、342 页。

② 天津市档案馆、天津社会科学院历史研究所、天津市工商业联合会编：《天津商会档案汇编（1903—1911）》（第 1 卷），天津人民出版社，1989 年，第 611 页。

③ 《政府公报》（第 92 卷），政事室印铸局，1916 年，第 53 页。

④ 《具节略天津关裕丰官银号经理陈文海 为恳求维持事》。

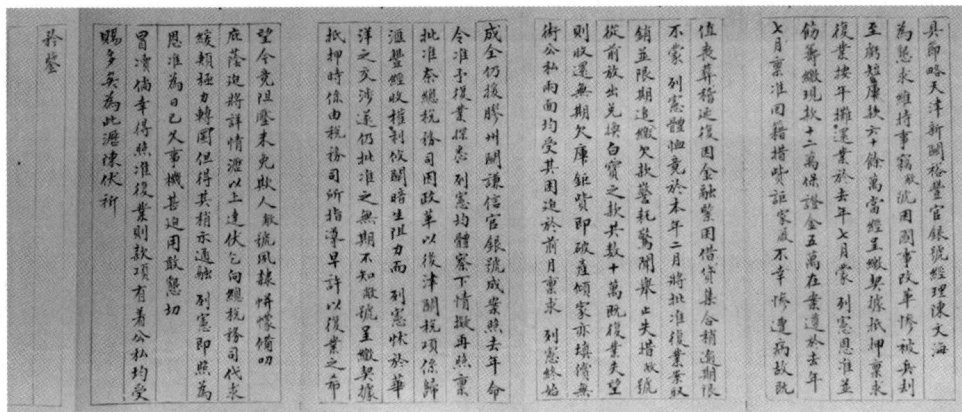

图 20-2　天津裕丰银号恳求信

表 20-1 为宣统三年（1911 年）裕丰银号的财务收支状况，由于辛亥革命的影响，宣统三年（1911 年）十月，裕丰银号的收入急剧下降。[1]

表 20-1　宣统三年裕丰银号的财务收支状况

行平化宝银：两

月份	上月结存	收入	支出	收支后应存
一月	300211.242	1307709.14	1005941.19	601979.192
二月	509246.202	1588566.55	1521658.32	126154.432
三月	126154.432	1747906.04	1698202.675	175857.8
四月	175857.8	1813710.06	1873042.55	116525.31
五月	116525.31	1940891.49	1913631.17	143725.63
六月	143725.63	2131074.97	2154738.48	120062.12
闰六月	120062.12	2643508.93	2664696.54	98874.51
七月	98874.51	2804162.07	2849624.36	53412.22
八月	53412.22	2021609.61	2034141.44	40080.39
九月	40880.39	2777848.59	2816728.07	2000.91
十月	2000.91	449359.18	450641.46	718.63
十一月	718.63	32251.46	31391.21	1578.88

[1]　天津市档案馆、天津社会科学院历史研究所、天津市工商业联合会：《天津商会档案汇编（1903—1911）》（第 1 卷），天津人民出版社，1989 年，第 619 页。但表中宣统三年一月"收入"数据应为 1037709.14，见《津海关贸易年报（1865—1906）》，天津社会科学院出版社，2006 年，第 558 页。

3. 在秦皇岛海关设立分号

裕丰银号还在秦皇岛海关开设分号，经收秦皇岛海关的关税，于 1905 年 1 月 3 日开业，1911 年 12 月关闭。[①]

根据天津商会档案资料记载，"不料鄂变事起，津埠被其影响自九月初七起全市尽停，以致各银行银号应交敝号各款数十万两无法收归，复于九月二十一日天津海关税款，十月二十三日秦皇岛海关税款，先后归汇丰银行代收"[②]。可知，秦皇岛海关关税的征收权，在辛亥革命后被汇丰银行接管。

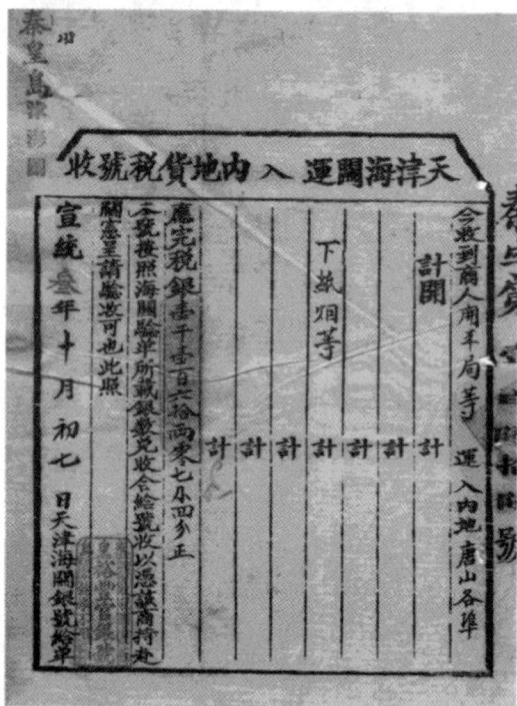

图 20-3　秦皇岛裕丰官银号收单 [③]

---

① 天津市档案馆、天津社会科学院历史研究所、天津市工商业联合会：《天津商会档案汇编（1903—1911）》（第 1 卷），天津人民出版社，1989 年，第 157 页。

② 天津市档案馆：《天津商会档案·钱业卷 关于裕丰银号短欠税款一案照录北洋大臣陈稿（1911 年 12 月）》，天津古籍出版社，2010 年，第 1476 页。

③ 摘自天津市档案馆：《卷证遗珍：天津市档案馆藏清代商务文书图录》，中国人民大学出版社，2007 年，第 299 页。

1911 年 10 月 29 日到 1912 年 2 月 5 日，由于政局混乱，（天津）海关银号有关闭的危险，津海关税务司欧森向总税务安格联汇报，请求临时由英国汇丰银行代收税款，得到安格联的同意。①

四、天津钞关银号

天津钞关银号为致通银号（另一说为志通银号），和天津海关的裕丰银号一样，从事银元、银两的兑换，以及利用关税进行借贷，兑换时每 1000 两扣除费用 4 钱。②

致（志）通银号经收天津钞关银两，每 100 海关两兑换 105 两行平化宝银，1911 年，天津钞关的钱姓关道把收取钞关的关税业务交给了天津银号经理，天津银号却按照 100 海关两兑换 108 两行平化宝银，即按照加平 5 两、加色 3 两计算，比市场兑换高出 2.2 两。这引起其他银钱号和商人的不满，议会要求天津商会予以核议办理。

商会调查的结果是，天津钞关关税由致通银号经收改为直隶省银行（原天津官银号）办理，由于辛亥革命，市面白宝不足，直隶省银行按照关平白宝 100 两兑换 108 两行平化宝银。但商人到银行缴纳关税，极少采用现银缴纳，大部分都是用银号的银单（纸币）缴纳，并把银号银单的式样报给财务部。后来，经过调整，天津海关和天津钞关都统一按照一个兑换率。③

天津钞关银号在 1902 年就已经有记载，据 1903 年北洋官报报道，世袭云骑尉于有源到天津，仿造江海关、江汉关在天津设立公估局，公估局设立在天津钞关的银号内。但 1902 年冬天，天津钞关银号改为平市银局（天津官银号前身），公估局停止营业。④

---

① 孙修福、何玲：《中国近代海关史大事记》，中国海关出版社，2005 年，第 172 页。
② 日本外务省通商局：《中国之金融》（第 1-2 卷），中国图书公司，1908 年，记载："裕丰银号该号开设以来，业经四十余年之星籍，致通银号则为唯年春所设立，两者虽皆无资本，前者司税关所出入之税金，后者司钞关所出入之税金，利用此以为资金之代为一般银行业务之贷借，及银元与两银之交换，每银千两此两号皆得有，称为毛耗，扣费四钱为其营利之目的。"
③ 天津市档案馆、天津社会科学院历史研究所、天津市工商业联合会：《天津商会档案汇编（1903—1911）》（第 1 卷），天津人民出版社，1989 年，第 3532、3534、3535 页。
④ 《时政纪要 公估设局》，载《北洋官报》，1903 年，第 17 期。

五、天津银炉银两概况

（一）天津银炉银号概况

光绪二十四年（1898 年），天津已成为仅次于上海的第二大通商口岸，有外国银行 5 家。据《津门纪略》记载，当时天津有钱庄 76 家、炉房 14 家、票号 25 家、金店 6 家、银店 2 家。[①]《津门记略》中提到的 14 家天津银炉见表 20-2：

表 20-2　14 家天津银炉情况表

银炉名称	地址	银炉名称	地址
振泰承	针市街	天聚成	宫北
立泰成	针市街	天达厚	宫北
恒德厚	针市街	恒升	宫北
瑞承泰	针市街	北新泰	宫北
洪源	针市街	恒得	袜子胡同
裕盛成	竹竿巷	福源	袜子胡同
公裕厚	福神街	裕兴昌	大狮子胡同

按上述记载，津门有 9 家炉房设在针市街与宫北大街，但此炉房名单可能不完全。

据《二十世纪初的天津概况》一书载[②]，20 世纪初，天津炉房（银炉）有下列 12 家：万丰号、中裕号、胜豫号、新泰号、公裕号、信来涌、义德号、恒利生、庆源瑞、桐达号、裕源长、恒裕厚。12 家炉房中仅公裕号、新泰号两家是庚子前的炉房。中裕号、胜豫号、新泰号、公裕号、裕源长 5 家是由同名银号所开。此外，12 家中 5 家银号有 12 万两公砝平银资本金。其余 7 家为同名钱铺所开，有 8 万两公砝平银资本金。

---

① 来新夏：《（清）羊城旧客撰 张守谦点校 津门纪略》，天津古籍出版社，1988 年，第 76-79 页。

② （日）中国驻屯军司令部编：《天津史志丛刊（一）二十世纪初的天津概况》（原名《天津志》），明治四十二年九月印行。侯振彤译，天津地方史志编修委员会总编室编，1986 年 4 月印刷（内部发行），第 212-216 页。

（二）天津银号和银炉业务

天津银炉和钱庄主要集中在宫南、北街和针市街。宫南、北街称为东街，针市街叫作西街。东街以化银子为主要营业，西街以作折交为主要营业。银号主要的营业是化银子和作折交，或者因为地势关系，它们各有各的门路。东街各银号，十之八九都有银炉，专为官商两界化银子，皆因当年的海关、大关（收船税机关）、钞关（收陆地税机关）等一律收现银，而且规定样式：五十两一锭的元宝叫"整宝"，又叫"东海关"。其他如方形的谓"方鳕"，椭圆形的所谓"松江"，都是来自外省，本地收税机关一律不收。①

五十两一锭的所谓"整宝"，是高翘边的翅子，略作方形的底，式样和年画上常见的样子差不多。此外，如藩库（即省库）、道库（专为放饷用的银子，概存在天津的津河兵储道街），也都要"整宝"银锭。②

（三）银号作假和公估局

部分天津银号倾镕银子不收费，但使用一些手段，即作假。当银两在银罐里熔化成汁时，他们一面打硝，一面打"猛子"。所谓"猛子"，就是铜粒、铅粒。打"猛子"就是掺假，打硝就是提色，反复若干次方能成功，明明是掺了假，而倾镕出来的元宝成色却十足，内、外行都看不出成色不够。倾镕一锭元宝之后再赚取一些平码差异，每锭元宝能得五六钱银子的余利，如果把掺假算上，每锭能赚一两左右。一位炉房高手，每天能化十锭银子，最少的也能化七八锭。当时为了保证成色，特设立一个检查机构，即"公估局"，聘请同行中经验丰富的老前辈鉴定后，在元宝脸上写好应加的成色，盖有公估局的图记，不但官、私一律承认，便是外国银行的洋人也承认。③

（四）银两流通状况

天津近代通用宝银有两种：一种叫作白宝银，为十足纹银；另一种称作化宝银，沿用旧法，化宝银比白宝银成色差千分之八，由此，"此种银两成色作九二"，在每锭银的表面刻有九九二的文字标志。实际上，同治末年前，天津五十两化宝银锭上带有"化宝"铭文；同治末年后，带有"化宝"铭文的银锭不再铸造，统一改为"九九二"戳记。白宝银专门用于上纳政府或用于各种租税、

---

① 全国政协文史和学习委员会：《文史资料存稿选编精选》，中国文史出版社，2006年，第107页。

② 全国政协文史和学习委员会：《文史资料存稿选编·经济》，中国文史出版社，2002年，第677页。

③ 全国政协文史和学习委员会：《文史资料存稿选编·经济》，中国文史出版社，2002年，第677-678页。

盐课、内地关税，不在普通的民间流行，社会上流通的主要是化宝银。

所有从外地进入天津的银两，在没有设公估局之前，都要由津郡炉房重新化铸，铸成天津通行的白宝银或化宝银后才可以流通于市场。由于九九二化宝银是主要流通银两，庚子后银色低潮，袁世凯接管天津时严禁"闹银色"，造成大批钱商及炉房倒闭。天津仅存的十余家炉房都不敢熔铸化宝银，以免亏耗，仅熔铸白宝银，以致市面化宝银极缺，几成虚银两。银炉之间联签保约，永不熔铸九九二化宝银。公估局设立后，凡银两须经公估方可流通，炉房才开始熔铸化宝银。①

到了1908年2月14日，天津海关的裕丰银号还为行平化宝银的逐渐低潮上书天津海关监督。据负责兑收海关税银的裕丰银号号东陈永康禀称："近来化宝日见低潮，职号亲自落炉镕化，扯计不过得九六五成色，于税课亏耗甚巨。"因此，天津海关道蔡绍基发布由于行平化宝银色低潮，各商纳税必补足九九二色方准兑收的告示："自西历1908年3月1日起，华洋商人一律按照后开章程交纳税银。并附开章程四条：

一、凡应完纳税项关平一百两，折九九二色行平化宝银一百零五两，此系向章办理。

二、各商无九九二足色化宝，或交足色白宝亦可。计关平一百两折收行平一百零四两二钱。如此折收，亦是按九九二色计寸。两不相亏，似乎平允，各从商便。

三、过路客商，未知津地情形，无足九九二化宝，则洋元亦可将就收用。向日每元作行平化宝六钱九分计，今仍照章核计收用。

四、凡商人完税，若以交现银为不便，则无论各银行炉房支取银条，均可一律收用，唯必要声明，交足九九二化宝者。"②

（五）海关银锭

1. 天津的银两

天津在清代流行五十两化宝银、十两十足色纹银和盐课锭，偶见十两圆锭。同治年间的化宝银见有"同治年月　裕兴银局化宝"。也见有五十两马蹄锭，铭文分别为 "光绪年月日　德合号九九二色"和"光绪十九年七月　中裕厚足

---

① 刘燕武：《天津行化银由宝银转为虚银两的过程》，载《中国钱币》，2011年第2期，第62页。

② 天津市档案馆、天津社会科学院历史研究所、天津市工商业联合会：《天津商会档案汇编（1903—1911）》（第1卷），天津人民出版社，1989年，第350-351页。

九九二"，虽没有注明地域，但根据同治年后天津化宝银一律标有"九九二"的成色标记来看，此两枚银锭应为天津化宝银。

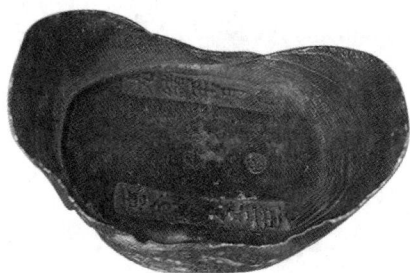

图 20-4　光绪年月日　德合号九九二色（嘉德 2006 年春拍 lot3152）

2. 天津海关银锭

目前发现两枚天津海关的银锭，都为马蹄形五十两银锭，四个戳记，铭文分别为"津海关　光绪年月　恒丰官银号　匠孙泽田"和"津海关　光绪年月　裕丰官银号　匠武世才"。两枚银锭锭型、戳记类型相同，上为津海关，左为纪年，右为海关银号名，下方为匠名，海关银号名和银匠名俱全，为标准的海关银锭。其中，恒丰官银号为广东人邓沛初在 1873 年 12 月至 1877 年 6 月开办，裕丰官银号为广东人陈德光、陈文海父子在 1877 年 6 月至清末开办。

天津钞关银锭目前还未有发现。

图 20-5　津海关　光绪年月日　恒丰官银号　匠孙泽田（于海斌藏品）

图 20-6　津海关　光绪年月日　裕丰官银号　匠伍世才（陈小柳藏品）

第二十一章　芜湖关银号与银锭

一、芜湖关沿革

康熙九年（1670 年）前，芜湖关分为工关和户关。芜湖工关在明代成化三年（1467 年）设立，征收竹木税；芜湖户关在明代崇祯四年（1631 年）设立，征收百货税。清初时，芜湖工关和户关分别归工部和户部管理，芜湖户关关署在青戈江南岸，工关关署在青戈江北岸。康熙九年（1670 年）芜湖工关、户关两关合二为一，统归户部管理，也称芜湖关、芜湖户关、芜湖钞关，但关税银两仍按照不同来源分别上交工部和户部。工关并入户关后，工关关署被废。康熙四年（1665 年），芜湖关归宁池太道管理，宁池太道也称宁池太广道、安徽道、芜湖关道。

乾隆四年（1739 年），芜湖关有 8 个征税口和 7 个稽查口，征税口有大江口、金柱、青弋、新庄、裕溪、裕工、泥汊、东河，稽查口有东河、内河、浮桥、下关、鲁港、洲港、大信。

光绪二年（1876 年），中英签订《烟台条约》，芜湖被辟为通商口岸。光绪三年二月八日（ 1877 年 3 月 22 日），芜湖海关正式成立，也称"芜湖新关"或"芜湖洋关"，与沿袭下来的芜湖关并立，"一地两关"长期并存。为区别于"新关"或"洋关"，原有的芜湖关改称为"常关""旧关"，其职能降为只是管理沿江沿河的民船贸易，而外商的船舶及货物的管理则统归新关税务司办理。[①]芜湖关收取常税，芜湖海关收取洋税。

光绪二十七年（1903 年），根据《辛丑条约》第六款规定，芜湖关五十里以内各口岸于当年十月改归芜湖海关税务司兼理，充作战争赔款的债务担保。此后，芜湖关仅管辖金柱、青弋、新庄、泥汊四处距离芜湖关五十里外的常税分口。

---

① 廖声丰、黄志繁：《清代芜湖关的设置及其管理体制的演变》，载《历史档案》，2004 年第 4 期，第 60 页。

二、芜湖关的关税

（一）常关关税

芜湖常关（户关）原额银为 87337 两，后核定正税银为 138496 两。乾隆元年（1736 年）额银为 34.7 万两，成为户部二十四关中第五大税关。乾隆四年（1739 年）到道光二十九年（1849 年），芜湖常关关税一致维持在 31 万两到 36 万两之间[①]，税收比较稳定。由于太平天国运动的影响，芜湖常关自咸丰三年（1853 年）到光绪二年（1876 年）停征。[②] 光绪二年（1876 年）芜湖常关恢复，芜湖海关筹备设立。

光绪末年，根据张国淦的记载，芜湖常关所收户关、工关两税，其中户关税以瓷器、纸张、木香、黄豆、棉花、煌叶、布疋、花生、芝苏、香豆油、树木、药材为大宗；工关税以木簰税为大宗。关税实际上完不成定额，好的年份仅能收至 12 万 ~ 13 万两。[③]

（二）海关关税

芜湖海关的关税从 1878 年到 1885 年，每年大概在 3 万 ~ 9 万两；1886 年达到 15 万两；1887 年突然增高到 50 万两，可能与鸦片税厘有关；此后直到清末，一直在 40 万 ~ 100 万两之间徘徊。[④]

三、海关银号

目前所知，芜湖海关存在 2 ~ 3 个海关银号，有记载的是同泰银号和吴履泰银号。

（一）同泰银号

光绪三年二月二十七日（1877 年 4 月 10 日），芜湖海关监督致信税务司，按照新关章程，选择殷实富户、诚实可靠者，开设海关官银号，经收芜湖海关税收，以及倾镕关税银两。海关监督选择商人李源泰开设同泰官海关银号，经理新开税

① 祁美琴：《清代榷关制度研究》，内蒙古大学出版社，2004 年，第 56–59 页。

② 军机处录副奏折·咸丰朝·财政类·关税项，档案号 03 — 6334 — 045，光绪三年八月三十日，安徽巡抚裕禄折。

③ 张国淦、杜春和：《张国淦文集三编：方志卷》（第 2 卷），北京燕山出版社，2004 年，第 1388 页。

④ 汤象龙：《中国近代海关税收和分配统计（1861—1910）》，中华书局，1992 年，第 316–317 页。

项，照章兑收银两。同时，派副手俸朝仁随时稽查，并书面照会税务司。如果商人缴纳关税后，持有同泰银号号收到芜湖海关，海关验明后，给予换领税单放行。

同泰海关银号开设者为李源泰，又叫李振玉，字朗明，号明珍，约嘉庆二十五年（1820年）出生于安徽省太平县望仙乡。他幼时丧父，由母亲谭氏抚养，先到苏州，后辗转到上海，他在上海开设茶栈，经营起黄山茶叶，在沪上商界名声渐起。由于重诚信，洋人与华人交易茶叶，都以李振玉"一言为断"①。

同治元年（1862年）三月，李鸿章率领新组建的淮军，顺江而下由水路进驻上海。李振玉受到李鸿章委派四品衔潘鼎新的推荐，负责采购洋枪洋炮事宜，采购非常顺利，质量优良，深得同乡又是同姓的李鸿章的赏识。替李振玉恩保升为知县，擢同知。光绪二年（1876年），朝廷委派李振玉为南五省滇捐总局督办，三年筹资二百余万两。朝廷再嘉奖，晋二品衔。

李振玉后为李鸿章倚重的商人，光绪三年（1877年），安徽池州煤矿就为捐有补用道衔的轮船买办李振玉申请，经两江总督沈保桢批准开办的。②同治七年（1868年）李振玉、郭九山伙同美国人花马太组织了一个清美洋行，用63750两购置"天龙号"轮船，这个以美商清美洋行为名的股份公司，所有股份属华商所有，完全归华商实际掌管和经营。③

李振玉当时与胡雪岩一样，为著名的官商、富豪。李鸿章在《试办招商轮船折》中陈述"会集素习商业、殷富正派胡雪岩、李振玉等道员，同筹商议，意见相同。各帮商人纷纷入股"④。1873年1月14日，轮船招商局正式成立，李振玉任会办（副总经理），初期业务主要为承运漕粮，兼揽客货，而此时胡雪岩由于害怕洋商嫉妒不敢入局。

李振玉承充芜湖海关银号时，芜湖海关衙门收取了他的保证金。他不是一直在芜湖居住，海关银号业务委托给了正大银号。同泰海关银号的办公地点，实际上也是收取关税的地方，离芜湖海关署非常近。光绪五年（1879年）左右，他雇佣3个助手，海关关税每周一次交给芜湖海关监督的库房。

① 李嘉宾等纂修：《馆田李氏宗谱·仕进传·李振玉》光绪三十三年活字本，天津师范大学藏。
② 陈争平：《中国近代经济史教程》，清华大学出版社，2002年，第111页。
③ 李春梅：《买办与中国近代股份制的兴起》，载《西南交通大学学报》（社会科学版），2003年11月第4卷第6期，第2—3页。
④ 顾廷龙、戴逸主编：《文献丛刊·李鸿章全集》卷20奏稿，安徽教育出版社，2007年。

（二）吴履泰银号

吴履泰，又叫吴月樵，浙江人，曾被曾国藩的幕僚李申甫，推荐给曾国藩。"吴月樵到皖，申甫令在公馆穿孝百日，至三月底期满，再行入营。月樵在敝处禀请给假，已批归申甫酌办，自必妥为处置也。"[①]

上海《申报》1880年11月16日报道，江苏上海机器织布局成立，需要采购洋布织机，进行招股，将挂号册子寄托各埠绅商，代为存根填发。芜湖海关的吴履泰银号吴月樵，领取的为芜字号册。[②]

吴履泰银号在光绪末年，仍为芜湖海关的银号。张国淦在文中提到1903年的芜湖新关税即芜湖海关洋税，"芜湖新关税五六年前征收六七十万，上年至一百一十余万。……所收税银由商人交吴履泰官银号，缴新关监督，分解外务部、户部、上海道各处，以作出使经费、摊还赔款各项之用。"[③]

（三）不知名的银号

光绪初年，芜湖已有裕泰、鼎泰、懋泰、蔚泰万和、同和、瑞和等七家银号，大部分为徽商所开。[④]

1892—1911年的《海关十年报告》记载芜湖海关有两家官设银号，其中一家银号负责倾镕马蹄锭税银，并且符合北京户部要求的重量和成色，收取千分之六的火耗费用。该报告附录27显示，1883年、1887年和1891年都为两家海关银号。其中还记载，1891年芜湖有23家零钱兑换点兼营鸦片零售，还有29家专门的零钱兑换店，它们的资本在500两和2000两之间。此外，两家政府银号负责收取税收，处理政府资金、倾镕银两等业务。[⑤]

吴履泰海关银号，应为其中一家负责倾镕的银号，另一家不详。

四、芜湖关银锭

根据税种的不同，芜湖关银锭可以分为芜湖常关银锭和芜湖海关银锭。

---

① 《曾国藩全集：书信》，岳麓书社，2011年，第3594页。

② 《申报》，1880年10月16日[附三]。

③ 《张国淦文集三编：方志卷》（第2卷），北京燕山出版社，2004年，第1388页。

④ 宫下忠雄：《中国币制的特殊研究》，日本学术振兴会，1952年，第249页。

⑤ 1882–1891. CHINA IMPREIAL MARITIME CUSTOMS DECENNIALREPORTS [R]. Published by Order The Suspector General of Customs. Shanghai, p.247, p.289.

（一）芜湖常关银锭

芜湖常关银锭，目前发现三枚，分别为五十两马蹄锭、五两圆锭和不到半两的圆饼锭。

1. 五十两常关马蹄锭

芜湖常关五十两马蹄银锭，铭文为阴刻，竖排三行字，为"芜关税银 五十两正 匠萧文"，"芜关"应为芜湖关的简称。《中国银锭图录》图号 413 有枚铭文为"江阴县 顺治五年 五十两 正匠萧文"的五十两马蹄锭，造型、铭文特点、表面波纹等特征，和此枚"芜关税银"银锭非常接近，并且银匠都为萧文，推测此枚芜湖关银锭应为顺治年间所铸，当时的芜湖关税属于常关税。当时的江阴县和芜湖关都属于江南省管辖，把税银上交江南省省会，由官银匠萧文镕铸。

图 21-1　芜关税银　五十两正　匠萧文（胡涛藏品）

2. 五两常关圆锭

芜湖常关五两圆锭，目前发现有两种铭文，一种铭文为"芜湖关 匠聚顺"，另一种铭文为"芜关课（孟）聚顺"，后一种铭文戳记普通不清晰。这两种五两圆锭四周有细边，底部较高耸，与浙江锭边沿低、底部圆的造型风格不一样，却与江苏淮安关（铭文为淮关）银锭造型类似，符合《各路元宝银色目录》中提到的"微有细边，形状如福建锭，重约五两"的描述。[①] 这两种五两圆锭都应为芜湖常关税银。

---

① 张兆熙谨识：《各路元宝银色目录》，光绪丁亥年，江西财经大学图书馆藏。

目前发现的淮安关、芜湖关、凤阳关三种五两圆锭造型类似，都为左右两个戳记，铭文都为"关名＋银匠名"。苏、皖各常关距离较近，用银习惯应相互影响，关税银锭器型类似。

图 21-2　芜湖关　匠聚顺
（孙以欣藏品）

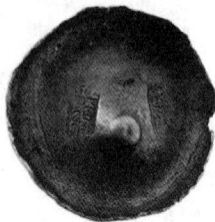

图 21-3　芜关课　孟聚顺
（靳稳战先生藏品）

3. 圆饼形常关锭

见有一枚圆饼形、铭文为"芜湖关"的银锭，重量只有 13 克，推测为芜湖常关填平补色银。

（二）芜湖海关银锭

芜湖海关银锭分为五十两、十两和碎银三种类型。

1. 五十两海关银锭

芜湖海关五十两马蹄锭为门字型，上为芜湖关，右为纪年，左上为税课，左下为银匠名，纪年中往往砸印天干地支年号。纪年如"光绪己亥年月"和"光绪丙午年月"，分别对应光绪二十五年（1899 年）和光绪三十二年（1906 年），都是芜湖开埠后的银锭。目前发现的四枚芜湖关五十两银锭，都为光绪年的，匠名都为吴履泰，即芜湖海关银号名。

图 21-4　芜湖关　光绪己亥年月　税课吴履泰（摘自《中国银锭图录》424）

2. 十两芜湖海关银锭

十两芜湖海关银锭为方鐏型，铭文为"芜湖关　吴履泰"，铭文相对五十两芜湖海关关税锭缺少纪年和税课名，底部较高，锭面不宽，与安徽其他地方方鐏一样，也称为"高脚方关"。

图 21-5　芜湖关　吴履泰（胡文海藏品）

3. 碎银

五两以下的芜湖海关碎银，见多枚铭文为"吴履泰"的腰锭，锭身竖置竖打戳记，有半两、二两、三两几种重量。吴履泰为清末芜湖关海关银号，可能为芜湖海关关税的尾鞘银，也称畸零银，用于补色补平之用。由于用于补平色之用，重量根据需要制作，不太规范。

图 21-6　吴履泰

　　芜湖海关银锭，银锭上的铭文也为"芜湖关"，唯从海关银号铭文上可知为芜湖海关银两。与粤海关、闽海关类似，芜湖海关收税、倾镕、上解业务都由海关监督负责，海关监督统一管理常关与海关财政业务，事实为洋税，却不铭洋税。

第二十二章　宜昌海关银号与银锭

一、宜昌海关概况

宜昌位于长江三峡西陵峡出口，上扼云南、贵州、四川，下控荆江、沙市、襄阳，地理位置较为重要。

光绪二年（1876 年），根据《烟台条约》，宜昌辟为通商口岸。清政府委派孙家谷为荆宜施道道员，即宜昌海关监督。同年 4 月 1 日宜昌正式开关，光绪三年（1877 年）设立彝分关，光绪二十二年（1896 年）设立宜都大查关、董市大正关，光绪二十八年（1902 年）设立平善坝分卡。

二、宜昌海关税收

宜昌海关税收在清末总的趋势是不断增长的，只有个别年份有所下降。光绪三年（1877 年）到十一年（1885 年）为 10 万两以下；光绪十二年（1886 年）到二十年（1894 年）大多在 10 万～20 万两，但光绪十九年（1893 年）仅为 1.6 万两；光绪二十一年（1895 年）到三十三年（1907 年）大多在 34 万～88 万两，但光绪光二十九年（1903 年）下降到 27.7 万两；光绪三十四年（1908 年）到宣统二年（1910 年）在 127 万～145 万两。[1]

三、监管沙市海关

宜昌海关还曾奉命指导重庆海关业务，后来还监管荆沙海关（荆州钞关、沙市海关）的涉外事务。[2]

沙市海关建立之前，存在有荆州钞关，即荆州常关。沙市海关于光绪二十二年十月一日（1896 年 11 月 5 日）开关，由宜昌关兼管，民国后改由汉口江汉关管

① 汤象龙：《中国近代海关税收和分配统计（1861—1910）》，中华书局，1992 年，第 368-370 页。
② 孙维玉主编：《宜昌海关史略（1876—1949）》，宜昌档案局，1995 年，第 22 页。

辖。沙市海关征收洋税，荆州钞关征收常税。

在开关初期，沙市海关仅负责对船运进出口货物征收关税，管辖权仅限于沙市港区。自光绪二十八年（1902年）起，沙市海关接管了沙市周边五十里范围内的常关，包括设在竹架子码头的东分关、江陵草市镇的北分关、宝塔河口的中分关、笛箕洼的西分关和江陵弥陀寺的西支关，以便对木船运输征税并用于庚子赔款。① 以上几个分关和支关原都属于荆州钞关管辖。

沙市海关洋税从开关后到1900年不到1万两，1901年后到清末则在1.2万两到1.8万两之间。

四、宜昌海关银号

宜昌海关从开关到清朝覆灭，共计有四个海关银号。由于监管的关系，宜昌海关银号还代理沙市海关银号。

（一）同丰银号

1877年7月4日，宜昌海关监督孙家谷致信助理税务司施佩希特，海关银号在宜昌成立，取名同丰，负责人叫何其义，为安徽休宁人，有官衔。何其义从事贸易活动，受到官方邀请来到宜昌。当时同丰银号管理3名员工，何其义来这里主要考虑的是以后宜昌关税的增长。

宜昌海关的同丰官银号，名义上是何其义开设，实际上由盛宣怀、孙家谷、何其义合伙开设。② 盛宣怀于光绪二年（1876年）被李鸿章委任经营湖北煤矿、铁矿业务；孙家谷为宜昌海关第一任监督，即荆宜道关宪，安徽寿州人，时称孙嫁宪。何其义只是顶前两者之名，为盛宣怀和孙家谷的代言人。

开设同丰银号之前，何其义在湖北从事贸易多年，家道殷实。同丰银号经同行银号同康、同裕担保后成立，并仿照江汉关的海关银号章程办理。③

光绪三年八月十八日（1877年9月24日），盛宣怀在汉口肇广典当的管事胡永璋（字少岩）在致盛宣怀的信中提到，"同丰同事之薪水，然目下生意清淡，奈各友家计，又不能不用。俟业务兴旺，再当竭力报效耳。另单呈献，祈酌定夺"。

---

① 《沙市的海关—沙市码头系列之一》，载《荆州日报》，2014年11月28日。
② 陈旭麓、顾廷龙、汪熙：《轮船招商局：盛宣怀档案资料选辑之八》，上海人民出版社，2016年，第75页。
③ 何其义：《为开设宜昌关银号叩请洽谕遵办禀文》，上海图书馆，盛档：SD072645。

次年 11 月 9 日，胡永璋又写信给盛宣怀，汇报情况："孙观察（孙家谷）意将同丰官银号搬移沙市，璋与方符、小云两兄细商，查沙市近年市面大坏，惟望轮船通商，方有转机之相。此举只能缓办，附上同丰银号清账两纸，伏祈电入为祷。"①可见，同丰银号刚开张时，由于宜昌海关关税收入不多，生意较差，员工工资发放都有困难，海关监督孙家谷还准备把同丰银号从宜昌迁往沙市，后未成行。以上提到的方符即武昌公济益官银号负责人方允符。从图 22-1 的同丰银号在光绪四年（1878 年）4 月 ~ 10 月收取的关税和罚款来看，6 个月仅为 2361.734 两，每月平均不到 400 两，仍没有好转的迹象。②

图 22-1　光绪四年同丰银号收取的关税（盛档：SD067931-1）

光绪四年十二月二十七日（1879 年 1 月 19 日），轮船招商局宜昌分局李笏斋给上海富商徐润去函，徐润转发给了当时轮船招商局的总办盛宣怀，其中提到由于同丰银号的何其义去世，同丰银号关闭。③同丰银号的存在非常短暂，从开业到关闭仅不到一年半年时间。

---

① 陈旭麓、顾廷龙、湖北采办煤铁总局：《荆门矿物总局》，上海人民出版社，1985 年，第 233、354 页。

② 同丰银号光绪四年银钱总账，上海图书馆，盛档：SD067931-1。

③ 陈旭麓、顾廷龙、汪熙：《轮船招商局：盛宣怀档案资料选辑之八》，上海人民出版社，2016 年，第 75 页。

（二）保兴银号

同丰银号倒闭前，盛宣怀给荆宜施道道台，即宜昌海关监督董俊汉（字新甫）写信，提及自己和孙家谷在同丰银号内有股份，由于生意较差，赔累不少，想让同丰银号参股一半到其后成立的海关银号或搭股一年，但这仍无法挽救同丰银号。①

同丰银号倒闭后，宜昌海关监督董俊汉想和招商局宜昌分局局董李笏斋及谦诚布号的号东顾辑五合办宜昌海关银号，各占三分之一的股份。但李笏斋考虑到盛宣怀为招商局总办，孙家谷对自己比较优待，故推脱掉了，并向上海徐润做了汇报，向盛宣怀做了解释。后来又商议，宜昌海关银号仍分三股，轮船招商总局一股，董俊汉、顾辑五各一股，每股出资本二百两，附在宜昌分局之下，以便节约经费。李笏斋考虑到关税收解关系重大，除了自己外，还要求在宜昌海关监督董俊汉面前请谦诚号的顾辑五派人来宜昌分局一同经营。董俊汉上报督院并照会各国领事，海关银号改名为保兴官银号。后来，新任的宜昌海关监督方菊人急于提取关款，由于保兴银号附在宜昌分局之下，就要求由宜昌分局垫付。②

宜昌保兴银号的股东顾辑五为浙江人，后来由于拖欠宜昌县5万两公款，被当局拘押，之后被其同乡陶在宽担保释放。③可见，保兴银号的资金出现了问题。

光绪八年（1882年），阎敬铭奏参了姚觐元、董俊汉、杨洪典及旗人启某。当时董俊汉在宜昌海关监督任上，受到清政府"革职回籍"的严厉惩处。由于靠山倒台，据此推测，保兴银号可能在光绪八年（1882年）前后倒闭。

（三）正义银号

光绪二十七年（1901年），濮子潼（字紫铨，号止潜）任宜昌海关监督，发现宜昌海关银号，即办理宜昌、沙市海关的官银号历年亏欠关税40万两。其和幕僚吴品珩商量后把此事上报湖广总督端方，一方面将税务改归官办，另一方面查封海关银号产业作为备抵，并追缴十余万两。剩余拖欠的款项，由宜昌海关的平余、火耗等项，分为十二年摊还。④其中，宜昌海关的平余银每千两为十九两，火耗每千两为六两，与夫一应解费及两院幕吏薪工，每年二万数千两一并提

---

① 《盛宣怀致荆宜施道董新甫函》，盛档：SD083097。

② 陈旭麓、顾廷龙、汪熙：《轮船招商局：盛宣怀档案资料选辑之八》，上海人民出版社，2016年，第75-76页。

③ 陶堰：《江南人才名镇》，浙江大学出版社，1993年，第132页。

④ 杜春和、耿来金、张秀清：《荣禄手札》，齐鲁书社，1986年，第253-254页。

作弥补。①这种分年摊还，以未来关税收入弥补海关银号亏欠海关关税的做法，后来也应用到了镇江海关的裕通银号上。

此时的宜昌海关银号，为饶姓官员所开，已开设了十九年，推算应为光绪八年（1882年）开设，与保兴银号由于董俊汉出事而倒闭的时间十分吻合。

结合相关银锭实物记录，此阶段的宜昌海关银号应为正义官银号。正义官银号为和兴玉所开。光绪二十三年十一月十八日（1897年12月11日），宜昌海关关书串通官银号，在半税票（子口税票）上作假，被税务司查出，当令各家摊赔。②和兴玉，也名饶兴玉。

光绪三十四年（1908年），浙江东阳县人吴品珩任湖北荆宜道道员③，兼监督荆州钞关、宜昌海关、沙市海关，开始着手整顿荆州钞关，关税日渐增加。荆州钞关的税收，一向以制钱缴纳、钞关易银两上解。由于钱、银的比价在官方和民间存在差异，上解时往往只需十之八九，余下的一二成被分赃。吴品珩以实际税收上解国库，革除流弊。以前，两个海关将关税存入商号，将利息纳入私囊，吴品珩下令将利息全部上缴，杜绝中饱私囊行为。④

（四）未知的海关银号

光绪二十七年（1901年），宜昌海关的正义银号倒闭后，又新开了一家海关银号，具体名称不详，海关银号委员姓钟。

1911年11月6日，宜昌海关税务司葛礼致信海关总税务司安格联，说在调查海关银号的情况时，对海关银号的经营管理极不满意，即往来商号都可以在海关银号欠款，每月月终则用汉口钱庄的汇划票据结算，并且他已经让人把海关银号搬进海关里，以免遭遇火灾时，账册被毁而无法收取各商号的欠款。葛礼正设法建立一项新制度，要各商号预存现银五百两，付税款时从预存款项下扣除，用完前再预付存款，否则每次完税时都要用现款付清⑤，即商号用预付存款的方式来代替以前的平日欠款，否则不予赊欠，以此来规避风险。

① 刘平：《近代中国监管制度研究（1897—1949）》，复旦大学出版社，2008年，第315页。
② 赵德馨主编：《张之洞全集：奏议 电奏》，武汉出版社，2008年，第7435页。
③ 秦国经主编：《清代官员履历档案全编》，华东师范大学出版社，1996年，第111页。
④ 吴立梅：《老安庆的故事：清末安徽省级长官吴品珩传略》，http://blog.sina.com.cn/s/blog_442330ec0102wurv.html.
⑤ 1911年11月6日，葛礼致安格联第47号函。

同年 11 月 17 日，即宜昌新军举行起义的前一天，葛礼又致信安格联，说宜昌海关监督拜访他并下发公函，禁止现银和现洋出口，并且海关监督还发函要求税务司把某个商人上交的两千块现洋送往海关银号，留待发薪之用。税务司葛礼以这批现洋不是海关银号的税款，以及不信任海关银号和负责该银号的钟委员为由，拒绝把两千块银元上交给海关银号。①

可见，正义海关银号倒闭后，宜昌海关另设立了一个海关银号，直到辛亥革命后倒闭。由于史料缺乏，具体名称不详。

五、宜昌海关银锭

（一）宜昌银两流通情况

根据 1882—1901 年《海关十年报告》的记载，宜昌基本没有货币交易市场，宜昌海关也没有，宜昌每天的银两和铜币的兑换率，是参照沙市的兑换率，即按照每天下午三点从沙市发来电报的兑换率进行兑换。国内的重要货币，运费和其他商业交易都是在晚上进行，宜昌的钱庄基本上都是分支机构，其汇票需要送到沙市的总部背书认可。

宜昌市面上流通的金银主要是银锭，基本上来自四川，银锭的成色相比较高，常常超出宜昌银两的标准成色。在其他通商口岸，银锭需要拿到公估店，而在宜昌当地，则是由盐商和主要钱庄建立的金银检验所鉴定和检验成色，每年的经费为 1000 海关两。他们通过签署协议共同分担，检验的方式仅仅是通过比较检验银锭的成色。

银锭由公估用毛笔在锭面上写上实际重量和成色。如果是散碎银两，有时也会打包，把所含银锭的重量、成色和个数写在外层的包装纸上。银两通过公估的评价后再进行流通，评估费用是两个马蹄锭（100 两）收费 100 文。

除了流通于全国的五十两大马蹄锭外，宜昌通商口岸比较流行的还有汉潮和荆沙锭，两种都是五两重，比较小，都叫新五两。还有川锭更小，每个四两重。后三种银锭（汉潮、荆沙锭、川锭）和宜昌两都是 99% 成色，可以通行使用。②

---

① 1911 年 11 月 17 日，葛礼致安格联第 44 号函。

② 1882-1891，CHINA IMPREIAL MARITIME CUSTOMS DECENNIAL REPORTS [R]. Published by Order The Suspector General of Customs. Shanghai，pp.140-141.

（二）宜昌海关银锭

目前发现的宜昌海关银锭为五十两马蹄锭,有四个戳记,分别为宜昌关、纪年、海关银号名、匠名。海关银号都为"正义",匠名有晋泰、洪顺等,时间为光绪十四年和光绪二十一年（见图 22-2、图 22-3）。这时候同丰海关银号应已经倒闭,由正义官银号接替,所铸的宜昌海关银锭和江汉关银锭一样,署海关银号名和银炉（匠）名。

图 22-2　宜昌关　光绪十四年　正义官银号　晋泰（方伟藏品）

图 22-3　宜昌关　光绪二十一年　正义官银号　匠洪顺（山西诚挚 2019 年秋拍 lot0098）

晋泰、洪顺都应该为汉口的银炉。洪顺专为（汉口）银炉业,资本在 2 万～3

万两^①，民国初年"洪顺银炉"改为"华胜钱庄"，直到民国十年（1921年）
该钱庄歇业^②。

可见，宜昌海关银锭虽出自宜昌，但把铸银业务委托给了汉口的银炉房。宜
昌海关银锭的器型、铭文风格和江汉关银锭基本一致。目前，还未发现同丰银号、
保兴银号和清末另一家银号所铸的宜昌海关银锭。

表 22-1　宜昌海关五十两银锭统计

序号	关名	纪年	银号	匠（号）名	重量	出处
1	宜昌关	光绪年月	光绪年月	匠正义	1870	树荫堂 766
2	宜昌关	光绪二十一年	正义官银号	匠洪顺	1858	陕西诚挚 2019 年秋拍 0098
3	宜昌关	光绪十四年	正义官银号	晋泰	1860	《银的历程》P150

（三）荆州钞关和沙市海关银锭

宜昌海关监督管理荆州钞关、沙市海关业务，宜昌海关银号也代理沙市海
关银号。

1. 荆州钞关银锭

荆州钞关银锭目前仅在《元宝图录》中发现一枚，为十两圆碗锭，两个戳记，
铭文为"荆关　义兴"。

图 22-4　荆关　义兴（元宝图录 No.427）

2. 沙市海关银锭

目前，发现多枚带有"通商"铭文的湖北五两圆锭，如"通商　生茂""通

---

① ［日］水野幸吉著，湖北嚶求学社译：《汉口—中央支那事情》，光绪三十四年，上海昌明公司，第40页。

② 姜林：《湖北近代银炉业与汉口公估局》，载《中国钱币》，2012年第4期，第39页。

商 聚源"等（见图 22-5、图 22-6），应为沙市海关的银锭。此外，"允昌""聚源"在通商银锭上出现，也在荆江五两圆锭上出现；"泰顺"在通商银锭上出现，也在沙市（沙镇）银锭上出现（详见表 22-2）。

推测通商银号可能为宜昌关银号设在沙市海关的分号，代理沙市海关银号的业务，另一个铭文则是为其铸银的银炉。

图 22-5　通商　全发

图 22-6　通商　聚源

表 22-2　通商五两圆锭统计表

序号	戳记 1	戳记 2	重量（克）	出处	类似银锭
1	通商	通商	170.8	诚轩 2008 年秋拍 1323	—
2	通商	通商	224	诚轩 2006 年春拍 1322	—
3	通商	永记	—	嘉德 2005 年秋拍 5231	—
4	通商	生茂	183	王力	生茂生茂
5	通商	全发	168	王力	荆南全发，辛未全发，全发全发
6	通商	允昌	192.5	诚轩 2015 年秋拍 1934	荆江允昌
7	通商	聚源	177	诚轩 2020 年春拍 1544	荆江聚源
8	通商	泰顺	—	网络所见	沙镇泰顺，泰顺泰顺
9	通商	荆沙	167	万毅	—

第二十三章　安东关银号与银锭

一、安东常关和海关概况

安东处于奉天省东南，鸭绿江下游右岸入海处，与朝鲜新义州隔江相望。同治年之前，安东人烟稀少，之后清政府逐渐放宽对东北的封禁政策，在沙河子（今丹东市沙河镇）和大东沟（今东港市大东镇）两处沿江沿海地带进行开发，人口逐渐增多。

光绪元年（1875 年），奉天将军崇实派员在鞍子山（今丹东新区安民山）设局"开办升科纳税等事"①。

光绪二年（1876 年），崇实奏请在安东设县，县衙治所设于沙河子，隶属凤凰直隶厅，并设立沙河山货税局，征收粮食、山货、木材等捐税，是安东最早的税务机构。后改名为沙河税捐征收局，简称沙河税捐局。史料记载，"安东地方沿江一带，官有山场甚多，产木极富，从前商民任意采取，并不纳价，自设立税局后，始则令商民照章缴价，故所收款项，至今相沿犹，有山价之称，与纯收出产税者性质不同，税率亦重所有税局。"②

1906 年 9 月 16 日，安东正式开埠通商，安东海关管辖范围为北到长白、南到庄河，有安东总关、大东沟分关、庄河分关、长白分卡、临江分卡、河口稽查口、东尖稽查口、桥头稽查口等 17 座分关和稽查口。此外，在安东海关设立中国市场和日本市场：中国市场九百亩，设在前后聚宝街、财神庙街、官电街、中富兴隆各街；日本市场两千八百余亩，设在七道沟。

安东设立海关时并未设常关，常关事务实际上由沙河税捐局兼理。在鸭绿江来往的船只，既有前往对岸朝鲜的，也有前往鸭绿江上游各县的，前者禁止运送米粮，而后者是不禁止的，只是需要到税捐局缴纳常关税③，即沙河税捐局也征

---

① 辽宁省档案馆编：《东北边疆档案选辑 59》，广西师范大学出版社，2007 年，第 33 页。

② 《关税案牍汇编》各关局分案 安东关，财政部印刷局，1934 年，第 1 页。

③ 綦峰：《近代安东海关研究（1907—1932）》，辽宁大学硕士论文，2014 年，第 32 页。

收鸭绿江来往船只的关税，性质相当于常关，不由外国税务司监管，凡行驶内港商轮所载土货，均照沙河局税则课出口税或进口税。[①]

安东开埠的初期曾计划设立常关，但最后的决议是不置常关，"安东口岸应有之常关事务，仍由原沙河、东沟两税局兼理，其性质与常关无异"，税则"大致与户部则例相同"。[②]

二、安东海关税收

安东海关和大东沟分关的关税，在光绪三十三年（1907年）为5.5万两，光绪三十四年（1908年）为15.5万两，宣统元年（1909年）为18.1万两，宣统二年（1910年）为23.5万两。

三、安东海关银号

（一）东三省（奉天）官银号

安东海关的海关银号为东三省官银号，"官银号向于海关署内银值及东沟分关七道沟分卡各派司员，就近收税"[③]。此处所指"官银号"为东三省官银号。

东三省官银号原名为奉天官银号，光绪三十一年十一月初十（1905年12月6日），由时任盛京将军赵尔巽创设，地址原位于奉天省城钟楼南路东，后迁到大北门里，发行货币，开展存贷、兑换业务，在安东等六处设立分庄，开办汇兑业务。官银号总号还有官银炉，倾镕现银，并代商民倾镕，成色高足，镕费与市面一样。宣统元年（1909年）改名为东三省官银号，实际为东三省的"中央银行。"[④]

（二）大清银行和日本正金银行

宣统三年（1911年）九月，安东海关监督奉度支部命令，将安东海关的关税统归大清银行经理。安东海关的关税归大清银行代收，便于税款的上缴和管理。

---

① 魏尔特著，陶乐均译：《民国以来关税纪实》，总税务司公署，1926年，第55页。

② 綦峰：《近代安东海关研究（1907—1932）》，辽宁大学硕士论文，2014年，第16页。

③ 辽宁省档案馆馆藏：《安东新关税款归大清银行经理代收》，奉天省长公署档 JC10-427。转引自《近代安东关研究》第22页。

④ 汪敬虞：《中国近代经济史（1895—1927）》（第三卷），人民出版社，2000年，第2373页。

但到 1912 年年初，安东大清银行"奉总银行信咨实行清理，停止收付"①，于是申请将安东海关关税重新划归东三省官银号安东分号经理代收。1912 年 12 月，安东海关税务司将安东关税款改划归日本正金银行经理保管，即安东海关税款的经收为大清银行和东三省官银号，税款的保管归于日本正金银行。

（三）中国银行和安东朝鲜银行

1913 年 9 月，安东海关的税款又改划归新组建的中国银行（原大清银行）经理，但听命于安东海关税务司。1915 年 10 月，安东海关税务司和安东朝鲜银行订立合同，关税完全交给安东朝鲜银行存储上解。②除了现有的镇平银两交给朝鲜银行存储外，其余以各币折合之银数，以日金银行交存朝鲜银行，作为押金。③

四、安东银两流通状况和安东关银锭

（一）安东镇平银概况

安东在清代流行镇平银。1925 年 5 月，日本南满铁道株式会社出版的《镇平银：安东马蹄银调查》一书中，详细提及了安东的镇平银。④抄录翻译如下：

1. 镇平银的起源和兑换

镇平银一般被叫作元宝银，日本人称为马蹄银，西方人称为 Shoe Silver，Sycee。之所以称为镇平银，因为安东是原沙河口的一个小镇，前清时代尚未开放以前，人们一般都将安东称之为沙河镇，后又改称为镇口。因此，镇平银只不过是以在镇口这个地方使用的平码即镇秤为称量单位计算的元宝银的意思而已。现在并不单指限定的镇平银锭，从其他地方进来的马蹄银如果接受指定的鉴定的话，也可以当作镇平银通用，其重量及成色种类繁多。一枚镇平银通用重量一般是指五十三两五钱，现在一般有从五十二两到五十四五两等很多种类。也就是大约相当于日本的 500 芴（日本重量单位）。少数的交易用小银币这种货币来进行，现在安东铸造马蹄银的银炉一家也没有，因此在安东应该也没有重新铸造的镇平银。

---

① 辽宁省档案馆馆藏：《安东新关税款归大清银行经理代收》，奉天省长公署档 JC10-427。转引自《近代安东关研究》，第 22-23 页。

② 民国档案编辑室：《民国档案》，中国第二历史档案馆，1989 年，第 19-20 页。

③ 中国第二历史档案馆：《中华民国档案史资料汇编》（第 5 卷第 1 部分），江苏人民出版社，1979 年，第 48 页。

④ 《镇平银：安东马蹄银调查》，见《满铁调查资料》（第 46 编），日本南满铁道株式会社，1925 年 5 月，第 13 页、第 51 页。

2. 安东的银炉

1909—1910 年间，安东曾有 4 家银炉。有关这段时间的银炉改铸记录在正金银行安东出张所（支行）的经济情况报告里能看到。1909 年 10 月份的同一份报告里写道，"因为马蹄银的两端损坏的情况正在渐渐增多，公议上决定两端有损坏的、重量不足的银两不再流通，因此而产生的损失应该由银两的所有者来承担。另外，现在流通的马蹄银应该将其送至银炉清洗除垢后，重新印上宣统元年的年号，标记好重量。所需要的手续费，每一枚银锭为 150 文，量不足的损失也应该由所有者承担"。这样规定后，银炉处理的马蹄银数量上升到 13300 多枚，不难推测出安东流通的银两总计达到七十一二万两。另外，银炉发现了 20 个"漏银"，即铸造马蹄银时，巧妙地把铅块隐藏到银锭内部，但如果把银锭投入火中，铅因为先融化漏出来而得名。表 23-1 为 1909—1910 年安东的四家银炉情况。

表 23-1　1909—1910 年安东的四家银炉情况

屋号	所在地	掌柜	资本金（两）	开业年月	从业者	马蹄锭产额（个/年）
福源昶	前聚宝街	苏文明	800	光绪十三年三月	8	3000
玉顺盛	前聚宝街	胡建设	700	光绪十五年四月	5	3000
宝元武	前聚宝街	冷学顺	700	光绪二十五年二月	7	1000
义顺源	中富街	李博九	600	光绪二十八年三月	7	1000

1913 年末，除了表 23-1 中的福源昶之外，还有其他两家银炉，共计三家银炉。根据 1917 年 11 月的调查来看，当时还有三家银炉，但是在那之后没多久就停止营业了。就像其他商埠一样，没有充足的资本，外汇代付等金融功能大多都由安东的富商行使，结果银炉就变成了工艺品加工店，由于现银的贮藏增加而流通减少，迫使银炉的营业陷入困难之中。

1918—1919 年开始，安东的银炉就消失了（虽然作为必要的、能够铸造的银炉现在还存着一户，但实际上营业已经永远停止了，又说在大孤山有铸造叫作洋口银这种小银锭的银炉），结果是，所谓固有形态的镇平银渐渐地从市场上消失了踪影，并且现在市场上流通的银锭，基本上全部都是从其他地方输入进来的。

3. 安东的银两和公估局

安东的镇平银锭被称作锦宝，因为没有新的铸币，变得又黑又薄。它的形状酷似营口的元宝银，耳朵非常长而且很直，底面非常圆，放不稳当，银的成色只能达到九百四五十位。

当时很多流通的银锭都是从上海输入的，是一种在上海被叫作夷场新的元宝银。夷场新的意思就是指在上海的外国租界内重新铸造的元宝。它的耳朵非常短、向外侧翻开，底面是平的，非常稳定，放得稳，成色通常在986.819。在安东，除了上海的夷场新之外，还有烟台曹平银（据说耳朵非常短，成色最好）。相对于旧铸锦宝，其他外来新铸元宝银被叫作白宝银，大概是因为新铸的原因，与锦宝对比显得非常的白并且好看而得名。

在财神庙商务总会内有一个公估局，把这些外面输入的银两出示给公估局，一枚银锭交付一角小洋钱（约合金票的十钱）的鉴定费，公估师鉴定、称量之后，在银锭上标识重量及成色。公估局把在银两鉴定、称量、批码方面有着特殊经验技能的人叫作管秤人、看色人。另外，没有受到公估局鉴定批码的银锭在市场上不能流通，因为特殊原因，不能上交未鉴定的白宝银，由银锭的提交人承担公估的搬运费及鉴定费，成色、重量依据鉴定结果来定。

4. 镇平银的重量和成色

镇平银的重量及成色标记被称为码子，墨书的标识被称为改码。码子就是在马蹄银中间凹下去的部位，用毛笔写上的重量及成色，这个批码就是公估局的鉴定。批码比较难辨读，是用特定的笔迹表示特定的重量和成色，而且写码人变了的话，码子的形状就跟着发生变化。于是商务总会就把它做成木版印刷，分配给那些相关的人。而且没有这个码子的话，在市场就不能流通，旧码需要接受改码。新码成色是用粗字体写在银锭右上方的，新重量写在银锭左侧，稍微细一点、小一点（见图23-1）。

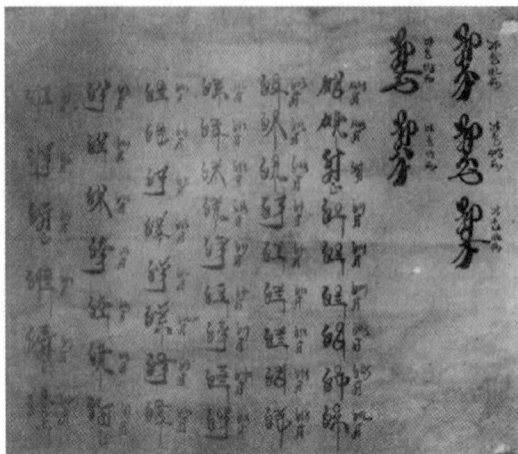

图 23-1　安东商务总会批码表

（二）镇平银的批码

1. 批码含义

为看清楚图 23-1 镇平银批码含义，作者整理了成色和重量的批码内容，见表 23-2、表 23-3。其中，表 23-2 为图 23-1 右边两行内容，连体粗字部分为成色批码，细字部分为解释；表 23-3 为图 23-1 剩余部分内容，每列右边连体字为重量批码，左边为解释。

表 23-2　镇平银成色码字

区位	具体部位	含义
右上部分、升色	右上码字	升色二两六钱
	右中码字	升色二两六钱五
	右下码字	升色二两七钱
	左上码字	升色二两七钱五
	左下码字	升色二两八钱

表 23-3　镇平银重量码字

右数第 1 列	右数第 2 列	右数第 3 列	右数第 4 列	右数第 5 列	右数第 6 列
四十九两八四	五十两零七	五十两一六	五十两四三	五十两八零	五十一两一一
四十九两九九	五十两零八	五十两一七	五十两四五	五十两八二	五十一两五零
五十两	五十两零九	五十两一八	五十两五零	五十两八八	五十二两
五十两零一	五十两一零	五十两一九	五十两五七	五十两九零	五十二两二二
五十两零二	五十两一一	五十两二零	五十两六零	五十两九一	五十三两
五十两零三	五十两一二	五十两二一	五十两六六	五十两九九	五十三两零三
五十两零四	五十两一三	五十两三零	五十两七零	五十一两	—
五十两零五	五十两一四	五十两三二	五十两七七	—	—
五十两零六	五十两一五	五十两四零	—	—	—

2. 批码实物

图 23-2 中，正面的三枚银锭都为流入安东的银锭，上面都有镇平银批码，右上方的粗体毛笔字为成色标识，左侧的细体毛笔字为重量标识。从图片上看，左右两侧为上海夷场新五十两元宝，中间一枚应为山西五十两元宝。

图 23-2　安东流通银锭上的批码

（三）镇平银统计

1928 年，安东流通的镇平银为 250 万两左右，主要用于柞蚕、木材及粮食交易，中国南来杂货交易，对外汇兑，仍为主要流通货币。

目前发现六枚带有镇口铭文五十两银锭，翅膀较长，并带葫芦戳记，时间从光绪十九年到宣统三年，涉及六个银炉。

前述的四家银炉都有银锭发现，但元增祥和东升祥两家银炉在光绪二十三年

（1897年）和光绪二十五年（1899年）有银锭遗存，可能到了光绪二十七年（1901年）已经关闭，并没有记载在案。

表23-4　镇口银锭统计表

序号	地名	银炉/银匠/钱庄	年月	葫芦戳	重量（克）	出处
1	镇口	宝源	光绪十九年	武记	—	华辰 2003 年秋拍 1357
2	镇口	元增祥	光绪二十三年	祥记	—	网络
3	镇口	东升	光绪二十五年	祥记	1947	华夏藏珍 2010 秋拍 7165
4	镇口	福源	光绪三十一年	昶记	—	网络所见
5	镇口	玉顺	宣统三年	源记	1960	网络所见
6	镇口	义顺盛	宣统三年	源记	1944	大晋浩天 2013 年春拍 6263

其中，元增祥是营口银炉，在光绪二十年（1894年）开设，营口银炉在光绪年间已经在安东开设分号。义顺源在宣统三年（1911年）铸有银锭，而上表为义顺盛，可能已经在宣统元年后已经把最后一个字做了更改。

根据1892—1911年安东海关和大东沟分关的调查报告①，镇口宝银成色为992，和营口银锭一样，但以后越做越低，成色降到970，甚至是950、940。

（四）安东关银锭

目前，发现一枚安东关五十两银锭，铭文为"安东关　光绪二年　福源号"，银锭双翅较短，束腰不明显，与所见的镇平银及东北大翅区别较为明显。结合前述史料，此安东关为沙河税捐局，实际上是安东常关，征收的是木材税，也称山价税。福源号在一些安东银锭上有发现，如"安东、福源、金店"等五十两、三两银锭。部分安东银饰、银器上也发现有福源号的标识。当时福源银号为沙河税捐局（安东常关）的银号。

---

① 1882–1891, CHINA IMPREIAL MARITIME CUSTOMS DECENNIAL REPORTS [R]. Published by Order The Suspector General of Customs, Shanghai，p.97.

图 23-3　安东关　光绪二年　福源号

1918 年，安东有 168 家钱庄、银号、金店的详细记载[1]，没有见到福源银号的记载，可能已经倒闭。

安东海关银锭目前还没有发现，由于安东海关设立较晚，可能很多洋关税收已经转化为镇平银，加之，可以采用国内银元纳税。

（五）朝鲜安东银行银锭

光绪三十四年（1908 年）朝鲜银行在安东设立支店，朝鲜银行纸币因为商务关系流入安东。[2]以后在奉天、大连、营口、开原、长春、哈尔滨等地开设支店。朝鲜银行安东支店发行金票，资本总额 4000 万日金元，负责人为森公平，营业地址在市场通七丁目。

图 23-4 为宣统二年朝鲜安东银行五十两银锭，应为朝鲜银行在安东发行的准备金。

---

[1]　贾小壮：《开埠通商与安东小商埠城市变迁研究（1906—1931）》，吉林大学博士论文，2015 年，第 78 页。

[2]　寿充一、寿乐英编：《外商银行在中国》，中国文史出版社，1996 年，第 202 页。

图 23-4　宣统二年　朝鲜安东银行

第二十四章　胶海关海关银号

一、胶海关概况

同治四年（1865 年），东海常关在山东胶州的青岛口、塔埠头、金家口先后设立常关分口，在灵山卫、女姑口、沧口、沙子口、登窑和薛家岛等地设常关分卡或代办处，统归东海关管理。各常关分口由一名东海关监督下设的委员负责。

光绪二十三年（1897 年），德国占领青岛。光绪二十四年（1898 年），中德两国签订《胶澳租借条约》。当年七月，胶海关设立，并制定《中德青岛设关征税办法》。青岛地区的常关分口及分卡和东海常关脱离关系，统归胶海关管辖。

二、胶海关的税收

胶海关洋税在 1899 年为 1 万两，两年后增到 5.5 万两，三年后达到 19 万两，1911 年迅速达到 125 万两。

三、胶海关的海关银号

胶海关的海关银号为德华银行、谦顺银号和大清银行。

（一）德华银行

胶海关设立后，由德国的德华银行独家担任胶海关的海关银号。

（二）谦顺银号

1. 谦顺银号概况

光绪二十九年（1903 年），东海关的谦益丰海关银号与烟台大钱庄顺泰号老板梁浩池共同出资 10 万两，创办青岛谦顺银号，并由时任山东巡抚的杨士骧亲自批准设立。同年，谦顺银号租用益丰裕（Ifongyu）商号的房间作为办公地点。①

---

① 参见 Dracula：《谦顺银号的倒下》，青岛往事微博 http://blog.sina.com.cn/qdzyj，2009 年 7 月 21 日。

据《中国近代海关史大事记》记载，1903 年 12 月 22 日，胶海关在关内设立官银号，专事征收税款，征税者不再到德华银行完税。[①] 此官银号为谦顺银号，也是胶海关的海关银号，主要征收海关税款，而存储海关税款则由德华银行和谦顺银号共同承担，谦顺银号和德华银行青岛分行均在海关办公楼设立收税处。据光绪三十二年（1906 年）的《山东官报》[②] 记载，谦顺官银号还与胶海关税务司订立合同：从同年三月初八（1906 年 4 月 1 日）起，胶海关征收的洋税、常税、厘金，由德华银行、谦顺银号两家收存生息，存息相同；汇到上海的银两免税费；所有关税银两，需要听从税务司命令拨用等。合同抄录如下：

谦顺官银号呈送与胶海关税务司订立合同稿

胶海关为开列合同事，接奉总税务司剳开，自西历一千九百六年四月一号，即中历光绪三十二年三月初八起，所有胶海关征收洋税、常税、厘金，改归德华银行、谦顺银号两家收存生息，听候拨用等因。奉此，本税务司自应造办。与谦顺银号订立合同，章程开列于后。

计开：

1. 德华、谦顺两家均在海关官银号经收洋常税厘，任听商家自便交纳。

2. 所有收存税银，如无本税务司公事，不准拨用。

3. 由青岛汇至上海银两应免税费。

4. 每月存银利息应与德华同。

5. 谦顺银号每日经收洋元若干，现银若干，每日结账时，必须到大公事房报明数目。

6. 现在每关平一百两合洋元一百五十二元，以后如行市涨落，必须禀准本关税务司，方能更改，不准私自涨落数目。

7. 每关平银一百两申合胶平银一百五两。

8. 每关平银一百两申合上海规元一百十一两四钱。

9. 谦顺所派之人总以老成稳慎为要，每日经收银两必须公平收纳，不准押平累商，致干查究。

10. 每日海关官银号自上午九点钟开门，经收税银，直至下午大公事房结账

---

① 孙修福、何玲：《中国近代海关史大事记》，中国海关出版社，2005 年，第 136 页。

② 《山东官报》，光绪三十二年三月十四日（1906 年 4 月 7 日），第 1 页。

关门时为止，风雨勿阻，不准耽搁。

11. 本关各分口，谦顺银号应听本关税务司随时派人经收银两，谦顺银号立即照办不误。

两年后，随着业务量的扩大，谦顺银号买下了青岛大鲍岛华人区河南路上的一处房产，这处房产此前用来经营彩票和赌博业务，后来业务破产，房产转到了谦顺银号手上。

图 24-1　位于大鲍岛的谦顺银号

光绪三十四年（1908 年），谦顺银号资本金增至 20 万两，成为山东省境内最大官方金融机构，经收关税，经办存款、放款、汇兑、贴现等业务，并拥有山东官银号在胶澳的代理权，也是青岛第一家中资银号。

2. 谦顺银号的黄金期

谦顺银号在青岛经营有方，声誉鹊起。本地华商都把资金存入谦顺银号，清政府也将在青岛的海关收入委托给它管理。

此外，谦顺银号的两个股东顺泰号和谦益丰银号还发行货币，信誉良好。日文《中国之金融》提道："顺泰号为清商中之富有者，业银行之外，兼经营该处所通用之纸票，可分为墨银票及钱票之二种，墨银票此为见票即付之票据，而为内外国银行及有信用之钱庄。"[1]墨银票以墨西哥鹰洋为本位，单位为元的钞票，

---

[1]　日本外务省通商局：《中国之金融》（第 1-2 卷），中国图书公司，1908 年。

也称洋元票、洋钞。

当时，在烟台有 28 家中国的银号、商行和钱庄发行了银票和钱钞，其中顺泰银号发行了额面为 1 ~ 50 元的墨西哥洋钞，谦益丰银号发行了额面为 2 ~ 500 两的漕平银钞，他们还在上海等地发行票据。[①]

从谦顺银号股东之一顺泰号发行的"六底市钱一吊"钱票实物看，银票上注明了顺泰银号在十五个城市设立了的汇兑庄号，分别是："上海茂太锦、香港广顺太、仁川怡太栈、皇城怡太号、釜山福泰号、旅顺盛太号、大连湾通太号、威海财太号、青岛源泰号、九江兴泰号、福州义记栈、天津四合盛、神户忠信和、横滨德荫、镇口华泰号。"[②]顺泰银号不但在国内较大城市开设分号，还开设到了日本的神户、横滨，韩国的仁川、皇城、釜山等国外城市，可见此时谦顺银号实力非常强大。

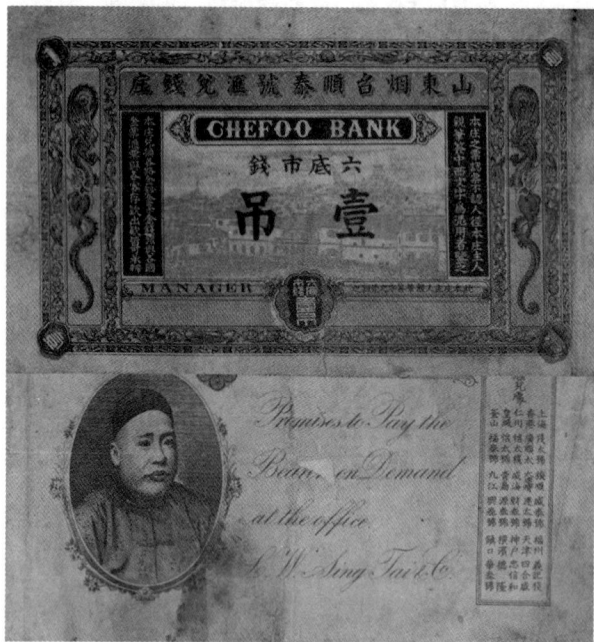

图 24-2　顺泰号发行的钱票（2009 年北京：中国历代纸币展）

1905 年 6 月，经山东巡抚与德国外务部和中国海关总税务司交涉，胶海关

① 彭泽益：《中国社会经济变迁》，中国财政经济出版社，1990 年，第 478 页。

② 清代山东烟台顺泰号汇兑钱庄壹元，中国嘉德 2007 年秋季拍卖会 lot6132。

代征的常税厘金（每年 15000 海关两）改由青岛谦顺银号征收，并收存生息，改变了青岛德华银行独家征收的局面。山东巡抚杨士骧从各方面给予支持，并将一大笔资金存到谦顺银号。谦顺银号也投桃报李，其开办的天津津浦铁路总办李德顺及总收支张义均为杨士骧的亲信。[1]

宣统二年（1910 年），谦顺银号发展成为拥有资本银 40 万两的大银号。

3. 谦顺银号的衰落和破产

随着政治靠山杨士骧的下台，谦顺银号也逐渐开始走下坡路。随后的几笔巨额亏损，以及清末的社会动荡和金融风暴，直接导致了谦顺银号破产。

一是谦顺银号在天津的分号将 60 万两银子投资在地皮上，但这块地皮却由于拟建津浦铁路被征用，导致地价暴跌，谦顺银号虽然通过在天津上层人士运作，阻止了在这块地皮上建造火车站，但地价却已经下跌，无人愿意再接手，谦顺银号损失惨重。二是东海关的谦益丰海关银号由于在烟台的生意不断减少而导致资金短缺，此时谦顺银号却将钱借给谦益丰。谦益丰又将资金投到了满洲，投资再次失败，谦益丰没有能力给谦顺银号还款。在经历了多次投资失败以后，连青岛的华商们也对谦顺银号失去了信心，陆续撤出资金，银号的掌柜之一付平潮（音译）也辞去了职务。

祸不单行。宣统二年（1910 年），胶州因上海的源通银号倒闭导致资金周转不灵，市面银根奇缺。过去商家从上海往来运货均由谦顺银号通融周转，现在皆须现银购办货物，贸易一落千丈，银号、商家都深受影响。[2]

1910 年 11 月，山东劝业道肖应椿因青岛和烟台银根紧缩，分别代青岛谦顺银号向德华银行借上海规元 40 万两，代烟台谦益丰银号借 15 万两，都以银号的房产或房屋契据抵押于官府，由官府出面与外商订立借款合同。[3]

宣统三年（1911 年）下半年，受烟台谦益丰银号破产牵连，谦顺银号停业清理。谦益丰银号在烟台的房产和地产被扣押，烟台道台派人到青岛提取到期的存款，青岛的华商们将所有在谦顺银号里的资金提出，此时的谦顺银号只能关门倒闭。

---

① 王华堂主编：《天津：一个城市的崛起》，天津人民出版社，1990 年，第 260 页。

② 《光绪二年胶州口华洋贸易情形论略》，见《中国旧海关史料》（第 54 册），京华出版社，2001 年，中文第 267 页。

③ 马陵合：《晚清外债史研究》，见《中国经济与社会变迁研究系列》，复旦大学出版社，2005 年，第 351 页。

（三）大清银行

宣统元年（1909年）九月，大清银行济南分行以青岛已设分号，呈请山东巡抚将胶海关税款分成三份，分别由德华银行、谦顺银号及青岛大清银行分号收取，青岛德国总督予以阻止。但同年十二月，税务处总税务司下令给胶州海关税务司，要求按照大清银行济南分行的呈请办理。[①]

1912年，胶海关的海关银号业务由山东银行接管经营。

四、胶海关的银两

目前，还未发现胶海关银锭，但胶州直隶州所辖的胶州、高密、即墨等地方发现有银锭实物，如"胶州　道光十七年四月　张仁"五十两银锭"光绪年十月即墨县匠刘元泰"十两银锭等，胶州地区银锭在相关资料上也有记载[②]：

"每只靴形银元宝重50两，它的特征是靴面较宽，两耳较短。胶州银两要比烟台银两重一些。烟台公估行公估标准：100两海关关银＝105.6两胶州银＝106.4两烟台银。胶州银元宝因与其他几种银质货币比重不一，因而在兑换它种货币时，很不方便。不过它是青岛附近地区唯一的流通货币，青岛的德华银行一度曾自上海进口靴形元宝，但不受市上欢迎。青州靴形元宝（锦宝）在烟台流通盛行，但到胶州却需要重新熔化，铸成胶州靴形元宝，方得流通。"

由于胶海关的谦顺银号为东海关谦益丰海关银号作为主要股东开设，推测所需海关银锭可以直接从东海关购入或兑换，不需要重新熔铸。

---

① 大清银行总清理处：《大清银行始末记》，民国四年七月一日，第191页。

② 姜培玉：《山东经贸史略》，山东友谊书社，1989年，第97页。

第二十五章　其他海关银号

一、营口海关银号

（一）营口海关概况

营口开埠前，只是山海关的一个关税征收口岸，主要征收东北沿海贸易税，即常税。山海关监督的署衙在河北的山海关城内，此时营口的名字还为"没沟营"。

第二次鸦片战争后，根据中英《天津条约》，在"没沟营"处开设海关，国人称为营口海关。咸丰十年（1860 年），山海关监督的署衙也从河北迁往海城牛庄，同时管理新、旧两关。次年，又迁至时称"没沟营"的营口，位于营口埠西侧。同治三年（1864 年），山海新关正式设立，因其位于营口埠内东侧（简称东营），又在洋人管理下，营口人习惯把山海新关称为东海关、营口海关、洋关，外国人则称为牛庄海关，主要征收洋税。山海关监督衙门位于营口埠内西侧（简称西营），山海常关又简称为西海关、山海关、大关或旧关，仍征收常税。为避免称谓混乱，本书称为营口海关和营口常关，牵涉到税收时分别称洋税和常税。

（二）营口海关银号

1. 永成利、永庆发银号轮流收税

营口刚开关时，收取的海关洋税不是很多，没有设立海关银号，只是在营口海关监督衙门的科房内收取洋税。这显然有违条约规定由殷实商人开设银号收取洋税的条款。

洋行都在东营一带开设，离税务司很近，但洋行缴纳营口海关洋税时需要从东营到西营，大概有十几里的路程，很不方便。1870 年 7 月，应英国和美国领事的要求，山海关监督俊达与营口海关税务司卢逊协商，营口海关监督在东营设立海关监督的东厢房，从当年 7 月 22 日开始，可以在东厢房的营口海关书吏魏养田那里就近缴纳营口海关洋税。由海关监督授权，在营口海关（东营）开设两个海关银号，分别为永成利和永庆发银号。两个海关银号都是当地城镇里的商人，

轮流收取关税，仍旧解送给魏养田。外国洋行也可以仍旧到西营海关监督衙门缴纳海关洋税。征收的洋税最终都送到营口海关监督那里。

如果在东营收取的海关洋税较多，为了安全起见，则由魏养田通知海关监督的科房，派拨兵役前来迎提；如果收取关税较迟，当日未能送到营口海关监督处（西营），则先由海关税务司代为暂时保管，第二天一早再送到营口海关监督处。

2. 永成（利）银号独家收税

光绪四年（1878年）之后，永庆发海关银号可能已经退出，仅永成（利）海关银号收缴营口海关关税。

1903年5月2日，营口海关关税已经存储在俄国在中国开设的华俄道胜银行①，推测开始时间可能为1900年10月，俄军占领东北奉天、锦州之后。后又发生日俄战争，俄国战败，日本正金银行替代华俄道胜银行收取营口海关税款，推测时间应为1905年之后。《中日关系史料》记载："伏查从前日本交还税款，系存正金银行，业已陆续提用罄尽，至税关收入，向归永成银号代收，日人并无异言。……惟查交还营口协议第四条内，载明海、钞两关事务，应归海关道管理，清国政府将该两关进款，暂储于正金银行，将来户部银行分别开设之后，于两银行存储等语。"②即永成海关银号收取洋、常关税，日本正金银行存储洋、常关税。

据《大清银行始末记》③记载，永成银号经收倾镕山海关（营口海关）新、钞关税，即洋税和常税，并在新关和钞关各设分柜，以便商人纳税。

3. 中外银行收税

宣统三年（1911年）闰六月，永成银号被大清银行营口分行取代，大清银行成为营口海关的海关银号。民国后，中国银行营口分行成立，营口海关、常关的关税，由日本正金银行牛庄支店和中国银行营口分行分别收取。④

---

① Sessional papers. Inventory control record 1, volume 110［M］. Great Britain. Parliament. House of Commons 1904, p.195, p.216.

② 李毓澍：《中日关系史料》，引自：《中华民国元年至五年．通商与税务（禁运附）》，中央研究院近代史研究所，1976年，第37页。

③ 大清银行总清理处：《大清银行始末记》，民国四年七月一日，第194页。

④ 李毓澍：《中日关系史料》，引自：《中华民国元年至五年．通商与税务（禁运附）》，中央研究院近代史研究所，1976年，第65页。

二、云南蒙自、思茅、腾越海关银号

（一）蒙自、思茅、腾越海关概况

1889 年 7 月 28 日，云南蒙自正式开关，在蒙自县城东门外设立正关，在蛮耗街设立分关，并在蒙自西门外及河口设立稽查卡。光绪二十一年（1895 年），《中法续议商务专条》决定将蛮耗分关设于河口。光绪二十三年（1897 年），河口正式开关，原蛮耗分关改为分卡。

1896 年 12 月 29 日，云南思茅正式开关，在思茅城东门外及永靖哨设立稽查卡，在易武、勐烈各设分关。

光绪二十七年（1901 年），云南腾越正式开关，在腾越南城外设立正关，在蛮允及弄璋街设立分关，在腾越东门外及盏西、蛮线设立分卡。光绪二十八年（1902 年），移腾越东门外分卡于龙江，10 月增设遮放分关及龙陵分卡，之后又移遮放分关于龙陵。

（二）蒙自、思茅、腾越三关海关银号

1. 同庆丰开设的海关银号

云南设立海关后，由于当时云南境内没有近代的金融机构，其税款多交由云南早期金融机构中最大的票号同庆丰（又名天顺祥）办理。清代云南上述的三个海关，海关银号应都为同庆丰代理。

蒙自海关关册中也记载："本关税款，民国前多交由同庆丰代为汇解。"[1]思茅海关开关后，就在思茅正关内设立官银号（海关银号），专门经办收解关税。[2]推测思茅海关的海关银号，也为同庆丰代理。

2. 法国东方汇理银行

1914 年，法国东方汇理银行蒙自支行成立，（云南）各海关税务司将其税款改交由该行办理。[3]

实际上法国东方汇理银行仅保管和汇解云南海关的关税，代替了同庆丰海关

---

[1] 蒙自关监督署编：《蒙自海关史料》，1932 年，第 32 页。转引自郭亚非、张敏：《试论云南近代海关》，载《云南师范大学哲学社会科学学报》，1995 年 4 月，第 42 页。

[2] 思茅地区地方志编辑委员会：《思茅地区志》（第 1 卷），云南民族出版社，1996 年，第 448 页。

[3] 郭亚非、张敏：《试论云南近代海关》，载《云南师范大学哲学社会科学学报》，1995 年 4 月第 27 卷第 2 期，第 42 页。

银号的部分职能，兑换收取、暂行保管仍由各海关自行办理。

在云南总商会档案中，曾保存有东方汇理银行蒙自支行的一份业务报表的法文抄本，其中记载："……东方汇理银行蒙自支行就是凭借着这种信用和实力在成立后不久，就代替了云南大票号同庆丰（各省分号都叫天顺祥），取得保管并承汇云南蒙自、思茅、腾越三海关的税款和云南全省盐课。"[①] 这些款项每年有200万两白银以上，又是无息存款，云南的财政基本上被法国东方汇理银行所控制。

3. 海关或地方官银号收取

1923年，思茅海关仍保留官银号机构。1926年，蒙自海关的关税由海关自收，关税汇解则由汇丰银行、法国东方汇理银行、各教会负责；腾越海关的关税，由腾越官银号收取，腾越海关关税的存储汇兑则由法国东方汇理银行负责。[②]

三、苏州海关银号

（一）苏州海关的设立

根据《马关条约》，苏州海关在1896年8月成立，税务司旧址位于苏州南门路最东的路南、觅渡桥的青旸地原日本租界。苏州海关管辖范围南到嘉兴，北至丹阳，东到昆山。

（二）苏州海关银号

1. 裕亨官银号

1896年10月到1911年10月，苏州海关监督公署指定苏州城的裕亨官银号充任关税经理行，所纳关税税款，由苏州海关监督公署于年末呈报江苏督抚，转报清政府，听候指拨。[③] 故裕亨官银号为苏州海关的海关银号。

2. 汇丰银行

宣统三年（1911年），辛亥革命爆发，同年9月15日，裕亨官银号停业。苏州海关税务司按照总税务司命令，将苏州海关税款改由江海关代征，并由海关税务司委托英国人开设的汇丰银行经理关税。

---

① 寿充一、寿乐英编：《外商银行在中国》，中国文史出版社，1996年，第96页。

② 魏尔特著，陶乐均译：《民国以来关税纪实》，总税务司公署，1926年，第50页。

③ 陆允昌编：《苏州洋关史料（1896—1945）》，南京大学出版社，1991年，第52页。

3. 江苏省银行

1912年8月到1914年1月，苏州海关税务司委托江苏省银行作为关税经理行。

四、重庆海关银号

重庆海关于光绪十七年正月二十一日（1891年3月1日），在朝天门附近的"糖帮公所"开关。[①]

重庆海关的海关银号为天顺祥银号，《关税案牍汇编》中有相关记载，大意为：重庆票商天顺祥，存储有重庆海关关税二十四万余两，民国元年，财政部催促重庆海关监督设法把关税汇解到上海，但天顺祥海关银号由于商业凋敝，历年受损过重，呈请将存储的拖欠关税暂缓汇解，并按照前大清银行官商存款分期三年摊还的先例，以阳历1913年9月为第一期缴还三分之一，1914年9月为第二期再缴三分之一，1915年9月第三期把剩余缴清。重庆海关监督也予以求情。财政部考虑到天顺祥海关银号在前清时存储重庆海关税款多年，从未贻误，由于民国初受损严重，予以同意。[②]

然而，最终因无法应付挤兑，素有声誉的天顺祥银号只能宣布停业，连甫新街的行址也保不住，以一万六千元卖给惠川银号。[③]

五、大连海关

（一）大连海关的设立

1907年7月，大连海关正式开关，地址在金县。其监管区域包括大连、金州、旅顺三个地方，监视旅顺、貔子窝、普兰店、金州、大连湾五个口岸。设关之初，大连海关模仿第一个租借地海关即胶海关的管理、关税、贸易等制度。

（二）海关银号

1. 日本正金银行和华商正隆银行

大连海关税务司初派日本正金银行、华商正隆银行作为海关银号，由商人选择缴纳。

---

① 孙修福、何玲：《中国近代海关史大事记》，中国海关出版社，2005年，第86页。
② 《关税案牍汇编》各关局分案 重庆关，财政部印刷局印，1934年，第1—2页。
③ 成都市政协文史资料研究委员会：《成都文史资料》（第8辑），成都出版社，1985年，第51页。

正隆银行于光绪三十二年七月初二（1906 年 8 月 26 日）在营口设立。开始为日本人经办，后改为中日民间合营，实则仍以日本人为主，总经理、董事长、常务董事、董事等要职均由日本人担任。宣统二年（1910 年），总行由营口迁至大连，在吉林省辖区长春、四平街、郑家屯、公主岭、西安（今辽源市）、朝阳镇等地设立分支机构。①

光绪三十四年（1908 年），税务司以正隆银行改为日商，不应仍为海关银号为由，令大连大清银行分号接替正隆银行，仍与正金银行一并经理。②

2. 大清银行大连分号

1907—1911 年（大连海关）关税税款的四成存放在大清银号、正金银行，按照规定时间将税款汇缴清户部、度支部。③其中大清银号即为大清银行大连分号。大清银行大连分号于光绪三十四年（1908 年）二月成立。

大连海关税务司一直由日本人负责。《大清银行始末记》记载："（光绪三十三）六月报告大连地方状况云：该埠华商三百余家，行栈以外皆系小本经营，而日人在彼又专以垄断盘剥为主。（光绪）三十四年二月，又报告大连设立分号云：日本仅许我行在该埠设号收税，其汇兑营业及行使钞票，须由政府商准，日本公使照会关东都督，方可办理。"④

3. 中国银行

民国二年（1913 年），中国银行代替大清银行，和正金银行一同为大连海关的海关银号。中国银行收取大连海关关税，日本正金银行则存储、汇解大连海关关税。

1913 年 11 月 29 日，中国银行致函大连海关，内容大意为，清代的大连关税，一直由本埠的大清银行和正金银行分任经理，自民国成立，大清银行歇业，都归正金银行经理，民国二年七月中国银行大连分号开办，即按照清代的做法，由中国银行和日本正金银行分任大连海关的关税。⑤

---

① 吉林省地方志编纂委员会编纂：《吉林省志 卷三十 金融志》，吉林人民出版社，1991 年，第 42 页。

② 大清银行总清理处：《大清银行始末记》，民国四年七月一日，第 191 页。

③ 荆蕙兰、李娇：《日本殖民统治时期的大连海关》，载《佳木斯大学社会科学学报》，2012 年 12 月第 30 卷第 6 期，第 116-117 页。

④ 大清银行总清理处：《大清银行始末记》，民国四年七月一日，第 191-192 页。

⑤ 《关税案牍汇编》各关局分案 大连关，财政部印刷局，1934 年，第 1 页。

目前还未发现大连海关的银锭。据相关书籍记载①，大连海关基本不铸造银锭，所需银锭大部分从外地运入。如 1907 年，从烟台、上海进入大连的银锭、银元共计价值 225020 海关两，其中 138930 海关两流往日本。

六、湖南岳州、长沙海关

1899 年 11 月 13 日，岳州正式开埠，岳州关（俗称城陵矶海关）匆匆开关。光绪三十年（1904 年）长沙开埠，依照《长沙通商口岸租界章程》，长沙设海关于三汊矶，设关税事务司于大西门外。

长沙（海）关的工程、巡捕两局也先后成立，后又成立发审局和长丰银号。发审局"专理词讼及交涉案件，兼办稽查河道事宜"，长丰银号系官办性质，主要"经理收税、单照、票册等件"②。可知，长丰银号为长沙海关的海关银号。

根据《关税案牍汇编》中长沙海关码头捐章程记载，码头捐一律收取关平，由官银号（海关银号）另给号收为据。捐款收入数目，由税务司会同官银号按结开单两份，一份送关监督备案，一份存税务司处，听凭英国领事官随时查阅。③

存世有一张光绪三十一年四月二十五日（1905 年 5 月 28 日）湖南官钱局的印单，详细列出了当年三月份，湖南官钱局的存款、出款、盈余及实在项下的明细，在存款项下，有"长丰官银号存项银一万九千七十四两，又（长丰官银号）税银四千七百四十八两一钱九分四厘，新关开埠经费银二十六两二钱三厘"的记载。④可见，长丰官银号不但在湖南官钱局存款，还把收到的关税上交给湖南官钱局。

1910 年，长沙发生抢米风潮，抢米风潮中被毁建筑物中，大清银行、海关银行（号）内部损毁或破坏严重，但建筑物完好如故⑤，可知长丰海关银号也遭到了破坏，但仍在开业。

根据 1913 年 7 月 8 日长沙海关张辑关给财政部的电报，岳阳、长沙两关的海关银号依然存在，经费仍按照 600 元拨给，由于海关银号用款较急迫，用码头

---

① 孙修福、何玲：《中国近代海关史大事记》，中国海关出版社，2005 年，第 156 页。

② 李玉：《长沙的近代化启动》，湖南教育出版社，2000 年，第 21 页。

③ 《关税案牍汇编》各关局分卷 长沙关，财政部印刷局印，1934 年，第 7 页。

④ 光绪三十一年会办湖南官钱局印单。

⑤ ［美］周锡瑞：《改良与革命——辛亥革命在两湖》，江苏人民出版社，2007 年，第 170 页。

捐拨给。^①推测岳阳、长沙的海关银号都为长丰银号。

七、珲春海关

1909 年 12 月 27 日，珲春关设立，归吉林海关税务司管理。

1914 年 10 月 27 日，珲春关监督报告：（吉林永衡）官银钱总号裁撤分关、分卡、支店、柜伙，由关自行雇员办理收款、看帖事宜，请示等情。查延吉官银钱支店，及火狐狸沟柜伙即经裁撤，所有收税、验帖事，宜由该关监督会商税务司。^②可知珲春海关的海关银号为吉林永衡官银钱号。

八、金陵海关

宣统三年（1911 年）六月，大清银行江宁分行接收金陵关税，每月由金陵关道拨津贴银 60 两以作公费。^③可见，金陵海关的海关银号为大清银行江宁分行。

九、其他各海关银号

其他各海关的海关银号分为两类：一类为合并到本书其他章节之中的海关银号，另一类则为缺失的海关银号。

（一）合并到本书其他章节中的海关银号

1. 潮州海关、北海海关、琼海海关、江门海关、九龙海关、拱北海关银号

以上海关的银号已经在粤海关一章中阐述。

2. 瓯海关银号、杭州海关银号

以上两个洋关的海关银号，已经在浙海关一章中阐述。

3. 福州海关、厦门海关、沪尾海关、打狗海关银号

已经在闽海关一章中阐述。

---

① 民国二年七月八日，秘制 3111 号，长沙电报给财政部。

② 《关税案牍汇编》各关局分案 珲春关，财政部印刷局，1934 年，第 2 页。

③ 大清银行总清理处：《大清银行始末记》，民国四年七月一日，第 194 页。

4. 秦皇岛海关银号

已经在天津海关一章中阐述。

5. 沙市关海关银号

已经在宜昌关一章中阐述。

（二）缺失的海关银号

由于作者手中资料有限，一些海关的海关银号目前还未找到相关史料，如奉天关、哈尔滨海关等。这些海关规模较小，开设也较晚，推测海关银号已经被地方官银号、大清银行或邻近大的海关银号设立分号所取代。

第二十六章　海关银号与海关银锭再分析

一、海关银锭的铭文分析

作者将目前发现的海关银锭与作者发现的史料记载的海关银号进行了对比分析，将海关银锭铭文分为以下五种情况：一是出现有记载的海关银号名；二是出现无记载的海关银号名；三是未出现有记载的海关银号名；四是不署海关银号名；五是出现的银号（匠）名不是海关银号。此外，一些海关未发现海关银锭实物。

（一）海关银锭上出现有记载的海关银号名

海关洋税基本上都由海关银号经手，收取关税后倾镕上解，是海关银号的基本业务，此种属于正常状况。目前发现有 7 个海关 14 个海关银号，海关银锭铭文上署有海关银号名。

1. 江海关

江海关银锭上的朱源裕和杨同泰银号。朱源裕曾在上海咸丰年银饼上出现，身份为监倾，也曾在准关（淮安关）五两圆锭上出现。见有"道光二十六年　朱源裕　匠陈太""道光二十九年　朱源裕　匠陈太""咸丰元年　朱源裕　匠孙吉""咸丰五年　朱源裕　匠张发""咸丰七年　朱源裕　匠陈泰""咸丰五年江海关　杨同泰　匠张发""咸丰七年　江海关　杨同泰　匠唐立""咸丰七年江海关　杨同泰　匠李祥""咸丰九年　江海关　杨同泰　匠唐立"等五十两银锭。朱源裕和杨同泰为史料有记载的江海洋关海关银号。

2. 粤海关

粤海关银锭上的高恒茂（高广恒）、陈合盛、高合益、沈贞祥银号，如"粤海关　道光二十九年　十一月高恒茂""粤海关　咸丰二年　六月陈合盛""粤海关　咸丰十年　六月陈合盛""粤海关　同治二年　二月高广恒""粤海关光绪四年　四月高合益""粤海关　光绪十五年　十一月沈贞祥"等十两银锭。高恒茂（高广恒）、陈合盛、高合益、沈贞祥都为史料有记载的粤海洋关海关银号，其中陈合盛、高合益为高恒茂银号的合伙人。

3. 浙海关

浙海关银锭上的通裕银号，如几枚"浙海关　三年　通裕"五两银锭。通裕为胡雪岩开设的浙海洋关的海关银号。

4. 江汉关

江汉关银锭，是海关银锭中署名海关银号最为典型、最为标准的品种。五十两或五两江汉关银锭，都署有海关银号名，所统计的银锭从同治七年到宣统三年，署有乾裕号、有成号、协成号三个海关银号。其中，有成号的银匠为罗芝、王明、蔡长，乾裕号的银匠为传恒、蔡春，协成号的银匠为蔡鸣、王松、蔡长。

5. 九江海关

九江海关银锭上见有同泰和永昌银号，如"九江新关　光绪年月　同泰银号""九江新关　光绪年月　永昌银号"五十两银锭等。同泰银号和永昌银号都为九江海关的海关银号。

6. 天津海关

天津海关银锭上见有恒丰银号和裕丰银号，如"津海关　光绪年月　恒丰官银号　匠孙泽田""津海关　光绪年月　裕丰官银号　匠伍世才"五十两银锭。恒丰和裕丰为天津海关的海关银号。

7. 芜湖海关

芜湖海关银锭上见有吴履泰银号，发现有"芜湖关　吴履泰"十两方镨银锭，"芜湖关　税课　光绪己亥年月　吴履泰"和"芜湖关　税课　光绪丙午年月 吴履泰"五十两马蹄锭。吴履泰为芜湖海关的海关银号。

（二）海关银锭上出现无记载的海关银号名

部分海关的银锭上，发现有未记载的银号名，推测为海关银号名，但由于作者资料缺乏，未发现史料上记载有此海关银号名。有以下三个海关的银号。

1. 江海关

目前发现的江海关五十两银锭铭文中，发现有顺记、张人和、顺隆三个银号，其中顺记出现在咸丰元年（1851年），张人和、顺隆出现的时间都为咸丰二年（1852年）。推测为这三个银号都为海关银号，目前史料中未找到这三个海关银号的记录。这三个银号也填补了上海开埠后的金融史料的空白。

2. 宜昌海关

目前发现的宜昌海关五十两银锭铭文中，有正义官银号，时间从光绪十四年

（1888 年）到光绪二十一年（1895 年），应为海关银号。推测应为饶姓官员开设的海关银号，但证据还不充足。

3. 浙海关

已发现的浙海关五两银锭中，出现吉字银号名，但未找到吉字银号（炉）的记录，推测为浙海常关的银号。

（三）海关银锭上未出现有记载海关银号名

以下 7 个海关，发现有海关银锭，但未发现史料记载的海关银号名称。

1. 浙海关

浙海关银锭中发现有胡雪岩的通裕海关银号，未发现严信厚开设的源丰银号。

2. 江海关

江海关银锭中发现有朱源裕和杨同泰的海关银号，未发现胡雪岩开设的阜康银号、严信厚开设的源通银号、李经楚开设的丰裕银号。

3. 芜湖海关

海关银锭中发现有吴月樵开设的吴履泰海关银号，未发现李振玉开设的同泰银号。

4. 天津海关

海关银锭中发现有郑沛初开设的晋丰银号、陈德光开设的裕丰海关银号，未发现宋缙开设的晋裕银号。

5. 江汉关

海关银锭中发现有王文韶开设的有成海关银号、胡雪岩开设的乾裕海关银号、严信厚开设的协成海关银号，未见同治年的盛恒山、官文开设的盛裕泰银号。

6. 九江海关

海关银锭中发现有董云榜开设的同泰海关银号、郑思贤开设的永昌海关银号，未见郑思齐开设的宝记银号。

7. 宜昌海关

海关银锭中发现有正义海关银号，未见何其义、盛宣怀、孙家谷合资开设的同丰海关银号，以及轮船招商总局、董俊汉、顾辑五合资开设的保兴银号。

（四）海关银锭铭文中未署海关银号名

由于各种原因，部分海关银锭中未署海关银号名。

1. 闽海关（福州海关、厦门海关）

闽海常关和闽海洋关的十两银锭中，未见苏源盛、金永隆、（金）悦来、（严）久大、永丰、裕诚、天益、同豫等海关银号。原因是这些海关银号都不从事银锭倾镕业务，倾镕业务交由官府指定的官银炉办理。

2. 东海关

东海洋关的五十两银锭中，未出现谦益丰海关银号名，绝大部分为"鲁协中"银匠名，推测可能是习惯做法，"鲁协中"仅代表谦益丰海关银号。东海常关银锭中出现厚记银炉和谢天喜银匠名。

（五）海关银锭中出现的银号不是海关银号

粤海关银锭中发现许多不是海关银号的银号（银匠）名，如从道光二十八年（1848年）到同治十一年（1872年）的郑兴隆，道光三十年（1850年）到咸丰九年（1859年）的王福昌，道光三十年（1850年）到同治五年（1866年）的秦永合，咸丰二年（1852年）的吕大生。吕大生也在藩纹上出现，为广东藩纹的官银匠。这些银号、银匠或银炉，应经过粤海关监督的许可，为粤海关熔铸银两。

（六）未发现有海关银锭

目前仍有一些海关未发现海关银锭实物，当然也未见到海关银号名。

1. 营口海关（山海关、牛庄海关）

目前未发现营口海关银锭。山海关的海关银号为永成利（永成）、广庆发银号，也为营口银炉。

2. 镇江海关

目前未发现镇江海关银锭。镇江关的海关银号为裕通银号。

3. 胶州海关

目前未发现胶州海关银锭。胶州关的海关银号为谦顺银号。

4. 秦皇岛海关

目前未发现秦皇岛海关银锭。秦皇岛关的海关银号为裕丰银号。

5. 苏州海关

目前未发现苏州海关银锭。苏州海关的海关银号为裕亨银号，裕亨银号为江苏的官银号。

6. 淡水海关、沪尾海关

目前未发现淡水海关、沪尾海关的银锭。淡水关有段时间的海关银号为黄泰号，后来这两个海关的海关银号都为李彤恩运营。

从闽海关的监督角度看，以上两个海关都在闽海关管辖之下。

7. 北海海关、潮州海关、拱北海关、江门海关

目前未发现以这四个海关的银锭。北海海关的海关银号有永安、兆康、陈有合、海记、慎裕等银号。潮州海关的海关银号为高广恒银号。拱北海关的海关银号为宝行成记银号。江门海关的海关银号为谦吉堂银号。

从粤海关监督的角度看，以上四个海关都在粤海关管辖之下。

二、海关银号的倾镕业务

从以上的对比分析来看，在不同时期、不同海关，海关银号的倾镕银锭的业务并不相同，大致分为自行倾镕、委托倾镕、市场采购、生息合作、形式转换五种情况。

（一）自行倾镕

自行倾镕为海关银号自己开设银炉房，把收取的银两、银元进行熔化，铸成符合当地器型、海关监督要求成色的银锭，上交给海关监督库房。这种模式在江海关、江汉关、宜昌关、天津海关、浙海关、东海关、粤海关比较普遍。以江汉关、天津海关、宜昌关及道光和咸丰年间的江海关最为常见。大致戳记有以下两种情况。

1. 海关银号名 + 匠名

这种海关银号名 + 匠名的盖印方法，更为严谨，特别是海关银号下银炉较多的时候，把匠名戳盖到银锭上，强化了双重责任，即海关银号需要对海关银锭的成色负总体责任，银匠需要对所铸的银锭负直接责任。

这种盖印方法，很早就已经出现。江苏阴刻五十两银锭上面，有官银匠名，同时有知县名。[①]在江苏龙江西新关五两圆锭上，也出现有"宁丰匠王正"的戳记，推测宁丰应为龙江西新关的银号，王正为银匠名。云南银锭上也见有银号 + 匠名的现象，如"嘉庆十二年　二月　裕顺刘炳"十两大槽、"宝顺号　匠张顺"五两方鐠等。

江海关、江汉关、天津关、宜昌关五十两银锭上，都为官银号 + 银匠名。

---

① 贾雁民：《清代江苏五十两本司的断代新探》，万宝归缘（创刊辑），第3-5页。

2. 海关银号名和匠名一体化

有些海关银锭上，仅出现海关银号名，没有匠名，如粤海关、九江海关、浙海关。部分海关银锭，以匠名代替海关银号名，如东海关。

（二）委托倾镕

部分海关的海关银号，不设银炉，倾镕银锭业务委托给了官方指定的银炉。如闽海常关，把海关银两交由福州城内南街上有裕源、长泰、常泰三家银炉倾镕，这三家银炉也称官银炉，由地方官指定。闽海洋关银锭上出现的林成和，推测也为官方指定的银炉。

芜湖海关刚开关时，李振玉承充的同泰海关银号就把海关银号倾镕业务委托给了正大银号。

（三）市场化采购

由于部分地区金融业较为发达，倾镕银锭业务已经有了专业化的银炉，如果海关银号需要上交给海关监督库房的银两时，可以直接到市场采购、兑换银锭。经济较为发达的地区，如天津海关的裕丰银号，虽然开设有中裕厚银炉，但需要上交天津海关关税到海关监督库房时，仍需要到市场上兑换天津白宝。

同治初年后，阜康银号承充了江海关银号。光绪四年（1888年）《通商口岸海关银号制度和货币问题报告书》中记载，阜康海关银号规定：收取关税时收取足纹宝银，不收制钱或洋元，如果商人携带有制钱或洋元，则需要先将制钱或洋元到附近钱庄兑换成银两，钱庄按照市场价格进行兑换，然后商人把银两上交给阜康银号。阜康银号收取的关平银（海关两），即关平足色宝纹，按照关平银100两兑换九八规银111.4两计算。但阜康银号收取的是实银，规银只是换算时使用的虚银两。

从上述外国商人可以到附近钱庄兑换银两上交海关银号，海关银号如果需要上解给海关监督实银，则直接可以用外商上交的实银上解，也可以到附近钱庄进行兑换。虽然没有见到明确记载，但可以推测，阜康银号以后的源通银号、丰裕银号应也采用这种不设银炉的做法。这也是江海关五十两银锭在同治及以后几乎突然不见的原因之一。

营口当地的银炉行业也形成了专业化，海关银号可以直接到营口的银炉采购、兑换银锭。

除了在当地采购外，有的海关直接从外地采购银锭，如大连海关直接从上海、烟台采购银锭为关税所用。安东海关则大量进口上海夷场新的元宝银，这种元宝耳朵非常短，向外侧翻开，底面是平的，非常稳定，成色通常在 986.819。[①]

（四）生息合作

部分海关银号很少倾镕银锭，而是把收到的关税交给下游的钱庄生息，有的交给银行生息，只有海关监督要求上交银锭时，才予以上交。

如阜康银号接手江海关银号后，已经摒弃同泰银号的做法，自己并不保管银两，而是放到钱庄进行生息。生息的利润丰厚，而倾镕银两的利润较薄，上海的银炉都有倾镕银两的功能，这也是社会化分工的结果。

光绪三十年（1904 年）十月，端方把江海关道库款进行变通生息，"又该关设有源通、丰裕银号，系专管经收进出口税项，并无别项生理。所收税款，随收随拨，存数无多。于月底结算，以收抵放，有余再行提存内库。今已变通生息"。[②]上海道与上海钱业磋商拟定办法，允许将三月份以前关库所存银 270 万两，分作三月初一和十五、四月初一三期领存，并拟定道库存款生息章程六条，内容大致为：逐日银息；按月银息；不连环互保；钱庄不设银库；还款提取现银，以四日前预先知照；领款时照市折扣若干起息。两江总督与江苏巡抚将上海道钱业变通生息意见会报商部，江海关收款以三成存库，其余七成均已发庄，尽数具领生息。截至五月初一止，各庄号实具领存关税沪款库平银 450 万余两。自此以后，江海关库款一直分存于上海各钱庄银号生息。[③]放到钱庄中生息，仅和钱庄之间核对重量和成色即可，没有必要再铸造江海关银锭，在需要现银使用时，到银炉兑换成夷场新元宝即可。

（五）形式转换

到了晚清，海关银号除了收纳国外银元、国内银两外，很多也开始收纳国内银元及各种银两票，如政府官银号发行的、地方钱庄银号发行的、户部大清银行发行的、外商银行发行的银两票，交易方便快捷，也可以上交海关监督。很多海关银锭也转换成这种形式来提高周转效率，减少银锭的熔铸成本。

[①] 《镇平银：安东马蹄银调查》，见《满铁调查资料》（第 46 编），日本南满铁道株式会社，1925 年 5 月，第 5-13 页。

[②] 《十二朝东华录：光绪朝》，文海出版社，1963 年，第 5244 页。

[③] 邹晓昇：《辛亥革命前后的上海道库存款》，载《史林》，2012 年 6 月，第 28 页。

三、海关银号的银炉

从光绪四年（1879年）前后的记载判断，一些海关银号没有银炉或银炉很少，已经不倾镕银锭。表26-1为17个海关的20家海关银号相关银匠或银炉情况的统计。江海关的杨同泰海关银号，在咸丰四年（1854年）有两座银炉①，但到了光绪五年左右，记载只有两名银匠。按照杨同泰的记载，每个银炉需要两个司务，即负责熔铸银两的人员。按照营口银炉的倾镕效率，每天"每个炉坊，都有三盘银炉，两盘熔化元宝，另一盘'梅洗'元宝，每炉每日可以铸造60枚营口银锭"②，即每个银炉能倾镕60个五十两元宝，即3000两，每年满算也就是108万两。根据表26-1，杨同泰海关银号的银炉可以满足咸丰四年（1854年）江海关收取洋税的需要，但无论如何，阜康海关两名银匠无法满足光绪五年（1879年）倾镕402.07万两洋税的需要。并且，很多海关银号的从业人员中，有的没有记载有银匠，如浙海关的17名从业人员中没有银匠，厦门海关的15个从业人员中也未见有银匠。有的海关银号从业人员中，没有记载是否有银匠，如粤海关、福州海关等。

表 26-1　17个海关的海关银号银匠或银炉情况统计表

序号	海关名	海关银号名	人员小计	银匠/银炉	海关洋税（万两）	年份
1	江海关	同泰	—	两个银炉	60.4	咸丰四年
		阜康	110	两名	402.07	光绪五年
2	粤海关	高恒茂	40～60	未注明	177.3	光绪五年
3	汕头海关	高广恒	11	未见		
4	琼州海关	高广恒	5	未见		
5	北海海关	高广恒	4	2个钱币鉴定师		

① 太平天国历史博物馆：《吴煦档案选编》（第六辑），江苏人民出版社，1983年，第207-209页。

② 于胥梦：《营口炉银史》，1932年。转自《营口文史资料》（第一辑）。

表 26-1（续）

序号	海关名	海关银号名	人员小计	银匠／银炉	海关洋税（万两）	年份
6	福州海关	裕诚	68	未注明	233.46	光绪五年
7	厦门海关	（严）久大 （金）悦来	15	未见		
8	淡水海关	李彤恩	4	未注明	38.49	光绪五年
9	打狗海关	林轸	4	未注明		
10	天津海关	裕丰	14	一个公估	39.73	光绪五年
11	烟台海关	谦益丰	7	未注明	33.94	光绪五年
12	宜昌海关	同丰	4	未注明	1.74	光绪五年
13	汉口海关	有成 乾裕	36 30	有银炉 有银炉	177.58	光绪五年
14	九江海关	同泰	8	未注明	72.67	光绪五年
15	芜湖海关	同泰	4	未注明	3.26	光绪五年
16	宁波海关	通裕	17	未见	65.39	光绪五年
17	温州海关	—	14	未见	0.55	光绪五年

四、海关银锭的器型

有的海关银锭，包括同一通商口岸常关银锭的器型，与当地流行的银锭相比，多有不同之处。又有些海关银锭保留了早期地方银锭的风格，变化较少，有的则一直延续，可以窥见关税银锭的发展轨迹。

（一）锭型差异方面

1. 江海关银锭

（1）江海关五十两马蹄锭：与江苏流行的阴刻五十两银锭显然不同，与上海道光后期开始流行的夷场新五十两银锭也不相同。夷场新银锭与江海关银锭相比，较为狭长，宝面较小。江海关银锭年月在上，与许多安徽五十两银锭相似。

（2）江海关五两圆锭：带边，与乾隆年以后江苏流行的五两苏坨不同，苏坨已经没有四周隆起的边沿。江海关五两圆锭应保留了乾隆早期的江苏锭型。

2. 闽海关

（1）闽海关十两方镑：为福建早期方镑演化而来，四周带边隆起，底部较高，中心内凹，向一边倾斜，与福建方镥和其他省份方镥型制迥异。

（2）闽海常关十两荷叶锭：单边，边高内凹，如夏日荷叶，与同时期福建藩纹、盐纹不同。

3. 九江关

（1）九江洋关五十两马蹄锭：锭型介于东北大翅和山西大宝之间，向一边倾斜。而在同时期，江西流行五十两方宝。

（2）九江常关十两方镥：为早期方镥型，带边，背部高耸，类似于太平关银锭，直到清末器型一直未变。与江西其他地方流行的银锭器型都不一样。

4. 江汉关

江汉关五两圆锭：带边，但戳记为一个大戳记，碑碣型，上面为江汉关，下面为年月和匠名，与同时期的湖北圆锭戳记不同。

5. 芜湖关

芜湖关五两圆锭：带边，由乾隆早期江浙圆锭发展而来，与淮（安）关银锭、江海关五两圆锭、浙江五两圆锭有类似之处。

6. 安东关

安东关五十两马蹄锭：翅膀短，面宽，与东北大翅和镇平银风格迥异。

（二）锭型继承性方面

一些通商口岸的常关银锭，在开埠之前一直存在，并未受到开埠的影响，受到当地地形银变化的影响也不大。主要原因为常关银匠较为固定，家族继承性较强，由于成色较高深受喜爱，也一直持续倾镕这种器型的银锭。

开埠后开设的海关银号，在需要铸造洋关银锭时，一方面继承了常关银锭的器型，另一方面也吸收当地流行乃至全国较为流行的银锭器型进行了创新。

洋关、常关银锭与其他银锭一样，在雍正年间及乾隆初年，除了江南省外，大都为锭面有丝，丝越密越细，则代表成色越高。各地银两由丝纹向镜面发展，源于雍正年的江南姑苏，"江省纳解钱粮，必须倾成凸心，镜面无纹，方称足色"[1]。即镜面无丝纹，则代表当时的最高成色。《银谱便览》也提道："镜面式：此系关纹，雍正年自姑苏始，其脸如镜，无一汪水可鑑人面，每锭五两以上。"[2]

---

[1] 梁廷枏撰，袁钟仁点校：《粤海关志》，广东人民出版社，2002年，第277-278页。

[2] 《聚益宋记 银谱便览》，乾隆壬寅年菊月抄，孙以欣藏品。

五、推测的海关银锭

作者结合银锭铭文和器型，推测一些存世的银锭可能为海关银锭。

（一）景成通商和裕丰通商五十两银锭

见有"景成通商　景成通商"五十两马蹄银锭，正面造型如同山西大宝。《江西近代货币简史》提道："清代九江海关设立后，就有永昌顺官银号，附设炉房，将所收关税银两，铸成二五色宝银，解送京师，上交总理衙门。至光绪三十年（1904年），则汇解到上海的总税务司。此外，有福成钱庄开炉，名字为景成炉房；又有恒昌钱庄开炉，名字为恒昌炉房。"[①]九江口岸的景成和恒昌炉房都可能为九江海关铸造银锭，解送京师。"通商"即口岸对外贸易之意，前已述及，"通商"在沙市海关中，应是海关银号名称。但由于景成不是官方认可的海关银号，署银炉名字，则承担成色之责；署名通商，即为九江海关铸银之意。

图 26-1　"景成通商　景成通商"（网络所见）

另外，图 26-2 的"裕丰通商　光绪年月"五十两银锭，从器型看，正面造型类似于山西大宝，侧面与底面则与安徽五十两银锭、九江新关五十两银锭类似；从铭文上看，天津海关、秦皇岛海关有裕丰银号，浙江从各地送公款到藩库、道库的六家银号中，也有裕丰银号。故推测也应为海关银锭。

---

① 诸锦瀛：《江西近代货币简史》，江西人民出版社，2002 年，第 84-85 页。

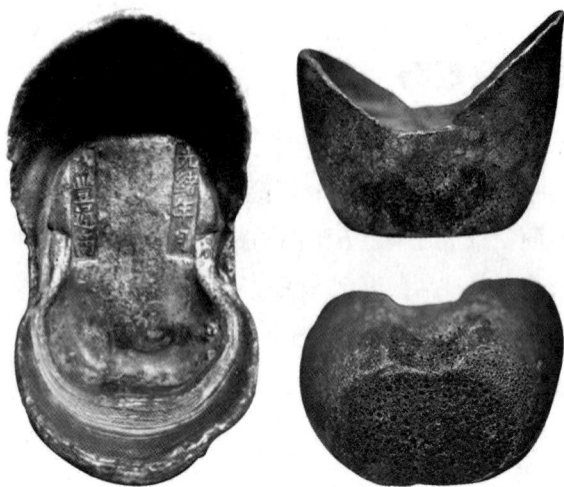

图 26-2 　"光绪年月　裕丰通商"铭文银锭（正面、侧面、背面）

（二）许正大五两方鏕

图 26-3 的五两方鏕，铭文为"许正大"。从记载来看，芜湖海关刚开关时，由李振玉承充芜湖海关的海关银号，名为同泰银号，但他不是一直在芜湖居住，海关银号业务委托给了正大银号。由于为委托业务，正大银号并不是芜湖海关正式认可的海关银号，正大银号把收到的关税倾镕后上交，并未署芜湖关名称，从造型和铭文来看，则可能为芜湖海关的早期银锭。

图 26-3 　"许正大"铭文方鏕

（三）天顺祥银锭

天顺祥由云南人王炽开设，为著名的南帮票号，也为重庆海关的海关银号。

至今未发现重庆海关的银锭，可能已经转换为简单的铭文戳记。同时，天顺祥在云南的总号名为同庆丰，清代，思茅、腾越海关的海关银号，则为同庆丰代理。

图 26-4 "天顺祥"铭文银锭

（四）同泰镜面锭

同泰银号为九江海关的海关银号，除了五十两"九江新关　光绪年月　同泰银号"银锭外，还发现多枚十两同泰号的江西镜面锭，很有可能为九江海关的银锭。

图 26-5 "同泰　同泰"铭文银锭